A CONCEPT APPROACH TO SPANISH

A CONCEPT APPROACH TO SPANISH

THIRD EDITION

ZENIA SACKS DA SILVA

HOFSTRA UNIVERSITY

Harper & Row, Publishers
New York, Evanston, San Francisco, London

ILLUSTRATION CREDITS

We wish to express our appreciation to the following:
Peter Menzel, Stock, Boston   1, 43
Thomas Hopker, Woodfin Camp   15
Frank Siteman, Stock, Boston   29
Bettmann Archive   63
Alexander George, DPI   76 (bottom right)
The Art Institute of Chicago, Helen Birch Bartlett Memorial Collection   76 (top)
Beckwith Studios   76 (bottom left)
Tim Egan, Woodfin Camp   77, 183
Mimi Forsyth, Monkmeyer   93, 253 (bottom)
Doris Baum, DPI   109
Wide World   127, 203, 219, 233
James Johnson, DPI   145 (top)
Katia Bojilova, DPI   145 (bottom left)
Bruce Davidson, Magnum Photos   145 (bottom right)
United Press International   163
United Nations   201 (left, 2nd from left, right)
Capitol Records   201 (left)
Grete Mannheim, DPI   253 (top)
K. Rosenthal, Stock, Boston   271

Sponsoring Editor: George J. Telecki
Special Projects Editor: Rita Pérez
Project Editor: Brenda Goldberg
Designer: Michel Craig
Production Supervisor: Will Jomarrón
Photo Research: Myra Schachne

A CONCEPT APPROACH TO SPANISH, Third Edition

Library of Congress Cataloging in Publication Data

Da Silva, Zenia Sacks.
  A concept approach to Spanish.

  Includes index.
  ·1. Spanish language—Grammar—1950-   I. Title.
PC4112.D264   1975   468'.2'421   74-10108
ISBN 0-06-041531-2

Para Albert, porque...

CONTENTS

PREFACE

A Concept Approach to Spanish was originally conceived as an intermediate and advanced manual of structure. It found its niche because it reorganized the conventional view of grammar principles, stressing meaning over formula, communication over rote, and currency over tradition. It introduced for the first time adaptations of periodical materials and treated them as a source of both reference and discussion. The structural presentation of each lesson was divided into two parts—Parts A and B—the first, a recapitulation of basic usage; the second, a more profound view, with exception and nuance. And I'm told that it worked.

But the time has come to explore a new vein, to add to the domain of syntax and oral application the experiment of a creative writing workshop, to enlarge our scope, to diversify. This, together with the grammar manual of old, has made the new *Concept Approach to Spanish*, third edition. Let me tell you about the things that are new.

1. An entirely new format for structural review. Parts A and B have been combined into one, thus avoiding the overlapping inherent in their separate treatment. But the intrinsic separation between those structures considered elementary or intermediate and those suitable for the advanced student still remains. The basic elements of the old Part A are now set off in boxes, each point followed by its own *Práctica*, optional for use by the advanced student or class, essential for the intermediate. Following each of these set-off materials come those observations directed toward the "specialist," point by point, in the immediate context of the basic structures just outlined. And these are reinforced with a greatly enhanced series of varied *Ejercicios*.

2. An entirely new array of workshop materials, each of which serves the triple function of exposition, active conversation, and creative composition. Designed to evoke diverse techniques of prose expression, they fall into the categories of narrative, dialogue, description, correspondence (personal and other), journalism (including a press conference), vignette, and fantasy. And to ensure that nothing is left out, there even is a section on the "Art of Saying Something Without Really Saying Anything at All." I believe it will work.

Once again, I am grateful to you for the chance to make this new design, grateful also to Professor Gabriel H. Lovett, my original collaborator, for permitting me to do so, grateful finally and always to those who have believed in the concept approach over the years and who have added to it their own personal zeal. I am more than indebted.

ZSD

LECCION
PRIMERA

PRIMERA

NARRATIVA

A. El lunes **amaneció tibio** y sin lluvia. Don Aurelio Escovar, dentista sin título y **buen madrugador**, abrió su **gabinete** a las seis. Sacó de la **vidriera una dentadura postiza** montada en el molde de **yeso** y puso sobre la mesa un puñado de instrumentos que ordenó de mayor a menor, como en una exposición. Llevaba una camisa **a rayas**, sin cuello, cerrada arriba con un botón dorado, y los pantalones sostenidos con **cargadores** elásticos. (...)

Cuando tuvo las cosas dispuestas sobre la mesa **rodó la fresa** hacia el **sillón de resortes** y se sentó a **pulir** la dentadura postiza. Parecía no pensar en lo que hacía, pero trabajaba con obstinación, pedaleando en la fresa incluso cuando no se servía de ella. (...) La voz **destemplada** de su hijo de once años lo sacó de su abstracción.

—Papá.

—Qué.

—**Dice el Alcalde que si le sacas una muela.**

—Dile que no estoy.

Estaba puliendo un diente de oro. Lo retiró a la distancia del brazo y lo examinó con los ojos **a medio cerrar**. En la salita de espera volvió a gritar su hijo.

—**Dice que sí estás** porque te está oyendo.

El dentista siguió examinando el diente. Sólo cuando lo puso en la mesa con los trabajos terminados, dijo:

—Mejor.

Volvió a operar la fresa. De una cajita de cartón

dawned mild

an early riser

office ● glass case ● a set of false teeth
plaster

striped

suspenders

he wheeled the drill ● swinging chair
polish

raucous

The Mayor says will you pull a tooth for him.

half closed

He says you are *in*

donde guardaba las cosas **por hacer**, sacó un [yet to be done] puente de varias piezas y empezó a pulir el oro.

—Papá.

—Qué.

—Dice que si no le sacas la muela **te pega un tiro**. [he'll shoot you]

Sin apresurarse, con un movimiento extremadamente tranquilo, dejó de pedalear en la fresa, **la retiró** del sillón y abrió por completo la **gaveta** interior de la mesa. Allí estaba el revólver. [he pushed it away / drawer]

—Bueno—dijo—. Dile que venga a pegármelo.

(Gabriel García Márquez, **Un día de éstos**)

B. Cuando ya estaba cerca de donde se rompían las olas **cesó de remar** y dejó que la lancha **bogara** hacia la orilla con el impulso de la **marejada**. Estaba **empapado de sudor** y el sucio traje de **lino** blanco se le adhería a la gordura del cuerpo impidiendo o dificultando sus movimientos. Había remado durante varias horas tratando de escapar de sus **perseguidores**. Su **impericia** lo había llevado **costeando** hasta esa extensa playa donde la lancha estaba ahora. Se limpió con la mano el sudor que le corría por la **frente** y miró hacia tierra. Luego se volvió y vio a lo lejos, como un punto diminuto sobre las aguas, la lancha de Van Guld que lo venía siguiendo. "Si logro pasar al otro lado de la duna estoy **a salvo**," pensó **acariciando** la Luger que había sacado del bolsillo de la chaqueta para **cerciorarse** de que no la había perdido. Volvió a guardar la pistola, esta vez en el bolsillo **trasero** del pantalón y trató de dar otro **golpe de remo** para dirigir la lancha hacia la playa. Pero la gordura dificultaba sus movimientos y no consiguió cambiar el rumbo del bote. **Encolerizado**, arrojó el **remo** hacia la costa. Estaba tan cerca que pudo oír el golpe seco que produjo sobre la arena húmeda, y la lancha **se deslizaba de largo sin encallar**. Había **pozas** y no sabía nadar. Por eso no se tiró al agua para llegar a la orilla por su propio pie. Una vez más se volvió hacia sus perseguidores. El punto había crecido. Si la lancha **no encallaba** en la arena de la playa, **le darían alcance**. Tomó el otro remo y decidió utilizarlo como **timón apoyándolo sobre la borda** y haciendo contrapeso con toda la fuerza de su gordura. Pero se había equivocado y la lancha **viró mar adentro**. (. . .) La lancha de su

Glosas marginales:
- he stopped rowing
- drift • tide
- soaked with sweat • linen
- pursuers
- inexpertise • hugging the coast
- forehead
- safe
- patting
- make sure
- back
- stroke with the oar
- Furious
- oar
- glided by without grounding • deep holes
- didn't go aground
- they would catch up with him • a rudder resting it against the rim
- turned toward the sea

perseguidor seguía creciendo ante su mirada llena
de angustia. Cerró los ojos y **dio de puñetazos** sobre   punched his fists
el asiento, pero esto le produjo un **vivo** dolor físico   sharp
que se agregaba al miedo como un acento **maléfico**.   pernicious
Abrió las manos **regordetas**, manicuradas y las miró   pudgy
durante un segundo. Sangraban **de remar**. Las metió   from rowing
en el agua y las volvió a mirar. (. . .) Sintió que la
sangre le corría por la cara y apretó le Luger contra
sus **caderas** obesas.   hips

(Salvador Elizondo, **En la playa**)

Comentarios

A. 1. ¿Cómo se imagina Ud. el pueblo donde vivía don Aurelio ¿ Qué
deduce Ud. del clima ? ¿ Dónde cree Ud. que se encontraba ?

2. Y don Aurelio, ¿cómo era? ¿Cómo se imagina Ud. su aspecto
físico? ¿y su carácter? ¿Qué adjetivos empleería Ud. para
describirlo?

3. ¿Cómo explica Ud. la enemistad que parece existir entre don
Aurelio y el alcalde? ¿Qué significa para Ud. el título del cuento?

B. 1. ¿Dónde cree Ud. que ocurre la acción de **En la playa**?

2. ¿Quién cree Ud. que es el gordo? ¿Qué detalles indican su
categoría social? ¿Cómo se imagina Ud. su vida anterior a este
momento?

3. ¿Quién es Van Guld? ¿Por qué cree Ud. que está persiguiendo
al gordo?

4. ¿Con quién simpatiza Ud. más—con el hombre gordo o con Van
Guld? ¿Por qué? En su opinión, ¿quién es el "malvado" del
cuento? ¿y el "héroe"? ¿O es que no hay ninguno?

ESTRUCTURA
1. THE PRESENT TENSE

A. The simple present tense in Spanish describes an action that
is happening now or that occurs as a general rule. It has three
translations in English:

Fumas demasiado.   You smoke too much.
                       You are smoking too much.
Sí, fumo mucho.   Yes, I do smoke a lot.

In questions and negative statements, English must use an
auxiliary verb (is, does, etc.). Spanish maintains the simple
present.

¿ Trabaja José ?	Does Joe work ? ¿ Is Joe working ?
Uds. no lo tienen, ¿ verdad ?[1]	You don't have it, do you ?

Práctica

Cambie las frases siguientes según los sujetos indicados :

1. Llevo ropa muy ligera hoy.
   (El niño, Uds., tú, Pablo y yo, vosotros)
2. ¿ No metes las camisas en el cajón ?
   (nosotros, yo, los chicos, vosotros, la muchacha)
3. ¿ A qué hora abren la tienda ?
   (Ud., el señor González, tú, vosotros, yo)
4. Volvemos en seguida.
   (Yo, ¿ tú ?, ¿ Uds. ?, todos, tu hermano)
5. Sigue adelante, ¿ verdad ?
   (Nosotros, yo, tú, el camino, los otros)

B. The present tense is also used in Spanish for an action that *has been going on since* a certain time or date (and still is !).

Estamos casados desde junio.	We have been married since June (and still are).
Los conozco desde 1969.	I have known them since 1969.

C. It often appears instead of a future or past tense to give the action a more immediate, more graphic quality.

Te veo mañana, ¿ está bien ?	I'll see you tomorrow, all right ?
—Sí. Pero me llamas primero, ¿verdad ?	—Yes. But you'll call me first, won't you ?
Ahí estaba yo sentadito y en paz. Y de repente se me acercó el tipo ese, y me coge por la espalda, fuerte ; ¿entiendes ?, y comienza a pegarme, y dice…	There I was, sitting down, minding my own business. And suddenly that guy came over to me and grabbed me from behind, real hard, you know, and began to hit me, and said…

D. And it is used occasionally instead of both the subjunctive and the conditional in contrary-to-fact sentences, again for the sake of vividness.

Si me ve, me mata.	If he saw me, he'd kill me. If he had seen me, he'd have killed me.

---

[1] The corroborating question *don't you ?, doesn't he ?, haven't they ?*, etc., is usually translated by ¿ no ? ; and *do you ?, does he ?, have they ?*, etc., by ¿ verdad ?

Ejercicios

A. Conteste en español:

1. ¿A qué hora se levanta Ud. los días de entresemana? ¿y los domingos? 2. ¿Desde cuándo viven Uds. en la casa (o apartamento) que tienen ahora? 3. ¿Cuántas materias estudia Ud. este semestre? ¿Desde cuándo estudia español? 4. ¿Adónde vas este fin de semana? ¿y el verano que viene? 5. ¿Conoce Ud. a muchas personas de países hispánicos? ¿De dónde son? 6. ¿Cuándo terminan Uds. esta lección? Entonces, ¿cuándo comienzan la próxima?

B. Exprese ahora de una manera más gráfica:

1. ¿Cuándo me lo devolverás? 2. Nos veremos esta noche, ¿verdad? 3. ¿Así que saldrán para fines del mes? 4. Sin falta, te los traeré mañana. 5. ¿Nos acompañaréis o no? 6. Era un día cualquiera. No esperábamos a nadie y no teníamos planes para salir siquiera de casa. Pues, ¿saben? A las tres en punto hubo una llamada a la puerta. Yo la abrí y vi a dos hombres armados con pistolas. ¿Juan Ordóñez?, me preguntaron. Y sin poder yo contestar ni nada, me cogieron y me llevaron a un coche que estaba estacionado detrás de la casa. Les digo la verdad, en ese momento, si abriera la boca, me matarían. Así que no dije nada y les dejé hacer todo lo que querían hasta que...

2. THE IMPERFECT AND PRETERITE TENSES

A. General View

Spanish has two simple past tenses: the imperfect and the preterite. Their usage depends on the *concept* that the speaker is trying to communicate, and they are never interchangeable without a change in meaning. The difference between the imperfect and the preterite can be visualized as follows:

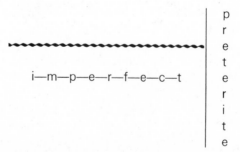

The continuous moving line of the imperfect relives an action or state as it was taking place in the past. It describes a past action in its process or paints the background of an event. The abrupt, incisive stroke of the preterite cuts into the past, recording its events as completed units in time, reporting merely the fact that they took place.

THE IMPERFECT IS THE PICTORIAL PAST.
THE PRETERITE IS THE RECORDING PAST.

B. Uses of the Imperfect

1. It tells what *was happening* at a certain time.

Amanecía y el cielo se tornaba rosado.	It was dawning and the sky was turning pink.
—¿Qué hacían? —Hablaban de ti y se reían.	What were they doing?— They were talking about you and laughing.

2. It recalls what *used to* happen over a period of time.

Buen madrugador, abría su gabinete a las seis.	An early riser, he would (used to) open his office at six.
—¿Y a qué hora lo cerraba entonces?	— Then at what time would he close it?

3. It describes a physical, mental or emotional state in the past.

La casa no era grande, pero era cómoda. Por eso nos gustaba tanto.	The house wasn't big, but it was comfortable. That's why we liked it so.
No lo conocían realmente, pero todos lo respetaban.	They didn't really know him, but they all respected him.

4. It tells the time in the past. It sets the stage on which another action was played.

Eran las nueve en punto.	It was nine o'clock sharp.
Era la Nochebuena . . .	'Twas the night before Xmas . . .
No había nadie en la calle.	There was nobody in the street.
Parecía que el mundo estaba desierto.	It seemed that the world was deserted.

Práctica

Cambie al imperfecto:

1. Parecen no pensar en lo que hacen.   2. Está puliendo un diente de oro.   3. Acaricia su revólver.   4. Yo no entiendo por qué lo persiguen.   5. Lo odiamos hasta tal punto que no aguantamos verlo siquiera.   6. Se sienten cansados de tanto remar.   7. ¿No quieres ayudarnos?   8. Es tarde ya para salvarlo. Los enemigos ya le dan alcance y su lancha se está hundiendo. ¿Qué va a hacer?   9. ¿No lo sabéis? Pero si todo el mundo lo sabe ya.   10. Siempre vamos juntos. Somos muy buenos amigos.

C. Uses of the Preterite

The preterite records, reports, narrates. It views an event as a single completed unit in the past, no matter how long it lasted nor how many times it was repeated.

Anoche fuimos al cine. —¿Qué vieron?	Last night we went to the movies. —What did you see?
En 1972 nuestro equipo ganó quince partidos. —¿Qué me cuentas?	In 1972 our team won fifteen games. —Go on!
Pasó el resto de su vida allí. —Pero, ¿por qué?	He spent the rest of his life there. —But why?

Obviously, the imperfect and the preterite may appear in the same sentence. Only the meaning of each clause will determine which to use.

Llovía fuerte cuando salimos.	It was raining hard when we left.

Práctica

Cambie al pretérito:

1. Se limpia con la mano el sudor.   2. Arrojo el remo hacia la costa.   3. No conseguían cambiar el rumbo del bote.   4. Lo examinaba con los ojos a medio cerrar.   5. Los gritos lo despertarán.   6. ¿Trabajas todo el día?   7. ¿Vas con ellos?   Pues, ¿qué haréis?   8. Los ponemos sobre la mesa.   9. Comienzo de nuevo.   10. ¿Dónde estarán Uds. esta mañana?

D. Changes of Meaning

1. With certain verbs, the preterite produces an essential difference in translation, as well as in meaning.

Sabíamos que era él.	We knew that it was he. (State of mind.)
Supimos que era él.	We found out (learned) that it was he. (Mental act of discovering.)
Quería llamarnos.	He *wanted* to call us. (State of mind.)
Quiso llamarnos.	He *tried* to call us. (The act of putting his will into effect.)
No quería pelear.	He *didn't want* to fight.
No quiso pelear.	He *refused* to fight.

¿Le conocía Ud.?	Did you *know* him?
Le conocí hace años.	I *met* him (made his acquaintance) years ago.
Podía hacerlo.	He *was able* to do it. (He was capable of doing it.)
Pudo hacerlo.	He *succeeded* in doing it. (He was able and did.)

2. More frequently, English intimates only by context whether the past action is viewed as a completed unit in time or whether it is being described in its process. Spanish always maintains a clear distinction by the use of preterite and imperfect. Consider, for example:

I was sick last week.	**Estuve enfermo la semana pasada.** (I took sick last week and subsequently recovered.)
	Estaba enfermo la semana pasada. (There I was, sick as could be... There is no reference to the beginning or end of the illness.)
We didn't like his manner of speaking.	**No nos gustó su manera de hablar.** (It really struck us wrong at the time.)
	No nos gustaba su manera de hablar. (It always annoyed us.)
He had to study.	**Tuvo que estudiar.** (He was obliged to and he did.)
	Tenía que estudiar. (At a certain time or as a general rule, he was supposed to study. We don't know whether he did.)

Notice how a single word or phrase can change the whole tone of a passage.

Last summer we went to Mexico. We left on June 30 and returned on September 1.	**El verano pasado fuimos a México. Partimos el 30 de junio y regresamos el primero de septiembre.**
Every summer we went (used to, would go) to Mexico. We left on June 30 and returned on September 1.	**Todos los veranos íbamos a México. Partíamos el 30 de junio y regresábamos el primero de septiembre.**

3. Indirect discourse

When a direct statement is not given as a quotation, but is included within another statement, the construction is known as indirect discourse. (*He says that...*, *They explained that...*) The imperfect is used for an indirect quotation in the past, unless the subordinate clause actually implies a prior past (pluperfect) action.

Dijo que estaba enfermo.	He said that he was sick (at that time).
Dijo que estuvo enfermo.	He said that he was (had been) sick.

E. The Imperfect in Result Clauses

In everyday speech, the imperfect is very commonly used in the result clause of a condition contrary to fact.

Si *yo* lo tuviese, se lo daba.	If I had it, I would give it to him.
Si lo supieran, nos echaban de casa.	If they knew, they would throw us out.

Ejercicios

A. Conteste en español:

1. ¿Adónde fue Ud. ayer? ¿Qué hizo? 2. ¿Conoció Ud. a mucha gente el verano pasado? 3. ¿A qué hora se levantó esta mañana? ¿Se vistió en seguida? ¿Qué tomó de desayuno? 4. ¿Qué tiempo hacía cuando saliste de casa esta mañana? 5. ¿Hizo mucho frío el invierno pasado? ¿Nevó mucho? 6. Cuando Uds. eran niños, ¿a qué deportes les gustaba más jugar? ¿y ahora? 7. ¿A qué hora se acostaban cuando eran pequeños? ¿A qué hora se acuestan ahora? 8. ¿Quién fue elegido en las últimas elecciones presidenciales? ¿Votaste tú por él? ¿Votaron por él tus padres? 9. ¿En qué clase saliste mejor el semestre pasado? ¿En cuál salías mejor cuando asistías a la escuela superior? 10. ¿Qué hacías ayer a estas horas? ¿Estabas contento?

B. Complete empleando el imperfecto o pretérito de los verbos indicados.

1. (Yo) ———, ——— y ———. (venir, ver, vencer) Pero díganme, ¿——— la pena? (valer) 2. ——— la medianoche. (ser) La casa ——— oscura y ——— vacía. (estar, parecer) Miguelín y yo ——— la puerta y de repente ——— un grito. (abrir, oír) No ——— siquiera de dónde ———. (saber, venir) 3. En realidad, Diego me ——— muy mal. (tratar) Nunca ——— de mi cumpleaños. (acordarse) Nunca me ——— cuando me ——— triste. (consolar, sentir) Cuando le ——— la gana, ——— con otras muchachas. (dar, salir) Y a pesar de todo, yo lo ———, lo ———. (amar, adorar) 4. ¿Por qué ——— Uds. ir? (no querer

—refused) —Porque _____. (llover)   5. ¿_____ (tú) que el año
pasado (nosotros) _____ primeros en el concurso nacional ? (saber,
salir)—Sí, lo _____ ayer mismo. (saber)

C. Exprese ahora en español :
  1. Marisa told me that she was ready to (**para**) leave and that she
     was expecting me right away. So I got dressed in five minutes,
     ate in two, and dashed over (went running) to her house. And
     when I arrived, there she was, talking on the telephone to a friend
     and not even dressed ! Now do you understand why I got so angry
     with her ?
  2. It was a mild day. It wasn't very sunny, but at least it wasn't raining
     any more. We got up early and decided to take a ride into the
     country. Well, everything seemed to go (**andar**) well until
     suddenly . . . I'll bet you'll never guess what happened.
  3. He was wearing a striped shirt without a collar and his pants were
     held up by elastic suspenders. He took a false tooth out of a box
     and sat down to polish it. It seemed that he wasn't thinking about
     what he was doing. Certainly it didn't matter to him that the mayor
     was waiting outside in the little waiting room.
  4. Furious, the poor man threw his oars into the sea. What good
     were they (¿ **De qué servían**) any more ? His pursuers were gaining
     on him (**darle alcance**) and there was no chance of escaping. What
     was worse, he didn't even know how to swim.

3. *HACER* IN TIME EXPRESSIONS

A. When a situation *has been going on* for a certain period of
time (*and still is*), the impersonal **hace... que** (*now it makes*) states
the length of time, and the following verb is also in the present.

Hace años que vivo aquí.	I have been living here for years.
Hace seis meses que la conoce.	He has known her for six months.

B. When a situation *had been going on* for a certain period of
time (*and still was going on, until...*), **hacía... que** states the length
of time, and the following verb is also in the imperfect.

Hacía años que vivía aquí.	I had been living here for years.
Hacía seis meses que la conocía cuando se casaron.	He had known her for six months when they got married.

C. After a verb in the preterite or imperfect, **hace** + period of
time means *ago*. When **hace...** begins the sentence, it is generally
followed by **que**.

Se fue hace tres días.	He left three days ago.
Hace tres días que se fue.	
La vi hace media hora.	I saw her half an hour ago.
Hace media hora que la vi.	
Estaba muy gorda hace unos meses; ¡y ahora hay que verla!	She was very fat a few months ago, and now you should see her!

Práctica

Cambie según los sujetos, verbos y tiempos indicados:
1. Hace diez años que **vivimos** en el mismo lugar. (trabajar)
2. Hace siete meses que **estoy casada**. (Donado y yo)   3. ¿Cuánto tiempo hace que **estudias** aquí? (Uds.)   4. Hace años que los **tratamos**. (conocer)   5. Hace muchos años que los **ayuda**. (mantener)   6. ¿**Hace** mucho tiempo que nos esperáis? (Hacía)
7. Hace cuatro días que **llueve**. (nevar)   8. **Hace** cinco años que le sirvo. (Hacía)   9. **Hace** meses que no tenemos noticias suyas. (Hacía)   10. Le **hablé** hace poco. (ver)   11. **Llegaron** hace media hora. (venir)   12. Se lo **dimos** hace una semana o más. (devolver)
13. **Tocaba** muy bien hace unos años. (cantar)   14. Hace tres semanas que **nació**. (morir)   15. **Hace** años que desea vengarse del alcalde. (Hacía)

D. The main verb may precede the **hace** construction in sentences that describe a situation that *has been* or *had been going on* for a period of time. In such cases, **hace** or **hacía** is generally preceded by **desde**.

No nos hablamos desde hace tres meses.	We haven't spoken to each other for three months (since three months ago).
Vivían allí desde hacía años.	They had been living there for years (since years before).

Ejercicios

Díganos:
1. ¿Cuánto tiempo hace que asiste Ud. a esta universidad?   2. ¿Dónde estaba Ud. hace media hora? ¿y hace dos horas?   3. ¿Cuánto tiempo hace que conoces a tu mejor amigo (o amiga)?   4. ¿Cuánto tiempo hacía que se conocían tus padres antes de casarse?   5. ¿Cuánto tiempo hace que vive tu familia en su casa actual?   6. ¿Hacía poco o mucho tiempo que vivían Uds. en su casa anterior?   7. Uds. estudian español desde hace dos años o más, ¿verdad?   8. ¿Cuántos años hacía que lo estudiabas tú antes de ingresar en esta escuela?

4. *LLEVAR* IN TIME EXPRESSIONS

The present tense of **llevar** describes a *state* that *has been* in existence *for* a period of time; the imperfect, a state that *had* been... etc. Unlike **hacer, llevar** may be conjugated in every person.

Llevamos tres semanas aquí.	We have been here for three weeks.
Llevaban un mes de casados.	They had been married for a month.
¿Cuánto tiempo llevas en este cargo?	How long have you been at this job?

To describe an *affirmative action* that *has been* (or *had been*) going on for a period of time, **llevar** + period of time is followed by a present participle.

Llevo tres semanas trabajando aquí.	I have been working here for three weeks.

With a negative, **llevar** + period of time is followed by **sin** and an infinitive.

Lleva diez días sin comer nada.	He hasn't eaten for ten days.
Llevábamos años sin verlos.	We hadn't seen them for years.

Ejercicios

A. Diga de otra manera. Por ejemplo:
Hace dos horas que le espero... **Llevo dos horas esperándole.**
Hacía años que lo aguantaban... **Llevaban años aguantándolo.**
Hace meses que no nos escribe... **Lleva meses sin escribirnos.**
1. ¿Cuánto tiempo hace que estás aquí? 2. Hace días que la busco. 3. Hacía días que la buscaba. 4. Hace mucho tiempo que no vuelve a su casa. 5. Hacía semanas que no teníamos noticias suyas. 6. Hacía años que sufría horriblemente. 7. Hace horas que trabaja sobre la misma dentadura. 8. Hace cinco años que estamos casados. 9. ¿Hace mucho tiempo que me esperas? 10. Hacía años que no pintaban la casa.

B. Ahora exprese cada frase de dos maneras:
1. We have been in the same place for years. 2. I haven't gone to the movies in centuries. 3. You've been working there for a long time, haven't you? 4. They had been teaching Spanish for twenty years or more. 5. The poor man hadn't eaten for days. 6. I had been studying it for hours, and I still didn't understand it. What was I going to do?

5. TWO MORE TIME EXPRESSIONS—*ACABAR DE* AND *SOLER*

A. acabar de   to have just

The idiom **acabar de**, followed by an infinitive, is used only in the present and imperfect. In the present, it is translated as (*I, you, etc.*) *have just...*, and in the imperfect as *had just...*

Acaban de llegar.	They have just arrived.
Acabábamos de comer.	We had just eaten.

Práctica

Cambie al pasado:
1. Acabo de verle.   2. Acabamos de llegar.   3. El programa acaba de comenzar.   4. ¿Acabas de despertarte?   5. Acabáis de comer, ¿verdad?   6. ¿Acaban de terminar la lección?   7. Acabo de explicárselo.   8. Acabas de leerlo, ¿no?   9. Acaba de llover. 10. Acaban de llamarnos.

B. soler   to be accustomed to, to (do) generally

Soler + an infinitive is used very often in the present and imperfect to portray a habitual action.

Suele llamar a estas horas.	He usually calls around this time.
Solían desayunarse a las seis.	They used to breakfast at six.

Ejercicios

Diga en español:
1. I generally call them once a week.   2. They usually visit us every Friday.   3. Our professor generally gives us an exam at the end of each lesson.   4. Joe used to work at night, but now he works by day.
5. ·We used to play cards with them every evening.   6. We're not accustomed to doing such a thing.   7. I generally eat something before leaving for school.   8. You used to get up early, right? And now you usually sleep till noon.

CREACIÓN

Escoja uno de los trozos que leímos hace poco: es decir, **Un día de éstos** o **En la playa.**   Estúdielo bien y después:

1. díganos cómo piensa que terminará... o
2. haga una versión abreviada del mismo episodio en sus propias palabras.

LECCION DOS

DOS

DIÁLOGO

Valentín, un humilde profesor, ha recibido una carta invitándole a reunirse con una **persona desconocida** en la suite mayor de un hotel principal. Al llegar descubre que se halla en las habitaciones de uno de los hombres más poderosos del mundo, el presidente de una compañía internacional.

El presidente: ¿Quién es Ud.?

Valentín: ¡Señor presidente! Permítame que me presente...

El presidente: ¡No! **No hace falta** que se presente. **Le advierto** que si viene a proponerme un negocio le diré que no me interesa. Si viene a pedir dinero, **entiéndase** con mi secretaria, que es **quien se ocupa de** mis obras de **caridad**. Y si se trata de una recomendación...

Valentín: (Sonriendo) ¡Je! Tranquilícese, señor presidente. No voy a proponerle un negocio porque yo no entiendo nada de esas cosas. Tampoco voy a pedirle dinero porque hoy no me hace falta. Y en cuanto a **lo de** la recomendación... (Se ríe.) Bueno. Me gustaría a mí saber para qué quiero yo una recomendación.

El presidente: ¿Ah, sí? ¡Qué raro! ¿Por qué está Ud. aquí?

Valentín: **(Azorado)** ¡Je! Pues verá Ud...

El presidente: ¿Quiere Ud. explicarse **de una vez**?

Valentín: ¡Señor presidente! Yo creo que estoy aquí por equivocación...

El presidente: ¡Cómo!

Valentín: Mire. Esta mañana recibí una carta no sé

stranger

It's not necessary

I warn you

work it out • who is in charge of • charity

the matter of

nervous

once and for all

de quién, en la que **se me citaba** para cenar aquí   I was invited
esta noche, en este apartamento. Aquí la tengo.
Mírela. (El presidente la toma y la lee en silencio.)

El presidente: ¡Oiga! Ha recibido Ud. esta carta
con atraso. Lleva fecha de ayer...   belatedly

Valentín: ¿De veras?

El presidente: Sí. Su cena era anoche. Seguramente
le invitó a Ud. el huésped que ayer ocupaba este
apartamento. Yo he llegado esta mañana de
Barcelona.

Valentín: ¡Ah! ¿Y quién **sería** ese huésped?   could be

El presidente: No lo sé. Es una firma extraña. Parece
un extranjero...

Valentín: Bien. Entonces, ya está todo claro. Le
ruego que me disculpe. Buenas noches, señor
presidente.

El presidente: ¡Espere...! Después de todo, no tiene
que marcharse **tan de prisa**. Puede quedarse un   so quickly
rato.

Valentín: ¿Yo?

El presidente: ¿Por qué no? **Tomaremos una copa,**   We'll have a drink
si gusta... Y hasta podremos cenar juntos. Natural-
mente si **Ud. no tiene inconveniente.**   it's all right with
you

Valentín: Pero, señor presidente...

El presidente: La verdad es que me haría Ud. un
gran favor quedándose. Esta noche me siento
solo, **espantosamente** solo... No sé por qué. Y ya   dreadfully
ve, ni siquiera me importa confesarlo. (Los dos
comienzan a conversar acerca de sus vidas y el
presidente revela el sufrimiento que lleva debajo
de la superficie de su éxito material.) ¿Me creerá
Ud., amigo mío, si le digo que yo tengo tanto
poder y quizá más que muchos de aquellos
emperadores que **pasaron a la historia por po-**   went down in
derosos? ¡Oh! **Yo lo puedo todo.** Sin embargo,   history for being
powerful •
lo único que no consigo es ser feliz. Es increíble,   I can do anything.
¿verdad? En este momento, bajo este cielo, **debe**
haber muchos hombres felices que sueñan y ríen.   there must be
¿Por qué no soy uno de ellos? ¡Yo he **equivocado**   made a mistake with
mi vida!

Valentín: ¿Qué dice?

El presidente: Pero, ¿no lo comprende Ud.? Si Ud.
es feliz con tan poco que tiene y yo soy **desgraciado**   miserable
con lo tanto que tengo, es que toda mi lucha, todo
mi **afán** y todas mis ambiciones han sido inútiles.   striving

Valentín: **Ea**, ea, señor presidente, cálmese.   Come now

El presidente: Oígame. Voy a hacerle una proposición. ¿Quiere Ud. cambiar mi vida por la suya?

Valentín: (**Aterrado**) ¿**Cómo**? Pero, señor presidente,   Terrified; What?
Ud. se ha vuelto loco.

El presidente: ¡No sea estúpido! Lo que le propongo
es sencillamente maravilloso. Déjeme Ud. a mí el
puesto que Ud. ocupa en la vida. Yo daré clases
de idiomas a sus alumnos. Yo jugaré al dominó
con sus amigos; yo cuidaré a sus pájaros. Yo
pasearé por esas calles hasta **caer rendido** de   I fall exhausted
andar y de andar. Y Ud., en cambio, se sentará en
el gran sillón de mi **despacho**. Vivirá Ud. en mi   office
finca de Suiza, **dominará** Ud. mis **empresas**. Yo le   estate • you will run •
daré el poder más fabuloso que **jamás se ha dado**   enterprises
para que se convierta Ud. en dueño de todo **lo mío**.   ever has been given
¿Me oye? Entonces nada se opondrá a su volun-   that is mine
tad. Todos sus sueños serán posibles. ¡Todos!

Valentín: ¡Señor presidente! ¿Sería Ud. capaz de
hacer todo eso?... ¿No me engaña?

El presidente: ¡Oh! Pero, ¿por qué duda? Si no es
Ud. más que un **pobre hombre**...   ordinary Joe

Voz en "OFF": ¡Señor presidente...!

(Víctor Ruiz Iriarte, **El presidente y la felicidad**)

Análisis

1. ¿Cómo se imagina Ud. a Valentín? ¿Cuántos años tendrá? ¿Por qué
piensa Ud. así? ¿Dónde vivirá—en la ciudad o en el campo? ¿Será
soltero (*a bachelor*) o casado? ¿Podría Ud. describirnos un día
típico de su vida?

2. ¿Cómo será el aspecto físico del presidente? ¿Será alto, pequeño
o más bien de estatura mediana? ¿Será delgado o corpulento? ¿Qué
es lo que le hace pensar así? ¿Asocia Ud. la estatura con el carácter
de uno? ¿Cómo describiría Ud. la personalidad del presidente?
¿Por qué piensa Ud. que no es feliz?

3. En su opinión, ¿aceptará Valentín la proposición del presidente?
¿Cómo cree Ud. que terminará esta obra? ¿Representarán Valentín
y el presidente algún valor simbólico? ¿Cuál sería? ¿Está Ud. de
acuerdo con aquella tesis?

4. ¿Con quién se identifica Ud. más—con Valentín o con el presidente?
¿Le gustaría a Ud. en este momento ser Valentín? ¿Conoce Ud. a
alguien como él? ¿Le recuerda a Ud. (*Does the president remind
you of . . .*) a alguien el presidente? ¿A quién?

ESTRUCTURA
6. THE FUTURE TENSE

A. General Meaning and Function

Exactly as in English, the future tense in Spanish refers to an action that *is going to* take place. It is translated in English as *will* or *shall* (*go, do,* etc.).

Cogeré el tren de las diez.	I'll catch the ten o'clock train.
Nos veremos en la biblioteca.	We shall meet at the library.

B. The Future of Probability

In Spanish, the future is used also to convey the idea of conjecture or probability with regard to an action in the present.

Ya estarán aquí.	They probably are here already. They must be (most likely are) here already.
¿Quién será?	I wonder who he is. Who can he be?

Práctica

Cambie según las indicaciones:
1. Ya lo verá **Ud.**, (tú, Uds., nosotros, vosotros)
2. **Iré** con Miguelín. (Ricardo, Los otros, Ud. y yo, Tú y los niños)
3. **Se lo traerán** mañana. (dar, decir, llevar, poner, devolver)
4. **Saldremos** el lunes. (venir, regresar, hacerlo, decírtelo)
5. No los **perderé.** (necesitar, tener, dejar, abandonar, querer)

C. Other Meanings of the English *will*

In English, *will* is often used in the sense of *to will, to be willing,* or *please.* In such cases, Spanish uses the present tense of **querer**, followed by an infinitive: Do you want to…?

¿Quiere Ud. decirme por qué está aquí?	Will you (please) tell me why you're here?
¿Quieren Uds. sentarse?	Will you be seated?
No quiere escucharnos.	He won't (will not, doesn't want to) listen to us.

Ejercicios

A. Conteste:
1. ¿En qué mes terminará este curso? ¿Cuándo empezará el próximo semestre escolar? 2. ¿A qué hora se levantará Ud.

mañana? ¿A qué hora será su primera clase? 3. ¿Cuántos años tendrá Ud. en 1999? ¿Cuántos años tendrán sus padres? 4. ¿En qué año se graduará Ud. de esta escuela? ¿Qué hará entonces? ¿Cuántos créditos tendrán Uds. que completar antes de graduarse? 5. En su opinión, ¿quiénes serán elegidos en las próximas elecciones nacionales? ¿Podrán resolver los problemas más críticos de nuestro país? 6. ¿Qué tendrán Uds. que hacer mañana en esta clase? ¿Llegarán a la parte titulada "Creación"? 7. ¿Qué hora será en este momento? ¿Qué estará haciendo ahora tu novio (o novia)? 8. Y tú, ¿estarás libre esta tarde? ¿Adónde irás? ¿Quieres venir a visitarme?

B. Diga en español:

1. I shall give you everything I own. You will sit in my chair. You will rule all my enterprises. You will live like an emperor, like a god. —But will I be able to find peace? Will I be happy?... Can I be dreaming?... Can I be crazy? 2. I wonder who those strange people are. They must be from another planet. —No. They're my relatives, darling. I'll introduce you right away. Mom, this is my fiancé, Robert. Robert!... Robert!! 3. Will you please shut the windows? It will begin to rain soon. —I'd be glad to. 4. What time can it be? —It must be six o'clock, at least. —Oh, no! What shall I do? Dad will be coming (will come) home soon and he must be hungry. And there won't be time to (**para**) prepare supper. —Maybe we'll all go out to eat. —Great idea. You're brilliant, you know?

7. THE CONDITIONAL

A. Meaning and Function

1. The conditional is generally translated in English as *would* (*go, do*, etc.) and occasionally, in the first person, as *should*.

2. Primarily, the conditional is the future of a past action. As such, it has all the uses of the future tense, but with regard to the past. In the language of a mathematical ratio it can be expressed as follows:

CONDITIONAL : PAST = FUTURE : PRESENT
(Conditional is to Past as Future is to Present)

B. Uses

1. The conditional tells what *was going to* take place.

Dijo que vendría.	He said that he would come.
Nos prometieron que seríamos los primeros.	They promised us that we would be the first.

2. It conveys the idea of conjecture or probability with respect to a past action.

Serían las tres.	It was probably three o'clock.
	It was around three o'clock.
	It must have been three o'clock.
¿Quién sería?	I wonder who it was.
	Who could it be?

3. It is also used to state the result of a contrary-to-fact clause beginning with *if*. (It tells what would happen *if* something were so.)

Si tuviera tiempo, te ayudaría.	If I had time, I would help you.
Si Paco estuviera aquí, él sabría hacerlo.	If Frank were here, he'd know how to do it.

At times, the *if* clause is not stated, but implied.

¿Haría Ud. tal cosa?	Would you do a thing like that? (If you were in that situation.)
¿Quién lo creería?	Who would believe it? (If he were told so.)

4. It may be used as a polite or softened version of the future.

Tendría mucho gusto en invitárlos.	I should be happy to invite them.
¿Sería Ud. tan amable?	Would you be so kind?

Práctica

Cambie otra vez según las indicaciones:
1. Dijo que lo **haría**.
   (traer, escribir, darme, decirnos)
2. De todas maneras **yo** no sabría contestarle.
   (nosotros, Ud., Carmen, los obreros, tú, vosotras, Uds.)
3. **Prometiste** que vendrías a tiempo.
   (llegar, salir, terminarlo, entregármelos)
4. Te dijimos que no podríamos.
   (ir, venir, tenerla, hacerlo, dártelos, decíroslo)

C. Other Meanings of *would*

Would has several meanings aside from the conditional, and Spanish translates each one in its most literal and accurate sense.

1. When *would* means *used to*, we use the imperfect.

Siempre que llovía, íbamos al cine.	Whenever it would rain, we would go to the movies.
Cuando no había tiempo para acabar, le pedíamos una prórroga y siempre nos la daba. — ¡ Qué simpático, eh !	When there wasn't time to finish, we would ask him for an extension and he would give it to us. —How nice of him !

2. When *would* means *please*, or merely conveys a softened request, we use the present of **querer** plus an infinitive.

¿Quiere Ud. traerme un pañuelo ?... Ah, gracias.	Would you bring me a handkerchief ?... Ah, thanks.

3. And when *would not* means *refused*, we generally use **no querer** in the preterite.

No quiso admitir que estaba equivocado. — ¡ Qué tipo !	He wouldn't admit that he was wrong. —What a guy !
Aunque sabían que era inocente, no quisieron perdonarlo. — ¡ Dios mío !	Although they knew he was innocent, they refused to pardon him. —For Heaven's sake !

Ejercicios

A. Complete usando el tiempo más indicado de los verbos :
1. ¿ Qué te dijo —Que _____ en seguida. (venir)   2. ¿ Me _____ Ud. un favor ? (hacer) —_____ un gran placer. (ser)   3. Yo sabía que (tú) _____ tarde. (llegar) —¿ Por qué dices eso ? —Porque cuando nosotros _____ juntos a alguna parte, siempre _____ la última en llegar. (ir, ser)   4. ¿ _____ Uds. tal cosa ? (Hacer) —¿ Quién sabe ? _____ de la situación. (Depender)   5. Mi esposo y yo _____ mucho gusto en recibirlos si pudiéramos. (tener) —Pues, ¿ _____ Uds. invitarlos entonces en otra ocasión ? (poder) 6. Nadie lo conocía. ¿ Quién _____ ese individuo ? (ser)   7. ¿ Qué le _____ tú si estuvieras en mi lugar ? (decir) —Le _____ que _____ que esperar. (explicar, tener)

B. Exprese ahora en español : (¿ Hay otra lengua ya ?)
1. I wouldn't propose a business deal to you because I don't understand anything about business. Neither would I ask you for money, because I don't need it... and because I know that you wouldn't give it to me. —Then would you believe that I would like very much to help you ? I would like to share with you everything that I have. We could work together. We could help other people. And at last, I would be happy. —What ? I don't understand. Would you (please) repeat it ?   2. It probably wasn't late, but everyone was leaving.

I wonder what was happening. Where could they be going? 3. When we lived in Madrid, we would see them often. We would go to the theater and to the bullfights together, and we were such **(tan)** good friends. And suddenly, they changed. One day, in fact, we went to their home and they refused to see us. What would you do in that situation? —I would call them. I would try to find out what happened. I wouldn't allow our friendship to end like that.

8. DEBER   SHOULD, OUGHT TO

A. Deber conveys a concept of moral obligation.

Sé que debo hacerlo, y no lo hago. — Así somos todos.	I know that I should (ought to) do it, but I don't. —That's how we all are.

Notice how its connotations vary, however, when it is used in different tenses.

1. Obligation in the present

The present indicative of **deber** conveys a fairly strong attitude of obligation.

Debes aprender inglés.	You ought to (should) learn English.

The **-ra** form of the imperfect subjunctive or the conditional lends a milder tone to the expression of obligation.

Debieras aprender inglés.	You really should learn English. (It would be nice if you did.)

2. Obligation in the past

The imperfect of **deber** expresses obligation that was contemporary or future to another past action.

Sabía que debía hacerlo.	I knew that I ought to do it.
Dijo que debíamos invitarlos.	He said that we should (ought to) invite them.

The preterite of **deber** expresses obligation at a prior moment.

Ud. debió ofrecérselo.	You ought to have (should have) offered it to him (at that time).
Debieron aceptarlo.	They ought to have (should have) accepted it.

The imperfect of **deber**, followed by **haber** and a past participle places even more emphasis on the prior nature of the action.

| Sabía que no debía haberlo dicho. | I knew that I ought not to have said it (before). |
| Dijo que debíamos haberlos invitado. | He said that we should have (already) invited them. |

The **-ra** form of the imperfect subjunctive of **deber**, followed by **haber**, again imparts a softer tone to obligation in the past.

| Debiéramos haberlos invitado. | We really should have invited them. |

B. Other Uses of *deber*

1. Probability
Deber, sometimes followed by **de**, is used as an exact equivalent of the future (or conditional) of probability.

Debe (de) tener unos cincuenta años.	He must be (probably is) about fifty years old.
Tendrá unos cincuenta años.	
Debían (de) ser las once cuando volvieron.	It must have been (probably was) eleven o'clock when they returned.
Serían las once...	
Debe (de) haberlo vendido.	He probably has (must have) sold it.
Lo habrá vendido.	
Debía (de) haberla visto antes. La habría visto antes.[1]	He probably had seen her before.

2. Expectation or supposition
In this sense, **deber**, generally used in the present and imperfect indicative, corresponds to **haber de**.

| El vapor debe (ha de) atracar en el muelle a las nueve. | The ship is supposed to dock at nine o'clock. |
| Me dijeron que debían (habían de) marcharse al día siguiente. | They told me that they were to leave on the next day. |

3. Necessity
Occasionally, **deber** has almost the force of **tener que**.

| Antes de ingresar, debo aprobar un examen especial. | Before entering, I must (am obliged to) pass a special exam. |

---

[1] Of these two constructions, the conditional perfect is more common.

Ejercicios

A. Vamos a conversar:

1. En su opinión, ¿ debe legalizarse el uso de la marihuana? ¿ Deben legalizarse las demás drogas? ¿ Por qué? 2. Si un hijo vive todavía en casa de su familia, ¿ debe acceder casi siempre a los deseos de los demás? ¿ En qué puntos no debe acceder? ¿ Debe mantener limpio su cuarto si no quiere? ¿ Debe mantenerse limpio a sí mismo? ¿ Debieran expresar los padres sus opiniones sobre los amigos de su hijo? ¿ y sobre su manera de vestir? 3. Si los padres son viejos, ¿ deben pedir ayuda económica a los hijos o deberían acudir primero a la ayuda social (welfare)? ¿ Qué haría Ud.? 4. ¿ Qué debía Ud. hacer antes de venir a la escuela esta mañana? ¿ Lo hizo? 5. Díganos tres cosas que Ud. debía haber hecho en su vida y que no hizo. ¿ Se arrepiente ahora?

B. Exprese de otra manera, empleando siempre **deber**:

1. Si no me equivoco, ese señor alto **será** su esposo. —Lo es. **Tendrá** unos cuarenta años, ¿ no te parece? 2. ¿ Dónde la encontraron? —¿ Quién sabe? La **habrán comprado** en un viaje. 3. **Sería** muy tarde cuando volvieron. Nadie los oyó entrar. —Claro. **Serían** las dos o las tres de la madrugada. 4. ¿ Lo conoce el profesor? —Sí. Lo **habrá tenido** ya en otras clases. 5. El avión **ha de** aterrizar a las cinco, ¿ verdad? —En efecto, **había de** aterrizar a las cinco, pero ha habido un fallo (failure) mecánico y demorará unas cuantas horas. —Lástima, ¿ eh?

9. SPECIAL USES OF *TENER*

A. In Idiomatic Expressions

Here are some of the most common:

tener calor to be (feel) warm	**tener frío** to be (feel) cold
tener hambre to be hungry	**tener sed** to be thirsty
tener miedo to be afraid	**tener sueño** to be sleepy
tener razón to be right	**no tener razón** to be wrong
tener cuidado to be careful	**tener gana(s) de** to feel like, to be in the mood to
tener que + infinitive to have to	**tener prisa** to be in a hurry
tener... años de edad to be ... years old	

With these idioms, *very* is translated by the adjective **mucho**.

Tengan mucho cuidado. — Sí, mamá.	Be very careful. —Yes, Mom.
¿Tienes mucha hambre? — Y mucha sed. ¡ Qué día hemos tenido !	Are you very hungry? —Yes, and very thirsty. What a day we've had !

Práctica

Conteste en español :
1. Cuántos años tiene Ud.? ¿ Cuántos tenía en 1965? ¿ Cuántos tendrá en el año 2000? 2. ¿ Cuántos años tienen sus herma- nos? ¿ y su madre? ¿ y su papá? 3. ¿ Tiene Ud. ganas de comer algo en este momento? ¿ Qué tiene Ud. ganas de hacer? 4. ¿ Qué tiene Ud. que hacer esta tarde? ¿ y esta noche? ¿ Qué tuvo que hacer anoche? ¿ Qué tendrá que hacer mañana? 5. ¿ Qué bebida le refresca más cuando tiene sed? ¿ A qué hora comienza a tener hambre por la tarde? 6. ¿ Ha tenido Ud. alguna vez muchísimo frío? ¿ Cuándo? ¿ Le molesta más tener mucho frío o mucho calor? 7. ¿Les tienes miedo a los perros? ¿ a los reptiles? ¿ a otros animales? 8. ¿ Para cuándo tenemos que terminar esta lección? ¿ Tienen Uds. mucha prisa para acabarla?

B. *Tener*... *que*

When **tener** is separated from **que** by one or more words, it loses its sense of compulsion.

Tendrá muchas cosas que hacer.	He must have many things to do.
Tengo algo que contarte.	I have something to tell you.

But recall :

Tengo que contarte algo.	I have to tell you something.

C. *Tener* + Past Participle

Tener, followed by a past participle, describes the resultant state of a completed action. It is close in meaning to **estar** + past participle, but adds the identity of the possessor.

Tengo preparada la lista.	I have the list (already) prepared.
¡ Ya tienes escritas las cartas?	Do you have the letters written yet?

Note especially that this construction does not form a compound tense. **Tener** is a main verb, not an auxiliary, and the past participle functions merely as an adjective.

D. Tener, followed by the personal **a**, means *to have* (*someone*) *in a certain place.*

Tengo a mi mujer en la Florida. I have my wife in Florida. (My wife is in...)

E. At times **tener** may mean *receive.*

Ayer tuve una carta de Pepe. Yesterday I got a letter from Joe.
— **Nosotros también hemos** —We also have received word
tenido noticias suyas. from him.

Ejercicio
Escoja siempre la conclusión más lógica :
1. —Uds. estarán muy ocupados en esta temporada, ¿ verdad ? —Ud. tiene mucha razón. (Tenemos poquísimo que hacer... Tenemos mil cosas que hacer... Es que tenemos demasiado tiempo para hacerlas.)
2. —Siéntate. Tengo algo que contarte y no quiero que te pongas a llorar. Con suerte, habrá remedio para todo. —(Ah, ésta va a ser una noticia muy buena... ¡ Ay de mí ! ¿ Qué habrá pasado ?... Tiene que ser una gran sorpresa para los niños.)
3. —¿ Ya tenéis hechos todos los preparativos para la boda ? —(Sí, y se los devolveré en seguida a los clientes... Sí, todos menos las invitaciones... No, y por eso tendremos que casarnos inmediatamente.)
4. —Ayer tuvimos una llamada de nuestra hija Marisa. Parece que ha ganado una beca para el año que viene. —(¡ Qué bien ! Les felicito de todo corazón... ¡ Ay, no ! Parece que las cosas siempre le van de mal en peor... Tendrá que avisarles a Uds. en seguida.)

CREACIÓN
Vamos a estudiar un poco hoy el arte del diálogo. Para comenzar, díganos : ¿ Qué es lo primero que se le ocurre a Ud. contestar al oír los comentarios o preguntas siguientes :
1. Hola. ¿ Estarás muy ocupado esta noche ?
2. Mira, ¿quieres hacerme un favor ?
3. ¿ Quieres comer algo ?
4. ¡ Ay, qué clima ! ¡ Qué día ! ¡ Qué frío tengo !
5. ¿ Saben que tengo a un hermano en el mismo lugar donde viven Uds. ?
6. ¿ A qué hora deben llegar los invitados ?
7. Tú conoces a mi primo Armando, ¿ no ?
8. ¿ Quiere Ud. decirme lo que hace por aquí ?
9. Los López vivirán en la casa blanca a la derecha, ¿ no ?
10. ¿ Sabes tú a qué hora será la comida ?
11. Quédese por favor. Me gustaría hablar con Ud.

12. ¿ Qué es eso que tienes en la mano ?
13. Soy rico y poderoso, pero creo que he equivocado mi vida. ¿ Quiere Ud. cambiar conmigo ?
14. ¿ Quién será esa persona tan curiosa ?
15. ¿ Tienen Uds. prisa en este momento ?
16. No te creo. Me habrás mentido. ¿ No te da vergüenza lo que has hecho ?
17. Si quieres, te daré todo lo mío.
18. ¡ Quién lo pensaría ! ¿ Quién creería por un momento que Ricardo haría tal cosa ?
19. ¡ Por fin ! ¡ Ayer tuvimos carta de Carlos González !
20. Dime la verdad. ¿ No te parece que debieras estudiar un poco más ?

LECCION TRES

TRES

CORRESPONDENCIA

Hola,

¿Sabes? Anoche soñé contigo. No me preguntes por qué pero en estos últimos días he tenido tantos sueños curiosos y tú siempre **has andado** en ellos. Bueno, casi siempre. En fin, déjame contártelo, ¿está bien?

Estábamos juntos, no sé dónde. Sólo recuerdo que habíamos llegado en una clase de barco antiguo. (¿**Habrá sido** un viejo **velero**? ¿o un **bajel de corsario**? ¿Quién sabe?) Y era de noche. Había mucha gente alrededor, **debía haber** diez mil o más, y cada uno hablaba una lengua distinta. Pero créelo o no, yo comprendía todo lo que decían. ¿No te he dicho siempre que soy **genial**?

Pues bien, **apenas habíamos** llegado cuando nos fijamos en que algunas personas **nos señalaban con el dedo** y nos dirigían miradas curiosas. Claro está, **me inquieté** y te dije: "Vámonos de aquí, corriendo, ¿eh?" "**No te pongas** así", me contestaste. "Esperemos un poco y veamos **de lo que se trata. En mi vida** he visto cosa tan..." No pudiste terminar. Se encendió de repente un enorme **faro** multicolor, como un gran **arco iris**, pero más brillante, más penetrante, e iluminó todo el cielo de colores increíbles. Quedamos fascinados. Lentamente el faro fue bajando hasta que **se posó** directamente sobre nosotros. "Mira", te dije, "**huyamos mientras haya** tiempo." **Echamos** a correr. La luz nos seguía siempre. Y **de pronto retumbó** encima de nosotros una voz **estentórea**. "No se vayan Uds. todavía. No se muevan

(marginal glosses)
have taken part

Can it have been • sailing ship • pirate ship
there must have been

brilliant •

hardly had we
were pointing to us

I got nervous
Don't get worked up
what's up
Never in my life
spotlight
rainbow

it landed
let's get out while there's • We began

suddenly there boomed
very loud

de ese lugar." **Nos paramos** congelados de terror.   We stopped
"Bueno. Ahora tú..." (la luz me rodeaba y no podía
ver nada afuera), "ven acá. Acércate." "Por favor,
señor", le rogué. "Déjenos en paz. Tenga compasión
de dos pobres..." "**Intrusos**", interpeló la voz. "Uds.   Intruders
habrán pensado que sería fácil meterse así, subrepti-   must have thought
ciamente, entre nosotros, pero ya verán. Acércate,
digo. Acérquense los dos."

La luz me **cegaba**. Los colores me **aturdían**.   blinded
Te quise coger de la mano, pero no te encontraba.   dazzled
Habías desaparecido. La voz crecía de volumen y
me llenaba los oídos. Me volví a la gente que me   filled my ears
circundaba y les grité: "¡Ayúdenme! ¡Sálvenme!   surrounded
No les he hecho nada a Uds. Jamás les habría hecho
nada." La luz y la voz **daban vueltas** alrededor de   were spinning
mí, y por encima se oían las **risas diabólicas** de la   laughter •
gente, **riéndose a carcajadas**, riéndose **a más no**   guffawing •
poder. "¡No se rían! ¡¡NO SE RÍAN!!"   uncontrollably

En ese momento me desperté. Ahora bien, dime,
y por eso to estoy escribiendo, ¿cómo pudiste escapar
tú entre tanta gente que nos miraba? Y, más aun,
¿cómo pudiste huir dejándome a mí en **tal apuro**?   such a spot
De cualquier otra persona lo podría **esperar**. Pero,   expect
de ti? ¿de ti?

En fin, aquí me tienes como siempre. Las cosas
me han ido bastante bien. **Te extraño** muchísimo. El   I miss you
trabajo aquí es un poco fuerte, pero **sigo tirando**. Y a   I'm pushing along
ti, ¿cómo te va? ¿Y a los demás? Hace tiempo que
no he tenido noticias de ahí. Me imagino que **habrá**   there must be a lot
muchísimo que hacer en esta **temporada**. ¿Habrá   to do • time of
alguna nueva de interés? ¿Has soñado conmigo?   year
Aunque te advierto que si te encuentras en un apuro
igual... no, no te abandonaría jamás. Cuídate mucho
y escríbeme, ¿está bien?

Un abrazo fuerte.

P.

Comentarios

1. ¿Quién cree Ud. que está escribiendo esta carta? ¿Es hombre o mujer? ¿Qué es lo que le hace pensar así? ¿Cuántos años tendrá? ¿A quién se la habrá escrito? ¿Puede Ud. hacernos un bosquejo físico-psicológico de los dos? ¿Qué relación existirá entre ellos?
2. ¿Sueña Ud. a menudo? ¿Cuál es el sueño más gracioso que haya tenido? ¿Suele Ud. tener pesadillas (*nightmares*)? ¿Ha tenido alguna vez un sueño recurrente? ¿Cuál es el sueño más espantoso (*frightening*) que haya tenido?

3. Los psicólogos dicen que los sueños representan frecuentemente los deseos suprimidos del individuo. Según su propia experiencia, ¿ está Ud. de acuerdo con esta teoría ? ¿ Cómo interpreta Ud. el sueño de P. ?

ESTRUCTURA

10. THE COMPOUND TENSES OF THE INDICATIVE

The compound (or perfect)[1] tenses in Spanish correspond closely in formation and meaning to the compound tenses in English. They all consist of the auxiliary verb **haber** followed by a past participle. Note that the past participle does not change its ending.

A. The present perfect is formed by the present indicative of **haber**, plus the past participle of the main verb. It is translated in English as *has* (*been*), *have* (*gone*), etc.

¿ Ha vuelto ya ? —Sí, hace un rato.	Has he come back yet ? —Yes, a while ago.
Lo he oído muchas veces.	I have heard it many times.

B. The pluperfect consists of the imperfect of **haber** and a past participle and corresponds to the English prior past—*had* (*been*), *had* (*gone*), etc.

Te busqué, pero habías desaparecido.	I looked for you, but you had disappeared.
Ya lo habíamos gastado todo.	We had already spent it all.

C. The future perfect (the future of **haber** plus a past participle) has the usual meaning *will* (*shall*) *have* (*arrived*, *told*, etc.)

¿ Se habrán ido para el quince ? — ¡ Qué va !	Will you have left by the 15th ? —Of course. We'll have
Habremos vuelto ya.	returned by then.

It also expresses probability with respect to a recently past action.

Ya te habrá visto.	He must have seen you already.

[1] *Perfect* (from the Latin *perfectum*) means *completed*. The function of the auxiliary verb **haber** is to state *when*.

D. The conditional perfect (conditional of **haber** plus a past participle), means *would have* (*arrived*, *told*, etc.)

Yo lo habría botado. — Y otros lo habrían guardado. ¿Ya ves?	I would have thrown it out. —And other people would have kept it. You see?

It may also indicate probability or conjecture with respect to a pluperfect (past perfect) action.

La habrían perdido antes.	They had probably lost it earlier.

Práctica

A. Cambie al pluscuamperfecto (pluperfect):
   1. Hemos llegado en avión.   2. ¿Has estado aquí antes?
   3. No he almorzado todavía.   4. ¿Se han levantado ya los otros?   5. ¿Los habéis visto?   6. Uds. lo han hecho muy bien.   7. No los hemos roto.   8. No les he escrito todavía.
   9. ¿Han venido todos?   10. ¿No lo habéis resuelto ya?

B. Cambie para expresar probabilidad:
   1. Han llamado ya.   2. Me ha reconocido.   3. Ya se lo he dicho cien veces.   4. No has perdido nada.   5. Han estado trabajando.   6. No habéis entendido.   7. Lo habían comprado muy barato.   8. Se había equivocado.   9. Habías estado soñando.   10. Os habían engañado.

E. Special Uses of the Compound Tenses

   1. The preterite perfect (the preterite of **haber** plus a past participle) also indicates a prior past and is translated in English like the pluperfect. However, it is used rarely, primarily after conjunctions of time.

Apenas hubimos llegado cuando comenzó a sonar el teléfono.	Hardly had we arrived when the phone began to ring.
Así que hubo terminado su comida, se acostó.	As soon as he had finished his meal, he went to bed.

Actually, the preterite perfect is usually avoided in one of several ways:

   • Simple preterite

   Apenas llegamos...
   Así que terminó su comida...

• Past participle used adjectivally

Apenas llegados...	Hardly (had we) arrived...
Terminada su comida...	His meal finished...

• Infinitive (in the case of those conjunctions that also have pre-positional forms)

Después de terminar su comida...
Después de haber terminado su comida...

• Habiendo + a past participle

Habiendo terminado su comida...

2. The present perfect
In time expressions, **Hace... que** may be followed by the present perfect if the sentence is negative.

Hace años que no la he visto.	I haven't seen her for years.

But remember that in an affirmative sentence, only the present is used.

Hace años que la veo.	I've been seeing her for years.

In Spain today, the present perfect is often heard in place of a preterite.

Hoy me he levantado tarde.	Today I got up late.
¿Has cogido el Metro en la Gran Vía?	Did you take the subway on the Gran Vía (Broadway)?

3. The pluperfect
The pluperfect may follow **Hacía... que** when the sentence is negative.

Hacía años que no la había visto.	I hadn't seen her for years.

BUT

Hacía años que la veía.	I had been seeing her for years.

After a verb in the pluperfect, **hacía** (plus period of time) means *previously* or *before*. Of course, **Hacía...** (que) may also begin the sentence.

Había renunciado a su puesto hacía cinco años.	He had given up his job five years before.
Hacía cinco anos que había...	

Ejercicios

A. Conteste:
   1. ¿Cuántos cursos ha tomado Ud. ya en esta escuela? ¿En cuáles ha salido mejor?   2. ¿Había estudiado español en otra parte antes de llegar aquí? ¿Había comenzado a estudiar otra lengua extranjera?

3. ¿Habrá terminado este semestre escolar para fines de diciembre?
¿Cuántas lecciones cree Ud. que habremos estudiado para entonces?
4. ¿Adónde habría asistido Ud. si no le hubieran aceptado aquí? ¿Le
habría sido necesario ir a trabajar durante un tiempo? 5. ¿Cuál ha
sido la experiencia más significativa de su vida? ¿Habrá cambiado en
alguna forma su actitud hacia la vida? 6. ¿Quiénes han influido
más en Ud.? ¿Habría sido una persona diferente si no fuera por
ellos? ¿En qué sentido?

B. Diga en español:
1. We arrived late and our friends had already left, thinking that we
had missed (perder) the plane, or that we probably had decided to go
directly to the capital. And what was worse, we hadn't thought to take
their address or telephone number. I don't know really what we
would have done, but by chance, a gentleman came over to us and
offered to help us. Had we been here before? he asked. Yes. In fact,
we had even lived here for a time. But after we had left, we had lost
contact with our old friends. And now we hadn't seen them for many
years. He smiled. "I'll take you to them," he said, and he took out a
gun...
2. Who can those strange people have been? Where could they have
come from? Never in my life have I seen eyes so red, mouths so large,
teeth so sharp. Never have I heard voices so loud, tongues so harsh,
so... Don't worry. You must have been in my dorm.

11. OTHER USES OF *HABER*

Haber may be used as a main verb in the following three expressions. (Notice that in none of these does **haber** ever mean *to have*.)

A. The Impersonal *hay* (there is, there are)

Hay cien discos aquí — Pero no hay ni uno bueno.	There are a hundred records here. —But there isn't one good one.

1. In all other tenses, the normal third person singular form of
haber is used.

Había much gente (muchas personas) alrededor.	There were many people around.
Hubo un accidente.	There was (took place) an accident.
¿Qué nuevas habrá?	What news can there be?
No habría tiempo para huir.	There wouldn't be time to flee.

Notice that in the compound tenses, **haber** is both the auxiliary and
the main verb.

Ha habido un error.	There has been a mistake,
¿Habrá habido jamás un estudiante como éste?	Can there ever have been a student like this?

Práctica

Conteste:

1. ¿Cuántos días hay en un año? ¿Cuántos habrá en los dos próximos años?   2. ¿Cuántos estudiantes hay en su clase de español? ¿Había más estudiantes o menos el semestre pasado?   3. ¿Qué días feriados habrá este semestre?   4. ¿Ha habido alguna vez un robo en su dormitorio?   5. ¿Ha habido una huelga de estudiantes en esta universidad?   6: ¿Habrá habido jamás una escuela como la nuestra?   7. ¿Habría más tiempo para el resto de esta lección si no nos molestáramos con estas preguntas?... Bueno. Adelante.

2. The infinitive **haber**, used after another verb, still retains the impersonal sense of *there is, there are* (*there... be*)

Va a haber una fiesta.	There is going to be a party.
Tiene que haber un enchufe en cada cuarto.	There has to be an outlet in each room.
Debe (de) haber uranio aquí cerca.	There probably is (must be) uranium near here.
Puede haber soldados enemigos en el bosque.	There may be enemy soldiers in the woods.

Note that the main verb is always singular, since the whole expression is impersonal.

3. **Hay** is used very frequently to express distance.

¿Cuánto hay de aquí a Caracas?	How far is it from here to Caracas?
Hay veinte millas de allí a Santiago.	Santiago is twenty miles from there.

B. The Impersonal *hay que* (one must, it is necessary)

1. Here, too, the third person singular form of **haber** is used in all tenses other than the present.

Hay que tener fe.	One must have faith.
Habrá que averiguarlo.	It will be necessary to look into it.
Ha habido que imponer una queda.	It has been necessary to impose a curfew.

2. When **hay** is separated from **que** by one or more words, it loses its sense of compulsion.

Siempre había mucho que hacer.	There was always a lot to do.
Hay muchas cosas que aprender.	There are many things to learn.

C. haber de   to be (supposed or expected) to
1. **Haber de** usually implies little more than futurity, with the mildest added sense of obligation.

Ha de cantar en el Palacio.	He is to sing at the Palace.
Habíamos de cenar con ellos.	We were (supposed) to have dinner with them.
¿ Cómo había de saberlo ella ?	How should she have known (was she to know) ?

2. On occasion, it acquires the more forceful connotations of **deber** or **tener que.**

¿ Por qué no he de decirlo ahora mismo ?	Why shouldn't I say it right now ?
Uds. han de aprenderlo todo de memoria.	You are to (should, must) learn it all by heart.

3. In literary usage, the preterite of **haber de** conveys merely the fact of a completed action, without obligation or necessity.

Hubieron de verle al día siguiente.	They saw him on the following day.

D. He Aquí   Here is, This is, Here are, These are
He aquí is used mainly in literary Spanish. It appears frequently in newspaper captions explaining news pictures, and in radio announcements.

He aquí los premios que se concedieron ayer.	These are the prizes that were given out yesterday.
He aquí la dirección de nuestra tienda en su vecindad.	Here is the address of our store in your neighborhood.

Ejercicios
A. Termine de una manera original :
   1. Mañana va a haber...   2. Debía haber...   3. No puede haber...
   4. Tendría que haber...   5. Iba a haber...   6. Debiera haber...
   7. ¿ Por qué no he...   8. Habíamos de...   9. Uds. han de...
   10. He aquí.

B. ¿Qué pregunta se hará para evocar cada una de estas contestaciones?

1. No. Sólo hay que tener salud para vivir feliz.   2. Sí, debe haber
uno por aquí.   3. Habrá cincuenta kilómetros de aquí a la capital.
4. Sí, las hay todas las semanas, a las siete y media.   5. No sé.
Pero puede haber más personas de las que piensas.   6. Porque ha
habido muchos robos en esta vecindad.   7. Hubo un accidente.
Chocaron dos coches.   8. Sí. Siempre hay mucho que hacer en
esta temporada.   9. Había de aterrizar a las diez.   10. Porque
tienes que aprender a guardar la lengua.

12. DIRECT COMMANDS

CHART OF DIRECT COMMAND FORMATION

	Affirmative	Negative
tú	3rd person singular present indicative (except **ten, ven, pon, haz, sal, sé, di, ve**)	PRESENT SUBJUNCTIVE
vosotros	infinitive : final **r** > **d**	PRESENT SUBJUNCTIVE
Ud. Uds.	PRESENT SUBJUNCTIVE	PRESENT SUBJUNCTIVE
nosotros	PRESENT SUBJUNCTIVE or **Vamos a** + infinitive	PRESENT SUBJUNCTIVE

A. Polite Commands—*Ud.* and *Uds.*

All polite commands, both affirmative and negative, use the
corresponding form of the present subjunctive.

Hábleme.[2]	Speak to me.
Dígame lo que pasó.	Tell me what happened.
Por favor, déjenla en paz y no la despierten.	Please, leave her alone and don't wake her.

Práctica

A. Repita, y después haga negativas las frases siguientes:
1. Hábleme. Ábralas. Ciérrelo. Cómprelos. Dénosla. Dígaselo.
    Muévase.
2. Pónganlo ahí. Déjenle en paz. Pónganse los guantes.   Pre-
    gúntenselo. Háganme un favor. Vístanse ahora. Sírvanse.
    Guárdenmela.

---

[2] Remember that object pronouns must be attached to the end of a direct
affirmative command. They are placed in their normal position *before* a negative
command.

B. Haga afirmativas las siguientes:
   1. No lo haga. No se lo digan. No le escuchen. No la olvide. No nos llame. No se lo quiten. No se siente.

B. The First Person Plural Commands

Let us or *Let's* is actually a direct command that involves *you* and *me*. Spanish expresses this concept in two ways.
   1. The first person plural of the present subjunctive

Comamos, bebamos y gocemos.	Let's eat, drink and be merry.
No vayamos con ellos. Tomemos el otro camino.	Let's not go with them. Let's take the other road.
Mostrémosle quién manda aquí.	Let's show him who's boss here.

   Vamos is used for the affirmative *Let's go.*

Vamos al cine, ¿eh?	Let's go to the movies, OK?

   When **se** or **nos** is attached to the affirmative command, the **-s** of the verb ending disappears, and the normally stressed syllable requires a written accent.

Digámoselo ahora.	Let's tell (it to) him now.
Vámonos. Démonos prisa.	Let's go. Let's hurry.

   2. **Vamos a** + infinitive (only in affirmative commands)

Vamos a ver.	Let's see.
Vamos a descansar por un rato.	Let's rest for a while.

Práctica

A. Exprese deotra manera los mandatos siguientes:
   Sentémonos aquí. Traigámoselo. Vamos con ellos. Vamos a llamarla. Leámoslo juntos. Vamos a acostarnos. Vamos a salir. Mandémoselos. Ayudémonos. Vamos a pedírselo.

B. Ahora cambie a mandatos:
   1. La cantaremos otra vez. 2. Lo visitamos a menudo. 3. Comeremos más tarde. 4. Tomamos una copita. 5. Bebemos a su salud. 6. Les daremos algo. 7. No le prestamos el coche. 8. Nos sentamos por un rato. 9. No nos levantamos tan tarde. 10. Se lo diremos en seguida. 11. Nos ayudamos siempre. 12. Nos escribimos todos los días. 13. Se lo preguntaremos. 14. No se lo pedimos nunca. 15. No se los devolvemos todavía.

C. The Familiar Commands—*tú, vosotros*

1. The affirmative command form of **tú** is normally the same as the third person singular of the present indicative.

Mira. Escucha. Ayúdame.	Look. Listen. Help me.
Come bien y vuelve en seguida. Y tráenos algo.	Eat well and come right back. And bring us something.
Abreme la puerta, ¿está bien?... No. Ciérrala.	Open the door for me, all right?... No. Close it.

There are only eight exceptions:

tener, ten	have	hacer, haz	do, make
poner, pon	put	ser, sé	be
venir, ven	come	decir, di	say, tell
salir, sal	go out	ir, ve	go

Hazme un favor y ponlo en la mesa... Ah, gracias.	Do me a favor and put it on the table... Ah, thanks.
Ve a tu papá y sé bueno, ¿oyes?	Go to your Dad and be good, you hear?

2. The affirmative command of **vosotros** is formed by changing the final **r** of the infinitive to **d**.

amar > amad	poner > poned	decir > decid

If the reflexive pronoun **os** is attached, the **-d** disappears. Note that verbs ending in **-ir** then require a written accent on the last **i**.

Amaos. Ayudaos.	Love each other. Help each other.
Poneos los guantes. Está haciendo frío.	Put on your gloves. It's cold out.
Vestíos. Es tarde ya.	Get dressed. It's late already.

Irse is the only verb that does not drop the final **-d** in the **vosotros** command.

Idos ahora mismo.	Leave right now.

3. The negative familiar commands take the corresponding form of the present subjunctive.

No lo hagas, Diego. No la molestes.	Don't do that, Jim. Don't bother her.
¡Cuidado! No los rompáis.	Watch out! Don't break them.
— No le escuchéis, amigos.	—Don't listen to him, friends.

Práctica

Cambie al imperativo:

1. Comes mucho. Hablas bien. Trabajas fuerte. ¿Abres la puerta? Haces mejor. Vienes temprano. ¿Sales ahora? Tienes paciencia. 2. No compras nada. No lo rompes. No le escribes nunca. No le llamas a menudo. No la pones ahí. No me dices nada. No lo haces así. No les escuchas. 3. Habláis con el jefe. Tomáis mucho. Bebéis de lo mejor. ¿Abrís todas las cajas? ¿Ponéis la radio? ¿Venís en seguida? 4. No lo creéis. ¿No la vendéis? ¿No las compráis? No cocináis tanto. No barréis hoy. No lo escribís ahora.

D. Other Forms of Commands

1. In Spanish the direct command form, used with the reflexive **se**, appears frequently in written instructions, especially in textbooks.

Véase el capítulo cuarto.	See the fourth chapter.
Tradúzcanse al español las oraciones siguientes.	Translate the following sentences into Spanish.
Escríbase una composición sobre el tema siguiente.	Write a composition on the following subject.

2. The infinitive as a command

The infinitive is often used with the force of a command, in written orders, signposts, etc.

No fumar.	No smoking. Do not smoke.
No estacionar de aquí a la esquina.	No parking from here to the corner.
Traducir al español las frases siguientes...	Translate into Spanish the following sentences...

3. A softened command in everyday usage.

In daily speech the present indicative is often preferred to an outright command form. For example, in speaking to a waiter one may say:

Me trae Ud. un vaso de agua, por favor.	Please bring me a glass of water.

Ejercicios

A. ¿Dónde cree Ud. que se encontrarían las instrucciones siguientes? 1. No Estacionar Ni Parar   2. Abróchense los cinturones y devuélvanse a su posición recta los asientos.   3. No Fumar en el Ascensor. 4. No Hablar con el Chófer   5. Escríbase un tema de unas 100 palabras sobre...   6. Coméntense las preguntas siguientes.   7. No Entrar sin Pase   8. No Pisar el Césped   9. Véase la página 20, tercera columna   10. No Alimentar a los Animales.

B. Tradúzcase al español:

1. Do me a favor, Joe and leave me alone. Don't talk to me. Don't bother me. Don't put on the radio. Don't do anything. I have to study, understand? 2. Help us! Save us! Don't let us die here! —Don't worry. And please, don't shout so much! 3. Let's get out of here while there's time. Let's not wait too long (demasiado) and let's not be sorry (arrepentirse) afterwards. 3. Listen, go to the store and bring me two pounds of hamburger, one dozen eggs, half a pound of butter, a bread...—Don't be so lazy. *You* go. I'm busy. 4. Let's go to the movies tonight, all right? —First find out what they're showing (presentar). And ask them what time the show begins. —Look, get (coger) the newspaper and look for it. —Give it to me, will you? —All right. Here it is. Take it. Turn to page 33, and read me what it says. —Let's see...

CREACIÓN

Repase Ud. la CORRESPONDENCIA del otro día y después prepare Ud. uno de los siguientes temas:

1. Una respuesta a la carta de P.
2. Otra carta personal contando las nuevas de su vida.
3. Una entrevista entre un psiquiatra y su paciente. El paciente le está contando un sueño curiosísimo que tuvo la noche anterior y el doctor le ayuda a interpretarlo.
   Vamos a ver...

LECCION
CUATRO

CUATRO

TEATRO

Luisa: Están buscando al criminal por toda la **comarca**. area

Juan: Me han dicho en el pueblo lo que piensa la Policía. Que el criminal o los criminales venían en el coche con él. Que **le dieron el tiro** un poco antes de llegar al sitio en que paró el coche, **de manera que** tú pudiste oír un **disparo**... yo no oí nada... Pero ¿qué motivos tenían para matarlo? De eso no se sabe nada. they shot him so that's how shot

Luisa: No. Verdaderamente, no se sabe nada.

Juan: ¿Qué quieres decir, Luisa? Has puesto cara de mucho misterio. La verdad es que **vengo notándote** un poco rara desde que ocurrió el crimen. ¿Sabes algo tú? Todo lo demás en la casa sigue igual, menos tú. ¿Es que sabes algo? I've been noticing you

Luisa: No, Juan. Nada.

Juan: No me vas a ocultar a mí una cosa, ¿verdad, Luisa? No me la vas a ocultar.

Luisa: No.

Juan: Es que si algún día me ocultaras algo, no te podría perdonar. Siempre te lo he dicho.

Luisa: (Nerviosa). Está bien, está bien. Ya te he oído. ¿Quieres dejarme en paz?

Juan: Tampoco quiero que te enfades. Perdóname.

Luisa: (Lo mira con ternura.) ¿Cómo voy a enfadarme contigo?

Juan: Entonces, cuéntame lo que sea, Luisa.

Luisa: ¿De verdad quieres saberlo todo?

Juan: Sí.

Luisa: Tu padre me dijo que esto sería un gran dolor para ti; que te morirías de dolor.

Juan: ¿Qué es?... No tengas miedo. Habla.

Luisa: Es sobre el crimen, Juan.

Juan: Di.

Luisa: No fueron los criminales que vinieron en un coche y que dejaron ahí al hombre muerto. El hombre vino solo y estuvo en esta casa.

Juan: ¿**Que estuvo** en la casa?

Luisa: (**Asiente.**) Y cuando volvía hacia el coche, fue tu padre quien lo mató.

You mean he was…
She nods.

Juan: ¿Cómo sabes eso?

Luisa: Porque lo vi.

Juan: Pero, ¿cómo es posible? ¿Quién era ese hombre?

Luisa: No lo sé..

Juan: Luisa, es terrible lo que me has contado. Es terrible.

Luisa: Por eso **no me atrevía**, Juan.

was afraid to

Juan: Mi padre no es un asesino, Luisa. Durante la guerra luchó como todos; pero no es un asesino.

Luisa: Ya lo sé, Juan.

Juan: Tiene mal carácter; **todo lo que tú quieras**. Pero no es un criminal.

and whatever else you may say

Luisa: Claro. Algo debió pasarle aquella noche para hacer lo que hizo.

Juan: Debió ser como un ataque. Como un ataque de locura.

Luisa: Tu padre me dijo que ese hombre **lo había amenazado de muerte**.

had threatened to kill him

Juan: Entonces es que tuvo miedo. Tuvo un enorme miedo y lo mató para defenderse del miedo... En un momento de locura. Hay que perdonárselo. Para mí no es un criminal. ¿Y para ti, Luisa?... (Luisa guarda silencio.) Es muy viejo y tenemos que ser buenos con él en estos momentos.

Luisa: Yo no quiero hacerte más daño, Juan; pero tu padre ha matado a un hombre, le ha dejado en el campo y ha vuelto a la casa tranquilo y casi alegre. Y está entre nosotros, y hace sus trabajos de cada día como un hombre honrado **cualquiera**. Y mientras tanto están buscando a un criminal por toda la comarca, y la Policía **habrá pegado** ya a más de un vagabundo inocente para que hable de algo que no sabe... Hay que tener en cuenta todo esto, Juan.

ordinary

probably has beaten

Juan: Yo no puedo tenerlo en cuenta. Yo no puedo.

(Alfonso Sastre, ***La mordaza***)

Comentarios

1. ¿Puede Ud. contarnos en sus propias palabras el argumento de esta escena? ¿Dónde cree Ud. que ocurre la acción? ¿En qué época ocurrirá?

2. ¿Con quién simpatiza Ud. más—con Luisa o con Juan? ¿Por qué? ¿Cómo analizaría Ud. el carácter de los dos? ¿Qué adjetivos emplearía para caracterizar a Luisa? ¿y a Juan? ¿Quién le parece la figura más dominante? ¿Qué ha observado Ud. sobre la relación que existe entre ellos?

3. ¿Qué haría Ud. si se encontrara en la situación de Juan y Luisa? ¿Podría Ud. seguir amando a su padre si hubiera cometido un asesinato? ¿una serie de robos armados? ¿el secuestro de un niño? ¿una traición a su país? ¿atrocidades en la guerra? ¿A quién le sería más difícil perdonar—a su padre o a su esposo (o esposa)? ¿Por qué?

4. ¿Cómo piensa Ud. que acabará este episodio? ¿y la obra? ¿Cómo la acabaría Ud. si fuera el autor?

ESTRUCTURA

13. SUBJECT PRONOUNS

A. Forms of Meaning

PERSON	SINGULAR		PLURAL	
1	yo	I	nosotros(as)	we
2	tú[1]	you	vosotros(as)[1]	you
3	él	he	ellos	they
	ella	she	ellas	they (f.)
	usted (Ud.)[2]	you	ustedes (Uds.)[2]	you

B. Omission of the Subject Pronoun

These pronouns are usually omitted when the verb is expressed, and their needless insertion or repetition is entirely incorrect.

Salimos para el camp hoy. — Si quieren, les acompañaré.	We're leaving for the country today. —If you wish, I'll go with you.

Ud. and Uds. may be used or omitted at the discretion of the speaker, but even with these it is best to avoid excessive repetition.

[1] The familiar **tú** and **vosotros** forms are used only when the speaker is addressing a child, a relative, or anyone with whom he is on intimate terms. In Latin America, **vosotros** is generally not used. **Uds.** covers both the polite and familiar plural.

[2] The polite forms, **Ud.** and **Uds.** are also abbreviated V., Vd., and Vds.

CHART OF PERSONAL PRONOUNS

Person	Subject	Object of Preposition		Reflexive Object of Preposition	
Singular					
1	yo — I	(para) mí*	(for) me	(para) mí*	(for) myself
2	tú — you	(para) ti*	(for) you	(para) ti*	(for) yourself
3	él — he	él	him		
	ella — she	ella	her	sí*	himself, herself, yourself, itself
	usted (Ud.) — you	usted (Ud.)	you		
Plural					
1	nosotros — we	nosotros	us	nosotros	ourselves
2	vosotros — you	vosotros	you	vosotros	yourselves
3	ellos — they	ellos	them		
	ellas — they (f.)	ellas	them	sí	themselves, yourselves
	ustedes (Uds.) — you	ustedes (Uds.)	you		

Person	Direct Object of Verb	Indirect Object of Verb		Reflexive	
Singular					
1	me — me	me	to me	me	(to) myself
2	te — you	te	to you	te	(to) yourself
3	le, lo — him, it	le	to him, to her, to you, to it	se	(to) himself, herself, yourself, itself
	la — her, it				
	le, lo, la — you (Ud.)				
Plural					
1	nos — us	nos	to us	nos	(to) ourselves
2	os — you	os	to you	os	(to) yourselves
3	los, les — them	les	to them, to you	se	(to) themselves, yourselves
	las — them (f.)				
	los, les, las — you (Uds.)				

* After the preposition con, **mí**, **ti**, and **sí** become **-migo**, **-tigo**, **-sigo**.

C. Uses of the Subject Pronoun

1. It is used for emphasis or for clarification

EMPHASIS:

Tú puedes quedarte. Yo me voy.	*You* can stay. *I'm* going.

Remember: When you would raise your voice to stress the subject pronoun in English, insert the pronoun in Spanish.

CLARIFICATION:

Siempre que él decía que sí, ella decía que no.	Whenever *he* said yes, *she* said no.
¿No me dijo Ud. que él venía?	Didn't you tell me that he was coming?

2. It is used after the verb **ser**, or may stand alone.

— ¿Quién es el gerente?	—Who is the manager?
— Soy yo, señorita.	—I am (It's I), Miss.
— ¿Ud.? Pero no puede ser. Tan joven, tan buen mozo...	—You? But it can't be. So young, so handsome...
— Pues, gracias. ¿Y quién es Ud?	—Well, thank you. And who are you?
— Su secretaria nueva, señor. Ud. necesita una secretaria, ¿no?... ¿no?	—Your new secretary, sir. You do need a secretary, don't you?... don't you?

Práctica

Conteste empleando pronombres personales en lugar del sujeto: 1. ¿Quiénes son más ricos, Uds. o sus vecinos? 2. ¿Quiénes son más intelectuales, Uds. o ellos? 3. ¿Quién trabaja más—tú o tu compañero (compañera) de cuarto? 4. ¿Quién saca mejores notas —Ud. o él (ella)? 5. En su opinión, ¿quiénes son más materialistas, los hombres o las mujeres? ¿Quiénes son más sentimentales? ¿más fuertes? ¿más prácticos? 6. ¿Quién sabe más español, tú o yo? 7. ¿Quiénes necesitan más práctica, nosotros o vosotros? 8. ¿Quién es el dueño de ese Cadillac—tú o aquel señor?

D. Subject Pronouns after Certain Prepositions

After **entre** (*between, among*), **incluso** (*including*), **menos** (*except*) and **según** (*according to*) the subject pronouns are required.

Decidámoslo entre tú y yo.	Let's decide it between you and me.
Iremos todos, incluso tú.	We'll all go, including you.

E. The Neuter Pronoun *ello*

Ello (it) refers to a whole idea, situation or statement, never to a specific object or thing. As subject, it appears frequently in the expression **Ello es que...** The fact is that...

Ello es que nunca mató a nadie.	The fact is that he never killed anyone.
Todo ello me trae confuso.	It all (All this) has me confused.

F. The Argentinian *vos*

In Argentina, particularly in and around Buenos Aires, **tú** is replaced by **vos** in popular speech, and the verb form is a combination of the normal **tú** and **vosotros** forms.

¿ Lo tenés vos ?	Do you have it ?
Sentate.	Sit down.

As in the rest of Latin America, **vosotros** is regularly replaced by **Uds.**

Ejercicios

A. Tradúzcase al español :
  1. *He* says that he was at home that evening and that he never left the house, but *she* says she saw him at the scene of the crime. Now what are we to believe ? —How am *I* supposed to know ?
  2. The fact is that although the body was found on the road, he was murdered inside the house. He was a stranger in these parts, **(según)** it seems.
  3. What do you mean, Luisa ? Do you have something to tell us ? Do *you* know something that *we* don't know (use present subjunctive) —Between you and me, there's something very strange here.
B. Emplee en oraciones originales : Ello es que... ; entre tú y yo... ; incluso ellos... ; según ella... ; menos nosotros...

14. PRONOUNS THAT FOLLOW A PREPOSITION

A. Forms and Meaning

1. These pronouns have the same form as the subject pronouns, except in the first and second person singular.

PERSON	SINGULAR			PLURAL	
1	(para) mí	(for) me	(para) nosotros(as)	us
2	ti	you	vosotros(as)	you
3	él	him	ellos	them
	ella	her	ellas	them (*f.*)
	Ud.	you	Uds.	you

2. Conmigo and contigo

After the preposition **con** (with), the first and second person singular forms become **conmigo, contigo.** All the other forms remain unaltered : con él, con ella, con Uds., etc.

B. After Verbs of Motion

Verbs of motion are followed by the preposition **a** plus a prepositional object pronoun (not an indirect object pronoun).

Corrió a ella.	He ran to her.
¿ Por qué vienes a mí con eso ?	Why do you you come to me with that ?

C. For Emphasis or Clarification

Spanish makes use of the prepositional phrases **a mí, a ti, a él,** etc., *in addition to* the direct or indirect object pronoun for purposes of emphasis or clarification. Clarification is often necessary when the indirect object is in the third person (**le, les**), and particularly when it becomes **se,** unless the person referred to is perfectly obvious.

Le vi a él, no a ella.	I saw *him*, not *her*.
Me lo dio a mí; no se lo dio a Ud.	He gave it to *me* ; he did not give it to *you*.

Práctica

Substitúyanse las palabras indicadas por el pronombre apropiado : 1. Este ascensor es para **los profesores,** no para nosotros. 3. El dinero es **para mí y para mi hermano.** 3. No me di cuenta de **las complicaciones.** 4. No iremos con **los demás.** 4. ¿ Sabes ? Soñé **contigo y con Juanita.** 5. Se fue sin despedirse de **mí ni de mi esposo.** 6. No me hablen de **sus problemas.** 7. Hazlo por **tu madre y por tu papá.** 7. Se reía de todo el mundo, incluso de **Ud. y de su familia.** 8. Pídaselo primero **al señor González,** y si él no se lo da, pídaselo a **su esposa.** 9. No se lo demos a **ese tipo.** No lo merece. 10. Se lo preguntaré a **mis hermanas.** Ellas lo sabrán.

D. The neuter **ello** is often used after a preposition to refer to a whole idea or situation.

En ello me la vida.	My life is at stake in it (in this).
De ello depende todo el asunto.	The whole affair depends on it.

Ejercicios

Exprese otra vez en español :
1. You won't fool *me*. Maybe the others, but not *me*. 2. Did you see him or her ? —I saw them both. 3. He went running to her, laughing and crying at the same time. 4. Go to them and ask them if they'll

help you. Tell them that your life depends on it.   5. I directed myself first to you because I thought that you were in charge of it (the whole setup). Now I shall have to approach **(dirigirme a)** *them*.   6. We knew nothing about it until today. And the fact is that we don't care.   7. If you need something, come to me. Don't go to *him*. He doesn't understand you as I (do).

15. THE POSITION OF OBJECT PRONOUNS

A. With Relation to the Verb

1. Object pronouns must be attached to the end of a direct affirmative command.

Tómelo.[3]	Take it.
Dámelos.	Give them to me.

2. They normally are attached to the end of an infinitive or present participle.

Al leerlo, se puso pálido.	Upon reading it, he turned pale.
Viéndola marcharse, él se levantó también.	Seeing her leave, he got up too.

However, when a conjugated verb introduces the infinitive or present participle, the object pronouns may precede that verb.

Vamos a venderlos. Los vamos a vender.	We're going to sell them.
Estoy preparándolo ahora mismo. Lo estoy preparando...	I'm preparing it right now.
¿No quieres hacerlo? ¿No lo quieres hacer?	Don't you want to do it?

3. In all other cases, object pronouns must be placed immediately before the entire verb form (e.g., before **haber** in a compound tense).

¿Me perdonarás?	Will you forgive me?
Ya lo han visto.	They have already seen it.

B. With Relation to Each Other

The rule for the placement of two object pronouns with respect to each other has no exceptions:

INDIRECT BEFORE DIRECT, REFLEXIVE FIRST OF ALL

---

[3] Note that the addition of an extra syllable onto a command form of more than one syllable makes a written accent on the stem vowel necessary.

Devuélvamelo.   Give it back to me.
Se lo comerán todo.   They'll eat it all up.
Se nos ocurrió una idea.   An idea occurred to us.

Práctica
A. Cambie según las indicaciones.
   Por ejemplo: Siéntate. (No...)   **No te sientes.**
              Tomémoslo. (Ud...)   **Tómelo Ud.**
   1. Póngalos ahí. (No...) 2. Llámame por la mañana. (No...)
   3. Vamos a sentarnos aquí. (No...) 4. Devolvámoselo en
   seguida. (Ud...)   5. No se lo vendamos. (comprar)   6. Se
   lo habrá mandado ya. (traer)   7. Vamos a decírselo ahora
   mismo. (Uds...)   8. Hágame un favor. (tú...)   9. Déjenlo en
   paz. (vosotros)   10. Cuéntame lo que sea. (Ud...)   11. No
   los molestes. (vosotros)   12. ¿Debo confesárselo? (¿Hay
   que...?)   13. ¿No nos perdonarás? (olvidar)

B. Ahora exprese de otra manera.
   Por ejemplo: Te voy a traer un regalo...
              Voy a traerte un regalo.
   1. Va a enfadarse contigo.   2. Lo estoy haciendo ahora
   mismo.   3. De verdad, ¿quieres saberlo todo?   4. Nunca
   podría perdonarle.   5. Estaba leyéndolo cuando entramos.
   6. Debes llamarlo cuanto antes.   7. Vamos a decírselo así
   que vengan.   8. Estaban mirándonos de una manera curiosa.
   9. No quise verlos.

C. Exceptions to the Norm

1. When a conjugated verb form is followed by an infinitive and
each has a direct (not reflexive) object pronoun, the two pronouns are
normally placed before the main verb.

Se lo oí decir.   I heard him say it.
Te lo hará saber.   He will have you know it (let you
                                         know).

Note that the pronoun referring to a person is converted into an
indirect object pronoun, since one verb cannot have two direct objects.

2. In literary usage, the object pronoun is often attached to a
conjugated verb form that begins a sentence or an independent clause.

Hallábanse entonces en   They were in Granada at that
   Granada.   time.
Érase que se era...   Once upon a time...

16. DIRECT OBJECT PRONOUNS

A. Forms and Meaning

PERSON	SINGULAR		PLURAL	
1	me	me	nos	us
2	te	you	os	you
3	lo	him, it (*m.*)[4]	los	them, tou
	la	her, it, you (*f.*)	las	them, you (*f.*)
	le	him, you (*m.*)	(les)[5]	(them, you)

Note that **lo** may refer to a masculine person or thing, but the direct object **le** refers only to a person.

Ya te conozco, amigo.	Indeed I know you, friend.
— No. No me conoces nada.	—No. You don't know me at all.
Pepe los invitó, no yo.	Joe invited them, not I.
— Y ahora nos van a matar de fastidio.	—And now they're going to bore us to death.
¿La has visto ya?	Have you seen her yet?
— No. La veré mañana.	—No. I'll see her tomorrow.

Práctica

A. Substituya los objetos directos por el pronombre apropiado:
1. Ya pagué **la cuenta**.   2. Vendimos **la propiedad** hace tres años.   3. **Lavemos** los vasos primero.   4. Echaré **la carta** al correo.   5. Me pidió prestada **la pluma**.   6. No había visto a **Juanito**.   7. Habrían robado **el dinero**.   8. Colocó **las flores** en una vasija.

B. Conteste afirmativamente, substituyendo el objeto por un pronombre.
1. ¿Has hecho ya **las tareas**?   2. ¿Recibiste **el recado**?   3. ¿Habrán encontrado **a los ladrones**?   4. ¿Conoce Ud. **a mi cuñado**?   5. ¿Firmarán Uds. **los contratos**?   6. ¿Habéis invitado **a Lila**?   7. ¿Han roto **el espejo**?

C. Ahora conteste negativamente:
1. ¿Ha podido Ud. arreglar **el motor**?   2. ¿Veías mucho a **Ana**?   3. ¿Me ocultarás **la verdad**?   4. ¿Uds. habrían creído **eso**?   5. ¿Quieres oír **un chiste**?   6. ¿Pongo **la radio** ahora?

---

[4] **Lo,** rather than **le,** is much more frequent in Spanish America for *him.*

[5] **Les,** which is used very frequently in Spain for **los** as a direct object pronoun, refers only to persons.

B. Special Uses of the Direct Object Pronouns

1. With **ser** or **estar, lo** is used to refer back to an adjective, a noun, or a whole idea. Note that **ser** can never stand alone.

Esto parece fácil. — Lo es.	This seems easy. —It is.
¿Están cansados? — Sí que lo están.	Are they tired? —Indeed they are.
¿Son amigas suyas? — No, no lo son.	Are they friends of yours? —No, they are not.

2. **Lo** supplies the missing object for verbs that usually require an object in Spanish. Such verbs include **saber, decir, preguntar,** and **pedir.**

Amor mío, eres adorable, encantadora, hermosísima. —Sí, lo sé.	Darling, you are lovely, charming, beautiful. —Yes, I know.
Pregúnteselo.	Ask him.
No se lo diga a ellos.	Don't tell them.

3. The direct object pronouns **lo, la, los, las** correspond at times to the English *any* in negative sentences. With the impersonal **hay** (there is, there are) they are usually the equivalent of the English *some*.

¿Hay agua aquí? —No la hay.	Is there water here? —There isn't any.
Enemigos, no los tenía.	As for enemies, he didn't have any.
¿Hay osos allí? —Sí, los hay.	Are there bears there? —Yes, there are (some).
Los hay que creen en la magia.	There are some who believe in magic.

4. In highly idiomatic constructions, **la** and **las** are perhaps convenient substitutes for the word **cosa(s).**

No sé cómo se las arregla.	I don't know how he manages (things).
Se las echa de Don Juan.	He pretends to be a Don Juan.
¡Ud. no me la pega a mí!	You aren't fooling me! (You are not sticking it on to me.)
¡Me las pagarás!	I shall get even with you. (You will pay me for the things you've done.)

Ejercicios

Tradúzcanse al español las frases siguientes:

1. John, didn't you know that it was your father? —Yes, I knew. But I couldn't denounce him to the police. I still love him.   2. Are you the person who called us? —I am. —And are these friends of yours? —No, they're not. I don't even know them.   3. Do you really want to know everything (it all)? —Yes. Tell me. —I can't. I don't want to hurt you.
4. You'll pay for this! —Don't threaten me. I don't fear you or anybody. Enemies I've always had, and here I am (you have me) —Are you ready then to defy me? —Yes, I am.

17. INDIRECT OBJECT PRONOUNS

A. Forms and Meaning

The indirect object pronouns are the same as the direct object pronouns, except in the third person:

me	to me	**nos**	to us
te	to you	**os**	to you
LE	to him, to her, to you.	**LES**	to them, to you.

Escribámosle en seguida.	Let's write to him immediately.
— No. Ya nos telefoneó.	—No, he already phoned us.
Haga el favor de mandármelo.	Please send it to me. —I'd be
— Con mucho gusto.	glad to.

B. Special Use of *se*

When the indirect and direct object pronouns are both in the third person, the indirect becomes **se**. Thus:

$$
\begin{array}{ccc}
\textit{INDIRECT} & \textit{DIRECT} & \\
\begin{array}{c} \text{le} \\ \text{les} \end{array} + \begin{array}{c} \text{lo} \\ \text{la} \\ \text{los} \\ \text{las} \end{array} = \text{SE} & \begin{array}{c} \text{lo} \\ \text{la} \\ \text{los} \\ \text{las} \end{array}
\end{array}
$$

Le dimos el disco.	We gave the record to him.
Se lo dimos.	We gave it to him.
¿ Les mostrarás tu casa nueva?	Will you show them your new house?
¿ Se la mostrarás?	Will you show it to them?

Práctica

A. Substituya las palabras indicadas por los pronombres apro‑ piados:

1. Ya he mandado **los documentos a Luis**.   2. No muestre **las radiografías** (*X-rays*) **al paciente**.   3. Vendieron **la finca a**

Jorge Pérez. 4. Pidamos **el dinero al Sr. Moreno.** 5. **Ya
había dicho a todos lo que pasó.** 6. Vamos a enviar **flores a
Rosario.** 7. ¿ Cuándo piensas entregar **el informe al profesor ?**
8. No quiero que cuentes **la historia a todos los vecinos.**
9. ¿ Vas a pedir prestado **el disco a Francisco ?** 10. Enseñe-
mos **las fotos a los demás.**

B. Conteste afirmativamente siguiendo los modelos :

¿ Se lo di a Ud. ?	**Sí, me lo dio.**
¿ Me la mandarán ?	**Sí, se la mandarán.**
¿ Nos lo dirá Ud ?	**Sí, se lo diré.**

1. ¿ Me lo pidió Ud. ?   2. ¿ Nos lo dijeron Uds. ?   3. ¿Se lo
hemos explicado ya a Uds. ? (Sí, nos...)   4. ¿ Me lo preguntó
Ud. ?   5. ¿ Nos los comprarás ?   6. ¿ No se lo he dado a
Uds. ?   7. ¿ Nos la han enviado tus padres ?   8. ¿ Se lo traigo
a Ud. ?   9. ¿ Nos lo dirán Uds. ?   10. ¿ Os lo habíamos
recomendado ?

C. The *gustar* Construction

GUSTAR MEANS **TO BE PLEASING.** IT DOES NOT
MEAN **TO LIKE** !

1. The English *to like* is translated by a special construction using the
verb **gustar.** The English subject (*I, you, they* like, etc.) becomes the
indirect object in Spanish—*the one*(*s*) *to whom something is
pleasing.*

Me gusta el español. ¿ No te gusta a ti ? —Sí y no. No me gustan mucho los estudios.	I like Spanish. (It is pleasing to me.) Don't *you* like it ? —Yes and no. I don't like studies very much. (They are not very pleasing...)
¿ Les gustó a Uds. la película ? —Sí, nos gustó muchísimo.	Did you like the movie ? —Yes, we liked it very much. (It pleased us...)
Le gustaría a mi hermano conocerte, Eloísa. —Con mucho gusto. Cuando quiera.	My brother would like to meet you, Lisa. (Meeting you would be pleasing to him.) —I'd be delighted. Whenever he wants to.

2. The English *to have... left* (*remaining*) and *to lack* (*be short*) use **quedar** and **faltar** in the same way as **gustar**.

¿Cuánto dinero les queda?	How much money do you have left? (How much is remaining to you?)
—Nos quedan sólo nueve dólares.	—We have only nine dollars left.
—Entonces, ¿cuánto les falta para comprar el álbum?	—Then how much are you short to buy the album?
—Nos faltan dos y medio.	— We're short two and a half. (Two and a half dollars are lacking...)

Práctica

A. Cambie según las personas, verbos o sujetos indicados:
1. Me gusta esa música.
   (Nos, ¿Te...?, A Juanito, ¿Les...?, ¿Os...?)
2. No nos gustó la comida.
   (el café, los entremeses, los postres)
3. Siempre le gustará su ayuda.
   (faltará, faltaría, quedará, quedaría)
4. ¿Les gustaría bailar?
   (a María, a ti, a Ud., a ti y a Pepe, a los chicos)

B. Conteste ahora:
1. ¿Qué día de la semana le gusta más? ¿Qué mes le gusta más? ¿Qué estación del año? ¿Por qué? 3. ¿Qué deportes le gustan? ¿Le gusta más participar en ellos o ser espectador? 3. ¿Le gustan más los coches americanos o los europeos? ¿los coches pequeños o los grandes? 4. Por lo general, ¿qué música les gusta más a los jóvenes—la clásica o la popular? ¿Cuál te gusta más a ti? 5. ¿Qué colores te gustan más? ¿Cuáles te gustan menos? ¿Qué asocias con ellos? 6. ¿Qué película reciente te ha gustado más? ¿Por qué te gustó? 7. ¿Les gustan a tus padres tus amigos? ¿Te gustan a ti los amigos de ellos? ¿Te gustan tus parientes? 8. ¿Cuánto dinero te queda ahora para el resto de la semana? ¿Te faltará dinero para comprar algo que necesites? 9. ¿Cuánto tiempo falta ahora para las siete? 10. ¿Cuántas semanas faltan para la Navidad? ¿Cuántos meses faltan para las vacaciones de Navidad? 11. Y una pregunta más: ¿Cuántas lecciones nos quedan todavía en este libro? ¿Cuánto tiempo nos queda para acabarlas?

D. The Indirect Object with *pedir* and *preguntar*

Pedir (to ask for, to request) and **preguntar** (to ask a question, to inquire) logically take the indirect object, since the speaker makes a request or addresses a question *to* somebody.

Se lo pediré a Inés.[6]	I will ask Ines for it.
No les preguntes eso.	Don't ask them that (question).

Práctica

Conteste :

1. Cuando Ud. necesita dinero, ¿se lo pide a sus padres o a un amigo?   2. Si necesitara consejos sobre un asunto muy personal, ¿se los pediría a sus padres o a un amigo?   3. Si no entiendes algo en la clase, ¿se lo preguntas al profesor? ¿o pides ayuda más bien a otro estudiante?   4. ¿Hay algo que deseen Uds. preguntarme a mí?   5. Si uno quiere saber el número telefónico de alguien y no tiene la guía telefónica, ¿a quién se lo puede pedir?

18. MORE ABOUT THE INDIRECT OBJECT PRONOUNS
A. To Express Possession

The indirect object indicates the possessor in actions involving parts of the body, articles of clothing or personal effects.

¿Quieres que te lave el pelo?	Do you want me to wash your hair?
Póngales el abrigo y los guantes, y que salgan a jugar.	Put on their coats and gloves, and let them go out to play.
¿Ya me has cosido la camisa?	Have you sewn up my shirt yet?

Notice that the definite article is used instead of the possessive adjective.

B. To Express Separation

Les quitará la finca.	He will take the property away from them.
Nos robó todo lo que teníamos.	He stole everything we had.
No le compre nada a Pérez.	Don't buy anything from Perez.

C. To Indicate the Person in Whose Interest or with Respect to Whom an Action Takes Place

¿Me arreglará Ud. la televisión?	Will you fix my television set (for me)?
Te he comprado una bata.	I have bought you a robe.
Se nos fue la criada.	Our maid left (walked out on us).

---

[6] Notice that with **pedir, preguntar** and **gustar,** the indirect object pronoun must be used, even though the noun to which it refers is stated.

D. With Impersonal Expressions

The indirect object pronoun may be used with many impersonal expressions, and corresponds to the English *for me, for him*, etc. The infinitive then follows.

Me es imposible verte ahora.	It's impossible for me to see you now.
No le basta gastar su propio dinero.	It isn't enough for him to spend his own money.
Les fue necesario abandonar el coche.	It was necessary for them to abandon the car.

E. With *agradecer* and *pagar*

Agradecer (to thank someone for) and **pagar** (to pay for) both use the indirect object to state the person to whom the thanks are given, or to whom the sum is paid. Remember that *for* is included in the verb!

Se lo agradezco muchísimo.	I thank you for it very much.
¿ Cuándo me lo pagarás ?	When will you pay me for it ?

F. Replacement of the Indirect Object Pronoun by a Phrase

If the direct object pronoun in Spanish is in the first or second person (**me, te, nos, os**), a prepositional phrase is used instead of the indirect object pronoun.

Me presentaron a él.	They introduced me to him.
Te mandará a ella.	He will send you to her.

BUT:

Me lo presentaron.	They introduced him to me.
Se la presentaron.	They introduced her to him (to her, to you, to them).
Te la mándará.	He will send her to you.

Ejercicios

Diga una vez más en español :

1. If you hide something from me, I'll never forgive you for it. I've always told you so. —All right. I've heard you. Now will you leave me alone ?
2. Yesterday the repairman came to fix my television set, and you know what he did ? He broke it completely on me. —Did you thank him for it ? —Not exactly. I didn't pay him for it either.   3. It will be very difficult for me to see you this week, but if I can be of help to you in some other way... —Thanks. I'll ask someone else.   4. I never buy anything from Pérez. The last time, he charged me twice the normal price. I wouldn't recommend him to my worst enemy. —If you keep talking like that, you'll take away his whole clientele. —Great ! He deserves it.   5. Can you close my zipper for me ? I think it's stuck. —It is.   6. Listen,

will you introduce me to Marisa Condado? I'd like very much to know her. —I'd be glad to. But don't tell the others. She doesn't have time to greet them all.

19. REDUNDANT (REPETITIVE) OBJECT PRONOUNS
A. When **todo**—everything—or **todos(as)**—all (of them)—is direct object of a verb, the direct object pronoun (**lo, la, los, las**) is also used.

Lo sabe todo.	He knows everything.
Ya los conocía a todos.	I already knew them all.

B. For Anticipation
1. When the indirect object noun is a person, the indirect object pronoun is often used in addition to the noun. This anticipating pronoun is almost required with **decir, pedir, preguntar** and **gustar**.

Se lo diremos a Raúl.	We'll tell Ralph.
No se lo muestre al jefe.	Don't show it to the boss.

It is not used, however, when the *direct* object of the verb is a person.

Lo delataron a la policía.	They reported him to the police.

2. A redundant direct object pronoun may also anticipate a person's name.

Te estimo a ti, pero la adoro a Luisa. —Mil gracias.	I respect you, but I love Louise. —Thanks a lot.
¿Ya le viste a Rodrigo?	Did you already see Rod?

C. When an object noun or prepositional phrase precedes the verb, the redundant pronoun must be used as well.

Este reloj lo compré en Roma.	I bought this watch in Rome.
A él no le digo nunca nada.	I never tell anything to him.

CREACION
Una lengua es una cosa flexible, y la misma pregunta o comentario puede evocar un número de contestaciones diferentes, según el momento y la circunstancia. Vamos a ver entonces cómo respondería Ud. en las situaciones siguientes.

1. "Ese Jorge piensa que lo sabe todo. Algún día..."
    a. A Ud. le gusta mucho Jorge y quiere defenderlo. ¿Qué contesta Ud.?
    b. En realidad, Jorge es una persona inteligentísima, pero un poco

vanidoso... ¿Qué responde Ud.?

   c. Ud. no es gran admirador(a) de Jorge, pero seguramente lo prefiere al otro que está hablando de él. Al otro no lo aguanta siquiera. ¿Qué le diría Ud.?

2. "Este reloj lo compré en Venecia. Me costó doscientos dólares. ¿Qué te parece, eh?"

   a. Esta persona tiene fama de exagerar. Comienza a molestar ya con sus constantes mentiras. ¿Qué le contestaría Ud.?

   b. En efecto, el reloj es muy hermoso. aunque a Ud. no le parece que valga tanto dinero. Pero, ¿cómo se lo podrá decir?

   c. El reloj es en realidad una gran ganga. A Ud. también le gustaría tener uno igual...

3. "Oye, ¿me prestas diez dólares hasta mañana?"

   a. Es su compañero de cuarto el que se los pide. Todavía le debe cinco de la otra vez pero... ¿Qué le contestaría Ud.?

   b. Es su hermano menor quien se los pide. Derrocha su propio dinero y después siempre está "quebrado." ¿Qué le diría Ud.?

   c. Parece ser una persona decente la que se los pide. Lo único es que Ud. no lo conoce bien y...

   d. Es su novio (o novia) quien se los pide...

   e. Ud. quería salir a comer esta noche en un restorán, pero sabe que la persona que se lo ha pedido necesita el dinero para algo mucho más importante. Tiene que comprar un libro para un curso y...

4. "Deja de fumar. Te vas a enfermar."

   a. Su madre se lo acaba de decir...

   b. Su médico se lo acaba de decir...

   c. Un amigo suyo se lo acaba de decir. Pero Ud. sabe que el amigo tiene otros vicios propios y Ud. nunca ha dicho nada...

5. "Dígame, ¿Ud. vio lo que pasó aquí anoche? ¿Pudo ver al asesino?"

   a. Ud. lo vio todo pero no quiere que la otra persona lo sepa...

   b. Ud. pudo ver un poco de lo que pasó pero no está seguro de los detalles. Sin embargo, le encantaría ver su nombre en el periódico y...

6. "¿Me quieres traer un vaso de agua?"

   a. Su hermanito, que está jugando fuera, se lo acaba de pedir...

   b. Uds. están en la luna de miel. Son las tres de la madrugada y su esposo (o esposa) se lo acaba de pedir...

   c. Diez años más tarde. Son las tres de la madrugada y su esposo (o esposa) se lo acaba de pedir...

   d. Ud. está en la clase de español y su profesor (o profesora) se lo acaba de pedir. Eso significaría que tendría que perder cinco o diez minutos de la clase, y...

7. Ahora, para terminar, escoja Ud. dos o tres líneas de diálogo de *La mordaza* y responda Ud. de una manera diferente de la que ha escogido el autor. Vamos a ver cómo cambia el carácter del personaje.

LECCION CINCO

CINCO

PROSA DESCRIPTIVA

A. Toda la casa **huele a** gato. — smells of

Se miran los Marín, **sorprendiéndose** el mismo — surprising in each other
gesto de desagrado. De buena gana se tomarían de
la mano, como dos chicos, y bajarían corriendo las
escaleras. Pero allí está la vieja señora contándoles
una historia:

—...y entonces mi marido se acogió a la **Ley de** — (a pension plan for the military)
Azaña y se retiró. No quería servir a una República
que trataba tan mal a los militares.

Desde su **marco dorado**, el coronel Roquer — gilded frame
asevera las palabras de su viuda. Junto al cuadro — approves
hay un retrato del general Primo de Rivera dedicado
personalmente al coronel. Toda una colección de
retratos adornan las paredes y en ella no falta el de la
boda. Hay también una **panoplia** con armas oxidadas. — decorative display
Una **concha de nácar** "Recuerdo de Santander". — mother-of-pearl shell • Souvenir
Trofeos de **caza**. Un barómetro. Algunas miniaturas. — hunting
Un rayo de sol que sin permiso **se cuela por** una — squeezes through
rendija del balcón arranca algunos reflejos a un — slit
relicario de plata. — reliquary (box for keeping religious or other precious items)

—... ¿los hijos? —se lamenta la vieja Roquer.
—Ya se sabe lo que son los hijos. Cada uno por su
camino. ¡Jesús! **Críe** usted hijos y se encontrará — Raise
sola en la **vejez**. El marido lo es todo para la mujer. — old age
Y la mujer para el marido. *Digo,* cuando los — I mean
hombres **resultan como Dios manda**, porque ya se — turn out right
sabe...

Las cortinas de **terciopelo** rojo están llenas de — velvet
polvo. Debieron de ser hermosas en su tiempo. — dust
¿Cuál ha sido su tiempo?, se preguntan los Marín.

Indudablemente durante el reinado de Alfonso XIII. Casi ayer. Un ayer que se coge con la mano y tan lejano ya para ellos como cualquier hecho histórico estudiado en los libros.

Al menor movimiento **se desprende** de las cortinas una **nubecilla** de polvo y de los muebles el **aserrín** que la **carcoma** está fabricando. El polvo lo cubre todo, **disfrazando** la pasada grandeza de las cosas con el gesto **pudoroso** del mendigo que esconde su condición humana bajo los **harapos**. Flores **de cera** colocadas en todos los **jarrones** aumentan la sensación de muerte, de abandono.

there comes off
little cloud
sawdust • wood-worm
hiding
self-conscious
rags
wax • vases

(Dolores Medio, ***Funcionario público***)

B. Mi casa estaba fuera del pueblo, a unos doscientos pasos largos de las últimas de la **piña**. Era **estrecha** y de un solo piso, como correspondía a mi posición, pero como llegué a tomarle cariño, temporadas hubo en que hasta me sentía orgulloso de ella. En realidad, lo único de la casa que se podía ver era la cocina, lo primero que se encontraba al entrar, siempre limpia y **blanqueada con primor**; cierto es que el suelo era de tierra, pero tan **bien pisada** la tenía, con sus **guijarrillos haciendo dibujos**, que en nada **desmerecía de** otras muchas en las que el dueño había echado **pórlan** por sentirse más moderno.

cluster of houses
narrow
carefully polished
hard-packed
pebbles making designs • was inferior to Portland (cement)

(Camilo José Cela, ***La familia de Pascual Duarte***)

Comentarios

1. ¿ De qué colores se imagina Ud. la sala de la viuda Roquer? ¿ Cómo serán los muebles—pesados o más bien ligeros? ¿ muy ornamentados o más bien simples? ¿ Habrá muchos o pocos muebles en el cuarto?

2. Y la viuda, ¿ cómo será su aspecto físico? ¿ Puede Ud. describírnosla? ¿ Como se vestirá? ¿ Qué colores usará? ¿ Qué relación puede Ud. establecer entre ella y su habitación? ¿ Qué sabe Ud. acerca de su vida? ¿ y de su carácter? ¿ Le inspira a Ud. compasión o antipatía? ¿ Por qué?

3. ¿ Quién estará contándonos de su casa en el segundo relato? Según su descripción de la casa, ¿ qué sabe Ud. acerca de él? ¿ de su posición económica? ¿ de sus sentimientos? ¿ de su actitud hacia la vida y la sociedad?

ESTRUCTURA

20. THE REFLEXIVE PRONOUN

A. Object of a Verb

me	(to) myself	nos	(to) ourselves
te	(to) yourself	os	(to) yourselves
SE	(to) himself, herself,		

yourself (**Ud.**), itself, themselves, yourselves (**Uds.**)

Notice that the reflexive pronoun may serve as either the direct or the indirect object of the verb.

B. Object of a Preposition

(**por**) mí	(for) myself	(**por**) **nosotros, as**	(for) ourselves
(**por**) ti	(for) yourself	(**por**) **vosotros, as**	(for) yourselves
(**por**) SÍ	(for) himself, herself		

yourself (**Ud.**), itself, themselves, yourselves (**Uds.**)

After the preposition **con**, the reflexive **mí**, **ti**, and **sí** become -migo, -tigo, -sigo.

Lo hizo para sí (misma).	She made it for herself.
Se lo llevó consigo.	He took it away with him.

C. General Function
1. A reflexive pronoun is used when the object of a verb (or preposition) refers to the subject of the sentence.

¿Se divierten Uds.?	Are you enjoying yourselves?
Me he comprado una grabadora.	I've bought myself a tape recorder.
Piensa sólo en sí misma.	She thinks only of herself.

2. Any verb can be used with the reflexive if the subject does the action to itself.

Me dije: Cálmate.	I told myself: Calm down.
¿Por qué no te cuidas? Siempre te cortas y te quemas.	Why don't you take care of yourself? You always cut and burn yourself.

3. A few verbs and many idiomatic expressions are normally reflexive in Spanish. These are some of the most common:

atreverse (a)	to dare	arrepentirse (de)	to repent
quejarse (de)	to complain	burlarse (de)	to make fun of
acordarse (de)	to remember (about)	olvidarse (de)	to forget (about)
darse cuenta (de)	to realize	fijarse (en)	to notice

Práctica

A. Cambie según las indicaciones:
  1. No se queme.
     (cortar, preocupar, molestar, hacerse daño)
  2. Vamos a divertirnos mucho.
     (Tú, Tú y los demás, Ud., Tus amigos)
  3. Cuídese mucho.
     (Uds., nosotros, tú, vosotros)
  4. ¿Se ha fijado?
     (arrepentirse, olvidarse, acordarse, darse cuenta)
  5. ¿Os atreveréis?
     (Ud., Uds., tú, yo, nosotros)
  6. Lo compró para sí.
     (yo, Pepe, Jorge y yo, ¿Tú...?, ¿Ellos...?)
  7. Siempre habla de sí mismo.
     (tú, vosotros, ese tipo, esas chicas)
B. Escoja ahora la conclusión más lógica:

  1. Hay mucho peligro ahí. Tienes que (divertirte, atreverte, cuidarte) mucho.
  2. Este piso está en malísimas condiciones. Voy a (quejarme, acordarme, burlarme) al dueño de la casa.
  3. No lo castiguen Uds. más. Les aseguro que se ha (arrepentido, olvidado, divertido) de lo que ha hecho.
  4. Elsa debe ser la persona más egoísta del mundo. Todo lo que hace lo hace para (otras personas, sí misma, su familia).
  5. Ay, perdón. No quise pisarle los pies. En realidad, (me di perfecta cuenta, me hallaba del todo, no me fijé) en dónde caminaba.

21. CHANGES OF MEANING THROUGH THE REFLEXIVE

A. The reflexive turns transitive verbs (those that can take a direct object) into intransitive.

alegrar	to make happy	alegrarse	to be glad
sentar	to seat	sentarse	to sit down
acostar	to put to bed	acostarse	to go to bed
despertar	to awaken (somebody)	despertarse	to wake up (oneself)
levantar	to raise	levantarse	to rise, get up

Ahora me acuesto.	Now I lay me down to sleep.
Se sentaron en el sofá.	They sat down on the sofa.
¡ Levántense todos !	Get up, everybody !

B. It adds the idea *to get* or *become*.

vestir	to dress (somebody)	vestirse	to get dressed, dress (oneself)
lavar	to wash (something or someone)	lavarse	to get washed, wash (oneself)
casar	to marry (off), join in marriage	casarse	to get married, marry
enfadar	to anger	enfadarse	to get angry
sorprender	to surprise	sorprenderse	to be(come) surprised

Me lavé y me vestí en diez minutos.	I got washed and dressed in ten minutes.
No se enfaden, por favor.	Don't get angry, please.

C. Some verbs change their meaning considerably when the reflexive is added.

ir	to go	irse	to go away
llevar	to take, bring	llevarse	to take away, carry off
dormir	to sleep	dormirse	to fall asleep
probar	to try ; to taste	probarse	to try on
reír	to laugh	reírse (de)	to laugh (at)
hacer	to make ; to do	hacerse	to become
quitar	to take off or away (from someone)	quitarse	to take off (one's own clothing, etc.)
poner	to put ; to put on (someone)	ponerse	to put on (oneself); to become (+ adjective)

Duérmete. Es tarde.	Go to sleep. It's late.
Pruébeselo. Le va a gustar.	Try it on. You'll like it.
¿ Puedo quitármelos ahora ?	May I take them off now ?
—Si quiere.	—If you wish.
Vete. Te has puesto muy molesto.	Go away. You've gotten very annoying.

Práctica

1. ¿A qué hora suele Ud. levantarse por la mañana? ¿Se despierta temprano los sábados y domingos también? 2. ¿A qué hora suele acostarse? 3. En su opinión, ¿cuál es la mejor edad para casarse? ¿A qué edad se casaron sus padres? ¿Piensa Ud. casarse así que se gradúe de la universidad? 4. ¿Se enfada Ud. mucho? ¿Con quién se enfada más? ¿Por qué razones? 5. De todas las cosas que han ocurrido recientemente, ¿de cuál se ha sorprendido más? 6. ¿Conoces tú a alguien que se queje de todo? ¿Te quejas mucho tú tambien? ¿De qué? 7. ¿Qué piensas hacerte algún día? ¿Te das cuenta de las dificultades que se te pueden presentar? ¿Te preocupas mucho por ellas o te has resuelto a superarlas? 8. ¿De qué te acuerdas más de tu niñez? ¿De quiénes te acuerdas más?

D. With other verbs, the reflexive serves to intensify the action. English usually conveys this idea by adding an adverb, which often is absolutely meaningless.

Se lo comió todo.	He ate it all up.
Entró tambaleándose.	He entered reeling about (or around).
Se ha muerto su abuelo.	His grandfather has passed away.
Me caí al entrar.	I fell down as I came in.

E. Sometimes the reflexive gives a more subjective or intimate feeling with respect to the person who is performing the action. It places a little more emphasis on him, shows a little more of his will in doing the action.

Sé lo que me hago.	I know what I'm doing.
Me quedo, venga lo que venga.	I'm staying, come what may.
Se reía siempre que le hablaban de eso.	He laughed whenever they spoke to him about that.
Me temo que será él.	I suspect it will be he.

F. Very frequently, a reflexive passive construction is used instead of an active verb to imply that the action is accidental or unexpected.[1]

¡Dios mío! Se me olvidaron los billetes!	Oh, my! I forgot the tickets. (They slipped my mind.)
¿Se le ha perdido la carta?	Have you lost the letter? (Has it disappeared on you?)
Se nos ocurre una idea.	We have an idea. (It occurs to us.)

[1] For more about the reflexive passive, see Lesson XIV.

Ejercicios

Tradúzcase al español:

What an unpleasant (**más desagradable**) night we had! Roque Salinas drank up a whole bottle of cognac and got completely drunk. He went staggering from room to (**en**) room making fun of everyone, laughing uncontrollably, eating up all the food that we had prepared and conducting himself like an ass. Finally, my father got mad. He went over to Roque and said to him: "Get out of here. And take your cronies with you." Roque didn't seem to realize that my father was talking to him seriously, and he laughed out loud. "I'm staying here, and no one will dare to touch me!" Well, as you can imagine, my father forgot for a moment that he was a gentleman. He gave Roque a push. Roque fell down like a sack of rice, and for a moment it seemed that he had died. But my father didn't get at all (**nada**) nervous. He grabbed a flask of water, poured it on Roque and said: "Get up. Come on, wake up and get out." Roque got up slowly, turned around, and then the real trouble (**lío**) began...

22. THE RECIPROCAL REFLEXIVE

A. The reflexive is used to indicate that two or more people are doing the action to each other.

Se quieren locamente.	They love each other madly.
—Están locos.	—They're mad.
Nos veremos en la escuela.	We'll see each other at school.
No os tratéis así. —¿Por qué no? Nos odiamos.	Don't treat each other that way. —Why not? We hate each other.

Uno a otro (una a otra,[2] unos a otros, unas a otras[2]) may be added if clarification is needed.

Se miman demasiado uno a otro.	They pamper each other too much.
Se hacen mucho daño unos a otros.	They hurt each other very much.

Without the additional phrase, the implication might be: they pamper (or hurt) *themselves*.

[2] The feminine is used only when both or all parties are women.

Práctica

A. Conteste afirmativamente:

1. ¿Os queréis?   2. ¿Se conocían Uds. ya?   3. ¿Se verán Uds. en la conferencia?   4. ¿Nos ayudamos uno a otro? 5. ¿Podemos hablarnos ahora? (Sí, Uds....)   6. ¿Es verdad que os encontrasteis en Santiago?   7. ¿Se explicarán lo que pasó?

B. Ahora conteste negativamente:

1. ¿Os visteis anoche?   2. ¿Se conocieron hace mucho tiempo?   3. ¿Se miran con rencor esos hombres?   4. ¿Nos encontraremos en el cine?   5. ¿Nos llamaremos todos los días?   6. ¿Se han casado Uds. ya?   7. ¿Se han defendido uno al otro?

B. *Each other* after Prepositions

When the reciprocal *each other* follows a preposition other than *to*, the reflexive pronoun is not used. Instead, the verb is followed by (el) uno + preposition + (el) otro, etc.

Siempre hablan mal el uno del otro.	They always speak ill of each other.
Los vi luchando (los) unos contra (los) otros.	I saw them fighting one against the other.
Esas hermanas se sacrificarían una por otra.	Those sisters would sacrifice themselves for one another.

Ejercicio

Emplee en oraciones originales cinco de las expresiones siguientes: uno contra otro, el uno del otro, uno(s) por otro(s), uno tras otro, unos con otros, el uno en lugar del otro, una a otra

23. THE IMPERSONAL REFLEXIVE

A. Se + the third person singular of a verb often corresponds to the English impersonal *one* (or the colloquial *you*).

¿Por dónde se sale de aquí?	How does one (do you) get out of here?
¿Cómo se escribe ese nombre?	How do you (does one) spell that name?
Se come bien allí.	One eats well (You get good food) there.
Escuchando, se aprende mucho.	By listening, one learns (you learn) a lot.

B. The impersonal **se** frequently expresses passive voice.[3]

Aquí se habla español.	Spanish is spoken here.
Se dice que va a llover.	It is said that it is going to rain.

Práctica

Termine de una manera original :

1. No se debe fumar... 2. Se ha dicho que... 3. No se sabe todavía... 4. ¿Cómo se sube...? 5. ¿Cómo se escribe...? 6. ¿Se habla...? 7. ¿Se enseñará...? 8. No se comía... 9. ¿Por dónde se va...? 10. ¿Cómo se podría...? 11. No se debe... 12. De repente se oyó... 13. Trabajando, se...

C. Of course, the impersonal **se** cannot be used if the verb is already reflexive. In such cases, **uno** or the third person plural (They...) conveys the impersonal idea.

Cuando uno se acuesta tarde, se levanta tarde.	When one goes (you go) to bed late, one gets up (you get up) late.
En el ejército se levantan muy temprano.	In the army one gets up (you, they get up) very early.

Uno has a more intimate or personal connotation than **se**. Very often, it is used when the speaker is actually referring to himself or to the person addressed.

A veces, uno quiere hacer bien, y hace mal.	At times, a person (one, you, I) means to do good, and does harm.
Una no puede decidirse tan aprisa.	One (a girl, I, she, you) can't decide in such a hurry.
Lo que uno no sabe, no le hace daño.	What one doesn't know doesn't hurt him.

Lo que no se sabe would mean *What isn't known*.

D. After **hay que** or an impersonal expression with **ser**, the normal reflexive remains.

Hay que sentarse muy cerca para oír bien en ese teatro.	One (you) must sit very close in order to hear well in that theater.
Es necesario (importante, imposible) prepararse para el porvenir.	It is necessary (important, important, impossible) to prepare oneself for the future.

[3] Also see Lesson XIV, # 76.

Ejercicios

Exprese en español:

1. They looked at each other, surprising in each other the same look of displeasure. Gladly would they take each other by the hand and get out of there, running down the stairs like two children.   2. How can one explain why we do the things we do? At times one thinks that he's right, and then it turns out that he was completely wrong. At times one wants to do good, and actually he has done harm. What can a person say? 3. One must take chances in this world, one must dare to be different or nothing will ever change. —For Heaven's sake! How philosophical you've gotten (**ponerse**) today. How can a person (one) stand someone like you!

24. THE MEANING AND USES OF *MISMO*

A. The adjective **mismo**, when used before a noun, normally means (*the*) *same*, and on occasion corresponds to the emphatic adjective *very*.

Partimos el mismo día, pero no en el mismo vuelo.	We left on the same day, but not on the same flight.
¡ La misma idea me ofende !	The very idea offends me !

B. Mismo, used after a noun, a subject pronoun, or a prepositional phrase, is often translated as *myself, yourself, itself,* etc. However, **mismo** is *not* a reflexive. It is merely an adjective that serves to intensify or emphasize a reflexive phrase or whatever other word it modifies.

Deben verse con el jefe mismo.	They should deal with the boss himself.
Tú misma me lo dijiste, ¿no te acuerdas?	You yourself told me, don't you remember?
Hablen por sí mismos, no por nosotros.	Speak for yourselves, not for us.

C. Mismo may also be an adverb, and as such, retains its intensifying meaning *very, right* (*away*), etc.

Hoy mismo.	This very day.
Ahora mismo.	Right now.
Aquí mismo.	Right here.

D. lo mismo que   the same as

El dijo lo mismo que yo.	He said the same (thing) as I (did).

Práctica

A. Conteste:

1. ¿Piensa Ud. casi siempre lo mismo que sus padres? ¿lo mismo que sus amigos? ¿Sobre qué cuestiones no comparten Uds. las mismas opiniones?　2. ¿Tiene Ud. algo importante que hacer ahora mismo?　3. ¿Van Uds. a terminar esta lección hoy mismo o piensan dejarla para mañana?　4. ¿Conoce Ud. a alguien que piense sólo en sí mismo? ¿Es Ud. así?　5. Cuando termine sus estudios, ¿piensa Ud. instalarse por sí mismo (*go out on your own*) o preferiría trabajar para otra persona? 6. ¿Ha tenido Ud. alguna vez dos exámenes o más en el mismo día? ¿Qué hizo?

B. Exprese más enfáticamente las frases siguientes, usando siempre **mismo**:

1. **Yo** lo quiero hacer.　2. ¿Lo harás **tú**, Elisa?　3. **Se** alaba siempre.　4. No **te** conoces realmente.　5. Tenemos que entregarlos **hoy**.　6. La llamaré **mañana**.　6. ¿**Te** lo dijo el **jefe**?　7. Debo hacerlo **ahora**, pero no me da la gana.　8. Mis **padres** lo han hecho repetidas veces.

25. REFLEXIVE VERBS WITH PREPOSITIONAL PRONOUNS

A. Like all verbs of motion, reflexive verbs of motion usually require **a** + the prepositional object pronoun.

Acércate más a ella.	Move closer to her.
Me dirigí a él.	I turned to him.
¿Por qué no te vas a ellos?	Why don't you go to them?

However, when the reflexive pronoun is **se**, it is sometimes possible to use **me, te, le, nos,** etc., instead of the prepositional phrase. This happens most often with the verb **acercarse.**

Se nos acercó.	He approached us.
Se acercó a nosotros.	

BUT:

Nos acercamos a él.	We approached him.

B. Reflexive vs. Nonreflexive Pronouns

1. With **llevarse**

In Spain, the reflexive prepositional pronoun is generally used with the idiom **llevarse (con)** *to carry off, to take away with one.*

Me lo llevé conmigo.	I took it away with me.
Se lo llevó consigo.	He took it away with him.

In Spanish America, the nonreflexive prepositional pronoun is more frequent. Of course, the difference is noticeable only in the third person.

Se lo llevó con él.   He took it away with him.

> 2. With **traer**
> **Traer,** followed by **conmigo, contigo,** etc., acquires the meaning *to have with* (*one*).

¿Trae consigo el dinero?   Does he have the money with him?

In Spanish America, the nonreflexive pronoun is again more common.

¿Trae con él el dinero?   Does he have the money with him?

> 3. After **entre,** either **sí** or **ellos** may be used with reflexive meaning.

Lo arreglaron entre sí.
Lo arreglaron entre ellos.   They settled it among themselves.

Ejercicio

Diga una vez más en español:

1. Tell me, can you finish it among yourselves, or do you prefer that we help you? —Thanks, but don't worry. We'll do it ourselves.   2. My wife and I had just arrived at the hotel when we noticed an old school chum of mine on the same floor that we were occupying. I turned **(volverse)** to her and said: "Let's get away **(alejarse)** from him before he sees us (present subjunctive). I can't stand him." But at that very moment he saw us and came over to us. "Hello, there," he said. "So **(De modo que)** you brought your girlfriend with you again? Oh, excuse me. The other one was blonde, wasn't she?" He clapped me on the back and called to **(dirigirse a)** a friend of his: "Come closer, I'd like to introduce you to an old pal of mine." I shuddered. Our vacation was ruined. What could I have done to deserve this?

CREACIÓN

Estudie bien las fotos siguientes, escoja una y describa el lugar retratado
en ella. Díganos los colores que sugiere, el ambiente que evoca, etc.
O, si prefiere, trate de imaginarse a la persona (o personas) que vivirá
allí y descríbanosla. Vamos a ver cómo le sale la viñeta.

LECCION SEIS

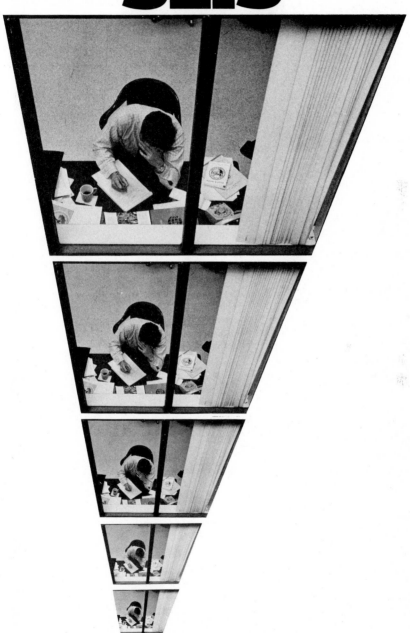

SEIS

CORRESPONDENCIA

RAMÓN PÉREZ DE GUZMÁN Y COMPAÑÍA, S. A.

Buenos Aires   Santiago   Montevideo   Caracas   México, D.F.
Nueva York   París   Londres   Tokio   Berlín

Cable: RAPERCO

Sucursal Núm. 53
Teléfono: 473-8850

branch

15 de octubre de 1975

Señor Alfredo Llanos
Compañía Distribuidora General
Valparaíso, Chile

Muy señor mío :

Tomo la libertad de dirigirme a Ud. porque mi padre, Ramón Pérez de Guzmán, presidente de la **empresa** arriba citada y uno de los principales **clientes suyos**, me ha aconsejado que solicite un puesto ejecutivo en su firma. Como Ud. verá por la lista **adjunta** de mis empleos anteriores, he **desempeñado numerosos cargos** en este campo, incluso en la empresa de mi propia familia y en las de varias subsidiarias nuestras, y me considero **por lo tanto gran conocedor** de sus problemas. En efecto, según el **criterio** de varios antiguos asociados míos, me atrevo a decir que he contribuido en **sentido mayor** a la formulación y desarrollo de algunos de aquéllos. Por razones personales me conviene en este momento **trasladarme a ésa** y por estos motivos me resultaría más que grato conseguir una **colocación** en la apreciable firma de Uds. —es decir, si Uds. pueden cumplir con algunos requisitos mínimos que me gustaría **señalar**.

Dear Sir:

company
customers of yours

enclosed ● held many
positions

therefore very
knowledgeable

opinion
a major way

move to your city

position

indicate

1. Condiciones de trabajo : Oficina espaciosa, **alfombrada** y **refrigerada**. Baño privado y **lugar de aparcamiento** reservada. Secretaria ejecutiva y otra personal—**ésta** de mi propia elección, **aquélla** según los criterios de Uds. *(carpeted • air-conditioned parking space / the latter • the former)*

2. **Horario:** flexible. En vista de mis conocidas actividades **deportivas** y sociales, **me consta** indicar que **eso de** llegar a la oficina a una hora fija y partir en **determinado** momento jamás ha conducido a un máximo **esfuerzo** de parte mía. **Por eso** le voy a rogar que dejen a mi propio **juicio lo** de las horas de **asistencia**, confiando en la calidad e intensidad de mi **aportación** durante el tiempo **consagrado** al trabajo. *(Hours / in sports • I feel obliged•that business of • a specific / effort / Therefore judgment • the matter • attendance contribution devoted)*

3. Salario : un honorario modesto consonante con las necesidades de mi persona y con la consideración que su firma debe a la empresa Ramón Pérez de Guzmán, S.A.

　　Agradeciéndole **de antemano** su favorable contestación y deseando que **ésta** no le haya ocasionado ninguna molestia, **me subscribo de Ud.,** *(in advance / this letter / I remain / yours truly)*
　　　　　Su atento y seguro servidor,

　　　　　　Juan José Pérez de Guzmán

P.D. Mi padre le manda muchos saludos y le quiere avisar que espera poder continuar sin interrupción sus cordiales relaciones con su distinguida compañía. *(P.S. (Posdata))*

　　　　　　　　J. J. P. de G.

P.P.D. Le adjunto dos cartas de recomendación que comprobarán mis indisputadas calificaciones para el cargo solicitado. Otra vez, **atto. y afmo.** *(atento y afectísimo) yours truly)*
　　　　　　J.J.P

SERVICIOS ELECTRÓNICOS ACME
Calle de los Ríos, 212A　　4°　　　*(4th floor)*
Caracas, Venezuela, Zona 12
(Subsidiaria de Ramón Pérez de Guzmán y Cía, S.A.)
Tel.: 245-1579

　　　　　　21 de octubre de 1974
Muy señores nuestros : *(Gentlemen :)*
　　En cuanto a la **solicitud** de trabajo del señor Juan José Pérez de Guzmán, **nos complacemos** en comunicarles lo siguiente : *(application / we are pleased)*
　　Juan José Pérez, hijo de nuestro principal cliente, vino a trabajar con nosotros en enero del

año pasado y estuvo en nuestro empleo hasta mayo   We don't hesitate
de ese mismo año. **No vacilamos** en decirles que fue
una verdadera experiencia sólo conocerle. Jamás
hemos visto un trabajador como él ni una personalidad como la suya. En efecto, aquellos tres meses de
nuestra asociación con él han sido incomparables
en los anales de nuestra compañía, tres meses que no
olvidaremos jamás.

    Esperando que esto les haya servido en algo,
nos ofrecemos de Uds. atentos y **ss. ss.**   (seguros servidores)

                     q.l.b.m.y.p.   (que les besa las
                                          manos y los pies—
           Miguel Angel Redondo, gerente   an old style formal
                                          business ending)

Fernández y Hermanos

AVENIDA CALDERÓN VARGAS, 15
MARACAIBO, VENEZUELA

(SUBSIDIARIA DE RÁMON PÉREZ DE GUZMÁN Y CÍA, S.A.)

                       23 de octubre de 1975
Caballeros:

    Con referencia al Sr. Juan José Pérez de
Guzmán, nos apresuramos a decirles con toda
sinceridad que no podemos **encarecer demasiado**   praise too highly
su trabajo. **Hasta** podemos indicar que hay que   even
verlo para creerlo. Juan José Pérez, hijo de...

Comentarios

1. ¿Qué piensa Ud. de Juan José Pérez? ¿Cómo se figura Ud. su
   personalidad? ¿su carácter? ¿sus intereses? ¿Qué sabe Ud. de su
   familia? ¿y de sus relaciones con sus familiares? ¿Por qué cree
   Ud. que Juan José se ve obligado en este momento a cambiar de
   domicilio? ¿Lo emplearía Ud. si fuera el señor Llanos? ¿Por qué?

2. ¿Cómo interpreta Ud. la carta del señor Redondo, gerente de los
   Servicios Electrónicos Acme? ¿Le parece que les gustó Juan José
   a sus jefes o no? ¿Cómo se explicará el estilo curioso de la carta?

3. ¿Qué piensa Ud. que va a decir la segunda carta de recomendación?
   ¿Podría Ud. terminarla?

ESTRUCTURA
26. DEMONSTRATIVE ADJECTIVES—
THIS, THAT, THESE, THOSE...

A. Forms and Meaning

	SINGULAR			PLURAL	
M.	F.		M.	F.	
este	esta	this (near me)	estos	estas	these
ese	esa	that (near you)	esos	esas	those
aquel	aquella	that (over there)	aquellos	aquellas	those

To keep in mind the difference between **este** (this) and **ese** (that), remember: In Spanish, *this* and *these* both have *t's.*

B. Uses of Demonstrative Adjectives

1. **Este** points out something or someone that is near the speaker in space, time, or thought.

Este paraguas no sirve. —Ni estos chanclos tampoco.	This umbrella is no good. —Neither are these galoshes.
Esta casa me gusta más que la otra. —A mí también.	I like this house better than the other one. —I do too.

2. **Ese** points out something that is near the person addressed, or that is not too far removed from the speaker in space, time, or thought.

Haga Ud. el favor de pasarme ese frasco.	Please hand me that small bottle (near you).
¡Esa idea tuya es estupenda!	That idea of your is wonderful!

3. **Aquel** points out something that is far removed from the speaker in space, time, or thought.

Aquellos edificios al otro lado de la plaza...	Those buildings across the square...
En aquella época, no había televisión.	In that era, there wasn't any television.

4. Demonstrative adjectives generally are repeated before each noun they modify, especially if the nouns are of different genders.

Este señor y esta señora son los ganadores.	This gentleman and lady are the winners.

Práctica

A. Cambie según los sujetos indicados:
1. Esta **camisa** es nueva.
   (traje, corbatas, zapatos, anillo, calzones)
2. Ese **cuarto** será más grande.
   (pieza, lámparas, muebles, salón)
3. Aquella **reunión** fue la mejor.
   (plan, propuestas, momento, días)

B. Complete, empleando los demostrativos apropiados:
1. _____ tienda aquí parece tener lo que busco.   2. Nunca me olvidaré de _____ tiempos lejanos.   3. _____ montañas a lo lejos siempre están cubiertas de nieve.   4. _____ traje tuyo se ve más nuevo que el mío.   5. Acabamos de comprar _____ coche pero no funciona tan bien como debe. —Debería quejarse a la agencia _____ misma tarde.   6. ¿Qué son _____ papeles que tiene Ud. en la mano?   7. En _____ época no había electricidad ni nada.   8. ¡Cuidado! No se siente en _____ silla (ahí). Está rota.

27. DEMONSTRATIVE PRONOUNS
A. éste, ése, aquél ...   this one, that one...

The demonstrative pronouns *this one, that one, these, those* are formed by placing a written accent on the stressed vowel. They may be used as subject or object of a verb or may stand alone. Remember, however: they will never appear immediately before a noun!

Aquéllos sí fueron buenos tiempos. —Sí, pero éstos son más emocionantes.	Those were the good old days. —Yes, but these are more exciting.
¿Cuáles ha escogido Ud.? — Éste, ése y aquél.	Which ones have you chosen? —This one, that one, and the one over there.

B. The Neuter Demonstratives—*esto, eso, aquello*

These forms are invariable, since they refer to a whole idea rather than to a specific noun. Notice that they never have a written accent.

Esto es el colmo ya.	This (the whole thing) is the limit!
¡Eso es! Eso sí me gusta.	That's it! That I do like.

Práctica

Escoja siempre la conclusión más indicada:

1. — Ese restorán que nos recomendaste resultó horrible, el peor del mundo. —(Pues, ¿por qué escogiste éste entonces?... ¡Cuánto lo siento! Eso me sorprende mucho... Eso no me sorprende nada. Siempre ha sido así.)

2. —Esta primavera no pensamos volver a aquel hotel. —(De acuerdo. Éste es más barato y mejor... ¿Por qué? ¿No les gustó más éste?... Eso es algo que otra persona debe decidir por Uds.)

3. —¿Cuál de estas sillas nos recomienda Ud. —ésta, que es más grande o aquélla chiquita, que es más bonita?
   —La verdad, señora, siendo tan altos Ud. y su esposo, yo les recomendaría más (ésta, ésa, aquélla). Les resultará mucho más cómoda.

4. Salieron en el coche tempranito esta mañana y debían llegar acá para las tres a lo más tarde. ¿Y saben? No han llegado todavía y ya son las diez de la noche.
   (—Eso indica que se habrán bajado en otra estación... Esto me hace pensar que se habrán perdido en el camino... Aquello fue lo mejor del viaje.)

28. FURTHER USES OF THE DEMONSTRATIVES
A. The Latter and the Former—*éste* and *aquél*

Este (the one most recently mentioned) is used to indicate *the latter*, and **aquél**, *the former*. Unlike English, when both are mentioned in Spanish, *the latter* (**éste**) always comes first.

¿Conocen Uds. a los doctores Ríos y Cepeda? Éste es cirujano estético y aquél es oculista.

Do you know Drs. Ríos and Cepeda? The former is an oculist and the latter is a plastic surgeon.

Ud. me pidió las revistas *Epoca* y *Hoy*, ¿verdad? Pues ésta está agotada y aquélla no se publica ya.

You requested the magazines *Epoch* and *Today*, didn't you? Well the former isn't published any more and the latter is out of stock.

B. In Business Letters

Ésta and ésa are frequently used in commercial Spanish to mean *this city* (the one in which the letter is written) and *your city* (the one to which the letter is sent). **Esta plaza** and **esa plaza** are also used in that sense.

Estoy seguro de que los artículos tendrán muy buena acogida en ésta (en esta plaza).	I am sure that the goods will have an excellent sale in this city.
Espero que Uds. puedan colocar mis telas en ésa (en esa plaza).	I hope that you will be able to market my fabrics in your city.

2. **Ésta** may refer also to the letter being written.

Le mando ésta para participarle que...	I am sending you this letter to inform you that...

C. The Derogatory Demonstrative

Placed after the noun, the demonstrative adjective **ese** expresses contempt. At times, the pronoun **ése** also acquires this connotation.

El tío ese empieza a molestarme.	That (unpleasant, nasty) guy is beginning to annoy me.
La mujerona esa tendrá que habérselas conmigo.	That (miserable) mass of woman will have to reckon with me.
Ese te va a causar problemas si no te cuidas.	That guy is going to cause you trouble, if you don't watch out.

D. The Neuter Demonstratives Followed by *de*

Esto de, eso de, and **aquello de** have varied translations in English. Most frequently, they correspond to the English *this* or *that matter of, business of, idea of, question of,* and at times they are preferably not translated at all.

Esto de acostarse temprano es sólo para los viejos.	This business of going to sleep early is only for old people.
Eso de ir y volver en un solo día me parece demasiado.	(The idea of) Going and coming back in only one day seems too much to me.

E. *Aquel* as Part of a Compound Relative, the one... whom

When *whom* is object of a preposition, **aquel(los)** translates the subject pronoun *the one(s).*

Aquellos de quienes habla Ud. son amigos míos.	The ones (those) of whom you are speaking are friends of mine.
Aquella con quien te vi, ¿no era tu esposa? —¡Chist!	The one whom I saw you with, wasn't that your wife? —Shh!

Ejercicio

Tradúzcase al español:

1. The person (the one) about **(por)** whom you inquire in your letter of the 15th of this month was in our employ for a very short time. I can

only say that that fellow is going to cause you many problems if you hire him. The idea of working never has suited him. In fact, that is his basic problem in life. However, in spite of all this, I recommend that you give him the job. His uncle is the president of the firm!

2. This typewriter doesn't work very well. May I use that one (near you)? —You would do better with that one over there. This one is very old.

3. I would like to introduce you to two neighbors of mine, Marcela Delibes and Leonor Rabat. The former is a well-known newspaper-woman and the latter is a fine pianist. You'll like them.

4. Wait a moment! That's not fair. We chose this card and you handed us that one. —Why not? This is what we call magic.

---

29. PSEUDO-DEMONSTRATIVES

English frequently uses *that* and *those* not to point out something, but merely as a substitute for a noun. Since this is not a true demonstrative, Spanish uses the definite article instead of the demonstrative pronoun.

El Museo de Bellas Artes y el de Antropología están muy cerca de aquí.	The Museum of Fine Arts and that (the Museum) of Anthropology are very close to here.
Esta casa y las de enfrente son nuevas. —Eso ya se ve.[1]	This house and those (the ones) facing are new. —That's obvious.
Los que te lo dijeron mentían.	Those (people) who told you so were lying.

Práctica

Substituya las palabras indicadas por el artículo apropiado:

1. Me gustaría comprar un abrigo como **el abrigo** de María. — ¡ Ay, no! **Los abrigos** de esa categoría cuestan muchísimo.   2. Hemos tenido noticias del Ministerio de Defensa pero no **del Ministerio de Educación**.   3. La sección de las nueve y las **secciones** de la una y de las tres se van a reunir juntas esta tarde.   4. Los diputados conservadores se han unido sobre esa cuestión con **los diputados** liberales.   5. Ambas mi novia y **la novia** de mi hermano son andaluzas.

---

[1] If we were pointing out *those* houses, **aquéllas de enfrente** would be correct.

30. POSSESSIVE ADJECTIVES

A. Their Function
1. Possession is expressed in Spanish by **de**.

La hija del campesino…	The farmer's daughter…
Este asiento es de papá.	This seat is Dad's.

2. Possessive adjectives (and pronouns) replace possessive nouns.

Su hija…	His daughter…
Este asiento es suyo.	This seat is his.

B. Unstressed Forms (Which Always Precede the Noun)

mi(s)	my	**nuestro (a, os, as)**	our
tu(s)	your	**vuestro (a, os, as)**	your
su(s)	his, her, your (**de Ud**. or **de Uds.**), their		

Like all adjectives, a possessive must agree with the noun before which it stands.

mi hermano, mis primos	my brother, my cousins
tu escuela, tus clases	your school, your classes
su idea	his (her, your, their) idea
sus planes	his (her, your, their) plans
nuestra familia	our family
nuestros padres	our parents
vuestro dinero	your money
vuestras casas	your homes

C. Stressed Forms

mío (a, os, as)	(of) mine	**nuestro (a, os, as)**	(of) ours
tuyo (a, os, as)	(of) yours	**vuestro (a, os, as)**	(of) yours
suyo (a, os, as)	(of) his, (of) hers, (of) yours (**de Ud., Uds.**), (of) theirs		

These forms either *follow* the noun or stand alone after the verb **ser**. They are also used frequently in exclamations. *Remember*: Under no circumstances may they ever precede the noun!

Era un cliente nuestro.	He used to be a customer of ours.

El coche es mío; la moto, suya.	The car is mine; the motor-cycle, his (hers, theirs, etc.).
¡Amada mía! — ¡Corazón mío! (—¡Dios mío!)	My beloved! My darling! (—My G—!)

D. *de él, de ella,* etc., in Place of a Possessive

For clarification or emphasis, **su** may be replaced by **el**... **de**, **la**... **de** (**él**, **ella**, etc.). **Suyo** is replaced simply by **de él, de ella, de Ud., de ellos, de ellas, de Uds.**

¿Podría Ud. darme la dirección de ella? Ya tengo la de Uds.	Could you give me *her* address? I already have *yours*.
Los padres de él están a favor del matrimonio. Los parientes de ella están en contra.	*His* parents are in favor of the marriage. *Her* relatives are against it.
¿Son de Uds. estos vehículos? —Sí. El coche es mío; la moto, de él.	Are these vehicles yours? —Yes. The car is mine; the motorcyle, his.

Práctica

A. Conteste afirmativamente, empleando siempre el posesivo apropiado:

1. ¿Son de Uds. estos asientos?   2. ¿Es mío este paquete?   3. ¿Era de su padre la fábrica?   4. ¿Serán vuestros aquellos papeles?   5. ¿Es tuyo este bolígrafo (*ball point pen*)? ¿y esas plumas? ¿y esos lápices?   6. ¿Fue de Uds. la tienda que se quemó?   7. ¿Sería tuyo el bolso que encontraron?   8. ¿Son de Ud. aquellas maletas?   9. ¿Eran clientes de la firma?   10. ¿Te gustaría conocer a unos amigos míos?

B. Ahora conteste libremente:

1. ¿Cuál es la primera memoria de su niñez? ¿Quiénes fueron sus primeros amigos?   2. ¿Hay algún pariente suyo viviendo en otro país?   3. ¿Es de Uds. la casa en que viven? Si no, ¿de quién es?   4. ¿Se ha casado recientemente algún amigo tuyo (o amiga tuya)?   5. ¿Hay nativos de habla española en vuestra clase? Si los hay, ¿de dónde son?   6. ¿Cuál consideras la mayor suerte tuya? ¿y la mayor desgracia (*misfortune*)?   7. ¿Es tuyo el coche que usas? Cuando vuelves a tu casa, ¿vas en coche, en tren o en autobús?

E. Using the Definite Article in Place of a Possessive

With parts of the body, articles of clothing, and personal effects, the definite article generally replaces the possessive adjective. The possessor is indicated by an indirect object pronoun (if the subject does the action to someone else) or by a reflexive (if the subject does the action to himself).

Si quieres, te ataré la corbata. —Ya me he atado la corbata. ¿Me buscarás ahora los gemelos?	If you wish, I'll tie your tie for you. —I've already tied my (own) tie. Will you look for my cufflinks now?
Quítense el sombrero² delante de una señora. —¿Qué señora?	Take off your hats in front of a lady. —What lady?
Lávate las manos antes de comer. —¿Por qué, mamá?	Wash your hands before eating. —Why, Mom?

Of course, if the possessor is not otherwise revealed, the possessive adjective is used.

Se puso mi abrigo y se fue.	He put on my coat and left.
El mío está roto. Tendré que tomar tu paraguas.	Mine is broken. I'll have to take your umbrella.

Ejercicio

Emplee en oraciones originales las expresiones siguientes:

lavarse la cara… quitarle a uno el aliento… ponerse los guantes… ponerle (a otra persona) los guantes… peinarse el pelo… cortarle a alguien el pelo… coserse los pantalones… plancharle (a otra persona) el vestido…

31. POSSESSIVE PRONOUNS

A. Formation and Use

Possessive pronouns consist of the definite article plus the stressed form of the possessive adjective: **el mío, los tuyos, la suya,** etc. They may be used as subject or object of a verb, may follow **ser,** or may stand alone.

¿Iremos en tu coche o en el mío? —El tuyo es mejor.	Shall we go in your car or in mine? —Yours is better.
No tengo pluma. ¿Me presta la suya (o la de Ud.)?	I don't have a pen. Will you lend me yours?
¿Cuáles son los nuestros? —Aquéllos.	Which ones are ours?—Those over there.

---

² Notice that since each person is taking off *one* hat, Spanish uses the singular noun. Witness also: **Cuando terminen, levanten la mano.** When you finish, raise your hands (one hand). But: **Esto es un atraco. Levanten las manos.** This is a holdup. Raise your hands (both hands).

Práctica

Conteste, por favor, como le parezca mejor. (Y trate de ser un poco original.)

1. Mis padres son de Cuba. ¿De dónde son los suyos? 2. Nuestra clase se reúne a las nueve. ¿A qué hora se reúne la suya? 3. En nuestra sección hay más chicas que hombres. ¿Y en la tuya? 4. Nuestra casa tiene sólo un piso. ¿Cuántos tiene la vuestra? 5. Está haciendo frío y no traigo abrigo. ¿Me presta Ud. el suyo? 6. Mi coche está descompuesto y tengo que ir en seguida al trabajo. ¿Me permiten Uds. usar el suyo? 7. La novia de mi hermano se llama Eloísa. ¿Cómo se llama la tuya? 8. Dejé el periódico en el tren. ¿Me deja Ud. leer el suyo? 9. Nuestro equipo de fútbol ha ganado diez partidos ya. ¿Cómo les va con el suyo? 10. Me gustan más tus gafas que las mías. ¿Quién te hizo las tuyas? 11. Nuestro profesor de español es un poco fuerte (*tough*). ¿Cómo es el vuestro?

B. Stressed Adjectives vs. Pronouns

After the verb **ser**, both the stressed adjective (**mío**, etc.) and the stressed pronoun (**el mío**) are correct. However, there is a difference in their meaning. The adjective merely indicates possession, while the pronoun implies the selection of one or more objects from a group.

Las dos casas son nuestras.	Both houses are ours. (We own them.)
¿Cuál de esas casas es la suya? —Esta es la nuestra.	Which of those houses is yours (the one you live in)? —This one is ours.
Este papel es tuyo, ¿no?	This paper is yours, isn't it? (It belongs to you.)
Este papel es el tuyo, ¿no?	This paper is yours, isn't it? (It's the one you wrote.)

C. Special Use of the Masculine Plural Pronouns

Los míos, los tuyos, etc., are used to refer to relatives, intimate friends subordinates, etc.

Recuerdos a los tuyos.	Regards to your family.
Los nuestros triunfaron.	Our men (side) won.

D. The Neuter Forms

With the neuter article **lo**, the possessive pronoun acquires an abstract sense: **lo mío**   what is mine, etc.

No codiciamos lo suyo. | We don't covet what is his.

No tienes ningún derecho a lo
mío. | You have no right to what is
mine.

Quédate con lo tuyo. | Keep what you have.

Ejercicio

Exprese una vez más en español:

1. Ours has always been a family business. It's small, but we love it. What is yours like? —Ours is a corporation, large and powerful. I'd dare say that it earns 100 times more than yours. —Oh, yes? Well... good morning, boss.

2. I am yours, and everything I have is yours. —Oh, darling! —But, remember: what is mine is yours, and what is yours is mine. —But, my love, if (what is) mine is worth much more than (what is) yours... —Then it will be ours. —No. You keep what's yours and I'll keep what's mine. —I don't understand that attitude of yours. —Yours is much worse. —Mine is worse? What have / said? —Nothing. But I could read it in your eyes. —And I could hear it coming out of those beautiful lips of yours. —Are you getting sarcastic now? —Sarcastic? I? —Yes, you. "Those beautiful lips of mine." —But they *are*. Everything about you (of yours) is beautiful. —Darling! I am yours. Everything I have is yours... (¡'... !)

CREACIÓN
Sobre el arte de decir algo
sin decir
absolutamente nada

¿Cuántas veces se ha hallado Ud. en el trance de tener que alabar algo que en realidad no le haya gustado? Y su alma honrada se ha estremecido ante la mentira misericordiosa. Pues bien, vamos a practicar un poco hoy el arte de la palabra equívoca, la que se puede interpretar de dos maneras absolutamente opuestas, la que cada uno entenderá a su propio gusto. Repase por un momento las dos cartas de recomendación (págs. 79–80) y después comencemos.

1. Ud. acaba de asistir a un concierto de música dado por un colega suyo. Ud. lo considera una catástrofe total, pero claro está, no quiere ofender a su amigo. ¿Qué le dice Ud.?

2. Ud. es profesor(a) en una escuela privada. Una noche, aquella famosa noche en que vienen a visitar el colegio los padres de los alumnos, se le acerca a Ud. el padre de Juanito Gómez, su peor estudiante. Desafortunadamente, el padre de Juanito es uno de los mayores contribuidores a la escuela, y sin él... ¿Qué le cuenta Ud. de su Juanito?

3. Ud. ha sido invitado a comer en casa de sus futuros suegros. La mamá de su novia (novio) ha trabajado días enteros preparando una comida especial en su honor. Lo único es que su futura suegra es una cocinera ínfima. Ud. sufre valientemente mientras le trae plato tras plato de carnes grasosas y vegetales quemados y... y por fin Ud. le tiene que dar las gracias por el gran banquete. ¿Qué le dice Ud.?

4. Un amigo suyo (o una amiga suya) se ha enamorado de una persona que francamente nunca le ha gustado mucho a Ud. A decir la verdad, Ud. no tiene nada específico que decir contra aquella persona, pero cuando su amigo le pide su opinión... ¿Qué le dice Ud.?

5. Ud. tiene en su empleo a un tal Fernando Rojas. Rojas es en realidad una persona simpática pero del todo incompetente. Sin embargo, le da lástima a Ud. despedirlo así sin más ni más. El pobre está casado, tiene hijos y... Por fin se le presenta la oportunidad de colocarlo en otra firma, y Ud. le prepara una carta de recomendación... ¿Cómo la escribirá?

El arte del honrado engaño. La palabra de doble intención.

LECCION SIETE

SIETE

DIÁLOGO

Mariano: Alejandra..., son las tres. ¿Sabes? ¡Las tres!

Alejandra: Ya lo he oído.

Mariano: Sabes perfectamente que yo tenía **pro-pósito de madrugar**. <small>plans to get up early</small>

Alejandra: Muy bien. Acuéstate. Yo no te lo impido.

Mariano: ¡Qué mujer! De manera que tú no me lo impides? ¿Quién está llorando desde la una y media? ¿Quién está fabricando ataques de nervios desde la una? ¿Quién está gritando desde las doce menos cuarto? En fin, ¡ya estoy harto! ¿Lo <small>I've had it!</small> sabes? ¡Harto! Me voy a acostar. Pero vas a prometerme que me dejarás dormir.

Alejandra: No piensas más que en dormir. Tienes **los mismos ideales que las focas**. <small>the sensitivity of a seal</small>

Mariano: ¡Bueno! Hasta mañana... Que descanses. (Alejandra no contesta.) He dicho que descanses, Alejandra.

Alejandra: **Ya me he enterado.** <small>I heard you.</small>

Mariano: ¿Y tú no tienes nada que contestar?

Alejandra: Nada. Tú dices: "que descanses", y a mí me parece bien. No tengo nada que contestar.

Mariano: ¡Oh! Es para volverse loco! (Una pausa. Alejandra se levanta y va hacia el **lecho** que ocupa <small>bed</small> Mariano, a cuyo lado permanece un rato de pie.)

Alejandra: Escucha, Mariano. Yo te **aborrezco**. <small>despise</small>

Mariano: **Bueno.** <small>All right.</small>

Alejandra: Te aborrezco con un verdadero aborreci-miento. ¡Te odio!

Mariano: Está bien. **(Se vuelve del otro lado.)** <small>He turns on his other side.</small>

Alejandra: Vivir contigo es para mí un tormento **irresistible.** — unbearable

Mariano: ¿Quieres dejarme dormir?

Alejandra: ¡Ah! ¿Soy yo quien no te deja dormir?

Mariano: ¡Esto es demasiado! ¡Es demasiado! ¡Toda una noche de **llantos** torrenciales y de **ataques neuroepilépticos,** para acabar diciendo que no es ella la **que tiene la culpa** de que yo no pueda dormir!... ¿Por qué fui tan estúpido? ¿Por qué el día de la boda no me escapé de la iglesia y subí a un taxi y me marché a **Irún** en el expreso? ¡Fui un idiota! ¡Fui un idiota! — tears; / nervous fits / whose fault it is / *(city on Spanish-French border)*

Alejandra: Y desde entonces no has cambiado **en lo más mínimo,** Mariano... En fin, acuéstate; voy a leer. Mañana hablaremos de algo muy **trascendental.** — in the slightest / important

Mariano: ¿Mañana? Perfectamente. Gracias, Alejandra.

Alejandra: (Después de una pausa; aparte) Y se dormirá... Será capaz de dormirse. (**Alto.** Encendiendo las luces.) Un segundo, Mariano, antes de que te duermas. — Aloud.

Mariano: **Di.** — Go on. Spill it.

Alejandra: ¿Qué pensarías tú de mí si habiéndome dicho que me aborrecías, que me odiabas, **me** durmiese tranquilamente? — I were to fall asleep

Mariano: Pensaría que tenías sueño, Alejandra.

Alejandra: ¿Eso pensarías? ¿Nada más que eso?

Mariano: Nada más.

Alejandra: ¡Es natural!

Mariano: Oye, ¿por qué dices que es natural?

Alejandra: Por nada. Acuéstate, Mariano. Ahora no te quejarás de que sea yo quien no te deja dormir.

Mariano: Pero, ¿por qué encuentras natural que yo **pensase** eso? — should think

Alejandra: Porque tienes un espíritu **grosero.** ¿**Estás conforme?** — coarse • Are you satisfied?

Mariano: Que tengo un espíritu grosero... ¡Bueno! Explícate. Te oigo.

Alejandra: Perdona. Ahora no. Voy a acostarme.

Mariano: Te **suplico** que esperes un momento. — I beg

Alejandra: ¿Me prohibes que duerma?

Mariano: Sólo un instante.

Alejandra: ¿Y tiene derecho un marido a prohibir que duerma su mujer? ¿Quieres matarme **de sueño,** como mataron a Luis XVII de Francia? — by exhaustion

Mariano: Pero si no se trata más que de cinco
minutos, los suficientes para que expliques por
qué tengo yo un espíritu grosero.

Alejandra: La explicación sería demasiado larga...
Mañana, después de almorzar, te explicaré...

Mariano: (Después de una pausa, durante la cual no
sabe si asesinar a Alejandra o **tirarse por** el balcón.)   throw himself off
¡ Está bien ! Mañana...

Alejandra: Oye, Mariano. ¿ Es posible que no tengas
curiosidad de saber por qué te odio ?

Mariano: (Desesperado) Pero, bueno, ¿ tú qué te
propones, Alejandra ? **¿ Que yo enloquezca ?**   That I go mad ?

Alejandra: Nadie enloquece **ya**. Eso ocurriría en el   any more
siglo XIX. Ponte la **bata** y escúchame.   robe

Mariano: ¡ Qué mujer ! ¡ Pero qué mujer !

(Adaptado de Enrique Jardiel Poncela,
Una noche de primavera sin sueño)

Análisis

1. ¿ Cuántos años cree Ud. que llevan Mariano y Alejandra de casados ?
    ¿ Cuántos años de edad les daría Ud.? ¿ De qué clase económica
    o social serán ? ¿ Por qué piensa Ud. así ?

2. ¿ Encuentra Ud. debajo de la apariencia alguna señal de amor entre
    Mariano y Alejandra ? ¿ Por qué piensa Ud. que Alejandra está tan
    enojada con él en este momento ? ¿ Cómo analiza Ud. el carácter
    de los dos ? ¿ Quién le parece más razonable ? ¿ más sincero ? ¿ más
    simpático ? ¿ Por qué ?

3. ¿ Le parecen a Ud. auténticos o más bien caricaturescos estos dos
    personajes ? ¿ Por qué ? ¿ Ha conocido Ud. alguna vez a alguien
    como ellos ? ¿ De qué técnicas se vale el autor para conseguir un
    efecto humorístico ? ¿ Puede Ud. señalar algunas líneas que le hayan
    hecho gracia en particular ?

4. ¿ Qué piensa Ud. por lo general del matrimonio ? ¿ Cree Ud. que el
    hombre es intrínsecamente monógamo ? ¿ Y la mujer ? ¿ Cómo
    explica Ud. el gran porcentaje de los divorcios en nuestro país ?
    ¿ Se divorciaría Ud.?

ESTRUCTURA

32. GENERAL VIEW OF THE SUBJUNCTIVE

A. The Subjunctive in English

The subjunctive is more widely used in English than many people
realize. Often it escapes notice because its forms differ from the
indicative only in the third person singular and in certain irregular

verbs. In other cases, it makes use of the auxiliaries *may, might,* or *should.* These are its most common uses:

1. It appears regularly after certain verbs of suggesting, requesting, and ordering.

It is urgent that she *leave* at once.
The President insisted that we *be* there on time.
They should demand that he *sign* it.

2. It follows many expressions of emotion, particularly of hope.

I wish I *were* in Dixie.
May the coming year bring peace to all. (I hope that...)
God *be* praised. (I pray that...)

3. It expresses unreality:

• Doubt, uncertainty
It is incredible that he *should* volunteer for that mission.
It is possible that they *may* come.

• Indefiniteness
Come what *may.*
Wherever you *may* go. (No definite place.)

• Purpose
I tell you this so that you *may* be prepared.
And conditions that are contrary to fact.
If I *were* you (but I am not), I would read this carefully.

THESE ARE PRECISELY THE CONCEPTS OF THE SUBJUNCTIVE IN SPANISH AS WELL.

B. The Subjunctive in Spanish

In Spanish, the indicative is the mood of black and white, of bald fact, of assertion, of certainty. The subjunctive is tinged with the hues of subjectivity, the nebulousness of unreality. It appears in the subordinate clause whenever the subordinate statement bears the implication of command or reflects the color of an emotion, whenever its positive existence is clouded by uncertainty, indefiniteness, or an assumption contrary to fact. Its usage can be reduced to three essential concepts, to which it adheres consistently and logically. These concepts, and not any particular verb, phrase, conjunction, or type of clause, will produce a subjunctive in Spanish.

33. THE FIRST CONCEPT OF THE SUBJUNCTIVE: INDIRECT OR IMPLIED COMMAND

A. When one person, speaking directly to another, gives him an order, that is a direct command.

Siéntese, por favor.	Sit down, please.
No lo hagas, Pepe.	Don't do it, Joe.

B. When the order is not given directly, but is incorporated into a request or an expression of one person's will that someone else do something, that is an indirect or implied command. The force of that command, no matter how weak or how strong, will produce the subjunctive in the subordinate clause.

Dígale que se siente.	Tell him to sit down. (Tell him: Sit down!)
Te ruego que no lo hagas, Pepe.	I beg you not to do it, Joe. (Joe, I beg you: Don't do it!)
Insisten en que vayamos.	They insist on our going (or that we go). (They insist: Go!)
Quiero que todo el mundo lo vea.	I want everyone to see it. (See this, everyone.)
Pidámosle que vuelva.	Let's ask him to come back. (Let's say: Come back!)
¿Les escribió Ud. que viniesen?	Did you write them to come? (Did you write to them: Come!?)
Mandé que lo soltasen.	I ordered[1] them to release him.
No permitas que te engañen.	Don't allow[1] them to fool you.

Sometimes the main clause is omitted, but the indirect command is still apparent. In such cases, the English *let* is not a request for permission, but an expression of the speaker's will.

¡Que cante Juanito!	(Let) Johnny sing![2] (I want Johnny to sing.)
Que bailen todos ahora.	(Let) everyone dance now. (I want everyone to dance.)
Que descanses, Alejandra.	(I'd like you to) rest, Alexandra.

C. Note that it is not the verb itself, but the implication of command that calls for a subjunctive in the subordinate clause. If there is no change of subject, there can be no implication of command and, therefore, no subjunctive.

Quiero ir.	I want to go.
Quiero que vayas.	I want you to go.

---

[1] Verbs of ordering or forcing, permitting or forbidding may also take the infinitive. **Les mandé soltarlo. No les permitas engañarte.**

[2] There is an important difference in Spanish between **Que cante Juanito** and **Deje Ud. que cante Juanito** (or **Déjele cantar**), although they are both translated in English as: *Let Johnny sing.* The first sentence involves only the speaker and is merely the expression of his will that Johnny sing. The second involves another person, of whom the speaker is requesting permission for Johnny to sing.

Práctica

A. Cambie según las indicaciones:
1. **Quiero que** lo haga Jorge.
   (Insistiré en que, Aconsejan que, ¿Pides que...?,
   Dirán que)
2. **Insisten en que** ella venga también.
   (Prefiero que, ¿Decís que...?, Sugerimos que, No
   quiero que)
3. **Les** dirá que **se vayan.**
   (Me, Te, a Juan, a Ud., Nos, Os)
4. ¿**Nos** recomiendan que lo **compremos**?
   (Te, Os, Me, a mi **esposa**, a sus **clientes**)
5. Devuélvamelos en seguida.
   (Quiero que, Le ruego que, Insisto en que, Les pido que, Te
   pido que)
6. ¿**No le escribiste** que viniera lo antes posible?
   (¿No le pediste, ¿No me pediste, ¿No les dijiste, ¿No nos
   dijiste...?)
7. Les rogamos que no lo **hicieran**, y no nos hicieron caso.
   (decir, dejar, vender, repetir, revelar, discutir, castigar)

B. Conteste ahora:
1. ¿Qué quiere Ud. ser algún día? ¿Qué quieren sus padres
que sea? 2. ¿Deseaba su familia que Ud. asistiera a esta
escuela o a otra? 3. ¿Les aconsejaría Ud. a sus amigos que
vinieran acá? ¿Por qué? 4. ¿Prefiere Ud. que estas clases
se conduzcan en inglés o en español? 5. ¿Nos recomendaría que tuviéramos más sesiones de laboratorio o menos?
¿más lecturas o menos? ¿más oportunidades de conversar?
6. ¿Tiene Ud. novio (o novia)? Pues si lo tiene, preferiría Ud.
que fuera un poco diferente de lo que es, o le gusta exactamente como es ahora? 7. ¿Te piden de vez en cuando tus
amigos que les prestes dinero? ¿Se lo pides tú a ellos?
8. ¿Le has pedido alguna vez a tu padre que te preste su
coche? ¿que te dé dinero para ir a alguna parte? ¿que te
ayude con un problema? 9. Cuando te hallas en un apuro
(*spot*), ¿a quién pides que te ayude—a tus padres, a un
hermano o a un amigo?

C. Diga en español:
1. Let's write him that we are coming. 2. Let's write him to
come. 3. They want to visit us. 4. They want us to visit
them. 5. He prefers to tell it now. 6. He prefers that you
tell it now. 7. Tell him to hurry. 8. Tell him that I'll hurry.
9. I insist on going with you. 10. But I don't want you to go
with me. 11. Allow me to help you. 12. Our lawyer recom-
mends that we don't sign it. 13. Ask him (**pedir**) to lend us

the money. I asked him to lend it to us and he wouldn't.
14. Ask him (**preguntar**) whether he is coming.   15. What
do you propose, Alejandra—that I go mad? —No, that you
leave me alone.

34. THE SECOND CONCEPT OF THE SUBJUNCTIVE: EMOTION

   A. When the main clause expresses pleasure, regret, surprise,
pity, fear, anger, hope, or any other emotion concerning the action
of the subordinate clause, the impact of that emotion will bring
forth a subjunctive in the subordinate clause.

Teme que le reconozcan.	He is afraid that they will recognize him.
Me alegro de que se hayan casado.	I'm glad that they got married.
Espero que estés contento ahora.	I hope you are satisfied now.
Sentimos que no pudieran venir.	We were sorry they couldn't come.
Es lástima que esté enferma.	It's too bad that she is ill.
Ojalá que yo estuviera con él.	If only (how I wish) I were with him.

   B. If there is no change of subject, the infinitive should
normally be used.

Siento estar tan lejos.	I am sorry that I am so far away. (I'm sorry to be...)

BUT:

Siento que ella esté tan lejos.	I am sorry that she is so far away.

Práctica

A. Cambie según las indicaciones:
1. **Es lástima** que no quieran quedarse.
   (Siento, Tememos, Me ofende, Ojalá, Era lástima, Me
   sorprendió, Temíamos, ¿Te molestó...?)
2. Me alegro de que **hayas ganado.**
   (volver, acabar, venir, hacerlo, verlos, decidirte)
3. Temíamos que no lo **supiera.**
   (querer, decir, hacer, creer, tener, terminar, devolver)
4. No me gusta que **digáis** tal cosa.
   (pensar, creer, hacer, repetir, mostrar, discutir)
5. ¡**Ojalá** que sea como su padre!
   (Espero, Esperaba, Temo, Temía, No nos gusta, No nos
   gustaría)

B. Conteste las preguntas siguientes ateniéndose al modelo:

¿Quiere Ud. verlo?   **No, quiero que lo vea Juan.**

1. ¿Espera Ud. recibirlo?   No, _____ mi hijo.
2. ¿Siente Ud. tener que
   marcharse?   No, _____ ellos.
3. ¿Le sorprende sacar esa
   nota?   No, _____ María.
4. ¿Insiste Ud. en dársela?   No, _____ tú.
5. ¿Teme Ud. perder el   No, _____ mi
   puesto?   ayudante.

Ahora conteste según este modelo:

¿Sentía Ud. perderlo?   **No, sentía que lo perdiera Ud.**

6. ¿Le gustaría asistir?   No, _____ mi esposa.
7. ¿Querían Uds.   No, _____ los otros
   descansar?   primero.
8. ¿Deseaba Ud.
   comérselo?   No, _____ tú.
9. ¿Esperabas ir con él?   No, _____ vosotros.
10. ¿Le disgustó oírlo?   No, _____ Uds.

C. Indicative after *esperar* and *temer*

When **esperar** means *expect* and **temer** means *think*, these verbs lose much of their normal implication of emotion (hope—fear) and, under such circumstances, are followed by the indicative.

Espero que venga.	I hope (emotion) that he will come.
Espero que vendrá.	I expect (belief) that he will come.
Temo que esté enferma.	I'm afraid (worried) that she is sick.
Me temo que así resultará.	I suspect that that's the way it will turn out.

Ejercicio

Termine de una manera original las frases siguientes:

1. Espero que... 2. Era lástima que... 3. Siempre me ha molestado que... 4. ¿Les gustaría que...? 5. Temíamos que... 6. Yo esperaba que Uds... 7. ¡Ojalá que...! 8. Me alegro tanto de que... 9. ¿Les sorprende que nosotros...? 10. Sentimos muchísimo que... 11. Se teme que... 12. Esperábamos que...

35. THE THIRD CONCEPT OF THE SUBJUNCTIVE: UNREALITY

The subjunctive wears the cloak of unreality. It reflects the doubtful, uncertain, indefinite, the unfulfilled, the impositive. It appears in the subordinate clause whenever the idea upon which that clause depends places it within the realm of the unreal.

A. The Shadow of a Doubt
When the main clause casts doubt over the subordinate clause action, the uncertain reality of the action calls for the subjunctive.

Dudo que lo hayan oído.	I doubt that they have heard it.
No están seguros de que sea él.	They aren't sure that it is he.

If no doubt is cast on the subordinate action, there is no subjunctive.

Estoy convencido de que es él.	I am convinced that it is he.

B. Denial
When the main clause denies the existence of the subordinate action, the unreality of that action is also expressed by the subjunctive.

Niega que hayan hecho nada malo.	He denies that they have done anything wrong.
No era verdad que yo lo dijera.	It wasn't true that I said it.

BUT:

No niega que lo hicieron.	He doesn't deny that they did it. (Yes, it is true...)

C. Subjunctive and Indicative with *creer*
The verb **creer** (to think, to believe) illustrates how the speaker's expression of doubt, and not the verb itself, determines whether the subjunctive or the indicative will be used.

1. **Creer,** used in an affirmative statement, is regularly followed by the indicative, because the speaker, in saying, "I believe," does not normally want to imply, "I doubt it."[3]

Creo que vendrá.	I think that he will come.
Creían que nos habíamos perdido.	They thought that we had gotten lost.

---

[3] When the speaker wishes to express serious doubt, the subjunctive is possible: **Creo que venga.** I think he may possibly come.

2. In questions or negative statements, **creer** will produce a sub-junctive if the speaker wishes to cast doubt on the subordinate clause action, and the indicative if he makes no implication of doubt.

¿ Cree Ud. que se atreva ?	Do you think he will dare ? (I doubt it.)
¿ Cree Ud. que se atreverá ?	Do you think he will dare ? (I think so, or I have no opinion.)
No creo que lo cojan.	I don't think (I doubt) that they will catch him.
No creo que lo cogerán.	I don't believe that they will catch him. (I fully believe that they will *not* catch him.)

Práctica

A. Cambie según las indicaciones :

1. Dudamos que acepten. (No creemos...)   2. ¿ Niega Ud. que los conozca ? (sostener)   3. Creíamos que no llegaríamos nunca. (terminar)   4. ¿ Crees que lo cojan ? (encontrar)   5. No dudo que dominas bien la materia. (saber más que yo)   6. ¿ No crees que tenían razón ? (equivocarse)   7. ¿ Está seguro de que lo sepan ya ? (tener)   8. No negamos que estuvimos allí. (pasar un rato)   9. Dudaban que pudiéramos hacerlo. (saber)   10. No era posible que volvieran tan pronto. (llegar)

B. Conteste negativamente ahora :

1. ¿ Cree Ud. que será muy difícil el próximo examen ?   2. ¿ No crees que es buena idea madrugar todos los días ?   3. ¿ Niega Ud. que importen mucho en estos tiempos las lenguas extranjeras ?   4. ¿ Estás convencido ahora de que necesitamos un cambio ?   5. ¿ Es verdad que han llegado ya ?   6. ¿ Cree Ud. que haya esperanza todavia para Mariano y Alejandra ?   7. ¿ Dudan Uds. que sea posible crear algún día un mundo mejor ?   8. ¿ Cree Ud. que lloverá mañana ? ¿Cree que nevará ? ¿ que hará mucho frío ? ¿ que hará calor ?

D. Negative statements that deny the following assertion produce a subjunctive in the subordinate clause : **No quiero decir que...** *I don't mean that...* ; **No es que...** *It isn't that...*, etc.

Eso no quiere decir que fuera culpable.	That doesn't mean that he was guilty.
No es que me guste decepcionarte, sino que no te puedo ayudar.	It isn't that I like to let you down, but that I can't help you.

E. When there is no change of subject, **dudar, creer** and **negar** may be followed by an infinitive. This is especially frequent when referring to a past action.

Duda poder venir.	He doubts that he can come.
No creo haberlo visto.	I don't think I saw him.
Niegan haberlo hecho.	They deny that they did it (having done it).

Ejercicio

Traduzca al español:

1. It's not that I don't love you, Fred. It's that I hate you, that I despise you. I'm sorry that we ever met. I'm sorry that you asked me to marry you and I regret having accepted. I am happy only that we live in a time when one can get a divorce and I hope that it will be soon, sooner than soon, tomorrow, tonight. —But this doesn't mean that it's the end for us, does it, darling?

2. It's getting **(hacerse)** very late. Do you think there is time to do another exercise? —I doubt that we can complete it, but I'm sure that we can finish at least the first half. Let's see if we can.

3. We never thought that she would fall in love with him. It wasn't that he wasn't a nice person, but she was so independent, so strong, so cultured, and he was so timid, so weak, so uncultivated. —Well, isn't it true that opposites attract each other? —Yes, and no. I don't deny that it can happen, but I don't think I've seen a happy marriage between two people so different. —Who knows? It's possible that you're right.

36. UNREALITY (continued): SUBJUNCTIVE AFTER CONJUNCTIONS THAT EXPRESS UNCERTAINTY OR UNREALITY

A. Some conjunctions, by their very meaning, always concede that the subordinate clause action is not a certainty. Such conjunctions include **a menos que** (unless), **en caso de que** (in case), **con tal que** (provided that). These are always followed by the subjunctive.

En caso de que llamen, dígales dónde estoy.	In case they call, tell them where I am.
A menos que otra persona se lo diga, no lo sabrán.	Unless someone else tells them, they won't know it.

B. Other conjunctions such as **aunque** (*although, even though, even if*), **dado que** (*granted that*), and **a pesar de que** (*in spite of the fact that*) will be followed by the subjunctive if the speaker wishes to imply uncertainty, and by the indicative if he expresses a certainty or belief. Very often, English indicates that uncertainty by using the auxiliary *may*.[4]

Aunque sea rico, no gasta dinero.	Although he may be rich, he doesn't spend any money.
Aunque es rico, no gasta dinero.	Although he is rich . . .
Dado que sea así, ¿ qué vamos a hacer?	Granted that it may be so, what are we going to do?
Dado que es así...	Granted that it is so, . . .

C. The conjunction **sin que** (*without*) always calls for the subjunctive because by its very meaning it negates the reality of the following action. Obviously, since the action did not take place, it is unreal or nonexistent.

No podrá salir sin que lo veamos.	He won't be able to leave without our seeing him.
Lo hice sin que me dijeran nada.	I did it without their telling me anything.

Notice that if there is no change of subject, the preposition **sin**, followed by an infinitive, must be used.

Se lo llevó sin pedir permiso siquiera.	He made off with it without even asking permission.

Práctica
Cambie una vez más según el elemento nuevo:

1. **En caso de que** te lo pida, no se lo des.
   (A menos que, Aunque, Dado que, A pesar de que)
2. No **os** darán de comer a menos que trabajéis.
   (te, nos, me, le, les)
3. **Se fue** sin que me enterara.
   (No podrá irse, Nunca se va, Volvió, Siempre vuelve)
4. **Aunque** no quiera, tendrá que hacerlo.
   (A menos que, A pesar de que, No obstante que, Dado que)
5. Aunque no quiso, **tuvo que** entregarlos.
   (tendrá que, tenía que, había que, habrá que)

---

[4] In a main clause, *may* has two possible meanings: permission and uncertainty. Spanish uses the indicative of **poder** for both.

    ¿Puedo salir?　May I go out?　　**Puede ser él.**　It may be he.

D. Clauses introduced by **porque** (*because*) take the indicative if they make a positive assertion, the subjunctive if they deny or negate the reality of an assumption.

No alabé su trabajo porque fuera original, sino porque lo había hecho con cuidado.	I praised his work not because it was original, but because he had done it carefully.

BUT:

Alabé su trabajo porque era muy original.	I praised his work because it was very original.

E. Subjunctive after *el que, el hecho de que, que*

1. When a subordinate clause that begins with **el que, el hecho de que,** or **que** (*the fact that,*[5] *the assumption* or *situation that*) precedes the main clause, the subjunctive is generally used. Since the speaker begins the sentence without the element of certainty furnished by the principal clause on which it depends, he momentarily adopts an attitude of doubt.

El que se negara a comentar prueba que sabe algo.	The fact that he refused to comment proves that he knows something.
El que te traicione Pablo es increíble.	The idea that Paul will betray you is incredible.

2. **El hecho de que** and **el que** may be followed by the subjunctive even when the main clause precedes, since the Spanish construction often implies a suggestion of doubt.

Le ha ayudado más que nada el (hecho de) que asistiera a una buena escuela.	The fact that he attended (or may have attended) a good school has helped him more than anything else.

Ejercicio

Exprese otra vez en español:

1. The fact that he doesn't look at us when he speaks makes me believe that he is lying. Although I am usually a very trusting person, I think he'll try to do something without our knowing about it. —I don't

---

[5] The English expression *the fact that* is frequently misleading, since this often refers to situations that are not actually factual (*The fact that he may be rich...,* *The fact that they might have been there...*). The insinuation of possible doubt implicit in this expression is heightened in Spanish, thus explaining the frequency of subjunctive usage in such cases.

want you to think like that, Elsa. Isn't it true that Frank has done a great deal for us without our ever having asked him to? Unless he has changed completely, I'll always believe in him.

2. Don't go out without eating, Johnny. —Yes, Mom. —And take your umbrella, in case it rains. —Of course, Mom. —And call me by (**para**) ten o'clock, provided that I haven't called you first. —Oh, Mom, please... —Even though you're big now, I don't want you to get fresh, do you hear, Johnny? —Aw, Mom. Leave me alone, won't you? I'm not saying this because I want to upset you, but remember, I'm thirty-two years old already!

CREACIÓN

Hemos leído un diálogo acalorado entre Mariano y su esposa Alejandra. Pues bien, vamos a ver si Ud. puede crear una discusión parecida, una verdadera riña apasionada entre dos personas. Por ejemplo:

1. Ud. acaba de enterarse de que su novio (o novia) está saliendo secretamente con otra persona. Cuando Ud. le acusa de ello, se defiende negándolo todo al principio, y después diciendo que no le gustan las personas tan celosas. Ud. se enoja mucho porque...

2. Carmen Morales, esposa de Alonso Morales, está enojada porque cree que su marido no tiene ambición. Las otras mujeres no tienen que trabajar tanto como ella, no merecen tanto como ella, y sus esposos las colman de atenciones. Alonso, en cambio, se queja de que Carmen sólo piensa en el dinero, no en él. Además se ha dejado engordar, no sabe prepararle una buena comida, pasa todo el día sentadita ante la televisión, etc...

3. Ud. ha llegado a su cuarto y lo ve del todo trastornado. Parece que su hermano (hermana, compañera de cuarto, etc.) ha sacado toda la ropa de Ud. del armario y la ha desparramado sobre los muebles y en el piso. Sus discos favoritos están amontonados sobre una silla y por todas partes reina el desorden. Tampoco es la primera vez que esto haya ocurrido, porque ese individuo, si quiere tomar algo prestado, ni siquiera toma la molestia de consultarle a Ud. Abre su armario, se pone a hurgar en él, ¡y ya...! ¿Cómo se imagina Ud. el diálogo que resultará?

4. Si no le conviene ninguna de estas situaciones, a ver cómo se imagina otra que produzca el mismo resultado. ¡Vamos a pelear!

LECCION OCHO

OCHO

MEMORIAS

Tengo cincuenta y seis años y hace cuarenta que llevo la pluma **tras** la oreja; pues bien, nunca **supuse** que pudiera servirme para algo **que no fuese consignar partidas** en el "Libro Diario" o transcribir cartas con **encabezamiento inamovible**:

"En contestación a su **grata**, fecha... **del presente**, tengo el gusto de comunicarle..."

(...) A veces lo hubiera deseado; me hubiera **complacido** que alguien, en el vasto mundo, recibiese mis confidencias; pero, ¿quién? (...) Debí casarme y dejé de hacerlo, ¿por qué? No por falta de inclinaciones, pues aquello mismo de que no **hubiera disfrutado de mi hogar a mis anchas**, hacía que soñara con formar uno. ¿Por qué entonces? ¡La vida! ¡Ah, la vida! (...) Si alguien lo supiera. Si sorprendiese alguien mis memorias, la novela triste de un hombre **alegre**, "don Borja", "el del **Emporio del Delfín**". ¡Si fuesen leídas! (...)

Fue, como dije, hace veinte años; más, veinticinco, pues ello empezó cinco años **atrás**. (...) Había **fallecido** mi primer patrón, y el emporio pasó a manos de su sobrino, que habitaba en la capital. Duro y **atribiliario** con sus **dependientes**, con su mujer se conducía como un perfecto enamorado, y **cuéntese con** que su unión databa de diez años. ¡Cómo parecían amarse, santo Dios!

También conocí sus penas, aunque a simple vista **pudiera creérseles** felices. **A él le minaba** el deseo de tener un hijo, y aunque lo mantuviera secreto, algo había llegado a sospechar ella. (...)

behind • dreamed

other than entering items

a standard opening

letter • of this month

pleased

I hadn't enjoyed my home-life fully

jovial
department store

before

died

ill-tempered • employees • bear in mind

one might think them • He was obsessed with

Me habían admitido en su intimidad desde que conocieron mis **aficiones filarmónicas.** De allí dató la costumbre de reunirnos apenas se cerraba el almacén, en la salita del piso bajo, la misma donde ahora se ve luz, pero que está ocupada por otra gente. (...) ¡Ah! Yo no ejercía sobre ella la menor influencia; por el contrario, a tal punto **se me imponía,** que aunque muchas veces quise que charlásemos, nunca me atreví. (...) **Se instalaba** muy lejos, en la sombra, **tal como si** yo le causara un profundo desagrado; me hacía **callar** para seguir mejor sus pensamientos y, al volver a la realidad, **como hallase** la muda sumisión de mis ojos **a la espera** de un mandato suyo, se irritaba sin causa.

> *ability as an amateur musician*
>
> *did she hold sway over me*
>
> *She would sit*
> *as if*
> *stop playing*
> *if she would find*
> *awaiting*

— ¿Qué hace Ud. así? ¡ **Toque, pues** !

> *Go on, play !*

Otras veces me acusaba de **apocado,** estimulándome a que le confiara mi pasado y mis aventuras **galantes**; según ella, yo no podía haber sido eternamente razonable, y alababa con ironía mi "reserva", o **se retorcía en un acceso** de incontenible hilaridad: "San Borja, tímido y discreto."

> *being shy*
>
> *amorous*
>
> *she would go into a paroxysm*

(...) Transcurrió un año, durante el cual sólo viví por las noches. Cuando lo recuerdo, me parece que **la una se anudaba a** la otra, sin que fuera posible el tiempo que las separaba, a pesar de que, **en aquel entonces, debe de habérseme hecho** eterno... Un año breve como una larga noche.

> *one (night) merged into*
> *at the time it must have seemed to me*

Llego a la parte culminante de mi vida. ¿Cómo relatarla para que pueda creerla yo mismo? ¡Es tan inexplicable, tan absurdo, tan inesperado! Cierta ocasión en que estábamos solos, **suspendido en mi música** por un **ademán** suyo, me dedicaba a adorarla, creyéndola **abstraída,** cuando de pronto la vi dar un salto y apagar la luz. Instintivamente me puse de pie, pero en la obscuridad sentí dos brazos que **se enlazaban a mi cuello** y el **aliento entrecortado** de una boca que buscaba la mía.

> *having stopped playing ● gesture*
>
> *lost in thought*
>
> *wound about my neck ● rapid breathing*

(Adaptado de Augusto D'Halmar, **En provincia**)

Análisis

1. Cierre los ojos por un momento y trate de imaginarse a "don Borja" a la edad de cincuenta y seis años. ¿Cómo sería de estatura—alto, bajo, mediano? ¿y de tamaño—más bien gordo, delgado, barrigón, mediano? ¿De qué color tendría los ojos? ¿y el pelo? ¿Usaría bigote? ¿Cómo se vestiría? ¿Se destacaría en alguna forma de los demás o sería del todo un hombre cualquiera? ¿Por qué se le decía

"un hombre alegre"? ¿Hay alguien a quien le recuerde don Borja (*of whom he reminds you*)?

2. Ahora piense una vez más: ¿Cómo sería don Borja veinticinco años atrás, a la edad de treinta y un años? Descríbanoslo de cuerpo y de carácter. ¿Por qué se sentiría tan tímido en la presencia de su patrona? ¿Habría conocido ya a otras mujeres? ¿Cómo le habría afectado su triste niñez? ¿Puede Ud. reconstruirnos alguna parte de esa niñez?

3. ¿Cómo interpreta Ud. el carácter de la patrona? ¿Cuántos años le daría Ud.? ¿Cómo se la imagina de aspecto físico? En su opinión, ¿por qué comienza a interesarse por don Borja? ¿Cuál es el primer indicio de ese despertar? ¿Es posible que se haya enamorado de él? ¿o que sienta sólo una pasión pasajera? ¿o que desee sencillamente tener un hijo con él, no pudiendo tenerlo con su propio marido? ¿Cómo cree Ud. que terminará el cuento?

ESTRUCTURA
37. UNREALITY (continued): INDEFINITENESS

Indefiniteness is an integral part of the concept of unreality. These are the circumstances in which it generally appears.

A. Indefinite Antecedent

1. When the subordinate clause refers back to someone or something that is uncertain, indefinite, hypothetical, or nonexistent, the subjunctive must be used.

¿Hay alguien aquí que viva cerca?	Is there anyone here who lives nearby? (There may not be such a person.)
Buscamos una secretaria que sepa mecanografía y taquigrafía, y que sea diligente y bonita.	We're looking for a (hypothetical) secretary who knows typing and shorthand, and who is diligent and pretty.
No hay ninguna hoy día que reúna todas esas cualidades.	There is none nowadays who has all those qualities. (The person is nonexistent.)
Lo que tú digas de aquí en adelante ya no nos importa.	Whatever you may say from now on doesn't interest us any more. (Indefinite: you haven't said it yet.)
Haré lo que pueda.	I shall do what I can.
El estudiante que salga mejor recibirá una beca.	The student (whichever one) who comes out best will receive a scholarship.

2. But if the subordinate clause refers back to someone or something that is specific, definite or existent, we use the indicative.

Hay varias personas aquí que viven cerca.	There are several people here who live close by. (They do exist.)
Tengo una secretaria que es diligente y bonita.	I have a secretary who is diligent and pretty.
Lo que tú dices no me importa nada.	What you say means nothing to me at all.
Hice lo que pude.	I did what I could.

3. If the subordinate clause describes an action that occurs as a general rule, once again the indicative is used. Obviously there is nothing indefinite about such a circumstance.

Hago lo que puedo.	I (always) do what I can.
Cada año el estudiante que saca las mejores notas recibe una beca.	Every year the student who gets the best grades receives a scholarship.

Práctica

A. Cambie las frases siguientes según las indicaciones:
   1. No hay nadie que lo **crea** todavía.
       (saber, tener, hacer, seguir, usar, negar)
   2. Busco un esposo que **sea** may rico e inteligente.
       (quererme, tener variados intereses, pensar en otras personas, saber de muchas cosas)
   3. Buscaba una mujer que lo **amara**.
       (comprenderlo, poder ayudarlo, saber cocinar, interesarse por los deportes)
   4. Nico **hará** lo que le digamos.
       (siempre hace, nunca, hacía, hizo, prometió que haría, no quiso hacer)
   5. **Hay** un almacén aquí cerca donde venden muy barato.
       (Había, Conocemos, Te mostraré, ¿Hay...? ¿Habrá...?)

B. Conteste ahora:
   1. ¿Tiene Ud. un amigo que haya nacido en el extranjero (*abroad*)? ¿o un pariente?   2. ¿Conoce Ud. a alguien que haya vivido en el Oriente? ¿en Africa? ¿que haya visitado la Zona Artica?   3. ¿Hay una tienda por aquí donde vendan libros usados? ¿y ropa vieja?   4. ¿Nos podría Ud. recomendar un buen restorán donde se coma barato? ¿y donde sirvan comida mexicana? ¿donde sirvan comida china?   5. ¿Hay alguien en su familia que se haya hecho famoso en alguna

forma? 6. ¿Ha visto alguna vez una película que considere perfecta? ¿o una obra de arte? 7. ¿Conoces a una persona que cumpla con todos tus ideales? 8. ¿Te casarías con una persona que tuviera menos educación que tú? ¿que fuera de otra religión o raza que la tuya? 9. ¿Te casarías con una persona que no les gustara a tus padres? 10. ¿Has hecho alguna vez una cosa que no fuera del todo legal? (¿De veras?)

C. Traduzca al español:
1. Can you find me a book that has all the answers to his questions? 2. Look, Pete. I have just found a book that has what you wanted. 3. Do you know a store where I can buy rare stamps? 4. Give me ten men who are stout-hearted men. 5. There is nobody, but nobody who sells more cheaply than we. And in case there is somebody, he will be bankrupt soon. I even doubt that *we* are solvent! 6. Would you like to talk to someone who has already taken that trip? —I'd love to.

B. Indefinite or Uncompleted Future Action

1. The subjunctive is used after conjunctions of time if the action has not yet been completed at the time of the main clause action. Conjunctions of time include **cuando** (*when*), **así que, tan pronto como, en cuanto** (*as soon as*), **hasta que** (*until*), **después de que** (*after*), etc. Clearly, an action that still has not (or had not) transpired must as yet be nonexistent, and therefore, indefinite or uncertain of conclusion.

Espere hasta que yo vuelva, ¿está bien?	Wait until I get back, won't you?
Cuando la conozcas, te enamorarás.	When you meet her, you'll fall in love.
Prometimos ayudarle hasta que terminara sus estudios.	We promised to help him until he finished his studies (He hadn't finished them yet!)

2. If there is no suggestion of an uncompleted future action, the conjunction of time is followed by the indicative.

Esperé hasta que volvió.	I waited until he got back.
Cuando la conoció, se enamoró de primera vista.	When he met her, he fell in love at first sight.
Siempre que la veo, me enamoro de nuevo.	Whenever I see her, I fall in love again.

3. **Antes de que** (before) by its very meaning always indicates that the subordinate clause action had not yet happened at the

time of the main clause. Therefore, **antes de que** will always be followed by the subjunctive.

Vámonos antes de que nos cojan.	Let's go before they catch us.
Huyeron antes de que pudiéramos detenerlos.	They fled before we could stop them.

Práctica

A. Substituya el infinitivo por la forma apropiada:

1. Cuando me _____ mejor, te llamaré. (sentir) 2. Saldremos para México así que _____ el semestre. (terminar) 3. Cuando los ladrones nos _____, echaron a correr. (ver) 4. Así que Uds. los _____, pídanles que me llamen. (ver) 5. Siempre que yo _____ en el cuarto, ella se alejaba como si me odiara. (entrar) 6. Descansa por un rato mientras que yo te _____ la comida. (hacer) 7. Descansé por un rato mientras que ella me _____ la comida. (preparar) 8. ¿ Piensan Uds. casarse así que _____ de la universidad? (graduarse) 9. Antes de que _____ tarde, avísenos del peligro. (ser) 10. Antes de que yo _____ cuenta, se lo habían llevado todo. (darse) 11. No quiero formular una opinión hasta que _____ todos los detalles. (saber) 12. Volveremos así que _____ (poder) 13. Les dijimos que volveríamos así que _____ (poder) 14. Después de que _____ el examen, sabremos los resultados. (completarse) 15. Prometieron telefonearnos en cuanto _____ a su destino y no han llamado todavía. (llegar) —No se preocupen. Cuando ellos _____ que van a hacer algo, lo hacen. (decir)

B. Complete de una manera original:

1. Así que…, se lo comunicaré a los demás. 2. Así que…, se lo comuniqué a los demás. 3. Cuando…, me enfado muchísimo. 4. Por favor, hágalo antes de que… 5. Cuando…, me asusté. 6. Antes de que…, se fueron. 7. No se vayan hasta que… 8. Se quedaron hasta que… 9. Les prometí que no haría nada hasta que… 10. No habría sido justo juzgarlos hasta que… 11. En cuanto…, lo acabaré.

C. Indefinite Degree or Amount

Por + an adjective or adverb + **que** means *no matter how much* (little, smart, etc.). When it implies an indefinite amount or degree, it is followed by the subjunctive.

Por enferma que esté, siempre querrá ver a su hijo.	No matter how sick she is, she'll always want to see her son.
Por astutos que sean, no nos podrán engañar.	No matter how smart they may be, they won't be able to fool us.
Por mucho que ahorremos, no podremos casarnos tan pronto.	No matter how much we save, we won't be able to get married so soon.

If the degree or amount is definite, the indicative is used.

Por mucho que les dábamos, nunca estaban contentos.	No matter how much we gave them (and we certainly did!), they were never satisfied.
Por poco que como, siempre engordo. —Y Carlota, por más que come, se conserva delgada.	No matter how little I eat (and I do eat very little), I always get fat. —And Carole, no matter how much she eats, always stays slim.

D. Indefinite Place: *dondequiera* (wherever)

When **dondequiera** (or **adondequiera**) means *every place*, it is followed by the indicative. But when it refers to an indefinite place, it calls for the subjunctive.

Dondequiera (que) trabajaba, era amado de todos.	Wherever (every place) he worked, he was loved by all.
Dondequiera (que) estés, piensa en mí.	Wherever you may be, think of me.

Ejercicios

A. Exprese en español:

1. Wherever you go, wherever you are, people will always love you. —Thanks, Mom. I wish there were one other (**más**) person who agreed with you! (¡ Sea brillante, aquí, eh !)
2. Will you call us as soon as you arrive? —Of course, after Customs lets us pass (through).
3. No matter how much I work, I'll never save enough money to buy a car. —Who knows? Some day, when you least expect it, you may (**poder**) receive a windfall. —Well, can I use your car until that day comes?
4. Before you leave, don't forget to close the windows and the doors. —Don't worry. When I give my (**la**) word, I always fulfill it (**cumplir**). —Well, the other time you promised that you would take care of everything, and you didn't do it. —Oh, I'm sorry.

B. Termine ahora de una manera completamente original:
1. Por más que... 2. Por interesante que... 3. Por bonitas que...
4. Por cansados que... 5. Por brillante que... 6. Por poco que...
7. Por mucho que... 8. Por difícil que... 9. Por ricos que...
10. Por jóvenes que...

38. UNREALITY (continued): CONDITION CONTRARY TO FACT

A. Exactly as in English, when a clause introduced by *if* makes a supposition that is contrary to fact (*If I had known*, but I didn't, etc.), Spanish uses a past subjunctive: the imperfect subjunctive for a simple tense, the pluperfect for a compound.

Si pudiera, me quedaría con Uds.	If I could (but I can't), I'd stay with you.
Si el jefe te hubiera[1] visto, te habría despedido.	If the boss had seen you (but he didn't), he would have fired you.
Derrocha el dinero como si fuera agua.	He squanders money as if it were water (and it isn't!)

B. The contrary to fact construction may be used even with a future action to indicate that it is unlikely.

Si me ofreciera un millón de dólares, no me casaría con él. —Estás loca, ¿sabes?	If he were to offer me a million dollars, I wouldn't marry him. —You're crazy, you know?
Si lloviera, no habría partido.	If it should rain, there wouldn't be any game.
Si yo te lo pidiera, ¿lo harías por mí? —Cualquier cosa.	If I were to ask you, would you do it for me? —Anything at all.

C. In all other cases, the indicative is used after the word si.[2]

Si hay tiempo, iremos.	If there is time, we'll go.
Si lo dije, lo siento.	If I said it, I'm sorry.
No sé si vienen hoy o mañana.	I don't know if (whether) they're coming today or tomorrow.

REMEMBER:
Never use a present subjunctive after the word **si**!

[1] The -ra and -se forms of the imperfect and pluperfect subjunctive are interchangeable except in three instances (see # 42, C, D and E). The -ra form is more common than the -se in Spanish America.

[2] Si, followed by the present tense, has the meaning *assuming that*, and therefore is not considered in Spanish as a conjunction of uncertainty.

Práctica

A. Cambie para indicar una condición contraria al hecho:

1. Si puedo, te escribiré todos los días. 2. Si sabe hacerlo, con mucho gusto lo hará. 3. Si escribo mis memorias, todo el mundo se sorprenderá. 4. Si ama a su esposo, no podrá engañarlo. 5. Si no llueve, haremos la fiesta en el jardín. 6. Si hay otra persona que nos ayude (!), no te molestaremos a ti. 7. Si ensucias la casa, tu mamá se enfadará. 8. Si no cuestan demasiado, los compraré. 9. Se matará si se entera de lo que pasó. 10. Si es por la mañana, podremos asistir. 11. Si me hago rico algún día, no sabré qué hacer con el dinero. 12. Si han pagado ya, no tenemos que recordárselo. 13. Si has practicado bastante, no hay necesidad de practicar más. 13. Si he aprobado el curso, no tendré que tomar el examen comprensivo. 14. Si habéis dicho la verdad, nadie sospechará de vosotros. 15. Si han estado tan enfermos, no podrán hacer el viaje.

B. Conteste otra vez:

1. ¿Qué hará Ud. si llueve este fin de semana? ¿y si nieva? 2. Si Ud. fuera millonario, ¿trabajaría? ¿Cómo pasaría su tiempo? 3. Si Ud. pudiera hacer una sola cosa por la humanidad, ¿qué sería? 4. ¿Qué habrías hecho si no hubieras asistido a la universidad? 5. En tu opinión, ¿sería mejor o peor la vida si no existiera la muerte? 6. Si tuvieras la oportunidad de conocer a cualquier persona famosa, ¿a quién escogerías? 7. Si tu familia no hubiera venido a este país, ¿dónde habrías nacido? ¿Qué lengua hablarías? 8. Si pudieras vivir en otra época, ¿cuál sería?

D. Both in oral and in written Spanish, the -ra form of the pluperfect subjunctive frequently replaces the conditional perfect in the main clause of a condition contrary to fact.

Si me lo hubiesen pedido a mí, no lo hubiera hecho.	If they had asked me, I wouldn't have done it.
Si hubiera resultado así, ¿qué hubiéramos dicho?	If it had turned out that way, what would we have said?

Ejercicio

Diga en español:

1. If you don't stop (**dejar de**) smoking, you'll get sick. —Well, if I didn't smoke, I'd spend the whole day eating and I'd die of obesity. —Don't be a wise guy. If I were you, I'd take more care of myself. 2. He talks as if he knew everything, and really, he doesn't know whether he's coming or going. If I had to live with a person like him,

I'd go crazy.   3. If you were sick, why did you go out last night? You were lucky, you know? If it had begun to rain or snow, you'd have caught pneumonia. Believe me, if we had been there, we wouldn't have let you go out.   4. If "you-all" knew what happened that night, you wouldn't believe it. If someone were to read my memoirs, the memoirs of a "timid" man, he would think that I had invented it all. But no, it was true. And if I could live my life over again, I would do the same thing.

39. SUBJUNCTIVE PURPOSE

Conjunctions indicating purpose are followed by the subjunctive. The idea of purpose is related both to the implied command (one's will that something be done) and to indefinite future (at the time of the main clause action, the goal for which it was performed could not possibly have been fulfilled).

A. **Para que** (*in order that, so that*) is always followed by the subjunctive, because by its very meaning it always states purpose.

Lo dejaré aquí para que no lo olvides.	I'll leave it here so that you won't forget it.
Ahorra su dinero para que su familia tenga mejor vida.	He's saving his money so that his family will have a better life.
Nos llamó para que estuviéramos preparados.	He called us so that we would be prepared.

B. If there is no change of subject, there is no need for two clauses. The idea is then summed up in one clause, with the preposition **para** followed by the infinitive.

Ahorra su dinero para comprarse un coche.	He's saving his money to buy himself a car.
Lo dejaré aquí para no olvidarlo.	I'll leave it here in order not to (so that I won't) forget it.

Práctica

Cambie según las indicaciones:

1. Lo estoy preparando ahora **para** no tener que cocinar mañana.
   (para que tú, para que mi madre, para que las chicas, para que Julia y yo)
2. Lo leyó la segunda vez para **entenderlo** mejor.
   (para que la clase, para que nosotros, para que Uds., para que tú)
3. Se lo mandaré en seguida **para** estar seguro.
   (para que los clientes, para que Ud., para que vosotros)

C. De modo que and de manera que (*so that*) are followed by the subjunctive when they imply purpose. They are then synonymous with para que.

Métalo en la nevera de modo que (de manera que, para que) se enfríe.	Put it in the refrigerator so that it will get cold.
Lo levantó de manera que (de modo que, para que) lo vieran todos.	He lifted it up so that all could see.

As you would expect, however, they are followed by the indicative when they merely denote result.

Lo metí en la nevera, de modo que se me olvidó del todo servirlo.	I put it in the refrigerator, so I completely forgot to serve it.
¿De modo que te vas de paseo?	So you're going on a little trip?
Llovió todo el día, de manera que tuvimos que suspender el partido.	It rained all day, so we had to call off the game.

D. A fin de que is always synonymous with **para que,** but it is much less used.

La invitaremos a fin de que os conozcáis.	I'll invite her so that you can get to know each other.

Ejercicio
Complete en sus propias palabras:

1. Se lo diremos para que... 2. Se lo dijimos para que... 3. ¿De modo que...? 4. No lo hemos hecho para que... 5. Trabaja día y noche para que... 6. Póngalos aquí para que... 7. Hizo mucho calor ayer, de modo que... 8. Avísenos antes, por favor, para que... 9. Fue suspendido en todas sus clases, de manera que... 10. Nos detuvimos por un rato a fin de que...

---

40. IMPERSONAL EXPRESSIONS WITH SUBJUNCTIVE OR INDICATIVE

A. Impersonal expressions that contain subjunctive ideas will be followed by the subjunctive. Most impersonal expressions fall into these categories.

INDIRECT OR IMPLIED COMMAND

Conviene		It is advisable	
Es preferible		It is preferable	
Es mejor, más vale		It is better	
Urge	que lo hagas.	It is urgent	that you do it.
Importa,[3] es importante		It is important	
Es necesario		It is necessary	

EMOTION

Es lástima		It is a pity	
Es de esperar		It is to be hoped	that he
¡ Ojalá !	que se haya ido.	Would (if only)	has
Es lamentable		It is regrettable	gone.
Es sorprendente		It is surprising	

UNREALITY: DOUBT, UNCERTAINTY, INDEFINITENESS, etc.

Es (im)probable		It is (im)probable	
Es fácil		It is likely	
Es difícil		It is unlikely	
Es (im)posible	que nos vea.	It is (im)possible	that he'll see us.
Parece mentira, es increíble		It is incredible	
Es dudoso		It is doubtful	
Puede ser		It may be	

B. When an impersonal expression indicates a certainty, it is followed by the indicative.

Claro está		It is clear	
Es verdad	que lo saben.	It is true	that they
Es evidente		It is evident	know it.
No cabe duda de		There is no doubt	

C. Note that an impersonal expression does not call for the subjunctive because it is impersonal but because it may represent a concept that produces the subjunctive. Thus, as in the case of **creer**, the attitude of certainty or doubt, of belief or disbelief in the speaker's mind will determine the use of indicative or subjunctive.

---

[3] ¿ Importa... ? also is used with the meaning *Do you mind... ?* Since the implication of command still obtains, it is followed by subjunctive. ¿ **Le importa que abra la ventana ?** Do you mind if I open the window ?

¿Es cierto que ha venido? (I think so, or
    I have no opinion.)   } Is it true that he has
¿Es cierto que haya venido? (I doubt it.)   } come?

D. When the sentence is completely impersonal, the infinitive
is used. Note that there is no change of subject.

Es necesario hacerlo.	It is necessary to do it.
Es imposible estudiar aquí.	It is impossible to study here.

Práctica

A. Cambie según las frases indicadas entre paréntesis:
1. Acabaremos esta semana.
   (Importa mucho que, Es posible, Será mejor, Es verdad,
   ¡Ojalá!)
2. Tenían razón.
   (Era imposible que, Claro está, Parecía mentira, Es de
   esperar, No era fácil)
3. La noticia no se diseminará entre el público.
   (Conviene que, Urge, Es dudoso, ¡Ojalá!, Es evidente)
4. Valía mucho más de lo que costó.
   (Era probable que, No cabía duda de, Puede ser, Era
   aparente)
5. No lo habían visto antes.
   (Era sorprendente que, Era increíble, No había duda de,
   Era difícil, Era evidente)

B. Ahora escriba un corto diálogo original empleando a lo menos
   cinco de estas expresiones impersonales.

41. THE SEQUENCE OF TENSES

MAIN CLAUSE	*SUBORDINATE (SUBJUNCTIVE) CLAUSE*
Present ⎫	
Future ⎬	Same tense as in English
Present perfect ⎭	
Past ⎫	Imperfect subjunctive or
Conditional ⎭	Pluperfect subjunctive

A. If the main clause is in the present, future, or present perfect,
the subordinate clause subjunctive is in the same tense as the English.
Remember, of course, that the present subjunctive refers also to
future action.

Es lástima que no vengan.	It's a pity that they aren't coming (or won't come).
Es lástima que no hayan venido.	It's a pity that they haven't come.
Es lástima que no vinieran.⁴	It's a pity that they didn't come.

B. If the main clause is in the past or conditional, use only a past subjunctive: imperfect subjunctive for a simple tense; pluperfect subjunctive for a compound tense.

Era lástima que no vinieran.	It was a pity that they didn't come (or weren't coming).
Era lástima que no hubieran venido.	It was a pity that they hadn't come.

Práctica

A. Cambie para indicar que la acción está recién concluida.

Por ejemplo: Espero que lo haga. **Espero que lo haya hecho.**

1. ¡Ojalá que no se muera!   2. Me alegro de que vuelvas.
3. Tememos que sea Anita.   4. Es lástima que estés tan malo.
5. Me molesta que no quiera recibirnos.   6. ¿Le sorprende que yo diga tal cosa?   7. Me gusta que toques esa pieza.
8. No es posible que las terminen tan pronto.   9. Siento que no asistáis.   10. Es dudoso que puedan alcanzarlo.

B. Ahora cambie al pasado. Por ejemplo:

Quiero que me llame.	**Quería que me llamara.**
Es posible que hayan salido ya.	**Era posible que hubieran salido ya.**

1. Quiero verte en seguida.   2. Quiero que lo veas en seguida.   3. ¡Ojalá que no haya más problemas!   4. Tememos que se hayan perdido.   5. No me gusta que se vayan tan temprano.   6. Nos alegramos de que se hayan casado.
7. Sienten tener que marcharse.   8. Sentimos que tengan que marcharse.   9. Os rogamos que volváis pronto. (Os rogué...)
10. Insisto en que me paguen en seguida. (Insistí...)

---

⁴ When the main clause is in the present, the imperfect subjunctive is used primarily for a past action that is prior to another or that is considered definitely over. **Es lástima que no llamaran antes de que Luis se fuera.** *It's a shame they didn't call before Louis left.* **Es posible que muriera cerca de 1930.** *It is possible he died around 1930.* Otherwise, the present perfect subjunctive is more frequent after a present tense.

42. SUBJUNCTIVE IN MAIN CLAUSES

Aside from the use of subjunctive forms in polite and negative commands, there are several other instances when the subjunctive appears in the main clause.

A. Indirect Commands

In certain common expressions and constructions, the indirect command is not preceded by **que** and apparently stands by itself in a main clause. Actually, this main clause is really a pseudo-main clause, and another main clause of volition or emotion is implied.

Dios le bendiga.	May God bless you.
¡ Viva el Rey !	Long live the King !

B. Subjunctive after certain expressions of emotion and doubt

1. **Ojalá** (*would that, if only, how I wish*) is regularly followed by the subjunctive.

¡ Ojalá se lo hubiera advertido !	If only I had warned him !

2. **Tal vez, quizá(s)** (*perhaps*) are followed either by the subjunctive or the indicative, according to the degree of doubt or certainty the speaker implies.[5]

Quizá(s) venga mañana.	Perhaps he will come tomorrow (but I doubt it).
Quizá(s) viene (or vendrá) mañana.	Perhaps he will come tomorrow (I think he will).

C. Softened Assertion

The -ra form of the imperfect subjunctive is used, mostly with the verbs **querer, deber,** and **poder,** to impart a milder, more polite tone to the statement.

Quisiera saber...	I should like to know...
Ud. debiera seguir su consejo.	You (really) should follow his advice.
¿ Pudieran Uds. decirme... ?	Could you please tell me... ?

---

[5] **A lo mejor,** which is very common for *perhaps* in Spain, regularly takes the indicative. **A lo mejor nos lo dice hoy.** *Maybe he'll tell us today.*

D. Subjunctive in the Result Clause of Contrary-to-Fact Sentences

As you recall, the **-ra** form of the pluperfect subjunctive frequently replaces the conditional perfect in the result clause.

Si lo hubiese sabido, nos hubiera avisado.

If he had known it, he would have told us.

Sometimes the *if*-clause doesn't even appear.

Yo no le hubiera contestado así.

I wouldn't have answered him that way.

E. Subjunctive for the Pluperfect Indicative

In literary Spanish, the **-ra** form of the imperfect subjunctive at times replaces the pluperfect indicative. This is not a true subjunctive usage, however, since in this case, the **-ra** form merely points back to the Latin pluperfect indicative, from which it stems:

¿Quién sería el individuo que mandara esa carta?

Who could the person be who had sent that letter?

Juró vengarse del hombre que lo delatara a la policía.

He swore to get even with the man who had denounced him to the police.

Ejercicio

Tradúzcase una vez más al español:

1. The King is dead. Long live the King! —Could you please tell me what's going on here? There never has been a king in this country. —Oh, no? Well, then, I wish there were one...! —Sir, perhaps you should consult a psychiatrist. The fact is that this country has only a sultan, and that's me **(ése soy yo)**! —God bless you. You're as crazy as I.
2. Perhaps the quickest way to go downtown is to take the train. —I can't stand the train. Oh, if only I had a car! —What I should like to know is what people did before they had cars. —They stayed home. Maybe they had the best idea.

CREACIÓN

Figúrese que han pasado treinta y cinco años y que Ud. tiene ahora más o menos la edad de don Borja. Ud. piensa en los sucesos de su vida, en las personas que le han importado más, en los episodios que cambiaron su existencia. Las memorias comienzan a surgir y Ud. escribe... escribe...

O si prefiere, puede redactar su propia autobiografía desde los primeros recuerdos de su infancia hasta ahora. "Yo soy..."

LECCION NUEVE

NUEVE

PERIODISMO: Entrevista

"El alma de la gente no está en los libros", dice el hombre que ha hecho una fortuna con un libro.

Madrid: Después de trece años de **presidio**, "Papillon" había podido escapar. Europa estaba aún en guerra y el ex-presidiario de Cayena se instaló en Maracaibo. Trabajó en una mina, fue buscador de petróleo, **garajista, herbolario**, dentista, hotelero, gerente de una **sala de fiestas**. Cuando un **terremoto le echa por tierra** ese negocio, "Papi" se convierte en pescador de perlas. Después, escribe. En septiembre de 1968 termina su libro, *Papillon*, del que se han vendido más de quince millones de **ejemplares**, sin contar las ediciones **de bolsillo**. Se halla traducido ya en veinte idiomas y está siendo **vertido** en otros. Pero los lectores de las increíbles aventuras de Henri Charrière están pidiendo una segunda parte, aunque diga el refrán que nunca segundas partes fueron buenas. "Acabo de terminar *Papillon Sale a la Superficie* después de más de seis meses de trabajo," me dice en Madrid Henri. Y sin duda, va a ser otro triunfo editorial.

Nuestra charla ha sido más un monólogo exterior que una entrevista convencional. "Papi" **calza botas de media caña** y está vestido con pantalones oscuros y un **jersey** de cuello cerrado. Tiene unas manos enormes que mueve como **aspas de molino**, y una **voz aguardentosa** de bucanero. Es un temperamento muy **meridional, divagador**. Papillon maneja tres o cuatro ideas muy simples, lugares

jail

(French: *butterfly*)

garage mechanic, herb seller • dance hall • earthquake destroyed

copies • pocket book

translated

Comes to the Surface

is wearing calf-high boots
knitted shirt
the arms of a windmill • whiskey voice

southern, rambling

comunes, que **estira, infla y hace estallar** como si
fueran **chicle**. Su castellano es confuso. **El aprendizaje**
de nuestro idioma comenzó en aquella primera **fuga**
a Colombia. Durante sus trece años en el infierno
verde de la Guayana francesa su **idea fija** fue
fugarse. "Mi deber era fugarme, y una vez que me
viera libre, ser un hombre normal que viviera en una
sociedad sin ser un peligro para ella." En su novena
fuga quedó libre, y aquí tenemos a Henri Charrière,
asentado en la "Costa del Sol" española, junto a su
mujer Rita y a su hija, en su nueva vida de millonario.

Le pregunto si después del primer libro le que-
daban aventuras que contar. —"Hay en mi vida
veintiocho años de aventuras. Los años de 1943 a
1952, en que conocí a mi mujer, Rita, fueron años
muy intensos. Desde que encontré a Rita fui más
esposo y padre que aventurero. Ella es la que **equilibró**
mi vida y la que me sacó del alma el deseo de venganza contra los que me condenaron a **perpetuidad**
en 1931, en Paris, por un crimen que no había
cometido. Si ahora soy el hombre que soy, se lo debo
exclusivamente a Rita y al pueblo venezolano."

Me dice que es en Caracas donde está su
verdadero **hogar**, aunque ha encontrado ahora en la
Costa del Sol una tierra cuyo **paisaje** es muy semejante
al de Venezuela y cuyas gentes son tan **acogedoras**
como las de Caracas. Le pregunto por qué adoptó el
seudónimo de "Papillon". "Tengo una **mariposa
tatuada** en el cuello. Yo tenía diecinueve años
entonces y estaba **encarcelado** en **Córcega**. Las
mariposas vuelan por donde quieren, respiran el
perfume que les gusta. No obedecen a ninguna ley.
Vi en la mariposa el símbolo del amor y de la
libertad."

"¿Es Papillon **aficionado a la lectura**?"
—"Nada. Yo no he leído nunca. Me basta con la
experiencia de la vida. El alma de la gente no está en
los libros. Los libros están en la vida misma. Hasta
que vino el terremoto en Caracas, yo estaba más
preocupado por mis negocios y no compraba ni los
periódicos franceses. Un día, después del terremoto,
para hacer dinero y salir de una situación un poco
difícil, me puse a escribir.

"¿Cómo fue la infancia de Henri Charrière?"
—"Mamá era hija de una familia muy rica, que se
arruinó en el negocio de los **cereales**. Entonces ella

Glosses (right margin):

- stretches, blows up and bursts
- chewing gum • His initiation • escape
- obsession
- esconced
- settled down
- life imprisonment
- home
- landscape
- hospitable
- butterfly tattooed
- in jail • Corsica
- fond of reading
- grain

entró en la pedagogía por necesidad. Mi padre era hijo de campesinos. Los dos se querían mucho y no recuerdo haber oído en mi casa un grito ni una **discusión**. Mi padre era **ateo**, y, por lo tanto, no recibí una instrucción religiosa, pero me enseñó a creer en la vida, a respetar a los pajaritos, a proteger al débil y no temer al **poderoso**. Pero todo mi mundo cambió con la muerte de mi madre. Expulsado del colegio por haber **herido** a otro chico, fui obligado a servir por cinco años en la **marina**. Otra vez **volví a pegarme** con un marino y me sentenciaron a tres años en la sección disciplinaria. Al reincorporarme a la vida normal yo no era **aún un bandido**, pero en todos los sitios a donde llegué me pidieron el certificado de buena conducta. No me admitió nadie. Por fin un compañero mío me dijo: "Para abrir **cajas de caudales** no vas a necesitar un certificado de buena conducta. Vente conmigo a París." Y así comenzó mi vida en el **hampa**.

argument • atheist

powerful

injured

navy • I got into a fight again

yet a criminal

safes

underworld

(Adaptado de un artículo por Manuel Leguineche en ***El Tiempo***, Bogotá, 25 de junio de 1972)

Comentarios

1. Si Ud. fuera el reportero que está entrevistando a "Papillon," ¿qué preguntas le haría? ¿Cree Ud. que este periodista ha captado aquí la personalidad de su sujeto?

2. Según lo que Ud. sabe de él, ¿qué tipo de persona fue (Papillón murió de cáncer en 1973.) Henri Charrière? ¿Está Ud. de acuerdo con su hipótesis de que la sociedad lo impulsó al crimen? ¿Cree Ud. que así ocurre en la mayor parte de los casos? ¿Ha conocido Ud. alguna vez a una persona que haya estado en la prisión?

3. ¿Qué piensa Ud. de nuestro sistema penal? ¿Está Ud. por o contra la pena de muerte? ¿Por qué? ¿Cuál le parece un castigo más cruel —la muerte o la perpetuidad en la cárcel? ¿Cree Ud. que nuestros tribunales favorezcan demasiado al acusado, como han alegado numerosas personas? ¿Cree Ud. que debieran ser más estrictos o menos en su ejecución de la justicia? ¿Por qué?

ESTRUCTURA

43. GENERAL VIEW *SER* AND *ESTAR*

Ser and **estar** both mean *to be*. However, these two verbs are widely different in their concepts, and they can never be interchanged without a basic change of meaning. In most cases, they cannot be interchanged at all.

CHART OF THE USES OF *Ser* AND *Estar*

ser (who, what)	estar (where, how)
1. With Adjectives: Characteristic, quality	State, condition, semblance of being
2. Subject = noun, pronoun 3. Possession	Location **Estar** + present participle = pro- gressive tense
4. Origin, material, destination	**Estar** + past participle = resultant state of an action
5. Time of day 6. Passive voice	

In general, **ser** tells *who* the subject is or *what* it is in its essence. **Estar** usually relates *where* or in what *condition* or *position* the subject is. The following are their principal uses.

44. *SER* AND *ESTAR* WITH ADJECTIVES

A. When the verb *to be* joins the subject with an adjective, **ser** is used to represent an essential characteristic or quality; **estar** is used to represent a state or condition or a semblance of being—what the subject looks like, seems like, feels like, tastes like, not what it actually is in essence. Keep in mind: **un ser** (*a human being, an essence*), **un estado** (*a state*), **los Estados Unidos** (*the United States*).

Here are some cases in point:

El hielo es frío.	Ice is cold.
¿Qué pasa? El café está frío.	What's the matter? The coffee is cold.
Luis es muy pálido.	Louis is (characteristically) very pale.
Luis está muy pálido, ¿no le parece?	Louis is (looks, happens to be) very pale, don't you think so?
María es tan bonita.	Mary is so pretty.
María, qué bonita estás!	Mary, how pretty you look!
Carmen sí que es lista.	Carmen really is smart.
Carmen no está lista todavía.	Carmen isn't ready yet.
Su hijo es bueno (malo).	Your son is good (bad).
¿Está bueno (malo) su hijo?	Is your son well (ill)—in good (or bad) condition?

¿ Cómo es Francisco ?	What is Frank like ?
¿ Cómo está Francisco ?	How is Frank feeling ?
Estas uvas son verdes.	These grapes are green (their proper color).
Estas uvas están verdes.	These grapes are green (unripe).

Important: The common notion that **ser** indicates a permanent situation and **estar** a temporary one is not entirely accurate. Of course, an essential characteristic or quality frequently is permanent, and a state or condition may often be temporary. But this is not necessarily so.

Youth is temporary. Wealth may come and go. Beauty may disappear. Size may change. Yet for the time that they last, they are sufficiently pervading to characterize a being.

Somos jóvenes.	We are young.
Era pobre.	He was poor.
Eran muy gordas.	They used to be very fat.

Conversely, a state may be fairly permanent: **Está muerto.** He is dead (the resultant *state* of the action of dying). Even the addition of the adverb *always* does not convert a state into a characteristic:

Esa ventana siempre está cerrada.	That window is always closed.

B. Age and financial position are regarded as characteristics of a person, and therefore the adjectives **joven, viejo, rico, pobre** normally take **ser.** However, when the speaker wishes to imply that the subject looks, seems, appears, feels (not *is*) young or old, **estar** is used.

El Sr. Colón es viejo.	Mr. Colon is old.
Cuando era joven, era muy rico.	When he was young, he was very rich.

BUT:

¿ Ha visto Ud. al Sr. Colón ? Está muy viejo.	Have you seen Mr. Colon ? He looks very old.

C. Ser is used in almost all impersonal expressions.

Es (im)posible.	It is (im)possible.
Es evidente, importante, necesario, trágico, etc.	It is evident, important, necessary, tragic, etc.
Es de esperar.	It is to be hoped.

Práctica

Llene los blancos empleando **ser** o **estar**:

1. Esto _____ interesantísimo. Mi esposo y yo siempre _____ interesados en oír teorías nuevas, aunque no _____ necesariamente prácticas.   2. Amalia, pero mujer, ¡qué delgada _____! —Gracias. ¿Sabes? Me cansaba ya de _____ gorda y me puse a un buen régimen. La verdad, ahora _____ mucho más contenta de mí misma.   3. _____ de esperar que la razón predominará y que (ellos) _____ más discretos en su conducta. —Así _____ siempre. La gente suele _____ más impulsiva que prudente. Ahora recuerde: no _____ Ud. como ellos o todo se perderá. 4. (Nosotros) _____ un poco preocupados por Inés. ¿No se han fijado? _____ muy pálida y casi vieja últimamente, y en realidad, _____ bastante joven todavía. — _____ posible que _____ enferma. ¡Ojalá que no _____ nada serio.   5. ¿Qué _____ esto? Esta sopa _____ fría. —¿Pues no lo sabía Ud.? El gazpacho _____ una sopa fría. _____ delicioso.   6. José, ¿ _____ listo? _____ tarde ya. —Espera cinco minutos y _____ preparado para todo, aun para verte a ti. —No _____ tan listo conmigo, ¿oyes?   7. ¿Le apetece comer uvas? Pues éstas _____ verdes y aquéllas _____ rojas y negras. — ¿ _____ bien maduras o _____ un poco verdes todavía?   8. Ah, ¡qué bien lo recuerdo. Don Fernando, que descanse en paz _____ alto, fuerte y robusto. Y _____ tan amable también, un hombre que siempre _____ dispuesto a ayudar a su prójimo. No _____ muy viejo tampoco. _____ increíble que _____ muerto ahora.

D. In addition to the usual connotations of these verbs, **ser** may be said to indicate the normal or objective attribute of the adjective, and **estar**, a subjective evaluation.

La sopa es rica.	The soup is rich (full of rich ingredients).
La sopa está rica.	The soup is delicious. (It tastes rich.)
Toñuelo es muy alto.	Tony is very tall. (Objectively, such is his size.)
Toñuelo está muy alto.	Tony is very tall. (This is his height at the moment. He probably is still growing.)

| Estos zapatos son grandes. | These shoes are large. (Size 13!) |
| Estos zapatos me están grandes. | These shoes are big for me. (They may actually be a small size, but my feet are smaller.) |

Ejercicio

Diga en español:

1. Hi. How's the water today? —It's a little cool, but the day is beautiful. If I weren't so busy, I'd be more than pleased to spend the afternoon swimming with you.   2. What is (there) in this suitcase? It's awfully heavy. —Actually, it's empty. It's a very heavy case.   3. Joe must be tired. He looks very pale. I hope he's not ill. —No. He's all right. He probably is sleepy and hungry. It's possible, too, that he's worried about something.   4. What's the matter? Are you sad or are you angry with me? —Neither. It's that the book I'm reading is very sad and I'm very sentimental about those things.   5. Which are higher, the Andes or the Alps? Which range is more ancient? —I'm sorry, but I'm not capable of answering those questions. Although science is interesting, I am more interested in history and art. I'm sure there are many people here who can give you the information you want.   6. Joan, how slim you look! —I've always been slim. It's my sister Natalia who **(la que)** used to be fat when she was little. Now she's as slim as I.   7. You ought to cut the grass today. It's very high. —Didn't you know? This species of grass is much higher than the other. Besides, I like it this way.

45. CHANGES OF MEANING WITH *SER* AND *ESTAR*

Aside from the difference of implication that always exists when the same adjective is used with **ser** or **estar**, there is very often an essential difference in translation as well. (Recall **bueno, malo, listo, verde** as illustrated in #44.)

   A. Consider the difference implicit in the use of **ser** and **estar** with the various adjectives that mean *happy*.

   1. **Feliz** refers to true happiness. It expresses an essential aspect of one's life rather than an emotional state. Therefore, it is most frequently used with **ser**.

| Los habitantes de este pueblo son muy felices. | The inhabitants of this town are very happy. |
| ¿ Quién es realmente feliz? | Who is really happy? |

Estar feliz is synonymous with **estar contento**.

| Pero, ¡ qué sorpresa! Estoy feliz, feliz. | Oh, what a surprise! I'm so happy! |

2. **Alegre** means *gay, joyful*. **Ser alegre** means *to be jovial, to be of a gay disposition*.

Ese Pablo es muy alegre, pero no es feliz.	That Paul is a jovial fellow, but he isn't (a) happy (person).

Estar alegre means *to be in a gay mood, in high spirits*.

Todos estuvimos muy alegres esa noche.	We all were, in high spirits that night.

3. **Contento** means *pleased, satisfied*, and is used with **estar**.

No estoy nada contenta de su actitud.	I am not at all pleased with his attitude.

4. **Contentadizo** means *easily pleased*. Since it generally describes a person's characteristic disposition, it usually takes **ser**. The negative **descontentadizo** (*malcontent, hard to please*) is very frequent, and of course, follows the normal principle of usage.

No te quejes tanto. Eres muy descontentadizo.	Don't complain so much. You are very hard to please (a malcontent).

BUT:

¿Qué pasa hoy? Estás muy descontentadizo.	What's the matter today? You seem very grouchy.

B. **Estar enfermo** means *to be sick*. **Ser enfermo** or **enfermizo** means *to be an invalid* or *to be sickly*.

El pobre Ramón siempre está enfermo. —Sí, es algo enfermizo.	Poor Raymond is always sick. —Yes, he is rather sickly.

C. **Estar cansado** means *to be tired*. **Ser cansado** means *to be tiresome*.

¡Qué cansada estoy!	How tired I am!
¡Qué cansado es ese profesor!	How tiresome that professor is!

D. **Estar aburrido** means *to be bored*. **Ser aburrido** means *to be boring*.

¿Está aburrido? —Hasta más no poder. El libro es muy aburrido.	Are you bored? —Terribly. The book is very boring.

E. **Estar seguro** means *to be certain, sure, positive* (one's state of mind), or *to be safe* (out of danger).

Estoy seguro de que nos vio.	I am sure that he saw us.
No se preocupen. Su hijo está seguro.	Don't worry. Your son is safe.

Ser seguro means *to be a certainty* or *to be safe* (not dangerous), *trustworthy, reliable, accurate* (as an object, a method, etc.)

Eso es absolutamente seguro.	That is absolutely certain.
No tengas miedo. La máquina es segura.	Don't be afraid. The machine is safe.

F. The adjective **loco** (crazy) is more commonly used with **estar**, since it is viewed as expressing a state of mind rather than an inherent characteristic.

Está loco; no sabe lo que dice.	He's mad; he doesn't know what he is saying.

When **loco** is used with **ser**, it means *a madman*.

Lo han llevado al manicomio, porque es loco.	They have taken him to the asylum, because he is mad (a madman).

G. A few past principles may be used adjectivally with either **ser** or **estar.** Even though the English translation is the same, there is an implicit difference in meaning.

Estamos casados.	We are married. (This is our status.)
Somos casados.	We are married (people). We are man and wife.

Ejercicios

A. Exprese otra vez en español:

1. I can't stand it. I'm so bored in this class that I'm dying. —You're mad. This is very interesting.   2. For how long have you been married? —Since June. Ann and I are old married people already.   3. Are you sure that this new plane is safe? —I believe that it is, though I doubt that it is ready for commercial transport yet. If you want, we'd be very happy to show it to you. Incidentally, we hope that you're well insured.

B. Díganos todas las cosas que se le ocurren al pensar en lo siguiente:
ser feliz... estar aburrido... estar enfermo... estar casado... ser (o
estar) loco... ser emocionante... estar emocionado... estar enamorado...

---

46. OTHER USES OF *SER*

A. To link the subject with a noun or a pronoun, to tell *who* or
what the subject is

Somos grandes entusiastas del tenis. —Raúl lo es también.	We are great tennis fans. —Ralph is, too.
¿Quién fue? —Fui yo.	Who was it? —It was I.
¿Qué será esto? —Es un... no sé qué.	What can this be? —It's a... who knows!

B. To State Possession

¿De quién es ese bolígrafo? —Es mío. Creo que éste es el suyo.	Whose ball point pen is that? —It's mine. I think that this one is yours.

C. To indicate origin (where the subject is from), material or
destination

¿De dónde eran? —Serían de la capital.	Where were they from? —They probably were from the capital.
Las paredes serán de vidrio y el techo será de plástico. —¡Dios mío!	The walls will be (made of) glass and the roof will be (of) plastic. —For Heaven's sake!
El tocador es para tu cuarto. La cómoda es para el de Felipe.	The dresser is for your room. The chest is for Phil's.

D. To Express Time of Day

¿Qué hora será? —Es la una en punto.	What time can it be? —It's one o'clock sharp.
Eran las tres y media.	It was 3:30.[1]
Serían las seis menos cuarto.	It was about 5:45.

Note that the verb is always plural, except when the hour is one
o'clock

---

[1] Remember that the imperfect is used to express time in the past.

E. To Form the Passive Voice

Ser + past participle + por is used when the action of the verb is done to the subject by someone or something. (Cf. #74)

Con suerte, seremos reco- mendados por el jefe.	With luck we'll be recom- mended by the boss.
El pobre fue atropellado por un coche.	The poor fellow was hit by a car.

Práctica

A. Cambie:
1. Estos muebles son de **hierro**.
   (acero, aluminio, cobre, madera, vidrio)
2. No **es** la una y media. **Son** casi las dos.
   (será, era, sería)
3. Estos **zapatos** son para Pepito.
   (camisa, calcetines, gorra, traje, guantes, abrigo, calzones)

B. Conteste ahora:
1. ¿De dónde son sus padres? ¿De dónde eran los padres de ellos? 2. ¿De qué es su casa—de madera, de ladrillos o de otro material? 3. ¿De qué color es su alcoba? ¿la cocina? ¿la sala? 4. ¿De qué es la silla en que Ud. está sentado en este momento? ¿De qué son los otros muebles de este cuarto? 5. ¿Es suyo el coche que usa Ud.? ¿De quién es la casa en que vive? 6. ¿Son suyas las gafas que tengo aquí en esta mesa? ¿Son de Uds. estos papeles? 7. ¿Qué piensas ser algún día? ¿Qué son tus padres? ¿Qué fueron tus abuelos? 8. ¿Es Ud. miembro de algún partido político? ¿de alguna sociedad religiosa? ¿de alguna fraternidad o sororidad?

F. Ser is used when *to be* means *to take place.*

¿Dónde es la conferencia?	Where is the lecture? (Where does the lecture take place?)
¿Cuándo es el concierto?	When is the concert?
La escena es en Madrid.	The scene is in Madrid.

G. *Ser* and Location

Occasionally, **ser** is used in sentences involving location when the place or site is really the implied predicate noun.

Aquí es donde vivo.	Here is (the place) where I live.
Nuestra casa es en Barcelona.	Our home is (in) Barcelona. (Barcelona is the site of our home.)

H. **Ser** is frequently found with the past participle **nacido** (born) in colloquial speech, particularly in Spanish America.

Soy nacido en Panamá.	I was born in Panama. (I am a native of Panama.)

Nací en Panamá is more correct grammatically.

Ejercicio

Tradúzcase al español:

Who is that man? He's someone famous isn't he? Hasn't he been on television recently? —Yes, several times. Actually, he was a notorious French criminal who was sentenced to jail for life, but who was so determined to escape and prove his innocence that finally he did so. After some twenty years in jail, he was set free and now is a well-known author. —You say he's a Frenchman, right? From what part of France was he? —He was from the South. It isn't hard to see that he is a real Southern type, very open and diffuse. His father was a farmer and his mother was the daughter of a wealthy family—that is, a family that had been wealthy but that was ruined in the grain business. When he was still very young, his parents died and he was sent to a military academy. Not being very happy there, he fled and it was shortly (**poco**) afterwards that he was introduced by a friend to the underworld. —I wonder what he's really like. I wonder whether he had really been innocent of the crimes for which (**los cuales**) he was sent to jail. —I suggest that you read the book if you really want to know. It's fascinating. Better still, there's going to be a talk about him and his works one of these days. Perhaps you'd like to attend. —I'd love to. When and where will it be? —I don't know exactly. If you're still here next week, I'll let you know. Perhaps we can go together.

47. OTHER USES OF *ESTAR*

A. To indicate location (where the subject *is*, not where it's from)

¿Está Isabel? —Sí, está en su habitación.	Is Elizabeth in? —Yes, she's in her room.
¿Dónde estuvieron Uds. la semana pasada? —Estuvimos de vacaciones en el campo.	Where were you last week? —We were on vacation in the country.

B. With the present participle, to form the progressive tense

Estar + a present participle describes more graphically an action in progress at a given moment.[2]

---

[2] **Estar** + present participle is not used with **ir** and **venir**: I am going. **Voy.**

¿Estás descansando ahora?   Are you resting now? —No.
—No. Estoy estudiando. He   I'm studying. I've been
estado trabajando todo el día.   working all day.
Estábamos hablando preci-   We were talking precisely
samente de ella cuando   about her when she came in.
entró. —¡Qué mortificación!   —How embarrassing!

Remember: **Ser** is NEVER followed by a present participle!

C. With the past participle, to describe the resultant state of an
action
Note that if the idea *already* can be inserted before the past
participle, **estar** is normally indicated.

¿Están abiertas todavía las   Are the doors still open? —I
puertas? —Me imagino que   imagine they must be closed
ya estarán cerradas.   by now.
El libro está muy bien escrito,   The book is very well written,
¿no les parece?   don't you think so?
Estábamos sentados a la mesa   We were sitting (seated) at the
cuando llamaron... y nos   table when they called...
dijeron que Ramiro estaba   and they told us that Ramito
muerto. —¡Ay, no!   was dead. —Oh, no!
Este edificio no estaba cons-   This building wasn't built (yet)
truido cuando nosotros   when we lived here.
vivíamos aquí.

Práctica

A. Cambie:
   1. ¿Has estado trabajando todo el día?
      (Ud., Uds., vosotros, la pobre)
   2. Estábamos bailando cuando se apagaron las luces.
      (comer, cocinar, leer, mirar la televisión, hablar por
      teléfono)
   3. Yo estaba dormido cuando sonó el teléfono.
      (Nosotros, ¿Tú...?, ¿Vosotros...?, ¿Uds....?)
   4. Está bien escrita la obra?
      (construir, editar, documentar, dirigir)

B. Conteste una vez más:
   1. ¿Dónde está en este momento su novio (o novia)? ¿Qué
estará haciendo? ¿Estará pensando en Ud.?   2. ¿Sabe Ud.
dónde están las ciudades siguientes: Tokio, Varsovia, Praga,
Montevideo, Sucre, Asunción, Manila, Maseru?   3. ¿Estaba
construida ya esta escuela en 1900? ¿Estaba fundada antes
del comienzo de este siglo? ¿En qué año (más o menos) fue
fundada?   4. ¿Estaban viviendo o estaban muertos ya tus

bisabuelos cuando naciste? ¿y tus abuelos?   5. ¿Has estado
trabajando mucho este semestre? ¿Has estado haciendo algo
de sumo interés?

D. To Indicate the Fit or Appearance of Clothing

Estos zapatos me están muy grandes. ¿De qué número serán?	These shoes are very big for me. I wonder what size they are.
El vestido te está un poco ajustado. —Así me gusta.	The dress is a bit too tight for you. —That's how I like it.

Recall how **estar** makes a subjective evaluation!

E. To Express One's Stand on an Issue

Estoy contra la pena de muerte. —Yo también.	I am against capital punishment. —So am I.
Estamos por anunciarlo en seguida. —Debieran esperar.	We're for announcing it immediately. —You really should wait.

F. Estar para means *to be about to.*

Estábamos para salir cuando llegaron.	We were about to go out when they arrived.

Ejercicio

Termine de una manera original:
1. Estoy contra... (termine de tres maneras diferentes)   2. Estoy por...
(termine otra vez de tres maneras diferentes)   3. Mi amigo y yo
estábamos para...   4. Este abrigo me está...   5. ¿Te están...?

48. *QUEDAR* AS A SUBSTITUTE FOR *ESTAR*
A. To Describe the Resultant State of an Action

Quedar, which means *to remain*, lends a somewhat more graphic force
to the resultant state.

Quedé muy sorprendido al oírlo.	I was very surprised to hear it.
El pobre quedó como aplastado.	The poor fellow was quite dismayed.
A consecuencia del combate, quedaron[3] heridos dos policías.	As a result of the fight, two policemen were wounded.
Ud. queda encargado del proyecto.	You are in charge of the project.

---

[3] In newspaper and radio reporting, **resultar** is most often used to describe the
result of an accident: **En el accidente resultaron heridas tres personas.** Three people
were injured in the accident.

B. To Indicate the Fit or Appearance of Clothing

Me queda un poco grande la falda.	The skirt is a little big on me.
Le queda bien ese traje.	That suit looks good on you.

C. To Denote Location

¿ Dónde queda la estación ?	Where is the station ?

Ejercicio

Exprese de otra manera :

1. **Me sentí** del todo desorientado al recibir la noticia.   2. Me **están** un poco angostos estos zapatos.   3. ¿ **Está** muy lejos de aquí el terminal ?   4. **Estuvimos** boquiabiertos ante el espectáculo.   5. Los dos coches chocaron, pero **salieron** ilesos los dos choferes.   6. Si el plan fracasa, Uds. **serán** responsables.   7. De aquí en adelante, yo **estaré** encargado del proyecto.

49. *TO BE* IN EXPRESSIONS OF WEATHER

A. Weather expressions that refer to phenomena that are *felt* (temperature, wind, etc.) use **hacer**.

Hace fresco hoy, pero mañana hará calor. —Menos mal.	It's cool today, but tomorrow it will be warm. —Well, that's better.
Hacía mucho viento cuando salí, pero ahora hace sol.	It was very windy out when I left, but now it is (feels) sunny.

Remember, of course, that a person's reaction to temperature calls for **tener**.

Tengo frío (calor).	I am (feel) cold (warm).

B. Weather expressions that refer to phenomena that are *seen* use **haber**.

Hay mucho sol.	It is very sunny. (The sun is out brightly.)
Hay luna.	The moon is out.
Hay mucho polvo (lodo) hoy.	It is very dusty (muddy) today.

Práctica

Conteste, como siempre:

1. ¿Qué tiempo hace hoy?   2. ¿Qué tiempo hizo ayer?   3. ¿En qué estaciones del año hace más calor?   4. ¿En qué estaciones hace fresco o frío?   5. ¿En qué partes del mundo hace calor todo el año?   6. ¿Dónde hace mucho frío siempre?   7. ¿Qué ropa lleva Ud. cuando hace mucho frío?   ¿y cuando hace calor?   8. ¿Qué comemos cuando hace calor?   9. ¿Y qué tomamos cuando hace frío?   10. Finalmente, según la tradición romántica, ¿qué ocurre cuando hay luna? ¿Te ocurre a ti?

CREACIÓN

Imagínese que es Ud. reportero de periódico y que tiene la oportunidad de entrevistar a una persona famosa. Piense primero y díganos quién sería aquel individuo... Bueno. Ahora prepare por lo menos diez preguntas que le gustaría hacerle y figúrese algunas de sus respuestas. (Y por favor, ¡no se olvide de emplear **ser** y **estar**!)

LECCION
DIEZ

DIEZ

DOS VIÑETAS

A. Cuando ya fue millonario de veras, don Lucas empezó a sentirse insatisfecho. Algo perturbaba a aquel hombre, y sin embargo, por más que pensó en ello no descubrió el motivo de su **desazón**.   *unhappiness*

—Cómprate un **yate**—le propuso un amigo—e   *yacht*
invítanos a hacer excursiones por todos los mares.

Y compró el barco, y lo llenó de amigos aduladores. Poco después daban la vuelta al globo. Pero don Lucas seguía lo mismo.

—¿ Has probado jugar al polo ?

—Sí.

—¿ Y al billar ?

—También.

—¿ Y si te dedicas a la **pesca** ?   *fishing*

—No me atrevo ; tengo miedo al **reuma**.   *rheumatism*

—Si es por eso, lo mejor será que juegues junto a una **estufa** al **tute** "**arrastrao**".   *stove* ● *(a card game)*

—No ; nunca me han "gustao" los juegos violentos.

Fue haciéndose cada día más rico, y cada día se hizo más intensa su tristeza. Los amigos trataron de **sitiarle la vanidad**, pues la vanidad cada hora **se hinchaba más**.   *reach him through flattery* ● *got bigger and bigger*

En cierta comida, al postre, después de hablar de negocios, opinó :

—Los millones, como los idiomas, lo difícil es la primera docena.

Y con la esperanza de que pagase la **cuenta**,   *bill*
todos los amigos asintieron.

Tenía en la **ría** de Bilbao una **constructora**   *estuary* ● *ship-building* naval con dos **gradas**, y más de dos preocupaciones ; porque cuando se tienen muchos millones, las pre-ocupaciones no faltan... Y por fin, cayó en una terrible neurastenia. Le "vieron" los mejores médicos del país. Un psiquiatra joven y atrevido opinó :

—Usted no ha nacido para millonario. **Le pesan** los millones como **al cargador los baúles**. Tiene usted la obsesión del dinero, y **mientras no deje usted de** tenerla no podrá llevar los millones con distinción.

Lo examinó con mucho cuidado, y al llegar a los **riñones** don Lucas se quejó :

—¡Ay, ay !

—¿ No ve usted ? ¡ Es el peso, el peso ! (...)

—¿ Y qué debo hacer ?

—Borrar de su mente esa obsesión de los negocios. (...)

—Sería mi ruina.

—Al contrario. Los millones son **de provecho** cuando uno se sirve de ellos, no cuando ellos se sirven de uno.

—Yo me sirvo de ellos.

—No ; no. Ellos se sirven de usted. (...)

—¿ Y si me doliera el corazón ?

—¡ Ah !, sería mucho más grave ; pero eso es imposible ; en mi vida profesional no recuerdo haber visto ese órgano en ningún millonario...

(Adaptado de Juan Antonio Zunzunegui, ***Lo que no se vende***)

B. El profesor Roberto Mijares llegaba siempre tarde a clase. Por eso los estudiantes elegíamos los cursos que él ofrecía ; también porque a la **hora de calificar** lo hacía con una benevolencia y un **descuido** que eran proverbiales. Se cuenta que cierta vez un "**empollón**" se quejó de la nota recibida, alegando que su examen era el mejor y más cuidado. El doctor Mijares le escuchó, al parecer atentamente, mientras hacía una **pajarita de papel** con la discutida **papeleta de examen** que Timoteo, el "empollón", le **entregara** con gesto **tribunicio**. Cuando Timo, como le llamábamos todos, hubo terminado, el profesor, devolviéndole la papeleta le preguntó :

—¿ Sabe usted qué es esto ?

—Mi papeleta de examen.

—No. Se equivoca usted. Esto es el resultado de sus noches **en vela**, de sus fastidiosas diserta-ciones y de toda su **engolada sapiencia** ; ahora

---

Right-margin glosses:

enterprise • slips

weigh you down
trunks (weigh on)
a porter
until you stop

kidneys

useful

grading time
casualness

"grind"

paper airplane
exam paper
had handed • of
righteous indignation

without sleep
pompous pedantry

pajarita de papel, aunque mereciera ser **molino de**   a windmill
viento. ¡ Váyase !

    —Me quejaré al **decano**—**aseveró** Timo.   dean ● asserted

    —Puede usted quejarse hasta que lo lleven a
una **Casa de Socorro**—devolvió don Roberto.   asylum

    La clase de don Roberto duraba una hora, pero
no era una clase fastidiosa ni larga. Quince minutos
empleaba el profesor escribiendo la **lista**, lista que   attendance roll
escribía todos los días y todos los días perdía. El
resto de la hora nos explicaba la lección, es decir,
empezaba explicando la lección, **apoyándose** después   latching on
en cualquier palabra como en trampolín para
lanzarse a las más extrañas **elucubraciones**, elucubra-   meanderings
ciones que, como no las entendíamos, nos permitían
observar sin **remordimientos** de conciencia todo lo   twinges
que **al alcance** de nuestros ojos se ofrecía : una   within reach
mosca, algún dibujo hecho sobre los **pupitres** por   fly ● (students')
algún estudiante de otra generación, o las bien   desks
dibujadas piernas de alguna **condiscípula**. Además, la   shaped ● female
hora de clase únicamente lo era **de nombre** ; en   classmate ● in name
realidad no pasaba de treinta y cinco minutos **mal**   more or less
contados. Por todo ello don Roberto era muy popular.

                            (Adaptado de Reyes Carbonell, **El profesor**)

Comentarios

A. 1. ¿ Cómo cree Ud. que se hizo millonario don Lucas ? ¿ Cómo
       reconstruiría Ud. su pasado ? ¿ Cuántos años tendrá ? ¿ Será casado
       o soltero ? ¿ Por qué piensa Ud. así ?

   2. ¿ Cree Ud. que el autor exagera en cuanto a los amigos de don
       Lucas ? ¿ Es más fácil o más difícil para un gran millonario
       crearse verdaderas amistades ? ¿ Por qué dice Ud. eso ? En su
       opinión, ¿ trae consigo la riqueza más placeres o más obli-
       gaciones ? ¿ Estaría Ud. dispuesto a asumir esas obligaciones ?

   3. ¿ Qué técnicas emplea Zunzunegui para insinuar su propia
       opinión sobre don Lucas ? ¿ y acerca de la humanidad en general ?

B. 1. ¿ Le gusta o no le gusta el profesor Mijares ? ¿ Por qué ? ¿ Seguiría
       Ud. uno de sus cursos ? ¿ Ha tenido Ud. alguna vez un profesor
       (o una profesora) como él ? ¿ Era muy popular con los estu-
       diantes ?

   2. ¿ Qué materia cree Ud. que enseñaba don Roberto ? ¿ Qué piensa
       Ud. de lo que hizo aquella vez con el " empollón " ? ¿ Con quién
       simpatiza (empathize) más Ud. en este caso ? ¿ Por qué ?

ESTRUCTURA

50. THE DEFINITE ARTICLE

A. Forms

el médico	the doctor	**los** médicos	the doctors
la enfermera	the nurse	**las** enfermeras	the nurses

The article **el** is used before a feminine singular noun that begins with a stressed **a** or **ha**.

el alma	the soul	**et ala**	the wing
el agua	the water	**el hambre**	hunger

BUT:

las aguas	the waters	**las alas**	the wings

B. Contractions

A + **el** is contracted to **al**; de + **el** becomes **del**.

Diríjase al jefe.	Go talk to the boss.
¿Qué día del mes era?	What day of the month was it?

C. The definite article is usually repeated before each noun.

¿Son de Ud. la pluma y el papel?	Are the pen and paper yours?

D. When a plural noun refers to both masculine and feminine beings or things, the *masculine* plural article is used.

¿Conocen Uds. a los padres de mi novio?	Do you know my fiance's parents?
Los nuevos dueños son los hijos de Pérez.	The new owners are the children (sons and daughters) of Pérez.

Práctica

A. Cambie:
   1. No nos gusta **el agua**.
      (aguas minerales, arma de fuego, armas de fuego)
   2. El pajarito se lastimó **el ala**.
      (alas, pico, cabecita, ojo derecho, dos ojos)
   3. Mañana iremos a **la boda**.
      (estadio, clases, universidad, concierto, juegos olímpicos, iglesia)
   4. ¿Han llegado noticias del **frente**?
      (capitán, misioneros, jefe, patrona, aeropuerto, ejército)

B. Conteste ahora:
   1. Se ha levantado Ud. alguna vez para ver el alba? 2. ¿Cree
   Ud. en la existencia del alma? 3. ¿Es posible que las almas
   de los muertos se incorporen algún día en otros cuerpos?
   4. ¿Cree Ud. que los problemas de la humanidad se puedan
   resolver por las armas? 5. ¿Se solucionará algún día el problema del hambre?

E. The Neuter Article *lo*

The neuter article **lo** never appears before a noun. It does appear, however,
with adjectives, adverbs and prepositional phrases.

   1. **Lo** + an adjective can create an abstract noun.

Lo más expediente no es siempre lo mejor.	The most expedient (thing) is not always the best
Lo malo es...	The bad part is...
Eso fue lo más interesante.	That was the most interesting part (aspect, thing, etc.)

   2. **Lo** + an adjective or adverb + **que** means **how** (well, quickly,
pretty, etc.)

No se daba cuenta de lo cansados que estábamos.	He didn't realize how tired we were.
Me maravillaba de lo rápido y de lo mucho que aprendían.	I was amazed at how quickly and how much they learned.

   3. **Lo de** means **the matter of, the incident about, the story of,** etc.

¿Qué pasó ayer? —Lo de siempre.	What happened yesterday? —The same old story (thing).
¿Te he contado ya lo de Ramírez?	Did I ever tell you (that bit about Ramírez?

   4. And **lo** appears in many common idiomatic expressions.

por lo tanto	therefore
por lo visto	apparently
a lo lejos	in the distance
por lo pronto	for the time being
a lo mejor	maybe, for all we know
por lo general	as a general rule

Ejercicio

Exprese en español :

1. We didn't realize how sick he was until he collapsed. —Well, the most important thing now is to take him to the hospital. —For the time being, let's call the doctor and notify his family. For all we know, this may have happened to him (use future of probability) before. 2. As a general rule, the waters don't reach such a dangerous point, but apparently the rains have swollen all the rivers in this region. In my opinion, the best thing would be to prepare bags of sand, in case it should be necessary to use them. 3. Do you know how amusing those plays are? The only thing is that they are difficult to (de) understand unless one has studied that period. 4. How did the meeting go last night? —The same old thing. They all complained about how high prices are and they ended (by) not taking any action. —That's the bad part of all these meetings. If they were to ask me, I'd say that the most indicated thing would be to... —What? —I don't know. Starve to death?

51. SPECIAL USES OF THE DEFINITE ARTICLE

Aside from its normal use, as in English, to designate a specific noun (*the* bread that I bought **el pan que compré** ; *the* house we live in **la casa en que vivimos**), the definite article in Spanish has certain important functions that it does *not* have in English. It is used most frequently as follows :

A. With all titles, except **don** and **Santo,** when speaking *about* (not *to*) a person

El doctor Ocantos puede verle ahora. —Ah, gracias.	Dr. Ocantos can see you now. —Ah, thank you.
¿Recuerdas cuando fue asesinado el presidente Kennedy?	Do you remember when President Kennedy was assassinated?
—No. Era muy joven entonces.	—No, I was very young then.

BUT:

Buenas tardes, señor García.	Good afternoon, Mr. García.
No trates de ser otro don Juan, ¿oyes?	Don't try to be another Don Juan, hear?
San Francisco, San Antonio, Santa Teresa	St. Francis, St. Anthony, St. Theresa

B. With nouns used in a general or abstract sense

El pan vale más que el oro —¡Qué inflación, eh!	Bread is worth more than gold. —What an inflation, eh!

La historia se repite.	History repeats itself.
Las mujeres gastan más dinero que los hombres. —No puede ser.	Women spend more money than men. —It can't be.

Notice especially that the definite article is *not* used when the partitive idea of *some* or *any* is implied.

Deme dinero para pan.	Give me (some) money for (some) bread.
No tuvieron tiempo.	They didn't have (any) time.

    C. With days of the week and seasons of the year (except after ser), and with dates of the month

De todas las estaciones, la que me gusta más es el otoño.	Of all the seasons, the one I like best is autumn.
¿La biblioteca estará cerrada los domingos?[1] —Sí, comenzando el diez y seis.[1]	Will the library be closed on Sundays? —Yes, starting on the 16th.

D. With the Time of Day

Sería la una. —No, eran las dos.	It was around one o'clock. —No, it was two.

    E. With names of languages, except after **en, de**, or the verb **hablar**[2]

El español no es tan difícil como el inglés. —A lo menos para los españoles.	Spanish isn't as hard as English —At least for the Spaniards.

BUT:

Un libro en español...	A Spanish book...
Nuestro profesor de inglés...	Our English professor...
¡Cómo! ¿Uds. no hablan japonés?	What! You don't speak Japanese?

Actually, after the verbs **comprender, estudiar, aprender, leer, oír, saber,** and **escribir,** the article may be used or omitted.

---

[1] Spanish does not use any preposition to translate the English *on* when referring to days or dates.

[2] However, when any word other than the subject pronoun intervenes between **hablar** and the name of the language, the article is used:

    ¿Hablas bien el francès? —Asì asì.   Do you speak French well? —So-so.

F. With parts of the body and articles of clothing, in place of a possessive adjective

Metió la mano en el bolsillo.	He put his hand in his pocket.
Ponte la camisa blanca, ¿ está bien ?	Put on your white shirt, all right ?

G. With the names of certain countries

1. These are the most frequently used names that include the article. The article is disappearing, however, in newspaper and colloquial use.

(los) Estados Unidos	(el) Japón
(el) Canadá	(la) China
(el) Perú	(el) Uruguay
(el) Paraguay	(el) Brasil
(el) Ecuador	(la) Gran Bretaña
(la) Argentina	

2. The article is used with the names of all countries when that name is modified by an adjective or a phrase.

la Inglaterra isabelina	Elizabethan England
la España meridional	Southern Spain
la Europa del siglo doce	twelfth-century Europe

H. When a Noun is Omitted

1. The article plus **de** means *the one(s) of* or *with*. Most often it corresponds to the English *that* (*those*) *of* or *with*. (Recall the pseudo-demonstrative, #29.)

Esta edición y las de 1969 y 1971 están agotadas.	This edition and those of 1969 and 1971 are sold out.
¿ No conoces a aquel hombre—el del pelo largo ?	Don't you know that man— the one with the long hair ?

It also stands in place of a noun that is modified by a possessive. The article serves to avoid repetition of the noun.

Mi coche y el de Diego son idénticos.	My car and Jim's (car) are identical.
Vuestra casa y la de mis padres...	Your house and my parents'...

2. The article plus **que** means *he who, the one(s) who* or *those who*.

| El que me lo vendió ha desaparecido. | The one who sold it to me has disappeared. |

I. With an Infinitive to Form a Noun

El vivir aquí cuesta demasiado.	Living here costs too much.
—El morir también.	—So does dying.
Me encanta escuchar el cantar de los pájaros.	I love to listen to the singing of the birds. —I do too.
—A mí también.	

Práctica

A. Póngase la forma apropiada del artículo definido siempre que sea necesario:

1. Tu libro de _____ español, ¿está escrito en _____ español o en _____ inglés? —En ambos. Pero mi profesor de _____ español no habla _____ inglés en la clase.
2. _____ latín es la base de _____ lenguas romances, ¿no es verdad? —Sí, _____ latín vulgar, _____ lenguaje que hablaban _____ soldados y _____ colonos. 3. Estuve en _____ Corea del Sur durante la guerra pero no aprendí bien _____ coreano. 4. _____ dinero es la raíz de todo mal. —Pues a veces me gusta un poco de _____ mal. 5. Hoy es _____ martes, _____ quince de _____ marzo. —Sí. Y en _____ Roma antigua, _____ gente tenía miedo de aquel día.
6. _____ reloj que compré _____ otro día no funciona. —¿No te dije que _____ relojes de esa marca nunca sirven? 7. Espero que la reunión de _____ verano tenga tanto éxito como _____ de hoy. —Todas _____ que tuvimos el año pasado fueron bien atendidas. ¿Cuándo será _____ próxima? — _____ catorce de julio a _____ cuatro en punto.

B. Conteste en español (¡por supuesto!):

1. ¿Qué naciones integran las Naciones Unidas? ¿y la Organización de los Estados Americanos (OEA)? 2. ¿Qué país le interesa más a Ud.? ¿Cuál conoce mejor? 3. ¿Cuáles son las lenguas principales del mundo? ¿Cuáles ha estudiado Ud.? ¿Cuántas sabe Ud. hablar? 4. ¿Cree Ud. que el dinero es en realidad la fuente de todo mal? 5. ¿Cree Ud. que el amor sea la solución de todos nuestros problemas? 6. ¿Cree Ud. que habrá paz algún día en este mundo? ¿o cree que siempre existirán las guerras? 7. A propósito, amigo, ¿dónde estabas tú el sábado pasado a las cinco de la tarde? ¿Sales todos los sábados? ¿y los domingos también? 8. ¿Tienes tiempo para contestarme otras diez o veinte preguntas ahora? (Es verdad. El tiempo corre. Adelante...)

52. OMISSION OF THE DEFINITE ARTICLE
A. With Nouns in a Series

1. In a series of general or abstract nouns taken as a group, the definite article is often omitted.

¡ Libertad, fraternidad, igualdad !	Liberty, fraternity, equality !
Naturaleza, hombres, animales, todo estaba dormido.	Nature, men, animals, everything was asleep.

This occurs especially in titles of books.

Guerra y paz	*War and Peace*
Sangre y arena	*Blood and Sand*

2. Less frequently, the article is omitted in a series of specific nouns.

Le dolían brazos, piernas y dientes.	His arms, legs, and teeth hurt.

3. When a series of nouns refers to one unit of activity or being, it is common to omit all but the first definite article.

Los servicios, programas y actividades de esta organización...	The services, programs, and activities of this organization...
La casa y finca de mi vecino han sido vendidas.	My neighbor's house and land (*considered as a unit*) have been sold.

BUT:

La casa y la finca de mi vecino...	My neighbor's house and his land (*two separate units*)...

B. Omission in Idiomatic Usage

In a number of idioms, the definite article is omitted. The noun in such cases is generally used in a figurative, rather than a literal sense.

Espero que en adelante pueda levantar cabeza.	I hope that from now on he will be able to raise his head (better his fortune).
El joven decidió correr mundo.	The boy decided to see the world (travel about).

With the time of day, it is often omitted after **de** and **a** when referring to the duration of an event.

Mi clase es de una a dos.	My class is from one to two.

C. The definite article may be used or omitted before a noun in apposition. However, a slight difference of meaning results from the presence or absence of the article. English frequently follows the same usage.

Carlos Montoya, guitarrista	Carlos Montoya, (a) guitarrist
Carlos Montoya, el guitarrista	Carlos Montoya, the guitarrist
Madrid, capital de España	Madrid, (the) capital of Spain
Madrid, la capital de España	

In the first example of each group, the absence of the article gives the clause in apposition an explanatory nature, and intimates that the fact is not presumed to be universally known. In the second examples, the presence of the article implies that the fact is presumed to be well known.

Ejercicio

Tradúzcase al español:

1. Friends, relatives, neighbors, colleagues, all were against him. Even those who had been his aides in the project abandoned him when they realized that things were not turning out well.
2. Why don't you take up fishing or polo? —Because I don't like violent games or sports. Besides, going out (**irse**) to fish means getting **up** very early in the morning, at five o'clock or earlier, and I don't like that either. —It seems to me that the only sport you like is sitting in the office making money. —Oh, really? Do you think it's so easy to become a millionaire? Believe me, when one has a lot of money, worries aren't lacking either.
3. Professor Mijares was one of the most popular teachers in the university. He always came late, didn't believe in exams, and always gave high grades. What more could one ask? —That he teach something.
4. It's very hot, don't you think so? —Right. I suggest that you all take off your jackets and ties. I've already taken off mine. —Thank you, Mr. Salas.

53. THE INDEFINITE ARTICLE

un médico	a doctor	**unos pacientes**	some (several) patients
una enfermera	a nurse	**unas pruebas**	some (a few) tests

Un may be used before a feminine noun that begins with a stressed **a** or **ha**. If the first syllable is not stressed, the normal feminine article remains.

| un ala   a wing | un hambre feroz   a terrific hunger |

BUT:

| una hacienda | una artista |

Unos means *several, a few,* or *about* (in the sense of *approximately*). Normally, however, the idea of *some* or *any* is conveyed by omitting the article altogether.

| ¿ Traes dinero ? —Unos diez pesos, nada más. | Do you have any money on you ? —About ten pesos, that's all. |

Práctica

Cambie según las indicaciones :

una **tarde** hermosísima (alba) ; un **arma** de fuego (armas) ; **una sed** inaguantable (hambre) ; una **pierna** quebrada (ala) ; una **pintora** famosa (artista) ; una **marina** poderosa (armada) ; una **idea** extraordinaria (planes) ; un **corazón** purísimo (alma)

54. OMISSION OF THE INDEFINITE ARTICLE

In Spanish, the indefinite article is *not* used in certain cases in which it does appear in English. It is generally omitted under the following circumstances :

A. After **ser**, with an unmodified noun of profession, occupation, religion, nationality, or political party

| Su padre era ruso. Era profesor de música. | Her father was a Russian. He was a professor of music. |

BUT :

When the noun is modified, the article is generally used.

| Fue un pianista famoso. | He was a famous pianist. |

B. With personal effects, when the numerical concept of *a* (*one*) is not emphasized.

Salió sin abrigo, y hacía tanto frío.	He went out without a coat, and it was so cold out.
Ya no uso saco ni corbata. —¿ Nunca ?	I don't wear a jacket or a tie any more. —Never ?
¿ Lo escribo con lápiz o con pluma ? —Con cualquiera.	Should I write with a pencil or a pen ? —With either.

C. With otro (*an*other), tal (such *a*), cien(to) (*a* hundred), mil (*a* thousand), cierto (*a* certain) and ¡Qué...! (*What a...!*)

¡Qué lata! Ahora tenemos que buscar otro. ¿Por qué hiciste tal cosa?	What a mess! Now we have to look for another one. Why did you do such a thing?
Te digo cien veces, mil veces que no, que no, y que no. —¿Estás absolutamente seguro?	I tell you a hundred, a thousand time no, no, no! —Are you absolutely sure?

Práctica

Conteste una vez más:

1. ¿Para qué estudia Ud.? ¿Piensa Ud. seguir la misma profesión u oficio que sus hermanos? ¿Qué quieren ser ellos? 2. ¿Ha habido alguna vez una persona famosa en su familia? ¿o en su pueblo o barrio? ¿Quién fue? ¿Qué era? 3. (a los hombres) ¿Usa Ud. saco y corbata para venir a la universidad? (a las muchachas) ¿Lleva Ud. falda o pantalones hoy? 4. ¿Usan sombrero hoy en día los jóvenes? 5. ¿Qué cosas lleva puesto Ud. cuando llueve? ¿Qué aparato emplea para protegerse de la lluvia y del viento? 6. ¿Prefiere Ud. escribir con pluma fuente o con bolígrafo? 7. ¿De qué nacionalidad son tus vecinos? ¿y la mayor parte de los habitantes de tu barrio? ¿De qué religión son mayormente? ¿Cuánto ganan más o menos al año? 8. ¿Nos recomiendas que repitamos otra vez este ejercicio o que pasemos al próximo? (¡Qué pregunta, eh!)

D. Omission of the Indefinite Article after a Negative

The indefinite article is usually omitted in negative sentences, unless the numerical value of uno meaning *one* (*a single*) is strongly emphasized.

No han dicho palabra.	They haven't said a word.
No queremos piso sin calefacción.	We don't want an apartment without heating.
No dejaron huella.	They didn't leave a trace.

BUT:

No han dicho (ni) una palabra.	They haven't said a single word.

Note: ni is often used before the indefinite article in emphatic negative sentences.

E. After *tener* and *buscar*

The indefinite article is generally omitted in negative sentences with **tener** and **buscar**, and frequently in affirmative sentences, unless the concept of *one* is stressed.

No tengo llave.	I don't have a key.
¿ Buscas piso ?	Are you looking for an apartment ?
Mi hermana ya tiene novio.	My sister already has a fiancé.
Teníamos clase a la una.	We had a class at one.

BUT:

No tiene (ni) un amigo.	He doesn't have a single friend.

F. In Proverbs

Many proverbs and adages omit the article.

Perro que ladra no muerde.	A barking dog doesn't bite.
Casa con dos puertas mala es de guardar.	A house with two doors is hard to guard.
Más vale pájaro en mano que buitre volando.	A bird in the hand is worth two in the bush (is better than a flying vulture).

G. Before Nouns Modified by *bueno* or *malo*

Frequently, when **bueno** or **malo** precedes the noun it modifies, the indefinite article is omitted. The adjective is regarded as a unit with the noun and there is little numerical connotation.

Era buen amigo mío.	He was a good friend of mine.
Es mala persona.	He is a bad person.
Dejaron muy mala impresión.	They left a very bad impression.
Ud. nos ha dado muy buen ejemplo.	You have given us a very good example.

BUT:

Dejaron una impresión muy mala.	They left a very bad impression.
Ud. nos ha dado un ejemplo muy bueno.	You have given us a very good example.

Ejercicio

Emplee el artículo indeterminado siempre que sea necesario :

1. ¡ Qué ———— piso ! No tiene ———— estufa ni ———— nevera ni nada. No vale cien ———— pesetas al mes y están pidiendo ———— mil. 2. Como reza el viejo refrán : ———— ver es ———— creer.   3. He oído decir que Rosario Fuentes se va a casar con ———— abogado muy

conocido. ¿Y qué es ella? _____ humilde secretaria, nada más. Esa
chica siempre ha tenido _____ suerte increíble.   4. La puerta estaba
cerrada cuando llegamos y no teníamos _____ llave ni nada. —¿Pues
qué hicisteis? —Si prometes no decirle _____ palabra a nadie...
bueno, encontramos _____ ventana abierta, ¡y ya! 5. Ese hijo
nuestro tendrá que hacerse _____ millonario algún día o no sé lo que
le pasará. Así que le damos diez dólares, o veinte o _____ cien, los
gasta en seguida y viene a pedirnos _____ otros. —Yo no permitiría
tal _____ cosa si fuera Uds. Yo recuerdo a _____ cierto muchacho
que había en nuestro pueblo, y... —Basta. No quiero oír más. Me va a
poner de _____ muy mal humor.

55. SPECIAL USES OF THE INDEFINITE ARTICLE
A. Before an Unmodified Predicate Noun

As we have seen, the indefinite article is omitted before an unmodified
predicate noun of religion, nationality, profession, political or social
affiliation, etc., when the factor stressed is the category to which the
subject belongs: "What is he?"

¿Qué es ese señor?	What is that gentleman?
—Es médico.	—He is a doctor.
Soy católico.	I am a Catholic.

It is used, however, before an unmodified predicate noun, when the
element stressed is the person's identity, not his category: "Who is he?"

¿Quién es ese señor?	Who is that gentleman?
—Es un médico.	—He is a doctor.

It is also used to give special (and usually favorable) emphasis to
the noun. The article is then also stressed with the voice.

¡Es un escritor!	He is some writer!
¡Eres un soldado!	You are a real soldier!

B. Before *tal*

1. **Tal** (such a) is *never followed* by an article.

En tal caso, tendríamos	In such a case, we would have
que levantarle pleito.	to sue him.

2. However, **tal** may be *preceded* by an article. Un **tal** means *a
certain* (specific)... *a so-called*, etc.

Vino a verme un tal don	A certain Don Joaquín Rima
Joaquín Rima.	came to see me.

With the definite article, **tal** means *the aforementioned*

El tal Sr. Rima me dijo...   The aforementioned Mr. Rima
                                          told me...

C. Before *cierto*

1. When **cierto** means *a certain...* without actually referring to a specific person or thing, it does not take the indefinite article.

En cierta ocasión...   On a certain (non-specified)
                                          occasion...

2. **Un cierto** is the same as **un tal**—a certain (specific)... a so-called...

Vino a verme un cierto   A certain Don Joaquín Rima
   don Joaquín Rima.   came to see me.

3. When **cierto** means *sure* (and in this sense, it usually follows the noun), the article is used.

Se enfrentan con una derrota   They face a certain (sure) defeat.
   cierta.
Le prometo un ascenso cierto.   I promise you a sure promotion.

Ejercicios

A. Emplee en oraciones originales : **tal, un tal, el tal (los tales)** ; **cierto(s), un cierto (una cierta), un... cierto**

B. Ahora conteste lo primero que se le ocurra :
1. ¿ Quién es ese señor ?... ¿ Qué es ?   2. ¿ Quién fue esa señora ? ... ¿ Qué es ?   3. ¿ Quién será aquella chica tan hermosa ?... ¿ Me la puedes presentar ?   4. ¿ Quién es ese fulano ?... ¿ Qué hace por aquí ?

CREACIÓN

He aquí un anuncio auténtico que apareció hace poco en un periódico neoyorquino. Estúdielo bien. Fíjese en el estilo, en las alusiones, etc., y después trate de imaginarse a la Hermana Rosa. (¡ Sólo el nombre se ha cambiado para proteger a los inocentes !) Por fin, vamos a ver si Ud. puede crear una viñeta de ella. ¿ Quién será ? ¿ Cómo será ? ¿ Cuál ha sido la historia de su vida ? ¿ Cómo será la habitación en que vive ? ¿ Cómo... ?

HERMANA ROSA

"Proficiente"   "Adivinadora y Consejera"
'Lee la mano, Las barajas, y el Horoscopio.'

Leyendole la mano, o las barajas, le dira todo lo que usted quiera saber. Lo bueno y lo malo. Le dira de su amor, negocio, trabajo, de su matrimonio, y de su vida en general. Esta ud. preocupado? Tiene algun problema? No importa el problema que ud. tenga, la Adivinadora le ayudara a resolverlos. Ella da consejos a matrimonios y reune a los separados, cerca o ausente. Tiene ud. problemas entre la familia? Esta ud. desesperado, se siente ud. solo? Esta ud. en falta de ayuda? No tiene ud. a nadie que le ayude en sus problemas? Si ud. rie con la cara y su corazon anda muy triste y no esta muy feliz, como ud. desea, venga a ver a la prodigiosa adivinadora, la que puede ayudar, lo que tu veas con tus ojos, tu corazon tiene que creer. Esta ud. con dolores, sufriendo, enfermo. No "Deje" el spiritu malo, ande atras por ud! si ud, no puedes ganar a quien tu quieres, si eres dudoso de alguien. Tengo talismanes, aceites y yerbas para la buena suerte y salud. Si tiene vicio alcoholico, ella le dara un remedio. El poder Espiritual que ella tiene, es de dios, para ayudar a sanar por oracion, para aquellos que necesitan ayuda. Le quitara su mala suerte, "se hacen trabajos." Traiga sus problemas a la adivinadora para retirarselos. "No tienes que dar su nombre o direccion." Todas consultas privadas y en secreto. Abierto diariamente de 9 A.M. hasta 9 P.M. "Los domingos por cita" 209 Tercera Avenida N. Y. C. en Manhattan. Entre las calles 88 y 89, cerca Lexington. Las guaguas mas cerca son las numero 4, 5, 34, y 101.

Telefono (212) 555-1535

(A propósito, ¿cuántos errores gramaticales encuentra Ud. aquí? Podría Ud. corregirlos?... Cuando haya terminado, véase por favor la página 398 del Apéndice.)

LECCION
ONCE

ONCE

TEATRO

La escena es el comedor privado de un hotel de lujo. El periodista Carlos Martorell con su esposa Elisa, y un médico pobre, Fernando Cifuentes, con su esposa Julia, han sido invitados a cenar con sus viejos amigos Eduardo y Rosalía Fontán. En efecto, Rosalía está **luciendo** para la ocasión un riquísimo **collar** de diamantes que su esposo, nuevo multimillonario, le acaba de regalar. Los tres matrimonios se han reunido en el comedor y la cena está para comenzar cuando...

Eduardo: ¡Rosalía!

Rosalía: ¿Qué, **cariño**?

Eduardo: ¿Dónde está?

Rosalía: ¿El qué...?

Eduardo: ¡El collar...!

(En efecto, la garganta de Rosalía aparece desnuda. El collar ha desaparecido.)

Rosalía: ¿Cómo? Pero si lo llevaba ahora mismo... Es absurdo. Parece cosa de **magia**. No lo entiendo. ¿Dónde está mi collar?

Elisa: Bueno. Quizá **se te ha desprendido** y esté por ahí, en cualquier parte. A veces el **broche falla**. Yo tuve una vez una **pulsera** que me daba unos **disgustos** tremendos...

Rosalía: (Mientras sigue buscando con la mirada.) ¡Claro! ¡Tiene que ser eso! (Y de pronto.) ¡Ah!

Todos: ¿Qué?

Rosalía: ¡En la terraza...!

Eduardo: ¿Tú crees?

---

wearing

necklace

darling

magic

it fell off you

clasp opens up

bracelet

"scares"

Rosalía: ¡Seguro! Seguro que se me cayó mientras estábamos en la terraza.

Eduardo: Espera. Yo iré...

Julia: ¡Dios mío! Pero qué cosas pasan...

Elisa: ¡Qué situación tan incómoda! **Está visto** que las **dichosas joyas** no dan más que disgustos. Se pierden, las roban, desaparecen, qué sé yo. Un **jaleo.** Por eso, claro, ya se sabe, las mujeres realmente distinguidas e inteligentes guardan sus **alhajas** en la **caja** de un banco y nunca llevan encima más que cositas de poco valor... — *Obviously* / *darned jewels* / *nuisance* / *jewelry • vault*

Carlos: (Indignado) ¡¡Elisa!!

Elisa: ¡Ay! ¿Qué?

Carlos: ¡Cállate! ¿Quieres?

Elisa: ¿Por qué? ¿He dicho algo **inconveniente**? — *wrong*

Carlos: ¡**Que te calles**! — *Just be quiet!*

Fernando: Por favor. No **discutáis** ahora... (Rosalía y Fernando se reúnen con los demás en el comedor.) — *argue*

Rosalía: ¡No! El collar no está en la terraza.

Fernando: Pero, entonces, si no está en la terraza tiene que estar aquí, en esta habitación. Porque tú no te has separado de nosotros... Lo encontraremos. Estoy seguro. Vamos. Daos prisa. (Todos siguen buscando con redoblado **afán**.) Pero, dónde está? Esto parece cosa de **brujas**. — *effort* / *witchcraft*

Carlos: ¡Maldita sea!

Eduardo: ¡Un momento!... ¡Je! Y, de verdad, **¿no se trata de una broma?** — *isn't this really a joke of some sort*

Fernando: ¿Cómo? ¿Una broma? No entiendo.

Carlos: A ver... ¿Qué quieres decir?

Eduardo: ¡Je! Pues es muy sencillo, muchachos. **Doy por hecho** que a mi mujer se le desprendió el collar de la garganta y el collar cayó en cualquier parte. Entonces, uno de vosotros lo vio y seguramente por broma, nada más que por broma, claro está, lo escondió para **darle susto** a Rosalía. ¿Eh? ¿**Qué tal**? ¿Es ésa la historia? Bueno. Pues si es así yo creo que la broma está cumplida y debe terminar. ¡**Hala**! Vamos a ver: ¿Quién de vosotros tiene el collar? — *I grant* / *scare* / *How about it?* / *Come on.*

Carlos: Pero, Eduardo, ¿qué estás diciendo?

Fernando: Te aseguro que por mi parte no hay broma **que valga**... — *at all*

Carlos: Ni por la mía. ¡**Pues no faltaría más**...! — *That would be ridiculous.*

Fernando: ¿Cómo se te ha ocurrido eso?

Eduardo: ¡Ah! ¿**Conque** no se trata de una   So
broma...?

Fernando: ¡No!

Julia: ¡Por Dios! Es absurdo...

Elisa: ¿Te has vuelto loco, **encanto**? Desde luego,   darling
sería una broma absolutamente imbécil...

Eduardo: Bien. Quizá. Entonces, el collar apa-
recerá...

Fernando: Naturalmente. ¿Quién lo duda?

Carlos: ¡Claro! Todo es cosa de buscar y buscar.

Fernando: ¡Vamos! Busquemos otra vez... (Siguen
buscando. Al fin, poco a poco, fatigados, **sudoro-**   all perspired,
sos, desalentados, se van incorporando de uno   discouraged, they
en uno.)   get up one by one

Fernando: Esto es asombroso...

Carlos: Parece algo mágico...

Elisa: ¡No está!

Julia: **No se ve...**   It just won't turn up.

Eduardo: Bien. Si todavía decís que no se trata de
una broma...

Fernando: (Irritado) ¡Eduardo! Te he dicho que
no y basta...

Eduardo: ¡Perfectamente! Entonces, ¿qué ha pasado aquí? ¿Dónde está el collar?

Carlos: ¡Eduardo! ¿Qué estás pensando? ¡Habla
de una vez!

Eduardo: Tengo que pensar en algo, ¿no crees?
Incluso en lo que parece más imposible. Porque
el collar estaba aquí entre nosotros, hace unos
minutos. ¡Y de pronto ha desaparecido, como en
un juego de manos! ¡¡Y ese collar vale un
millón de pesetas!!

Carlos: (Casi sin voz) Eduardo...

Fernando: ¡Pero Eduardo...!

Eduardo: ¿Dónde está ese collar? Tengo el derecho
a preguntarlo. ¿Dónde está?

Fernando: (Con angustia) ¡Eduardo! ¿Qué in-
sinúas? **Vuelve en ti.** No sabes lo que dices.   Come to your senses.
Somos tus más viejos amigos. ¿Es que vas a
dudar de nosotros?

Carlos: (Irritadísimo) ¡Vamos! ¡Habla claro! ¿Es
que por tu cabeza ha pasado la idea de que alguno
de nosotros ha sido capaz de robarte ese maldito
collar?

Julia: ¡Dios mío!

Elisa: ¡Jesús! El muy estúpido...

Rosalía: ¡Oh! Eduardo, Eduardo...

Julia: ¡Eduardo! ¡Por Dios! Tú no puedes creer...

Eduardo: ¿Y por qué no?

Carlos: ¿Qué? ¿Qué dices?

Eduardo: ¡Dejémonos de hipocresías! ¿Es que para cualquiera de vosotros ese millón de pesetas no significa una estupenda solución?

Todos: ¿Qué?

Carlos: ¡¡Eduardo!!

Elisa: ¡Carlos! ¡Por Dios! No le escuches! Está loco.

Eduardo: (Se vuelve con violencia hacia Carlos.) Piensa en ti mismo, por ejemplo. Llevas una vida fantástica, ¿verdad? Se te ve en todas partes, en los cócteles más brillantes, en las fiestas de la buena sociedad, en las cenas de los restaurantes de lujo. Tienes un espléndido coche. Tu mujer viste a veces como una millonaria. Pero, ¿por qué? ¿Por qué es así todo eso si tú no tienes un céntimo ni ganas lo suficiente? ¿Quieres saberlo? Pues yo te lo diré: ¡Porque estás lleno de **trampas**! ¡Porque te asfixian las **deudas**! ¡¡Porque le debes dinero a todo el mundo!! ¡Ea! Ya está dicho...

> scheming tricks •
> debts

Carlos: (Pálido, reconcentrado) ¡Eduardo...! Te juro que algún día te devolveré este golpe bajo.

Eduardo: ¡Oh! ¿Qué me importa? ¡Yo quiero el collar! ¿Dónde está? ¿Quién lo tiene?

(Adaptado de Victor Ruiz Iriarte, **El collar**)

Análisis

1. ¿Qué piensa Ud. de Eduardo Fontán? ¿Cómo describiría Ud. su carácter y su personalidad? ¿A qué negocio se dedicará?

2. ¿Cree Ud. que uno de los amigos presentes le haya robado el collar? Ya sabemos que Fernando es un médico pobre y que Carlos es un periodista que no gana suficiente para vivir con el lujo que desea. ¿Cuál de ellos sería el candidato más lógico para realizar el robo? ¿O es posible que haya otra explicación?

3. Si Ud. fuera el autor, ¿cómo resolvería la situación? ¿Haría que se reconciliaran los seis amigos? ¿Por qué?

ESTRUCTURA
56. INTERROGATIVES

An interrogative is a pronoun, adjective or adverb that asks a question. In Spanish it must always have a written accent. Here are the most common interrogatives.

A. ¿ Quién(es) ?   Who ? Whom ?

¿ Quién es ese fulano ?	Who is that fellow ?
¿ A quiénes buscan Uds. ?	Whom are you looking for ?
¿ Con quién piensas ir ?	With whom are you planning to go ?

B. ¿ Qué ? and ¿ Cuál(es) ?   What ? Which ?

1. Standing alone, as subject of a verb : ¿ Qué...? asks for a definition or explanation and always means *What...*?

¿ Qué es esto ? ¿ Qué quiere decir ?	What is this ? What does it mean ?

¿ Cuál(es)...? asks for a selection and may be translated as *Which...*? or *What...*?

¿ Cuál es la mejor edición ?	Which (What) is the best edition ?
¿ Cuál es su dirección ?	What is your address ? (Which of them is yours ?)
¿ Cuáles de estos poemas te gustan más ?	Which (ones) of these poems do you like best ?

2. As an adjective (that is : standing before a noun) : ¿ Qué...? means both *What...*? and *Which...*?

¿ A qué hora comenzaremos ?	At what time shall we begin ?
¿ Qué programa quieres que ponga ?	Which program do you want me to turn on ?
¿ Qué notas te dieron ?	What grades did they give you ?

¿ Cuál(es)...? is popularly used also in this sense.

¿ En cuál casa viven Uds. ?	In which house do you live ?
¿ Cuáles libros usaremos ?	Which books shall we use ?

Práctica

Conteste, por favor :

1. ¿ Cuál es el número de su teléfono ? ¿ y de su casa (o de su cuarto) ? ¿ Cuál es su número de Seguro Social ?   2. ¿ Qué programas de televisión mira Ud. por la tarde ? ¿ Cuál le gusta más ? 3. ¿ Quién fue su primera maestra de escuela elemental ? ¿ Cuáles fueron sus primeras impresiones de la escuela ?   4. ¿ Qué individuos han tenido más influencia sobre su vida ? De todas aquellas personas, ¿ a quiénes ve todavía ?   5. Y tú, amigo, ¿ con quién

(o con quiénes) pasas tu tiempo libre? ¿Cuáles son tus actividades favoritas? 6. ¿A quién estimas más en este mundo? ¿A
quién(es) amas más? En tu opinión, ¿qué diferencia hay entre
estimar y amar?

C. ¿ Cuál?, ¿ Qué? and ¿ Quien? to mean *Which (one)*?
Although ¿ Cuál...? is normally used to indicate a selection, ¿ Qué...?
and ¿ Quién...? at times may also mean *Which (one)...*?

1. ¿ Cuál...? is generally used when **ser** is followed by a predicate
noun or pronoun.

¿ Cuál es la mía?	Which (one) is mine?
¿ Cuál es el elemento más	Which is the more dangerous
peligroso—el agua o el fuego?	element—water or fire?

It must be used before a phrase introduced by **de**.

¿ Cuál de las tres alternativas	Which of the three alternatives
prefieren Uds.?	do you prefer?

2. ¿ Qué...? may replace ¿ cuál? when the objects from which the
selection is to be made are nouns used in a general or abstract sense.

¿ Qué es más peligroso—el agua	Which (or what) is more
o el fuego?	dangerous—water or fire?
¿ Qué prefiere Ud.—el fútbol o	What (which) do you prefer
el básquetbol?	—football or basketball?

¿ Cuál...? remains when the noun is used in a specific sense.

¿ Cuál es más peligroso —este	Which is more dangerous—this
león o ése?	lion or that one?
¿ Cuál prefiere Ud.—el nuestro	Which do you prefer—ours or
o el de ellos?	theirs?

3. ¿ Quién...? often appears when the selection involves persons.

¿ Quién se encargará, entonces—	Who (Which one) will take over,
Luis o Felipe?	then—Lou or Philip?
¿ Quiénes fueron los culpables?	Who (Which) were the guilty ones?

Ejercicio
Llene los blancos, usando el interrogativo más apropiado. (A propósito,
puede resultar que haya más de una respuesta que sea correcta.)

1. ¿_____ significa esa palabra? —¿A _____ te refieres?
2. ¿_____ te apetece más, una comida china o una comida italiana?
—A mí me da lo mismo. ¿_____ te gustaría más a ti? 3. ¿_____

es más difícil, aprender a leer una lengua o a hablarla? —Depende.
¿En _____ lengua estás pensando?   4. ¿ _____ de estos vestidos
debo comprar? —Déjame ver. ¿Para _____ ocasión lo deseas?
5. ¿ _____ fueron los primeros recuerdos de su niñez? —¿Pero,
doctor, _____ tiene que ver esto con mi problema? ¿ _____ le
importarán mis memorias? —¿ _____ es el médico aquí, Ud. o yo?

D. ¿ De quién(es) ?   Whose ?

---

1. ¿ De quién(es)...? is the only interrogative of possession. It
must always be followed by the verb **ser**. Therefore, the English
Whose is...?, Whose are...? are expressed in Spanish by ¿ De
quién(es) es...?, ¿ De quién(es) son...?

¿ De quién es la cartera ?	Whose wallet is it ?
¿ De quién son estos guantes ?	Whose gloves are these ?
¿ De quiénes eran aquellos papeles ?	Whose papers were those ?

---

2. But when *whose...?* is preceded by a preposition, or is used
with a verb other than *to be*, Spanish translates it in several ways :

• By **qué**

¿ Con qué dinero se fue ?	With whose money did he abscond ?
¿ En qué cuarto dormirás ?[1]	In whose room will you sleep ?
¿ Qué sombrero tomó ?	Whose hat did he take ?

• By using ¿ **De quién es**... ? followed by a clause that describes
the action.

¿ De quién era el dinero con que se fue ?	With whose money did he abscond ?
¿ De quién es el cuarto en que dormirás ?[1]	In whose room will you sleep ?
¿ De quién era el sombrero que tomó ?	Whose hat did he take ?

• By using a preposition such as **por, para, con, delante, de**, etc.,
followed by the object and **de quién**... ?

---

[1] There is a slight difference in connotation between ¿ **En qué cuarto dormirás ?**
and ¿ **De quién es el cuarto en que dormirás ?** The first emphasizes selection of a
room from among a group of rooms (a house) with which the speaker is familiar.
The second sentence emphasizes the question as to the possessor: *To whom does
the room that you will sleep in belong ?*

¿ Con la viuda de quién se casó ?   Whose widow did he marry ?
¿ Por el beneficio de quiénes lo   For whose benefit did they do it ?
hicieron ?

Ejercicio

Diga en español :

1. Whose dog is that ? —What dog ? —That one over there. —Why do you want to know ? —Whose dog was it, I say, that bit my little boy ? —Whose little boy, I say, was it who was on my property ?   2. In whose car will you all go ? —In mine.   3. Whose papers are those on the desk ?   —They're probably the other class's.   4. Whose brilliant idea was it to **(de)** eat in this restaurant ? The prices are astronomical. —Wouldn't it be better to say : "With whose money are we going to pay ? "

E. ¿ Cuánto ?   How Much ?/¿ Cuántos ?   How Many ?

¿ Cuánto tiempo me queda ?   How much time do I have left ?
—Muy poco.   —Very little.
¿ Cuántas lenguas sabe Ud.   How many languages can you
hablar ? —Ninguna.   speak ? —None.

F. ¿ Dónde ? and ¿ A dónde ? (¿ Adónde ?)   Where ?

¿ Dónde ? asks about the location of the subject. ¿ A dónde ? (¿ Adónde ?) asks *In which direction... ?*, and is used with verbs of motion.

¿ Dónde estarán mis zapatillas ?   Where can my slippers be ?
—Debajo de la cama.   —Under the bed.
¿ Adónde vas, hijo ? —A casa   Where are you going, son ?
de Ramiro.   —To Ramiro's house.

¿ Dónde ? may be preceded by other prepositions as well.

¿ Por dónde andarán esos   Where can those kids be ?
chicos ?
¿ Para dónde salís ?   Where are you heading for ?

Práctica

Conteste otra vez :

1. ¿ Cuánto tiempo lleva Ud. en esta escuela ?   2. ¿ Cuántos cursos de español ha seguido ya ?   3. ¿ Cuántas lenguas estudiarías si tuvieras tiempo ?   4. ¿ Dónde se puede conseguir por aquí una buena comida ?   5. ¿ A dónde piensas ir cuando termines tus estudios aquí ?   6. ¿ Por dónde se va mejor de aquí al centro ?

G. ¿ Por qué ?   Why ?/¿ Para qué ?   What for ?

¿ Por qué ? asks the reason, the motive for an action. ¿ Para qué ? means *To what end...? What for...?*

¿ Por qué lo hiciste ? —Porque sí.	Why did you do it ? —Because I felt like it.
Debes trabajar más, ¿ sabes ? —¿ Para qué ?	You should work harder, you know ? —What for ?

H. ¿ *Cómo* ? and ¿ *Qué tal* ?   How ?

1. ¿ Cómo... ? inquires as to the way in which something is done, or the situation in which someone or something is found.

¿ Cómo se abre esta caja ?	How do you open this box ?
¿ Cómo le gusta el café—con crema o con leche ?	How do you like coffee—with cream or with milk ?
¿ Cómo están Uds. hoy ?	How are you today ?

2. ¿ Qué tal ? asks for an evaluation.

¿ Qué tal les pareció la obra ?	How did you like the play ? (How did it seem to you ?)
Hola. ¿ Qué tal ?	Hello. How are things ?
¿ Qué tal le gustó el café ? —Muchísimo, gracias.	How did you like the coffee ? —Very much, thank you.

I. Interrogatives in Indirect Questions

Often, a question is included within another statement, or a sentence may be so phrased that it refers to a question either in the mind of the speaker or in that of the person addressed. In such cases, Spanish uses the interrogative pronoun, which thereby maintains its written accent.

Dime adónde vas y cuándo.	Tell me where you're going and when.
No quiere revelar quiénes son.	He won't reveal who they are.
No sé qué pasó.	I don't know what happened.

Ejercicios

A. Haga preguntas que correspondan a las respuestas siguientes. Por ejemplo :

Es tu comida, querido.	¿ Qué demonios es esto ?
Al cine.	¿ Adónde vas ?

1. 487–3883.   2. A casa de Adriana.   3. Muchísimo, sobre todo los cantantes.   4. Muchísimo mejor, gracias.   5. Con azúcar y limón, por favor.   6. Primero se aprieta este botón y después se da media vuelta a este manubrio.   7. Por la puerta de atrás, me imagino.

8. Es un vecino nuestro.   9. Me gusta más el tenis.   10. Unas tres horas, más o menos.   11. Era nuestro.   12. En el cuarto de Roberto.

B. Exprese ahora en español:

1. I don't know who he is or what he wants or where he came from. I only know that I don't want him to stay here one minute longer. —Why? How would you like it if someone spoke that way about you?

2. Did you ask when he would arrive? —No, but what difference does it make? (¿Qué importa?) Why bother him with unnecessary questions? When he gets here, we'll be glad to see him, right? —Right.

57. EXCLAMATIONS

All interrogatives can be used as exclamations, if the sense permits.

¡ Cuánto dinero tienen !	How much money they have !
¡ Quién haría eso sino tú !	Who would do that except you !
¡ Cómo ! ¡ Qué me cuentas !	What ! What's that you're
¡ Cómo miente ese individuo !	telling me ! Oh, how that fellow lies !

A. ¡*Qué...*! and ¡*Vaya un...*!   What a…!

¡ Qué… ! and ¡ Vaya un… !, followed by a noun, mean *What a…!* Notice that the article is *not* used after ¡ Qué… !

¡ Qué hombre ! ¡ Qué idea !	What a man ! What an idea !
¡ Vaya un hombre ! ¡ Vaya una idea !	
¡ Qué problemas !	What problems !
¡ Vaya unos problemas !	

When the noun is followed by an adjective, **tan** or **más** is used before that adjective.

¡ Qué hombre más (tan) malo !	What an evil man !
¡ Vaya un hombre más (tan) malo !	

But when the adjective precedes the noun, **tan** or **más** is omitted.

¡ Qué buena persona !	What a good person !
¡ Vaya una buena persona !	

COMPARATIVE CHART OF INDEFINITES AND NEGATIVES

Indefinites

algo   something
alguien   somebody, someone
algún, alguno (a)   some, any or some (one of a group)
algunos (as)   some, several (of a group)
(en) alguna parte   somewhere
(de) algún modo,
(de) alguna manera   somehow, in some way
jamás   ever (negative implied)
alguna vez   ever, at some time

B. ¡ Qué... !, followed by an adjective or an adverb, means *How... !*

¡ Qué simpática eres ! ¡ Qué bien trataste a mis amigos !	How nice you are ! How well you treated my friends !

C. ¡ Cuánto... ! is used before a verb when *How... !* means *How much... !*

¡ Cuánto lo amábamos !	How (much) we loved him !
¡ Cuánto lo respetaban todos !	How (much) everyone respected him !

D. ¡ Cómo ! means *What was that !, What did you say, Come again !*, etc.

¿ No recuerdas ? Anoche prometiste comprarme un abrigo de visón. —¡Cómo !	Don't you remember ? Last night you promised to buy me a mink coat. —What ! ! !

E. ¡ Quién... !, followed by the **-ra** form of the imperfect subjunctive actually means *How I wish... , If only I could... !*, etc.

¡ Quién fuera tú !	Oh, how I wish I were you !
¡ Quién supiera escribir !	If only I knew how to write !

Ejercicios

Llene los blancos empleando ahora al exclamativo apropiado :
1. ¡_____ día para ir a la playa ! —¡ Ay, _____ supiera nadar !
—Mejor dicho, ¡_____ no tuviera que trabajar ! 2. Dr. García, ¿ no
nos dijo Ud. que no habría exámenes ni tareas este semestre ? —¡_____ !
3. ¡_____ me gustaría pasar una temporada en el campo ! —¿ Por qué
no vamos a visitar a tus primos entonces ? —¡_____ idea más buena !
4. ¡_____ dilema ! ¡_____ quiero a Rosalía, y _____ poco se

Negatives

---

nada   nothing
nadie   nobody, no one
ningún, ninguno (a)   none, no (one of a group)
ningunos (as)   no; none (of a group) (*rare*)
(en) ninguna parte   nowhere
(de) ningún modo,
(de) ninguna manera   in no way
nunca, jamás   never

ni... ni   neither... nor
tampoco   neither, not... either (opposite of *also*)

---

interesa ella por mí! —Así es ella con todo el mundo. ¡_____ egoísta
es esa muchacha! 5. ¿_____ lo creería! ¡_____ saben aparentar
algunas personas!

58. INDEFINITES

These are the most common indefinites:

algo   something; (anything...?)
alguien   somebody, someone; (anyone...?)
algún, alguno (a)   some, any or some (one of a group)
algunos (as)   some, several (of a group)
algún día   some day, some time
(en) alguna parte   somewhere
(de) algún modo
(de) alguna manera   somehow, in some way
jamás   ever (when a negative is implied)
alguna vez   ever, at some time (no negative implication)

Tengo algo que decirte.	I have something to tell you.
—¿ Es algo que pueda esperar?	—Is it something (anything) that can wait?
¿ **Hay alguien en la sala?**	Is there someone (anyone) in the living room? —Yes,
—Sí, ha venido alguien a verle.	someone has come to see you.
Algunos de los invitados han llegado ya. —¿ Tan pronto?	Some of the guests have already arrived. —So soon?
¿ **Has oído jamás tal cosa?** —Nunca.	Have you ever heard such a thing? —Never.
¿ **Habéis visto alguna vez Sevilla?** —Sí, hace tiempo.	Have you ever seen Seville? —Yes, some time ago.

Práctica

Conteste otra vez, por favor:

1. ¿Ha estado Ud. alguna vez en España? ¿o en algún otro país hispánico? 2. ¿Le gustaría ir algún día al Oriente? 3. ¿Cuáles son algunos de sus platos favoritos? 4. ¿Cuáles son algunas de sus actividades predilectas? 5. ¿Quiénes son algunos de los artistas más populares de hoy? 7. ¿Conoces tú a alguien que quiera hacerse cantante profesional? ¿o músico? ¿o actor de cine? 7. ¿Te espera alguien después de esta clase? 8. ¿Tienes algo importante que hacer esta tarde? 9. ¿Te ha ocurrido recientemente algo de sumo interés? 10. ¿Has comprado algo alguna vez que no te haya gustado después? ¿Qué fue?

A. *alguien* vs. *cualquiera*

1. **Alguien** means *someone*—some specific person. In a question, it may translate the English *anyone*, but the concept of somebody in particular still remains.

¿**Hay alguien a la puerta?**	Is anyone (someone) at the door?
¡**Alguien me lo pagará!**	Someone will pay for it!

2. **Cualquiera** means *anyone at all.*

Cualquiera lo hará mejor que él.	Anyone (at all) will do it better than he.
Cualquiera que haya hecho ese viaje entenderá las dificultades.	Anyone who has taken that trip will understand the difficulties.

Un cualquiera means *a nobody, an ordinary fellow,* a person who is just anybody at all.

No permitiré que te cases con un cualquiera.	I won't let you marry a nobody (just anybody).

As an adjective, **cualquier(a)** means *any... at all, any... whatever.* When placed before a noun, it loses its final **a**. The plural form is **cualesquier(a)**.

Me contentaré con un dibujo cualquiera.	I'll be satisfied with any sketch at all.
Cualquier vestido servirá para esta noche.	Any dress at all will do for tonight.

B. *algo* vs. *cualquier cosa*

1. **Algo** means *something*, some specific thing, even though in a question it may be translated as *anything*.

Te traigo algo muy bonito.	I have something very pretty for you.
¿ Hay algo en que podamos servirles ?	Is there anything we can do for you ?

2. **Cualquier cosa** means *anything at all*.

No se moleste. Comeremos cualquier cosa.	Don't trouble yourself. We'll eat anything at all.

C. Spanish Versions of *some, any, several, a few*

1. The idea of *some* or *any* is most frequently implied in Spanish merely by omitting the article.

¿ Traes dinero ?	Do you have any money on you ?
¿ No hay fósforos ?	Aren't there any matches ?

2. **Unos** means *a few* or *approximately*. It is one of the weakest indefinites and rarely stands alone.

¿ Cuánto dinero traes ? —Unos diez pesos.	How much money do you have on you ? —About (Some) ten pesos.
Esa chica tiene unas ideas estrafalarias.	That girl has some far-out ideas.

3. **Algunos** indicates *some* or *several*. Although it still is indefinite as to number, it is stronger than **unos** and has a more numerical implication than merely omitting the article. Unlike **unos**, it never means *approximately*.

Creo que han quedado algunos fósforos en la cajita.	I think there are a few matches left in the box.
Traigo algún dinero, pero no mucho.	I have *some* money on me, but not much.
Algunas amigas tuyas llamaron anoche.	Some friends of yours called last night.

4. **Varios** also means *several* or *some*, but bears the further sense of *various and sundry*.

Aquí venden varias clases de ropa.	Here they sell several (various) kinds of clothes.

5. **Unos cuantos** and **unos pocos** are synonymous and mean *a few, a small number of*.

Tengo sólo unos cuantos (o unos pocos).	I have only a few.

6. **Alguno que otro** means *a few, some* in the sense of *an occasional*.

En el puerto se veía alguno que otro bote de vela.	In the port an occasional sailboat (a few sailboats) could be seen.

Ejercicio

Emplee en oraciones originales cada uno de los giros siguientes:

1. Alguien... cualquier persona... cualquiera... cualquier cosa... algo...
2. Unos... algunos... varios... unos cuantos...

59. NEGATIVES

A. Negation in general

A sentence is made negative by placing **no** before the entire verb form, i.e., before **haber** in a compound tense, or before the auxiliary that precedes a present or past participle. This is contrary to English usage, which places the negative between the auxiliary and the participle.

No han salido todavía.	They haven't gone out yet.
No estábamos jugando.	We weren't playing.
La obra no está terminada.	The work isn't finished.

Only object pronouns—direct, indirect or reflexive—may stand between the negative and the verb.

No me lo han mandado.	They haven't sent it to me.

B. The Most Common Negatives

nada	nothing, not... at all
nadie	nobody, no one
ningún, ninguno (a)	none, no (one of a group)
ningunos (as)	no; none (of a group) (*rare*)

nunca
jamás   never

de ningún modo
de ninguna manera   in no way, by no means, not at all

tampoco   neither (opposite of *also*)
ni... ni   neither... nor (opposite of *either... or*)

C. The Double Negative

1. Two negatives, or as many negatives as the sentence requires, still add up to a negative in Spanish.

No conocemos a nadie aquí.	We don't know anyone here.
—Ni yo tampoco.	—Neither do I.
No ha hecho nada nunca a nadie. —De ninguna manera.	He has never done anything to anybody. —No way.
No vendrán[2] ni Carlos ni Anita.	Neither Charles nor Ann will come.

2. When a negative such as **nunca, nadie, nada,** or **tampoco** precedes the verb, **no** is omitted.

No he estado nunca en Río. Nunca he estado en Río.	I have never been in Rio.
No se lo contó nadie. Nadie se lo contó.	Nobody told him.
No sabe leer tampoco. Tampoco sabe leer.	Neither does he know how to read.

Práctica
Conteste de la manera más negativa que sea posible:

1. ¿Hay **alguien** en esta clase que sepa más que Ud.? 2. ¿Ha habido **jamás** una escuela tan buena como ésta? 3. ¿Me prestarás **algún** dinerito para comprar **algo**? 4. ¿Has soñado **alguna vez** conmigo? 5. ¿Piensan Uds. ir **algún día** a la Zona Artica? 6. ¿Lo terminarán Uds. hoy de **alguna** manera? 7. ¿Me habéis traído **algo**? 8. ¿Les habrá dicho **alguien algo**? 9. ¿Ha llegado **alguien ya**? 10. ¿Uds. irán **también**? 11. ¿Ganaron ellos **o** los otros? 12. ¿Has visto a **alguno** de tus amigos? 13. Sería Pablo **o** Alfonso, ¿verdad? 14. ¿Debo hacerles **algún** caso?

---

[2] Notice that with **ni . . . ni . . .**, the Spanish verb is plural!

D. In certain cases, negatives are used even though the sentence is not obviously negative:

    1. After a comparative

Le admiro a él más que a nadie.	I admire him more than anyone.
Ahora sabemos menos que nunca.	Now we know less than ever.
Más que nada, quiere verte feliz.	More than anything, he wants to see you happy.

    2. After **sin**

Sin dirigir palabra a nadie, salió del cuarto.	Without speaking to anyone, he left the room.
Eso me dejaría sin nada que hacer.	That would leave me without anything to do.

    3. In sentences where a negative meaning is implied

Nos resultó imposible decir nada.	It was impossible for us to say anything.
¿Los ves a menudo? —Casi nunca.	Do you see them often? —Hardly ever.

    E. In other cases, affirmatives are occasionally used for negatives, often with special emphasis.

    1. **Alguno,** following the noun, is an emphatic equivalent of ninguno   *not...any, none*

No le hagas caso alguno.	Don't pay any attention at all to him.
No me dio indicación alguna.	He didn't give me any indication at all.

    2. **En mi vida** is used very frequently to mean *never in my life*.

En mi vida he jugado a las cartas.	Never in my life have I played cards.
En su vida ha molestado a nadie.	Never in his life has he bothered anybody.

    3. **En absoluto** means *absolutely not*!

¿Papá, me darás un coche? —¡En absoluto!	Dad, will you give me a car? —Absolutely not!

Ejercicio

Tradúzcase al español:

1. For Heaven's sake! My necklace has disappeared. I don't see it anywhere! Someone must have taken it (**llevárselo**)! —Don't get upset, darling. Nobody would do such a thing, unless it was in jest. Do you really believe that one of our own friends has stolen it? —No. But while we were on the terrace, anyone could have entered the room from outside. Maybe he's still here. Maybe he's hiding in some closet, in some other room, in any part at all of the hotel. And nobody is doing anything to find him... Wait a minute. What's this? There's something on the floor, something shiny, something... Oh, no!

2. Tomorrow night we're having some guests for dinner. —How many will there be? —Not many, about six or seven. —Will there be anyone I know? —I doubt it. You don't know any of my friends here. —Well, introduce me to them, and some day, they'll be friends of mine too.

CREACIÓN

Hoy le vamos a dar varias alternativas. Primero, si quiere, repase la escena de **El collar** que leímos el otro día. Y después:

1. Imagínese que es Ud. un agente de policía y que está interrogando a los varios invitados sobre la desaparición del collar de Rosalía. (A propósito, si desea, puede limitarse a sólo uno de ellos.)
2. Imagínese la conclusión de la obra y redacte Ud. la última escena.
3. Es el día siguiente, y varias señoras están comentando sobre el suceso en la peluquería. En efecto, algunas se atreven a decir que posiblemente el collar no fuera legítimo, que posiblemente... Ud. lo dirá.

LECCION DOCE

DOCE

TIPOS HUMANOS

A. El muchacho estaba asombrado. Veía a una mujer **ya mayor,** flaca, con profundas **ojeras.** El cabello oxigenado, el traje de color verde, muy viejo. Los pies calzados en unas viejas **zapatillas de baile...,** sí, unas asombrosas zapatillas de baile, color de plata, y en el pelo una **cinta plateada** también, atada con un **lacito.**

not-so-young •
circles under the eyes

dancing slippers

silver ribbon
little bow

(Carmen Laforet, *Rosamunda*)

B. Era de baja estatura, un poco gorda, de gordas piernas cortas. La cabeza, demasiado grande para aquel cuerpo, lo parecía aún más a causa de la profusa **cabellera** rubia que la **enmarcaba.** El rostro, ancho y de **facciones algo toscas,** irradiaba inocencia y bondad, como el de una campesina, y esta semejanza se veía acentuada gracias a una **suerte de arrebol,** a un curioso **abotogamiento que congestionaba** aquellos **rasgos ya de por sí esponjados,** como si la joven sostuviera un enorme peso sobre la cabeza. Por lo demás, vestía ropa de calidad. En cambio no se le veía ninguna **alhaja.** Ni guantes, ni **cartera,** ni sombrero. Y eso era todo.

head of hair • framed
somewhat coarse
features

kind of rosiness

swollen look that
congested • features
already puffy in
themselves

jewelry

pocketbook

(Marcos Denevi, *Ceremonia secreta*)

C. Era un viejo mal conservado, flaco y como enfermizo, más bien pequeño que alto, con uno de esos rostros insignificantes que no se diferencian del del vecino, si una observación **formal** no se fija en él con particular interés. Sólo cuando hablaba se veían en su rostro los **rasgos** de una vivacidad nada común. Sus ojuelos pequeños y **hundidos** tenían entonces

careful

signs

sunken

mucho más brillo, y la boca, dotada de la movilidad más grande que hemos conocido, empleaba un sistema de signos más variados y expresivos que la misma palabra. **Cojeaba de** un pie, no sabemos por qué causa, y la mano izquierda no era **del todo expedita** ; tenía muy **bronca** y **aternerada** la voz, y al andar marchaba tan derecho en su camino, tan fijo y abstraído, que **iba dando tropezones** con todo el mundo.

He limped on
in full use
hoarse and whining

he went about bumping into

(Benito Pérez Galdós, *La sombra*)

D.

1.   Viene José Angelo Maridueña, el **as de los embusteros.**

"ace" tale-teller and fraud

Tendrá unos cuarenta y cinco años de edad ; de estado casado y padre de **escasa prole**. Es una de las vocaciones más firmes y reputadas : la gente está acorde en considerarlo como una bolsa de mentiras.

a small family

Es un sujeto gordo, alto, de grandes manos **flojas** y brazos muy largos. Vive en la exageración, en la **exaltación** y la declamación. Desde los "buenos días" familiar hasta el **juramento, perora y bracea** furiosamente. Las **historietas cotidianas**, por **anodinas** que parezcan, se transforman en sensacionales **folletines** cuando pasan por sus labios. **Amasa mentiras descomunales** con los ingredientes que le **proporcionan** sus vecinos. **Gusta** también **de** hablar de platos sabrosos, y como es un hombre tremendamente expresivo, al hacerlo emplea tal entusiasmo, tal ímpetu, que **traga** saliva y **saliva** describiéndolo.

loose-jointed

excitement

swearing, he declaims and waves his arms • everyday anecdotes • ordinary

dime novels • He kneads outsized lies

supply • He enjoys

he swallows • salivates

2.   Viene una santa : doña Justa Carreño—la señorita Justa.

La santa era una mujer que no lo parecía. Don Vicente Muñoz no le perdonaba su apariencia saludable, profana y burguesa.

—Una santa, alegaba él—debería ser delgada, **liviana**, anémica y extenuada. Tener unas manos muy pálidas y **heladas**. Hablar en voz baja y cavernosa. Caminar con los ojos en el suelo. Tener un rosario entre los dedos. Vivir comiendo poco y mal. Considerar al cuerpo como la cárcel **inmunda** del alma inmortal, y no **acicalarlo** sino mirarlo con un infinito desprecio y **asco**. Pensar día y noche en la divinidad y en la vida **ultraterrena**. Frecuentar la iglesia y el confesionario. Tener **callos** en las **rodillas**. Ser **castísima**, absurdamente casta, hasta en el pensa-

slight
ice-cold

unclean
adorn it
disgust
beyond
calluses • knees
absolutely chaste

miento. Llevar **cilicios** bajo las viejas ropas sucias.   hairshirts
No tener ningún atractivo sexual. Ser incapaz de herir
los oídos ajenos con una mentira o una **frase torpe.**   ugly word
¡ Y tener **escasísimas** facultades intelectuales, o ser   very little
una desequilibrada, para meterse a una profesión tan   some kind of nut
poco higiénica y elegante !

(Angel F. Rojas, El éxodo de Yangaan)

Comentarios

A. Según lo poco que sabemos de Rosamunda, ¿ cómo se imagina Ud. su vida pasada ? ¿ Quién será ? ¿ Cómo vivirá ahora ?

B. ¿ Quién será la joven gordita de *Ceremonia secreta* ? ¿ De qué clase social cree Ud. que vendrá ? ¿ de qué ambiente económico e intelectual ?

C. ¿ Encuentra Ud. simpático o antipático al viejo de *La sombra* ? ¿ Qué rasgos le llaman a Ud. más la atención ? ¿ Por qué ?

D. De los dos tipos delineados por Rojas, ¿ quién le parece el mejor retratado ? ¿ Quién está pintado con más humorismo ? ¿ Con más dramatismo ? ¿ con más admiración ? ¿ con más compasión ? ¿ Qué puede Ud. decirnos acerca de don Vicente Muñoz ? ¿ Qué clase de persona será ?

ESTRUCTURA
60. FUNCTION AND FORMS OF ADJECTIVES

A. Agreement

1. An adjective is used to describe a noun. Therefore, it must always agree in gender and number with the noun it describes.

¿ Está dormido papá ? —Sí, pero mamá está despierta todavía.	Is Dad asleep ? —Yes, but Mom is still awake.
Nuestros amigos italianos nos han invitado a una boda siciliana.	Our Italian friends have invited us to a Sicilian wedding.

2. If an adjective refers to two nouns of the same gender, the plural of that gender is used.

Compramos unas camisas y corbatas muy hermosas.	We bought some very beautiful shirts and ties.

3. But if the adjective describes both a masculine and a feminine noun, the masculine plural is used.

Compramos unos guantes y bufandas muy bonitos.	.We bought some very pretty gloves and scarves.

B. Feminine Singular Forms

1. Adjectives that end in -**o** change the final -**o** to -**a**.

un día hermoso   a beautiful day   **una noche**   a beautiful night
                                       hermosa

2. Adjectives that end in -**dor**, -**ón**, -**án** or -**ín**, and adjectives of nationality that end in a consonant add -**a**.

un hombre	a hardwork-	**una mujer**	a hardworking
trabajador	ing man	**trabajadora**	woman
el arte francés	French art	**la ropa francesa**	French clothes
un tipo holgazán	a lazy guy	**una chica**	a lazy girl
		holgazana	

3. All other adjectives have the same form for both masculine and feminine.

un curso difícil	a hard course	**una prueba difícil**	a hard test
un tono suave	a gentle tone	**una voz suave**	a gentle voice
un niño cortés	a polite child	**una dama cortés**	a polite lady
mi mejor amigo	my best friend	**su mejor obra**	his best work

C. Plural Forms

The plural of adjectives is formed exactly like that of nouns: -**s** is added to a singular form that ends in a vowel; -**es** is added to one that ends in a consonant. A final -**z** changes to -**c** before -**es**.

tiempos antiguos	old times	**comidas ricas**	delicious meals
hijos mayores	older sons	**días felices**	happy days

D. Shortening of Adjectives

1. A few adjectives drop the final -**o** when they precede a masculine singular noun.

primero, primer	first	**bueno, buen**	good
alguno, algún	some	**tercero, tercer**	third
malo, mal	bad	**ninguno, ningún**	no, none
postrero, postrer	last		

¡ **Qué buen muchacho** !	What a good boy !
No hay **ningún** otro como él.	There is none other like him.
Algún día te lo diré.	Some day I'll tell you.
—¿ Cuándo? —El **primer**	—When? —On the first day
día del año 2550.	of the year 2550.

2. Three common adjectives lose their last syllable under certain conditions.

- **Grande** (*large, great*) becomes **gran** before any singular noun.

(un) gran número   a large number
una gran obra de arte   a great work of art

- **Ciento** (*one hundred*) becomes **cien** before all nouns and before the numeral **mil** and **millón**. It is not shortened before any other numeral.

Estamos a cien kilómetros de   We're 100 kilometers from
  Barcelona.   Barcelona.
Recibió cien mil votos.   He got 100,000 votes.

BUT:

Quedan ciento diez páginas.   There are 110 pages left.

- **Santo** (*Saint*) becomes **San** before all masculine names except **Domingo** and **Tomás**.

San Francisco St. Francis   **San Antonio** St. Anthony

BUT:

Santo Domingo St. Dominick   **Santa Teresa** St. Theresa

E. Adjectives Used as Nouns

1. An adjective is often used with a definite or indefinite article to form a noun.

un belga, los holandeses   a Belgian, the Dutch
un viejo, la joven   an old man, the young girl
algún insolente   some fresh fellow
los ricos   the rich (people)

2. With the neuter article **lo**, the masculine singular form of the adjective becomes an abstract noun that describes the quality indicated by the adjective.

Lo práctico no es siempre lo   What is practical is not always
  mejor.   the best (thing).
Lo curioso era...   The strange part was...

Práctica

A. Cambie:
   1. **pelo** rubio (cabellera); un **baile** encantador (sonrisa); la **poesía** francesa (perfumes); el **arte** japonés (mujeres); **un**

alemán (una) ; el **gobierno** holandés (colonias) ; mi hermano **mayor** (hermanos) ; **un** chico muy charlatán (una) ; **un** empleado holgazán (unos) ; un **nene** pequeñín (nena) ; un ejercicio **fácil** (lección) ; una **respuesta** cortés (palabras) ; un **estudiante** superior (clase) ; un **acto** atroz (actos) ; San Luis (Tomás) ; en alguna **época** (tiempo)

2. facciones **toscas** (irregular) ; una mentira **descarada** (descomunal) ; una observación **profunda** (formal) ; un hambre **tremenda** (feroz) ; unos niños **vivaces** (precoz) ; una vecina **habladora** (murmurador) ; unos días **alegres** (feliz) ; el paisaje **danés** (belga) ; ideas **nuevas** (joven) ; una mujer **chismosa** (preguntón) ; **mil** dólares (100) ; un **famoso** novelista (grande) ; su **primer** esposo (tercero)

B. Emplee en frases originales : lo mejor... lo peor... lo hermoso... los jóvenes... los pobres... los ricos. los españoles... las francesas... los italianos... las suecas

C. ¿ Qué ciudades nortamericanas llevan nombres de santos ? ¿ Cuántas puede Ud. nombrar ?

F. Negative Adjectives : un-, non-, im-, in-

Spanish has three basic equivalents of the English negative prefixes *un-, non-, im-, in-*.

1. When the negative idea really means *not much* or *not very*, Spanish uses **poco** before the adjective.

poco ambicioso	unambitious	**poco educado**	uneducated
poco importante	unimportant	**poco conocido**	unknown
poco compasivo	unsympathetic	**poco distin-** **guido**	undistinguished
poco comunica- **tiva**	noncommuni- cative	**poco experi-** **mentado**	inexperienced

2. When the idea of the negative adjective implies a total negation or contradiction, Spanish uses the prefix **in-**.

infeliz	unhappy	**inconsciente**	unconscious
indefinido	indefinite	**insincero**	insincere
indecente	indecent	**inexperto**	inexpert

Notice the difference in intensity between **inexperto** (totally unskilled) and **poco experto** (very little skilled) ; between **inculto** and **poco culto**, between **incapaz** and **poco capaz**, etc.

3. The prefix **des-** seems to undo a quality or state that previously existed. Notice that it can also be applied to verbs.

desafortunado	unfortunate	**desilusionado**	disillusioned
descortés	discourteous	**desagradecido**	ungrateful
deshecho	undone	**desagradable**	disagreeable
desobedecer	to obey	**desaparecer**	to disappear

Ejercicio

Exprese en español:

1. He was thin, homely, unintelligent, unambitious, disagreeable, un-skillful, and the worst part was that he was given to the most out-landish lies. Still, in spite of everything, María fell in love with him. What could she have seen in him? —Who knows? Love is an un-known entity. The important thing is that two people find each other and get along well. —In this case I doubt that it will work out well. María even disobeyed her parents to run off with him and scorned the advice of all her relatives and friends. If you ask *me,* she'll soon be disillusioned. —I hope not! That would be very unfortunate.

2. Never have I seen such a discourteous young man, and so unsym-pathetic to the problems of other people. —Maybe he had an unhappy childhood. Or maybe he's unaware of what he's saying or he's incapable of communicating with other people. —You are incredible. You're so good that you can't imagine that there can be anyone inept, insincere or indecent in this world. You know? That's why (**Por eso**) I like you so much.

61. PLACEMENT OF ADJECTIVES AFTER THE NOUN

Unlike English, Spanish does not have a fixed position for most adjectives. Spanish adjectives both precede and follow the noun. However, many adjectives do have a fairly specific position in normal use, and if that position is changed, the adjective acquires a special emphasis or a different connotation.

The primary function of an adjective that is placed after the noun is to distinguish that noun from others of its kind.

una camisa roja   a red shirt

Red is not a general characteristic of shirts. Rather, it dis-tinguishes this shirt from shirts of other colors.

The following are important categories of distinguishing ad-jectives that regularly follow the noun:

1. Adjectives of nationality and religion

la Revolución francesa   the French Revolution
un cura católico   a Catholic priest

2. Adjectives of color and shape

la Casa Blanca	the White House
una mesa redonda	a round table

3. Adjectives referring to branches of learning, classifications, or scientific terminology

un estudio psicológico (literario, geográfico, filosófico)	a psychological (literary, geographic, philosophical) study
ácido acético	acetic acid

4. Adjectives modified by adverbs (especially those modified by **más** or **menos**)

una historia muy triste	a very sad story
el actor más popular del cine	the most popular movie actor

5. Participles used as adjectives

una figura arrodillada	a kneeling figure
una causa perdida	a lost cause
una noche encantada	one enchanted evening

Práctica

A. Denos a lo menos cinco adjetivos que asocie con cada uno de los nombres siguientes. Por ejemplo:

ojos: **ojos negros, azules, oscuros, grandes, pequeños, hundidos,** etc.,

piernas… manos… zapatos… estudios… una casa… una mesa… exámenes… hermano (o hermana)… revolución… la literatura… una situación… un temperamento…

B. Conteste, si nos hace el favor:

1. ¿Cuántos hermanos mayores tiene Ud.? ¿y cuántos menores? 2. ¿Cuántas lenguas extranjeras se enseñan aquí? 3. ¿Tiene Ud. un amigo íntimo que haya nacido en un país extranjero? 4. ¿Sabe Ud. mucho de la vida hispanoamericana? ¿de la historia europea? ¿de la historia norteamericana? 5. ¿Se usan más hoy día las camisas blancas o las de colores? 6. Y en la cama, ¿se usan más las sábanas blancas o las multicolores? 7. ¿Es redonda, ovalada, rectangular o cuadrada la mesa a la cual estás sentado ahora? 8. ¿Te gustan más a ti los muebles modernos o los tradicionales? 9. ¿Qué buscas en un amigo: una persona inteligente o una persona simpática? 10. ¿Y en un novio (o una novia), ¿qué buscas—una persona físicamente atractiva o una persona buena, sincera, cariñosa? 11. ¿Qué buscas en un profesor—una persona brillante o una persona comprensiva? ¿y en un padre o una madre?

62. PLACEMENT OF ADJECTIVES BEFORE THE NOUN

A. Demonstrative, unstressed possessive,[1] and indefinite adjectives (including **mucho, poco** and **otro**), and cardinal numbers regularly precede the noun.

esta semana	this week	veinticuatro horas	24 hours
nuestra familia	our family	algún día	some day
poco tiempo	little time	muchísimo trabajo	a lot of work

B. Certain common adjectives (**bueno, malo, joven, viejo, corto, largo, pequeño**) often precede, but may also follow the noun.

Eres un buen hijo.
Eres un hijo bueno.   You're a good son.

Era un joven periodista.
Era un periodista joven.   He was a young journalist.

Práctica

1. ¿ Se considera Ud. un buen estudiante de lenguas ? ¿ de ciencia ? ¿ de artes ? ¿ Se considera un buen hijo (buena hija) ?   2. ¿ Tienen Uds. mucho trabajo en esta clase ? ¿ Tuvo más trabajo o menos el semestre pasado ?   3. ¿ Piensa mudarse de casa algún día su familia ? ¿ Adónde iría si se mudara ?   4. ¿ Cuántos días hay en este mes ? ¿ y en el mes de febrero ? ¿ en junio ? ¿ en agosto ? 5. En tu opinión, ¿ habrá alguna manera de solucionar el problema de la inflación ? ¿ del desempleo ? ¿ de la discriminación religiosa o racial ?   6. ¿ Hay tiempo para un corto ejercicio más ahora, o debemos pasar a otra cosa ?

C. A usually distinguishing adjective may be placed before the noun if the speaker wishes to describe a normal characteristic of that noun, rather than to differentiate it from other nouns of its type.

la blanca nieve	the white snow
los altos Andes	high Andes
las hermosas modelos	the beautiful models
los ágiles acróbatas	the agile acrobats
nuestro distinguido orador	our distinguished speaker

---

[1] The stressed forms **mío, tuyo,** etc., of course, always follow the noun.

D. When placed before a noun, the adjective may acquire an emotional poetic value, displaying a subjective attitude on the part of the speaker. Contrast this with the literal meaning of the distinguishing adjective in its usual position after the noun.

una histórica ocasión	an historic occasion (history-making, memorable)
una ocasión histórica	an historic occasion (belonging to history)
un fantástico cuento	a fantastic story (amazing, incredible)
un cuento fantástico	a fantastic story (full of fantasy)
sus dramáticas obras	his dramatic works (filled with dramatic impact)
sus obras dramáticas	his dramatic works (theatrical, for the stage)

Even adjectives of color are occasionally placed before the noun to impart a more poetic flavor.

Sus negros ojos me seguían mirando.	His black eyes kept following me.
Me enamoré de sus rubios cabellos.	I fell in love with her blonde hair.

E. In a question, the predicate adjective after **ser** or **estar** precedes the subject.

¿ Está casada tu hermana ?[2]	Is your sister married ?
¿ Era muy rico su tío ?	Was his uncle very rich ?

F. Ordinal numbers usually precede the noun, except in chapter headings and personal titles.

Se halla en la primera línea del segundo párrafo.	It's on the third line of the second paragraph.

BUT:

Parte Primera, Capítulo Segundo	Part One, Chapter II
Carlos Quinto	Charles V

---

[2] ¿ **Está tu hermana casada ?** would mean : *Is your married sister in ?* And ¿ **Era su tío rico ?** would imply : *Was it his rich uncle ?*

Notice that ordinal numbers are normally not used beyond **décimo** (*tenth*). And with days of the month, only **el primero** (*the first*) takes the ordinal.

Luis Décimo, Luis Once	Louis X, Louis XI
el primero de junio	June 1st
el dos de marzo	March 2nd

Notice also that when an ordinal and a cardinal number modify the same noun, the cardinal comes first. This is the opposite of English usage.

Leímos los dos primeros cuentos.   We read the first two stories.

Ejercicio
Diga en español

1. She was a badly preserved old woman, thin and sickly, rather short and stooped, with one of those indistinguishable faces that resemble that of a hundred thousand other people. But she had the most vivacious eyes and a fantastic sense of humor and a delightful young smile. And we loved her.   2. My friends, our distinguished speaker on this historic occasion is the illustrious senator from... the celebrated, internationally known senator from... from... (Where on earth does that guy come from?)   3. He was such a great storyteller that even everyday events became sensational novels when he told them. I wouldn't call him exactly a liar, but he could (**saber**) invent some of the most outlandish tales that one can imagine.   4. Tell me, Elvira, is your sister Isabel married yet? —Yes, she got married a short time ago, in fact, on April 1. —How wonderful! To whom? Is her husband rich and handsome? Do I know him? —You should. He's your fiancé, Miguel. —Oh, my G—!   5. At this moment in our history class we're studying about the French kings. Louis, I, Louis II, Louis III—up to Louis XVI. —So are we. I tell you the truth, the first three Louis don't worry me so much. It's (**Son**) the other fifteen that I can't stand.

63. ACTUAL CHANGES OF MEANING ACCORDING TO POSITION
Certain adjectives acquire a significant difference in meaning when they are taken from their normal position before or after the noun. Note particularly:

un amigo viejo	an old (elderly) friend
un viejo amigo	an old (long-standing) friend
el muchacho pobre	the poor (destitute) boy
el pobre muchacho	the poor (pitiful) boy
el mismo jefe	the same boss
el jefe mismo	the boss himself

un coche nuevo	a (brand) new car
un nuevo coche	a new (another, new for me) car
un hombre grande	a big man (less frequently, a great man)
un gran escritor	a great writer
ese pintor	that painter
el pintor ese	that so-called painter (very derogatory!)
medio indio	half Indian
el hombre medio	the average (middle) man
la clase media	the middle class

Oddly enough, before a noun, **alguno** is the indefinite *some*. Placed after the noun, however, in a negative sentence, it becomes the most emphatic negative of all!

Tengo alguna idea de lo que quiere.	I have some idea of what he wants.
No tengo idea alguna de lo que quiere.	I don't have the faintest idea of what he wants.

Ejercicio

Complete de una manera original las frases siguientes:

1. Ese amigo tuyo es medio..., medio...   2. Un gran hombre es...
3. Aquel mismo día...   4. ...talento alguno para...   5. La clase media...   6. El pobre viejo...   7. Una vieja amiga mía.   8. ...una idea nueva...   8. El profesor mismo...

64. PLACEMENT OF TWO OR MORE ADJECTIVES

When two or more adjectives describe the same noun, you may handle them as follows:

A. Place one adjective before the noun and one or more after the noun. The shorter, the less distinguishing, or the more subjective adjective will precede.

Mis ricos primos mexicanos vienen a pasar una temporada con nosotros.	My rich Mexican cousins are coming to spend some time with us.
Gilberto Marín es un joven poeta contemporáneo francés.	Gilbert Marin is a young contemporary French poet.

B. When both (or all) adjectives are felt to be equally distinguishing, place them after the noun, joining the last two by **y**, or merely separating them all by commas.

Fue una operación delicada y peligrosísima.	It was a delicate and very dangerous operation.
Esta ha sido la novela más larga, aburrida y superficial que haya leído jamás. —Ah, sí? Pues tal vez le guste más mi obra nueva.	This has been the longest, most boring and superficial novel I've ever read. —Oh, really? Well maybe you'll like my new work better.

C. For a more poetic or dramatic effect, the adjectives may all be placed before the noun.

Entramos por un largo, sombrío y tortuoso corredor.	We entered through a long, somber, winding corridor.

Práctica

A. Conteste afirmativamente empleando los adjetivos indicados entre paréntesis:

1. ¿Ha leído Ud. alguna vez un estudio sobre los Estados Unidos? (excelente, económico, político, social) 2. ¿Tienes amigos en otras partes del mundo? (buenos, mexicanos, puertorriqueños, argentinos) 3. ¿Recuerdas a la chica que conocimos el otro día? (simpática, alta, rubia) 4. ¿Ha muerto el mendigo que nos esperaba siempre en la esquina? (pobre, ciego, enfermo) 5. ¿Es amigo vuestro Roberto Salinas? (viejo, bueno, nuestro) 6. ¿Han estudiado Uds. literatura? (religiosa, medieval, española) 7. ¿Les gusta la pintura? (nueva, abstracta, norteamericana) 8. ¿Te gustan las flores? (pequeñas, azules, perfumadas) 9. ¿Te gustaría un baño ahora? (bueno, caliente) 10. ¿Has visto esas manos? (grandes, fuertes, sarmentosas)

B. Diga ahora en español:

1. It was a beautiful afternoon, one of those cool, clear, sunny afternoons in which we liked to take long walks among the green foliage. 2. The poor woman fell down (on) a long, dark, winding staircase and suffered two broken bones. 3. A black silent figure was hiding behind the back door of the little yellow house. —What a trite story! 4. A young Latin American author has just written a new psychological drama about the social implications of the Cuban revolution. It is one of the most interesting works ever written. —I'd love to read it.

65. REPLACEMENT OF ADJECTIVES

A. By a Phrase

When an English adjective denotes the material out of which something is made, Spanish uses a prepositional phrase (**de** + the material) instead of an adjective.

una casa de ladrillos	a brick house
un collar de diamantes	a diamond necklace
una mesa de vidrio	a glass table
una cuchara de plata	a silver spoon

Práctica

¿Qué es lo primero que se le ocurre al pensar en las cosas siguientes:

un anillo de oro... una casa de madera... una casa de adobe... una caja de cartón... una servilleta de papel... una bolsa de plástica... una corbata de seda... un vestido de nilón... un techo de paja... un abrigo de pieles... un edificio de cemento... muebles de aluminio... una mano de hierro...?

B. By Suffixes

Spanish often adds certain diminutive and augmentative endings to nouns in order to express not only a feeling of size, but also a favorable or unfavorable connotation. Frequently, the use of such suffixes obviates the need for adjectives.

1. -ito

-**ito,** which sometimes take the form -**cito,** implies smallness, plus a generally favorable tone. However, it may be used merely to imply affection, with no connotations of size.

una casita	a (nice) little house
un hombrecito	a small man
Juanito, Pepita	Johnny, Josie
madrecita, mamacita	Mom, Mommy
un chiquito	a tiny little boy
amorcito mío	sweetie

2. The diminutive -**uelo** is usually less favorable.

un chicuelo	a boy, a kid
un tiranuelo	a petty tyrant

3. -illo

-illo or -cillo is a warmly affectionate diminutive ending, but may be used sarcastically.

Juanillo	Johnny-boy
una casilla	a charming little cottage
un chiquillo	a cute little boy (or baby boy)
un autorcillo	a would-be author

4. -ón

-ón generally implies largeness or impressiveness.

un caserón	a mansion
un hombrón	a big (impressive looking) man
una mujerona	a large woman
un par de zapatones	a pair of clodhoppers

5. -ote

-ote, -ota have a derogatory connotation and are often affixed to adjectives as well as to nouns.

esos amigotes tuyos	those cronies of yours
una zagala grandota	a big, hulking country girl

6. -azo

-azo implies largeness, but often with a comic or derogatory effect; -aco also appears in this sense.

un hombrazo	a huge (and awkward) fellow
un pajarraco	a big, ugly bird

7. -uco, -ucho

These suffixes, which are most often used in the feminine, give the most derogatory of connotations.

una mujeruca	a sloppy mess of a woman
una casucha	a hovel, a miserable shack
Juanucho	big, old, burly John

Ejercicio

Piense Ud. en las personas o situaciones siguientes y después descríbalas empleando sufijos descriptivos siempre que sea posible.

1. Josefa es una niña preciosa. Siendo su primera sobrina e hija de su hermana favorita, Ud. se aprovecha siempre de la oportunidad de verla y de jugar con ella. Un día Ud. la observa atentamente—su pelo, sus ojos, sus manos, su voz, y la describe a un amigo suyo...

2. Juan es el tipo más antipático que Ud. ha tenido la desgracia de conocer. Una tarde alguien le pregunta si lo conoce, y Ud. se pone a describirlo de su manera inimitable.

66. SPECIAL SITUATIONS INVOLVING NOUNS
A. Feminine Forms of Nouns Referring to Professions

In recent years, women have begun to enter professions to which they formerly did not belong. The Spanish language recognizes this by adding feminine forms to nouns which used to have only the masculine.

1. Nouns ending in -ista indicate gender by the article.

la periodista　the newspaperwoman
la alienista　the psychiatrist

2. Some nouns ending in -o or -e have new feminine forms ending in -a.

la estudianta	the student	**la médica**	the doctor
la arquitecta	the architect	**la cirujana**	the surgeon
la abogada	the lawyer	**la ingeniera**	the engineer

But many women prefer merely to have the feminine article remain with the normally masculine noun: **la médico, la jefe.**

3. Traditionally, a man's wife may be called by a feminine form of his occupational name.

la alcaldesa	the mayor's wife	**la boticaria**	the druggist's wife
la generala	the general's wife	**la gobernadora**	the governor's wife

B. Agreement of the Verb with Collective Nouns

Collective nouns are singular in Spanish. However, when nouns that state a part (**mayoría, minoría,** etc.) of a plural whole are followed by that whole, the plural is used.

El pueblo ha triunfado.	The people have triumphed.
La mayoría no lo aceptará.	The majority won't accept it.

BUT:

La mayoría de las mujeres no lo aceptarán.	The majority of women won't accept it.
Gran parte de sus planes han fracasado.	A large number of his plans have failed.

Ejercicio

Diga una vez más en español:

1. Have you met (¿ **Conoce Ud.** ?) Mrs. Cadalso and Mrs. Urrutia ? The former is the mayor's wife and the latter is a prominent surgeon. —I'd be delighted to know them.

2. The majority of women will vote for him because he has always recognized their rights to equality in business, industry and the various professions. —But is he charming ? Does he promise beautiful things, even if he can't fulfill them ? That's what the people really want.

3. A group of interested students will present the petition to the governor's wife, and she has promised to arrange an interview with her husband. —That is, provided that he approves of what they're coming to ask.

CREACIÓN

Estudie bien el grupo de fotos incluidas a continuación. Observe no sólo los rasgos físicos sino lo que hay bajo la superficie de estos personajes. Y después póngase a describir a uno de ellos, objetiva y detalladamente, sujetiva e intelectualmente. A ver cómo le sale el retrato.

LECCION TRECE

TRECE

PERIODISMO: Conferencia de Prensa

He aquí la conferencia de prensa celebrada el 19 de junio en el Palacio Presidencial por su Excelencia el señor Presidente.

Pres.: Caballeros. Tanto gusto. Siéntense, por favor... Me alegro muchísimo de poder reunirme con Uds., ya que me doy cuenta del interés que han provocado los sucesos de estos últimos días. Más que nada deseo ver un público bien informado, y por lo tanto, como siempre, voy a contestar franca y abiertamente sus preguntas. Así que, caballeros... ¿ah?... ¡ah!... ¡y señorita! Parece que hay una cara nueva aquí hoy, y simpatiquísima. Bienvenida, ¿señorita...?

Srta. M.: Servidora de su Excelencia, Aminta Morales de *El Sol* de Bucarapuño.

Pres.: ¿De *El Sol*, dice? Sin duda, señorita, ese periódico se llamaría *La Sombra* antes de contar con su grata colaboración.   Shade

Srta. M.: Gracias, Excelentísimo...

Pres.: **En absoluto.** Pues bien, caballeros... y   Not at all. señorita..., pueden comenzar las preguntas.

Reportero 1: Excelencia... Juan Avilés de *El Diario* de Carrasquilla. Señor Presidente, ¿pudiera Ud. decirnos con exactitud cuándo se retirarán de Querelia nuestras tropas y si va mejor o peor ahora la **campaña** en aquel país?   campaign

Pres.: Con el mayor gusto, Sr. Avilés. Primero quiero reiterar que jamás ha habido nadie tan **consagrado** como yo a la causa de la paz ni que dedicated haya trabajado tanto por conseguirla. Por eso, caballeros... y señorita..., les aseguro que **en cuanto** sea posible iniciar la **retirada** de nuestras as soon as / withdrawal fuerzas lo haremos, es decir, con tal que no se haya de interpretar como un abandono de nuestras responsabilidades internacionales, ni mucho menos, de nuestro honor nacional. Para concluir, entonces, señor Avilés y caballeros... ¿qué digo?, caballeros y señorita, la contestación a su pregunta sin la menor vacilación es un firme y definitivo "Sí." Y en eso me podrán Uds. **citar** inequívocamente quote ante sus **lectores**... Muy bien. ¿La segunda readers pregunta?

Rep. 2: Eduardo Gutiérrez de *El Mundo* de Callejón. Excelencia, ya que el **costo de la vida** ha seguido cost of living subiendo aun más de lo que temíamos, ¿qué **medidas** piensa Ud. tomar para poner fin a la measures creciente inflación?

Pres.: Ajá. Es una pregunta interesantísima, señor Gutiérrez, y le puedo decir que estoy entera, total y completamente de acuerdo, **del todo** y sin **re-** entirely; reservations **serva**. Bueno ahora, ¿la próxima pregunta?

Rep. 2: Pero señor...

Pres.: ¿**A quién le toca** ahora?... Ah, sí, señorita Whose turn is it? Morales.

Srta. M.: Excelentísimo, ¿cuál es su posición sobre la liberación de la mujer?

Pres.: Ah, señorita, **a mi parecer**, la mujer, **cuanto** on my opinion • the freer, the more **más libre, tanto más** me gusta. Como he dicho siempre, muéstreme una mujer libre y yo le mostraré un hombre feliz. ¿No está Ud. de acuerdo, señorita?

Srta. M.: Pues, señor Presidente, yo...

Pres.: Ud. me puede llamar Generalísimo.

Srta. M.: Gracias, señor... Generalísimo.

Pres.: Bueno. **A proseguir.** ¿Sí, señor...? Let's go on.

Rep. 3: Carlos Montalbán, *La Nación* de Torrevientos. Señor Presidente, estando vacante desde hace dos años el puesto de Ministro de **Hacienda**, ¿a Finance quién piensa Ud. nombrar para llenarlo?

Pres.: Eso lo tendrá Ud. que consultar con mi secretario. El se encarga de esos detalles. (Aparte: A propósito, señor secretario, pídale a la señorita

Morales la dirección de su casa, ¿está bien?)
¿Hay otra pregunta?

Rep. 4: A sus órdenes, señor. Aquí le habla Alberto
Carrión de *El Telégrafo* de Sierra Blanca. Señor
Presidente... Excelencia, sin **faltarle al respeto**, any lack of respect
¿me permitiría preguntarle si es verdad que se va
a **suprimir** ahora la **censura** de la prensa? remove • censor-ship

Pres.: Sí, señor Carrión, es verdad. Yo más que
nadie he **abogado** por la libertad de la prensa, y se championed
la ofrezco ahora con la mayor confianza y
sinceridad. Claro está, hay que recordar que en
tiempos críticos como éstos, a veces conviene
actuar con tanta discreción como licencia. Y así,
les digo a Uds., caballeros... y señorita..., que
están libres para escribir todo lo que quieran,
con tal que no haya nada en contra del bienestar
nacional ni contra aquellos que administran su
justicia. Y aquí estoy yo para defender sus derechos
con mi último **aliento** para siempre y eternamente, breath
amén.

Rep. 4: Gracias, gracias, señor Presidente. En
nombre de todos, le quedamos profundamente
obligados.

Pres.: De nada. Queda tiempo para una pregunta
más. ¿Señor...?

Rep. 5: Raúl Rodríguez, *El Tiempo* de Río Negro.
Excelentísimo, **hemos oído decir** que Ud. ha deci- we have heard (it said) • taxes than income
dido imponer aun más **impuestos de los que**
anunció el mes pasado, y que los nuevos **ingresos**
se emplearán para aumentar a más de diez millones
de pesos el honorario presidencial. Excelencia,
díganos, por favor...

Pres.: Señor Rodríguez... (Señor secretario, **apunte** jot down
bien ese nombre, ¿oye?), siendo una cuestión
personal, prefiero no responder a esta pregunta.
Sólo le voy a decir que el plan tiene mucha más
amplitud **de la que salta a la vista**. Y una cosita than seems apparent
más... que si Ud. deja que se publique la cosa
más mínima sobre este asunto... **he dicho. Al buen** that's all I'm going to say... • A word to the wise...
entendedor, pocas palabras. Pues bien, caballe-
ros... y señorita..., quiero darles las gracias otra
vez por su amable atención. Ya sé que podré
contar con su continuada cooperación. Muy
buenas tardes, y adiós. (A propósito, señorita
Morales, ¿el número de su teléfono, por favor?)

ZSD (desde el exilio)

Comentarios

1. ¿En qué país piensa Ud. que se celebró esta "conferencia"? ¿Cuáles son las cuestiones principales planteadas por los periodistas? ¿Cómo responde a cada una el presidente?

2. ¿Cuáles de estas situaciones se parecen a lo que sucede en nuestro país también? ¿Le recuerda el señor Presidente a algún personaje de nuestra propia época? ¿Quién es?

3. En su opinión, ¿es posible que nuestro país se convierta algún día en un estado totalitario? ¿Cree Ud. que la corriente nos llevará hacia la izquierda o hacia la derecha? ¿O será posible que el camino medio se pueda mantener? ¿Por qué piensa Ud. así?

ESTRUCTURA
67. ADVERBS

A. Function

Adverbs are used to modify a verb, an adjective, or another adverb. They answer the questions *where?, how?, when?*

Yo iba a menudo a verlos.	I often went to visit them.
Pepe no habla tan mal.	Joe doesn't speak too badly.
La comida estuvo muy rica.	The meal was very delicious.
¿Para dónde vas? —Para allá.	Where are you going? —Over there.

B. Formation

Most adverbs of manner (*How...?*) are formed by adding **-mente** to the feminine singular form of the adjective.

lento	slow	lentamente	slowly
tranquilo	calm	tranquilamente	calmly
fácil	easy	fácilmente	easily
cortés	polite	cortésmente	politely

C. Position

1. Although there is no rigidly fixed position for adverbs, it is generally good form to place the adverb immediately after the verb it modifies, and immediately before the adjective or adverb it modifies.

Uds. no viven muy cerca, ¿verdad?	You don't live very close, do you?
Acabó fácilmente la tarea y salió a jugar.	He finished the assignment easily and went out to play.

2. In a phrase consisting solely of **sí** or **no** and an adverb, Spanish places the adverb first.

Ahora no. Más tarde, sí.	Not now. Later, OK.
¿Ya? —Todavía no.	Now? —Not yet.

Práctica

Conteste negativamente, empleando siempre adverbios de significado opuesto:

1. ¿Has comido **mucho**?   2. ¿Saben mucho **más** que yo?
3. ¿Está muy **lejos** el cine?   4. ¿Habló **amargamente**?   5. ¿Llegasteis **temprano**?   6. ¿Se puede divisar **fácilmente**?   7. ¿Quiere que (yo) hable más **rápidamente**?   8. ¿Está **arriba** Sarita?
9. ¿Lo dejaste **dentro**?   10. ¿Ha llegado **ya** el correo?   11. ¿Protestaron **ruidosamente**?   12. ¿Salí **bien** en el examen?   13. ¿Tú lo habrías hecho **mejor**?   14. ¿Será mejor que lo dejemos **aquí**?
14. ¿Los apoyó **fuertemente**?

D. Shortening of Adverbs

1. When two or more adverbs ending in **-mente** modify the same verb, **-mente** is omitted from all but the last.

Entraron silenciosa y misteriosa- mente.	They entered silently and mysteriously.
Les hablaré franca, abierta y libremente.	I'll speak to you frankly, openly and freely.

2. **Recientemente** is shortened to **recién** before a past participle used as an adjective.

Los recién casados...	The newlyweds
Un recién llegado...	A "nouveau riche"
El alcalde recién elegido...	The newly elected mayor

E. Emphatic Position of Adverbs

When an adverb begins the sentence, it is generally more emphatic and often causes an inversion of the subject and verb.

Yo voy allá. Allá voy yo.	I'm heading (off) for there.
Ud. lo sabe muy bien. Muy bien lo sabe Ud.	You know it very well.

| Ese chico siempre salía con lo mismo. | That kid always pulled the same thing. |
| Siempre salía con lo mismo ese chico. | |

F. Substitutes for Adverbs

1. Prepositional phrases are often used instead of adverbs of manner.

tristemente, con tristeza	sadly
dulcemente, con dulzura	sweetly
sencillamente, con sencillez	simply
irónicamente, con ironía, de modo irónico	ironically

2. Adjectives are sometimes used in Spanish with the force of adverbs, especially in cases where the action described emphasizes the state or condition of the subject, not the manner in which the action is performed.

Salió silenciosa.	She went out silently. (She was silent as she went out.)
Viven felices a pesar de su pobreza.	They live happily in spite of their poverty.
Siempre me saludaban alegres.	They always used to greet me gaily.

Ejercicios

A. Complete usando los adverbios que mejor le convengan:
1. La pobre estaba llorando... 2. Por favor, hablad más... y... 3. Me miró... y yo le sonreí... 4. ¿Les puedo servir en algo?, nos preguntó... 5. Protestaré... y... 6. Se lo voy a contar... y... 7. Aprendía... y... 8. Contestó... ... y...

B. Exprese con una frase preposicional los adverbios siguientes: amargamente, sinceramente, apasionadamente, cariñosamente, cuidadosamente, resignadamente.

Ahora emplee cuatro en oraciones originales.

C. Por fin, diga en español:
1. The newlyweds looked timidly at the people who had come unexpectedly to greet them. These were going to be their new neighbors, and they wanted (**desear**) desperately to make a good impression. 2. Would you be kind enough (**tener la bondad**) to explain this slowly, clearly and simply once again? Frankly, I doubt that anyone of us has understood it. —Gladly. 3. My friends, I'm going to tell you sincerely and unequivocally exactly what I think of this matter. The truth is that I don't know (any) more than you! 4. Drive carefully, you hear? As they say, the life you save may be your own.

68. EQUAL COMPARISONS OF ADJECTIVES AND ADVERBS

A. tanto(s)... como   as much... as; as many... as

Used as an adjective, **tanto** will agree in gender and number with the noun it modifies.

No tengo tanto dinero como tú. —Ni tantos problemas.	I don't have as much money as you. —Nor as many problems.
Me sorprende que hayan venido tantas personas. —A mí no.	I'm surprised that so many people have come. —I'm not.

As an adverb, **tanto** never changes its ending.

No nos visitan tanto como antes.	They don't visit us as much as before.
No trabajas tanto como debieras. —¿Qué me cuentas?	You don't work as much as you should. —What!

B. tan... como   as... as

Tan is used only before an adjective or another adverb. It is NEVER used, however, before **mucho**!

Mi hermana no es tan alta como yo.	My sister isn't as tall as I.
Hablas tan bien como un nativo.	You speak as well as a native.
Era tan amable como bonita.	She was as sweet as (she was) pretty.

BUT:

Ese chico sabe tanto como sus maestros.	That boy knows as much as his teachers.

Tan, used without **como**, means *so*.

Estoy tan contenta de conocerla.	I'm so happy to meet you!

Práctica

Cambie para expresar una comparación de igualdad. Por ejemplo:

Sé **más que** tú.	Sé **tanto como** tú.
Saldrás **mejor que** los demás.	Saldrás **tan bien como** los demás.

1. No hay nadie **más** astuto **que** él. 2. Su hermana es **más** delgada **que** ella. 3. Habrá **más** hombres **que** chicas en la reunión. 4. No quiere trabajar **más.** 5. Hemos leído **más** obras **que** la otra clase. 6. Gary tiene **más** discos **que** un almacén. 7. Ahora estoy **más** confundido **que** antes. 8. Nuestro coche es **más** nuevo **que** el suyo. 9. ¡Ojalá que tuviéramos **más** tiempo para acabar! 10. ¿Ahora estás **menos** preocupada **que** esta mañana? 11. No había nada que nos gustara **más que** bailar. 12. Era **más** valiente **que** inteligente.

C. *Tan* to translate such (a)

When *such* (*a*) modifies an adjective, **tan** must be used instead of **tal.**

En un día tan hermoso, ¿quién puede trabajar?	On such a nice day, who can work?
Son personas tan buenas.	They are such good people.

BUT:

En tal caso, tendrían que despedirle.	In such a case, they would have to fire him.

Ejercicio

Diga en español:

"There is nobody, but nobody, who has worked as hard (as much) as I for justice and equality, and now I am so pleased that you have elected me for another (**otros**) twenty years." —Did he say twenty years? Maybe I don't hear so well. —Yes, twenty years. He loves justice so much that he has suspended all future elections. In this way, another person who loves (*subjunctive!*) justice less can not ever displace him. —Oh, he's such a good person, such a dedicated man, don't you think so? —Excuse me for a moment. I don't feel so well.

69. UNEQUAL COMPARISONS

A. Regular Comparatives

To form most comparatives, **más** (*more*) or **menos** (*less*) is placed before the adjective or adverb.

más alto	taller	más bajo	shorter
menos caro	less expensive	menos barato	less cheap
más rápido	faster	más despacio	slower

Mi coche es más nuevo. —Pero el mío es más grande.	My car is newer. —But mine is larger.
Por favor, hablen más despacio, y un poco más alto también.	Please, speak more slowly, and a little louder, too.

B. Irregular Comparatives

Six adjectives and four adverbs are compared irregularly in Spanish.

ADJECTIVES		ADVERBS		COMPARATIVE	
mucho	much; *pl.*, many	**mucho**	much, a great deal	**más**	more
poco	little (in amount or degree)	**poco**	little	**menos**	fewer, less
bueno	good	**bien**	well	**mejor**	better
malo	bad	**mal**	badly	**peor**	worse
grande	large			**mayor**[1]	older, larger
pequeño	small			**menor**[1]	younger, smaller

Grande and **pequeño** may also be compared regularly: **más grande, más pequeño,** etc. In this sense, the adjective refers only to size, not to age.

Pedro es mayor, pero Raúl es más grande.	Peter is older, but Ralph is bigger.

Similarly, **bueno** and **malo** may be compared regularly. However, **más bueno** and **más malo** refer only to traits of character.

Es el hombre más malo del pueblo.	He is the worst (the meanest) man in town.
Es más buena que una santa.	She is better (kinder) than a saint.
Es más bueno que el pan.	He is better than bread. (He is as good as gold.)

BUT:

Fue el mejor (o peor) momento de mi vida.	It was the best (or worst) moment of my life.

Práctica

Lea con cuidado y después conteste:

1. El vuelo número 121 para Santiago sale a las diez y llega a las once y media. El vuelo 244, con el mismo destino, sale a las nueve y media y llega a la una... ¿Qué vuelo sale más temprano? ¿Cuál llega más tarde? ¿Cuál hará menos escalas (*stops*)?

---

[1] To keep in mind the meaning of **mayor**—*older, larger*—and **menor**—*younger, smaller*—think of *major* and *minor.*

2. Pedro se mata trabajando y saca siempre "A" o "B". Mario nunca abre el libro y jamás saca menos que "B"... ¿Quién es más diligente, Pedro o Mario? ¿Quién saca mejores notas? En su opinión, ¿quién tendrá más éxito en la vida? ¿Por qué?

3. Este libro tiene trescientas páginas, y sin embargo, lo leí en cuatro horas. Aquel otro tiene sólo ciento cincuenta, pero tardé dos días en acabarlo... ¿Cuál de los dos libros fue más fácil de leer? ¿Cuál tiene menos páginas? ¿Cuál habrá sido más interesante?

4. Granada está a cincuenta kilómetros, y Córdoba a casi ciento cincuenta... ¿Cuál está más lejos? Según esto, ¿estamos nosotros más bien al norte o al sur de España?

5. Doña Amalia es una persona tan compasiva, tan generosa, tan poco egoísta. Su esposo don Fernando, en cambio, es todo lo contrario... ¿Quién es más buena persona, doña Amalia o don Fernando? En su opinión, ¿quién es más genuinamente religioso? ¿Quién le gusta más a Ud.?

C. *Cuanto... tanto*

Cuanto más (menos)... tanto más (menos) means *the more (less)... the more (less)*.

Cuanto más estudio, tanto menos aprendo. —¡Qué barbaridad!	The more I study, the less I learn. —That's awful!
Cuanto menos sabe, tanto más grita.	The less he knows, the more he shouts.

D. Agreement of *mucho* in Comparisons

1. When **mucho más** (*much more*) or **mucho menos** (*much less*) is followed by a noun, **mucho** generally retains its function as an adjective, and thereby agrees with the noun.

Felipe tiene mucha menos experiencia que papá.	Phil has much less experience than Dad.
Tú conocerás a mucha más gente que yo.	You must know many more people than I.

In the plural, **muchos** (many) always agrees with the noun compared.

Había muchos más hombres que mujeres.	There were many more men than women.
Hoy vinieron muchas más personas que ayer.	Today many more people came than yesterday.

2. When **mucho** precedes **mejor** or any other comparative, it functions as an adverb, and therefore is invariable.

Su idea es mucho mejor que la nuestra.	His idea is much better than ours.
Estos planes son mucho más factibles que los otros.	These plans are much more practical than the others.
Eramos mucho mejores estudiantes que ellos.	We were much better students than they.

Ejercicio

Tradúzcase al español:

Some people have such (so much) luck. I have a friend who is so slim, slimmer than you, believe it or not. And the more she eats, the slimmer she gets. Now I, on the other hand, the more I diet (**seguir dieta**), the fatter I get. —That's impossible, unless your diet isn't as good as you think. —That may (**puede**) be. You know? The hungrier I get (**cuanta más hambre tengo**), the more I think about food. And in my case, just to think about food makes me fat. —Go on! —Actually, I'm not as fat as many other people, am I? In fact, I'm much slimmer than some. —And not so slim as the rest. Listen, if I were you, I would try a different diet, and this time, I'd eat... better said. I'd think much less! —And I thought you were such a good friend.

70. HOW TO SAY *THAN* IN SPANISH

A. *Que*

When we make a direct comparison between two persons, things or actions, *than* is translated by **que**, except before a number.

Su esposa era mayor que él.	His wife was older than he.
Las clases son más grandes ahora que el año pasado.	The classes are larger now than last year.
Ahora sé menos que nunca.	Now I know less than ever.
Escribía mejor que hablaba. *de lo que*	He wrote better than he spoke.

B. *De*

Before a number, *than* is translated by **de**.

El viaje tardará menos de una hora. —¿Tan poco?	The trip will take less than an hour. —So little?
¿Cuánto dinero les queda? —No más de diez pesos.	How much money do you have left? —No more than ten pesos.

Note: The idiom **no más que** means *only*.

No tengo más que diez pesos.	I have only ten pesos.

C. *De* + Definite Article + *que*

When the sentence has *two* stated verbs and *than* really means *than what, than the one(s) who or that*, etc., it is translated by **del que, de los que, de la que, de las que**, or **de lo que**.

1. If the object being compared by the two clauses is a noun, the article that corresponds to that noun follows **de**.

Nos ha traído más discos de los que caben en el armario.	He has brought us more records than (those which) fit in the cabinet.
Ese Pepito gasta más dinero del que gana.	That Joey spends more money than (that which) he earns.
Han venido menos muchachas de las que esperábamos.	Fewer girls have come than (those whom) we expected.

2. When an adjective, an adverb or a whole idea is being compared, we use **de lo que**. Notice how we can always insert the word "*what*".

Es más hermosa de lo que me imaginaba.	She is more beautiful than (what) I imagined.
Costó más de lo que nos habían dicho.	It cost more than (what) they had told us.
El sabe más de lo que piensas.	He knows more than (what) you think.

Práctica

A. Llene los blancos empleando **que, de, del que, de los que, de lo que**, etc.

1. La carne ha subido a más __de__ cien pesetas la libra. —Sí, los precios están mucho más altos __que__ el año pasado. 2. Ese Roque descansa más __de lo que__ trabaja. —No diga eso. El chico produce más __de lo qu'__ Ud. cree. 3. Su hermana es diez años mayor __que__ ella. —¿ De veras ? Pues entonces aparenta (*she looks*) menos años __de los que__ tiene. 4. El examen fue mucho más difícil __que__ el de ayer, pero salí menos mal __de lo qu'__ esperaba. 5. ¡ Dios mío ! Cantó peor __de lo que__ te podríamos describir. 6. El gobierno habrá gastado más __de__ millones de dólares ya en este proyecto, y vale mucho menos __que__ el otro. 7. No puedo comprarlo. Me quedan menos __de__ quince pesos. 8. Hemos invitado a más personas __de las qu'__ caben en la casa. ¡ Ojalá que no vengan más __de__ quince o veinte.

B. Conteste ahora:

1. ¿Es Ud. mayor o menor que sus hermanos? 2. ¿Es mucho menor su madre que su padre? 3. ¿Fue más fácil el español el semestre pasado que ahora? 4. ¿Trabaja Ud. más ahora que el año pasado? 5. ¿Cuesta más o menos de cincuenta dólares un crédito en esta universidad? 6. ¿Pagan Uds. más o menos de dos mil dólares al año? 7. ¿Has recibido alguna vez una nota más alta de la que merecías? 8. ¿Conoces a una persona que parezca mucho más joven de lo que es? 9. ¿Tienes más amigos ahora que cuando asistías a la escuela superior? 10. ¿Te dan los profesores más trabajo del que puedes realizar?

D. *De* before Words that Imply Quantity

De is often used before words implying quantity, even though a specific number is not mentioned.

Solía dormir mucho menos de lo normal.	He used to sleep much less than the normal amount.
No me quedan más de unos cuantos, menos de la mitad.	I don't have more than a few left, less than half.
Ése come más de la cuenta.	That fellow eats more than is proper (the proper amount).

E. *Que* in the Comparison of Two Clauses

We have seen that when two actions are being compared directly, we use que. Notice that the idea of "*what*" is missing.

Cantan aun peor que bailan. —¡Imposible!	They sing even worse than they dance. —Impossible!

When the subordinate clause begins with a relative pronoun —el que, lo que, etc., once again que translates *than*.

Estas frutas son mucho mejores que las que compramos el otro día.	These fruits are much better than the ones we bought the other day.
Eso importa mucho menos que lo que nos dijo Pereda.	This matters much less than what Pereda told us.

Ejercicio

Tradúzcase al español:

1. "More than you know, more than I could ever say, oh, darling, I love you so (much). —Yes, beloved, and we shall defy all those who

doubted of love, of beauty, of happiness. —Of course, dear. That means more than any other thing, more than success, more than what the world may say..." —Great! Let's roll **(rodar)** now. Action... Camera...

2. More than what he says, his way of saying it is what impresses me. —You're right. He has turned out to be a much better speaker than we had expected.

3. How many do we have left? —No more than half, certainly less than the usual quantity. —That's strange. I was sure we had brought many more this time than we used to bring.

71. SUPERLATIVES

A. General Function

A superlative compares one person or thing with all others of the same category and states that the object of its comparison has the most or least of a certain quality. Even when the noun to which it is compared is not stated, it is always implied.

B. Formation

Superlatives are formed by placing the definite article before the comparative. If the definite article is already used before the noun, it is not repeated after it.

Son los mejores del mundo.	They are the best in the world.
Esa fue la noticia más impresionante del año.	That was the most impressive news story of the year.

Notice that **de** translates the English *in* after a superlative.

Práctica

Conteste una vez más:

1. En su opinión, ¿quién es el pintor más importante de este siglo? ¿el músico? ¿el escritor? ¿y el político o estadista?
2. ¿Quién es (o fue) el mejor escritor de la literatura inglesa? ¿norteamericana? ¿y del mundo?   3. ¿Quién es la persona más vieja de su familia? ¿y la más joven? ¿la más rica? ¿la más amada?   4. ¿Quién es el mejor actor de cine? ¿la mejor actriz? ¿la más guapa?   5. ¿Cuál es la mejor película que hayas visto? ¿y la peor?   6. ¿Cuál es la ciudad más grande de este estado? ¿de nuestro país? ¿del mundo?   7. ¿Cuál ha sido la noticia más impresionante de este año? ¿y de los últimos cinco años? ¿Cuál te ha afectado más a ti?   8. A propósito, ¿cuál es tu clase más interesante este semestre? (¡Por supuesto!)

C. Subjunctive after a Superlative

Although Spanish speakers are not always meticulous about this usage, it is considered proper form to use the subjunctive after a superlative. The subjunctive softens the impact of the categorical extreme.

¿Quién es la persona más inolvidable que hayas conocido? —¿No lo sabías? Eres tú.

Who is the most unforgettable person you have ever known? —Didn't you know? It's you.

Ejercicio

Escriba un párrafo corto sobre uno de los tópicos siguientes:

1. El mejor presidente de nuestro país.   2. La mujer más hermosa del mundo.   3. El hombre más atractivo que yo conozca.   4. La persona más inolvidable que haya conocido.   5. Lo más importante en la vida.

72. THE PSEUDO-SUPERLATIVE—*ÍSIMO*

The intensifying ending -ísimo, added to an adjective, corresponds to the English *extremely*, *very*, or *most*. It is not a superlative, since there is no actual or implied comparison with anything else.

Era una persona simpatiquísima. —E inteligentísima también.
Excelentísimo... —Ud. me puede llamar Generalísimo.

He was a very (most) charming person. —And highly intelligent as well.
Your most excellency. —You can call me...

Práctica
Diga más enfáticamente:

un problema **difícil**; una cuestión **complicada**; un hombre **viejo**; una mujer **hermosa**; gente **rica**; trabajadores **pobres**; discusiones **interesantes**; soluciones **fáciles**; dos niños **pequeños**

CREACIÓN

Repase las noticias de las últimas semanas y después imagínese que ha sido invitado a una conferencia de prensa. ¿Qué preguntas se harán? ¿Cómo se contestarán?

LECCION CATORCE

CATORCE

LOCALIZAN
LABORATORIO DE COCAINA

PERIODISMO

Cajica.   Un laboratorio de cocaína, avaluado en
cinco millones de dólares, fue descubierto esta
mañana en una lujosa residencia de la **vereda**   lane
Chuntame, que estaba ocupada desde hacía tres
meses por un joven matrimonio norteamericano. La
"industria" fue hallada cuando se buscaba a los
autores de las lesiones ocasionadas a la esposa del   people responsible
arrendador, la cual había sido herida en una confusa   for the injuries •
trifulca el día anterior, según versiones de algunos   lessee
vecinos. La trifulca se produjo a causa de un   fracas
accidente de **tránsito** que causó la muerte de un   traffic
transeúnte. Al llegar la policía, los **incriminados**   pedestrian • people
buscaron por todos los medios posibles **ocultar sus**   involved • hide their
pertinencias, y fue entonces cuando uno de los   belongings
residentes huyó con una inmensa maleta, **a tiempo**   while
que otro buscó **infructuosamente** unos **tacos** de   unsuccessfully •
dinamita, cuyo **escondite** fue descubierto hoy por las   sticks • hiding place
autoridades.

El **intrincado** laboratorio contaba con todos los   intricate
utensilios necesarios para estos **menesteres**. El   purposes
producto era **empacado** en cajas de **cartón** simulando   packed • cardboard
alimentos, y **de acuerdo con** versiones oficiales, era   according to
llevado en una lujosa **camioneta** a Guaymaral, de   station wagon
donde se despachaba a otros aeropuertos.

La dama en cuestión, de 23 de años de edad, nacida en California y madre de una niña de cuatro meses, se halla **recluida** en el hospital de Zipaquirá. Dos **operarios** de apariencia "hippie" están incomunicados en la cárcel local. Otro, como ya se dijo, desapareció con una pesada maleta. *(confined / workers)*

También de acuerdo con testimonio de los vecinos, a nadie se le permitía el acceso a la residencia, cuyas ventanas se hallaban cubiertas con doble **tela de raso**, de distinto color. Para "**el reposo**" no usaban camas, sino que colocaban los **colchones** en el suelo. Durante la inspección que fue efectuada esta mañana, se encontraron **materia prima** y productos aun en los **recipientes** de las inofensivas **papeletas** de aguas aromáticas. *(satin cloth • sleeping / mattresses / raw materials / bottles • labels)*

Se supo de otra parte que el esposo, cuando tomó la casa, se identificó como "escritor y **camarógrafo**". Entre sus **enseres** había numerosas transparencias y una fina cámara fotográfica. En vista del alto valor de los **elementos decomisados**, éstos fueron depositados en lugar secreto, bajo la custodia de **carabineros** de la policía. *(It was learned from another source / photographer • equipment / confiscated objects / sharpshooters)*

Esta es la segunda **convulsión** internacional en el **municipio**. El año anterior se presentó el escándalo del **estafador** Carlos Sánchez Rojas, cuya investigación también fue iniciada por el juez Cubidas. Luego, por razones inexplicables, **se le marginó**. *(upheaval / city / confidence man / he was set free)*

(Adaptado de un artículo por Gerardo Cuervo Z., *El Tiempo*, Bogotá, 25 de junio de 1972)

Comentarios

1. ¿ Conoce Ud. un caso parecido al del laboratorio de cocaína descubierto en Cajica, Colombia? ¿ Pudiera Ud. darnos algunos de los detalles?
2. ¿ Cree Ud. que los castigos que se les dan a los vendedores de drogas deben ser más fuertes? ¿ Deben incluir la pena de muerte? ¿ Por qué? ¿ Qué sentencia recomendaría Ud. para el mayorista (*wholesaler*) en narcóticos? ¿ y para el vendedor ordinario, el "minorista"? En su opinión, ¿ se le debe castigar también al narcómano (*addict*), o tratarlo solamente como a un enfermo?
3. ¿ Cree Ud. que se debe legalizar la marihuana? ¿ Por qué? ¿ Hasta qué punto ha tenido Ud. contacto personal con las drogas o con personas que las hayan usado? En su opinión, ¿ representa la narcomanía un problema grave para nuestras escuelas y universidades?

ESTRUCTURA

73. THE DIFFERENCE BETWEEN ACTIVE AND PASSIVE VOICE

In the active voice, the subject performs the action of the verb. In the passive voice, the subject does not perform, but *receives* the action.

La Aduana registrará todas las maletas.	Customs will search all the suitcases. (The subject—Customs—will do the searching.)
Las maletas serán registradas por la Aduana.	The suitcases will be searched by Customs. (The subject—suitcases—will receive the search.)

74. THE TRUE PASSIVE

A. The true passive voice in Spanish is formed exactly as in English. Notice that only **ser** can translate *to be* in this construction, and that the past participle agrees with the subject.[1]

Subject	+ **ser**	+ Past Participle	+ **por**
Don Quijote	fue	escrito	por Cervantes.
Don Quixote	was	written	by Cervantes.
La nueva edición	será	publicada	por Aguilar.
The new edition	will be	published	by Aguilar.

B. At times, **de** is used instead of **por** to indicate the agent (the doer of the action), particularly when the action is mental or emotional.

Eran	**amados**	**de todos.**
They were	loved	by everyone.

C. *Important:* The true passive MUST be used when the doer of the action is expressed. It may still be used in many cases, even when the agent is only implied.

Don Quijote	fue	escrito	en 1604.
Don Quixote	was	written	in 1604.
La nueva edición	será	publicada	pronto.
The new edition	will be	published	soon.

[1] We call **ser** + a past participle the "true" passive to distinguish it from substitute constructions that often replace it when the agent is not expressed.

Eran	amados	en su pueblo.
They were	loved	in their town.

D. Remember that the passive voice always involves an action that is being done to the subject. If the sentence expresses a state, not an action, **estar** is used and there is no passive voice. (Recall #47 C).

La casa está rodeada de un hermoso jardín.	The house is surrounded by a beautiful garden. (no action.)
Estábamos sentados en el salón principal.	We were seated (already sitting) in the main hall.

Práctica

A. Cambie según los sujetos nuevos:

1. El laboratorio fue descubierto por la policía. (Los planes, La conspiración, Los ladrones, Las materias primas)
2. Las drogas han sido decomisadas por el gobierno. (El contrabando, Los folletos, Las visas, La obra)
3. La casa será reconstruida para fines del año. (El edificio, Los puentes, Los barrios pobres, Las antiguas iglesias)

B. Conteste afirmativa o negativamente, empleando siempre la voz pasiva:

1. ¿Hernández y Compañía construyó el edificio? (Sí, el edificio fue... No,....)   2. ¿Encontró la policía a los criminales? (Sí, los criminales fueron...)   3. ¿Aprobará el Senado la propuesta? 4. Da Vinci pintó la Mona Lisa, ¿verdad?   5. ¿Han celebrado ya las elecciones? (Sí, las elecciones han sido...)   6. ¿Eligieron al candidato liberal?   7. ¿Anunciarán en seguida los resultados?   8. ¿Vendieron la propiedad los hermanos García? 9. ¿Le respetaban todos en su pueblo?   10. ¿Tu tío Alfredo escribió el artículo?

C. Conteste ahora libremente:

1. ¿Fue fundada por el estado o por una sociedad privada esta escuela? ¿Cuándo fue fundada?   2. ¿Fue construido recientemente o hace mucho tiempo este edificio?   3. ¿Serán contruidos más dormitorios en un futuro cercano? ¿Será construido un nuevo estadio? ¿o un nuevo gimnasio?   4. ¿Quién fue elegido presidente en las últimas elecciones nacionales? En tu opinión, ¿quién será elegido en las próximas?   5. ¿Ha sido robada alguna vez la casa de tus padres? ¿y tu cuarto aquí en la universidad (si lo tienes)?   6. ¿Has sido asaltado alguna vez por ladrones u otros delincuentes?   7. ¿Has sido atropellado (*run over*) alguna vez por un automóvil? (¡Ojalá que no!) ¿Ha sido atropellado alguna vez un amigo o pariente tuyo?

8. ¿ Estás sentado o parado en este momento ? ¿ Están abiertas o cerradas las ventanas de este cuarto ? ¿ y las puertas ? 9. ¿ Has sido suspendido alguna vez en un curso ? (No tienes que contestar si no quieres.) 10. Y finalmente, ¿ por que editorial fue publicado este libro ? ¿ Por quién fue escrito ?

E. The use of *ser muerto*

Although **muerto** is the past participle of **morir** (*to die*), it is used in place of **matado** to express the action of being killed. **Ser matado** generally means *to be slaughtered* (as of animals) or *to be assassinated.*

El pobre fue muerto por el tranvía.	The poor fellow was killed by the streetcar.
El primer ministro ha sido matado (o asesinado) por la multitud.	The prime minister has been killed by the crowd.

Often, when the agent is not expressed, Spanish prefers the simple active verb **morir.**

Murió en la guerra (en el accidente, etc.).	He was killed (He died) in the war (in the accident, etc.).

Ejercicio

Traduzca al español :

A cocaine factory was discovered yesterday in the outskirts of Bogotá by the local police. The house that had been used by the criminals was a luxurious residence in one of the most exclusive sections of the town, and had been rented by a young American family with a three-month old child. The husband and his accomplices have been interned in the local jail until they can be represented by an attorney, and the wife, who had been injured in a fracas that resulted from an automobile accident, has been sent to the hospital. Two pedestrians were killed in that accident. The child will be cared for (**atender**) by some neighborhood residents until the case has been decided by the courts. In the meantime, orders have been issued (**emitir**) by the court to locate three men who were seen fleeing from the scene of the accident.

75. THE IMPERSONAL *THEY* AS AN ALTERNATE FOR THE PASSIVE

A. When the doer of the action is NOT expressed, Spanish, like English, may use the third person plural. *They* (say, did it, etc.) in place of a passive voice.

Dicen que va a llover.	It is said (They say) that it's going to rain.

Construirán un rascacielos en este sitio.	A skyscraper will be built (They will build a skyscraper) on this site.
Ayer anunciaron los premios.	The prizes were announced (They announced the prizes) yesterday.
Lo habían cogido ya tres veces.	He had already been caught (They had caught him) three times.

Práctica

Substituye la voz pasiva por la tercera persona del plural:

1. Varias razones fueron alegadas por el nuevo edicto. (Alegaron...)
2. Una investigación ha sido ordenada sobre el asunto. (Han...)
3. Un nuevo programa bilingüe será iniciado en nuestro colegio. (Iniciarán...) 4. Las casas viejas serán destruidas y otras modernas serán construidas en su lugar. 5. Fue elegido tres veces a la Cámara de Diputados. (Lo...) 6. Una fábrica de explosivos ha sido descubierta en esta vecindad. 7. Esta sociedad fue establecida antes de la Guerra de Independencia. 8. Estos productos son anunciados siempre en la televisión. 9. Era amada donde quiera que se hallaba. (La...) 10. Sus obras han sido vertidas en seis lenguas.

B. When a verb has both a direct and an indirect object pronoun, the impersonal *they* is very much preferred to any other passive construction.[2]

No se lo han dicho todavía a nadie.	No one has been told (it) yet. (They haven't told it to anyone.)
Nos lo pidieron a todos.	We all were asked for it.
Me los mostrarán de antemano.	I will be shown them in advance.

Ejercicio

Termine de una manera original:

1. Dicen que... 2. Han encontrado... 3. Celebrarán... 4. Ya habían publicado... 5. Me han ofrecido... 6. Le habrán dejado... 7. Este año construirán... 8. Han iniciado... 9. Me lo habrían dicho si... 10. Se lo habían pedido pero...

Ahora cambie las oraciones # 2, 3, 4, 7 y 8, empleando en lugar de la tercera persona del plural una verdadera voz pasiva.

[2] Obviously, using the reflexive passive (# 76) could create the impossible situation of having three consecutive object pronouns (reflexive, indirect and direct) and the true passive is often cumbersome and unwieldy.

76. THE REFLEXIVE AS AN ALTERNATE FOR THE TRUE PASSIVE

A reflexive construction is often used in place of the true passive, again when the doer of the action is NOT stated.

A. If the subject of the passive sentence in English is not a person, it becomes the subject of a normal reflexive construction in Spanish (as if it had done the action to itself).

Se cerró la fábrica hace dos meses.	The factory was closed two months ago.
Se han escrito numerosas obras sobre la Guerra Civil.	Many works have been written about the Civil War.
Se repartirán los premios el 15 de agosto.	The prizes will be distributed on August 15.
No se sabe todavía cuándo regresarán.	It is not known yet when they will return.

Notice that the reflexive verb will often precede its subject when it is used passively.

B. If the subject of the passive sentence in English is a person (or an animate thing that plausibly could do the action to itself), Spanish uses an impersonal reflexive construction, which is always in the third person singular. *One* (indicated by the impersonal **se**) does the action, and the person to whom the action is done is the object of the verb.

Se me ha dicho que Ud. piensa renunciar. — ¡Rumores, rumores!	I have been told that you plan to resign. (One has told me...) —Rumors, rumors!
Se le mató bárbaramente. —¡Qué horror!	He was killed barbarously.[3] (One killed him...) —How awful!
Se las veía allí a menudo.	They were seen there often, (One saw them...)

The impersonal construction can take either a direct or an indirect object.

Se la despidió.	She was fired. (One fired her. —*Direct object*)
Ahora se le ha ofrecido un empleo nuevo.	Now she has been offered a new job. (One has offered a job to her. —*Indirect object*)

---

[3] If the sentence were: **Se mató bárbaramente,** the implication, of course, would be: *He killed himself!*

However, only **le** and **les** may be used for a third person masculine object, direct or indirect.

Se le halló en su escondite en las montañas.	He was found in his hideout in the mountains.
Se les llevó al hospital.	They were taken to the hospital.
Se le habrá dejado una gran fortuna.	He must have been left a great fortune. (One must have left him...)

Práctica

A. Cambie según el elemento nuevo:
1. Se **vendió** la casa hace tres meses.
   (renovar, reconstruir, quemar, comprar)
2. Se han **destruido** todos los documentos.
   (encontrar, traducir, firmar, abrogar)
3. **A mí** se me ha dicho otra cosa.
   (A él, A ellos, A nosotros, ¿A ti...?)
4. Se les **ascenderá** por eso seguramente.
   (alabar, castigar, condenar, denunciar)

B. Conteste ahora:

1. Si una persona trabaja muy bien en su puesto, ¿se la recomienda para un incremento o se la despide? 2. Si un joven de quince años ha cometido un crimen, ¿se le manda en seguida a la cárcel o se le ofrece ayuda psiquiátrica? 3. Si le duele a uno una muela, ¿se le manda al dentista o al médico? 4. Si un niño no quiere hacer sus tareas de la escuela, ¿se le castiga o se le alaba? ¿y si se esfuerza mucho pero todavía no sale muy bien? 5. Si un estudiante hace chuletas en un examen, ¿se le debe suspender en seguida o darle otra oportunidad de rectificarse? 6. Si un pariente comete un crimen, ¿se le debe ayudar a escaparse o se le debe entregar a la policía? 7. Si un individuo tiene fama de mentiroso, ¿se le cree siempre o se le toma muy poco en serio? 8. Si se le dejara a Ud. un millón de dólares, ¿qué haría? 9. Si se le dijera a Ud. que el mundo acabaría en diez días, ¿qué haría? 10. Si se le ofreciera a Ud. la presidencia de los Estados Unidos, ¿la aceptaría?

C. The reflexive passive is used very often to imply that an action is accidental or unexpected. (Recall #21 F.) Actually, it almost suggests that the doer of the action is really its unsuspecting victim!

¡Dios mío! Se me han roto las gafas!	Oh, my! My eyeglasses broke (they went and broke on me)!

No me digan que se les ha
perdido el dinero. —Sí, a
menos que se nos haya
quedado en casa.

Don't tell me that you lost the
money (it disappeared on you).
—Yes, unless we left it at home
(it stayed home on us).

D. The Reflexive Passive vs. the Impersonal *se*

We have seen that when a person is subject of the passive sentence in English, and the agent is not mentioned, the proper reflexive construction in Spanish should be the impersonal **se** (*one*) followed by a verb in the third person singular. The English subject then becomes the object, direct or indirect, of the verb.

Se les veía en todas partes.   They were seen everywhere.

The impersonal third person plural, *not* reflexive, is an alternate: **Los veían en todas partes.**

However, the theoretically incorrect form—**Se veían en todas partes**[4]—is found so frequently in both oral and written Spanish, that it is difficult to dismiss it simply as an error. Moreover, this construction appears with many verbs other than **ver**.

Se oían cantar.   They were heard singing.
Se reclutaron muchos   Many volunteers were recruited.
  voluntarios.

Ejercicios

A. Diga de otra manera, empleando siempre el reflexivo:

1. La estatua **fue hallada** en una cueva. 2. **Dicen** que va a hacer mucho viento. 3. **Han empleado** a un detective privado para investigarlo. 4. Muchos árboles **fueron derrumbados** en esa vecindad. 5. **Cortarán** la hierba el lunes. 6. El cuadro debe **ser colgado** en esta pared, ¿no les parece? 7. **Me han dicho** que te vas a casar. 8. A nosotros **nos habían contado** otro cuento. 9. **Ha sido recomendado** para un puesto en el gobierno. 10. María **será enviada** a Europa a estudiar. 11. ¿**Deben castigarles** o no? 12. **Le han ofrecido** a Pablo un ascenso si está conforme con quedarse. 13. **Fueron** muy bien **recibidos** en todas partes. 14. La **invitan** a hablar en muchas conferencias. 15. ¿**Le han enterado** ya de sus derechos?

B. Tradúzcase al español:

1. Do you think that children should be punished by their parents or that it should be explained why they have done wrong (**mal**)? —I'm not a psychologist, but I would say that obedience is engendered by

---

[4] Strictly speaking, this sentence would be correct grammatically only if it were meant to convey: *They saw each other* or *They saw themselves*.

understanding, not by fear.   2. Have you ever been accused un-
justly of something that you didn't do? —Many times, by you.
3. Is it possible that such a good worker as Henry has been fired without any reason? —Maybe he wasn't such a good worker. I have
been told that he had been warned many times before.   4. The
mirror was broken during the quarrel, wasn't it? —No, it just broke
on us while we were talking to each other, that's all **(nada más)**.
5. Oh, my! I dropped my purse **(se me coyó)** on the street and my
wallet was stolen. —Maybe not. Perhaps you left it at home, or you
forgot it somewhere.

77. AVOIDING THE TRUE PASSIVE

A. When a person is the indirect recipient of the passive voice
action, and the agent is *not* expressed, the true passive is replaced by
either the third person plural (*they*), *not* reflexive, or by the impersonal
reflexive (*one*). The third person plural construction is somewhat more
common in spoken language.

Me han dicho que...	I have been told that[5]...
Se me ha dicho que...	(It has been told *to* me.)
¿ Nos darán otro examen?	Will we be given another exam?
¿ Se nos dará otro examen?	(Will it be given *to* us?)
Deben ofrecerles un buen puesto.	They should be offered a good job.
Se les debe ofrecer un buen puesto.	(It should be offered *to* them.)

The true passive is correct when a person is the direct recipient of
the passive action.

No fui invitado.	I was not invited.
Debe ser ascendido.	He should be promoted.

However, even here, it is being supplanted increasingly by the
third person plural.

No me invitaron.	I was not invited. (They didn't invite me.)
Deben ascenderle.	He should be promoted. (They should promote him.)

B. When a person is the indirect recipient of the passive voice
action and the agent IS expressed, the true passive is usually replaced by
a normal active construction.

---

[5] **Me ha sido dicho,** though hypothetically correct, is seldom used and should be
avoided.

Le han sido confiados ciertos   He has been entrusted with
  documentos secretos por el   certain secret documents by
  presidente.   the president.
El presidente le ha confiado
  ciertos documentos secretos.

In certain cases, the active construction is the only option.

El jefe nos exigirá una respuesta   We will be asked for an immediate
  inmediata.   answer by the boss.

    C. In the present and imperfect indicative, the true passive is normally replaced by an active construction when it describes an action in progress.[6]

El muchacho abre (está   The window is (being) opened
  abriendo) la ventana.   by the boy.
La guardia de honor izaba   The flag was being raised by the
  (estaba izando) la bandera.   honor guard.

    However, either a true passive or an active construction may be used in these tenses to express a mental or emotional attitude, or an habitual action.

Es temido de todos   He is feared by all.
Todos le temen.

Eran respetados hasta de sus   They were respected even by
  enemigos.   their enemies.
Hasta sus enemigos los
  respetaban.

Estos romances eran cantados   These ballads used to be sung
  por los gitanos.   by the gypsies.
Los gitanos cantaban (solían
  cantar) estos romances.

Ejercicio
Complete según le parezca mejor:

1. Era un jefe admirable. Al mismo tiempo era... y... de todos sus súbditos. 2. ...a Felipe Morelos un empleo como chofer. 3. ...a Juanucho Pérez a tres años en la cárcel. 4. ¿...a nosotros otra cosa

---

[6] Only with the progressive tense (**estar** + present participle), does the true passive frequently appear: **La cuestión está siendo discutida por la junta.** *The matter is being discussed by the council.* Notice how the progressive emphasizes an action *in progress* at a particular moment.

igual? 5. ¿Por qué no te... a ti? —Porque me atreví a decirles la verdad la otra vez. 6. ...que va a haber un gran cambio en el gobierno. —¡Ojalá!

78. PASSIVE AND PSEUDO-PASSIVE IN ENGLISH

A. In Spanish, there can never be any doubt as to the passive or nonpassive quality of a sentence. In English, however, it is the context which often determines whether a sentence is passive or not. And so difficulties may arise in translating isolated sentences into Spanish. It is important to keep in mind at all times that the passive voice speaks of an action that is done to the subject by an agent mentioned or unmentioned. If the sentence treats not of an action but of a state, **estar** is to be used.

La ventana fue cerrada.	The window was closed.
Se cerró la ventana.	
Cerraron la ventana.	

The Spanish here records the act of someone's closing the window.

La ventana estaba cerrada.	The window was closed.

Here the Spanish describes the condition of the window at a certain time. There is no reference to the act of its having been closed by anyone. If the word *suddenly* is added, the sentence becomes obviously passive.

De repente la ventana fue cerrada (se cerró la ventana, o cerraron la ventana.)	Suddenly, the window was closed.

B. *Estar* + Past Participle to Translate an English Pseudo-Passive
Estar is used at times with the past participle, even though the agent of the apparent action is expressed. Actually, the stress then lies on the state of affairs and not upon the description of an action.

El pueblo estaba gobernado por un general siciliano.	The town was governed by a Sicilian general.

The emphasis of the Spanish sentence is placed on the situation of the governed—*The town was in the hands of...* —rather than on the action involved in governing. Similarly:

La revista está dirigida por el Sr. Ortiz.	The magazine is edited by (under the editorship of) Mr. Ortiz.
La casa estaba ocupada por un joven matrimonio danés.	The house was occupied (being lived in) by a young Danish couple.

Ejercicio

Diga finalmente en español:

1. The country was being governed by a dictator, a man who had never been elected by the people. —What a pity!
2. Were the doors open when you arrived? —Yes, but they were closed a few moments later.
3. The luxurious home was inhabited by a group of "hippies." —How were they permitted to stay there? —Actually, they had been invited by the owner's son.
4. I can't believe that a person as well-known as Carlos Ramírez could do such a thing. —I believe he was influenced by (under the influence of) the leaders of his party. It also occurs to me that he was involved once before in another political scandal. —Impossible!

CREACIÓN

Estudie Ud. bien un periódico reciente y después redacte en sus propias palabras una de las noticias que la haya impresionado más. Siguiendo el modelo periodístico, comience diciendo dónde y cuándo ocurrió el episodio, desarrollando luego el suceso mismo y acabando con un buen título. ¡A la prensa!

LECCION QUINCE

QUINCE

CORRESPONDENCIA: Cartas al Editor

Un señor llamado José Serrano, casado y padre de dos hijas, taxista de profesión, ha sido asesinado por seis centavos, según un **testigo** que oyó **lo sucedido** a través de una ventana. Este hecho tan brutal, tan fuera de toda razón humana, tiene para mí un doble sentido de alerta. Uno, el hecho ya viejo de que el crimen aumenta de día en día en nuestra ciudad, **pese a** todas las declaraciones que puedan hacer el Alcalde y todas las demás autoridades. El segundo, el aumento también del miedo, pues este crimen no es el primero que de una manera u otra tiene testigos, pero testigos paralizados por el terror, testigos incapaces de arriesgar su integridad física para ayudar a otro ser humano como él. Yo no sé si siempre ha sido así, porque hace sólo dos años que llegué aquí, pero se me ocurre pensar que cada día que pasa, la gente siente menos interés por sus **conciudadanos**. Si hoy se puede matar a un obrero, jefe de familia, por seis centavos y se sabe que la delincuencia es imposible de contener, ¿qué se puede esperar para el futuro? ¿Acaso un inmigrante como yo deba comenzar a pensar en términos de una nueva inmigración?

Sergio H.

Otra vez Indianápolis, con sus muertos, sus accidentes espectaculares y toda la tragedia. ¿Llegará el día en que los **circuitos** automovilísticos tengan de verdad las suficientes **garantías** y los coches no sufran esos tremendos golpes? Bueno, la verdad es que soy un detractor completo de todas

aquellas barbaridades que se cometen sólo por
divertir al público. Este tipo de **carreras** son casi   races
como jugar a la ruleta rusa. ¿Qué diríamos de
aquellas personas que **presenciaran** un espectáculo   be present at
de ruleta rusa, y encima pagasen una **entrada** para   admission fee
ver si había o no había muertos? Lo cierto es que el
público de las carreras se emociona con los acci-
dentes, y si no los hay, entonces exclama: "¡**Qué**   What a bore!
aburrimiento!". Mi más rotunda negativa a las carreras de coche.

H.M.

La verdad es que ya **cansa** tanto hablar del caso   it's getting boring
de Watergate y el **lío** de los papeles del Pentágono.   mess
En realidad, son dos **hechos** que no debieron ocurrir,   events
pero el escándalo que se ha formado en torno a
esos dos incidentes solamente sirve para aumentar la
imagen desastrosa que ya tiene este país **en el**   abroad
extranjero. A la intensificación de los crímenes en las
ciudades, el aumento del uso de las drogas, la crecien-
te **carestía de la vida,** y tantos otros problemas   inflation in the
graves que afectan la vida de los ciudadanos **se**   cost of living
suman los escándalos del gobierno. En medio de   are added
tantas miserias, es un descanso espiritual leer otros
temas, educativos o al menos **entretenidos,** en las   entertaining
páginas de esta revista. Gracias por **sacarnos a flote**   keeping us afloat
en un mundo **pronto a zozobrar.**   about to capsize

C.V.

Quiero **hacer constar**, como hispanoamericano,   make known
mi total desacuerdo y desilusión con **quienes,** siendo   those who
también de origen hispano, por razones políticas, no
fueron capaces de **apoyar** la candidatura de Hermán   supporting
Badillo[1] para alcalde de la ciudad de Nueva York.
Creo positivamente en la necesidad de que todos los
latinoamericanos en condición de votar **se unan,** para   unite
demostrar por lo menos que representan una fuerza
política homogénea, **digna** de ser **tenida en cuenta,**   worthy • taken into
porque es representativa de una de las comunidades   account
más numerosas e importantes de Estados Unidos.

P.I.

Uds. nos han dado a los hispanos en los **EE.UU.**
una revista interesante, bien hecha y digna de   (Estados Unidos)

---

[1] Badillo es puertorriqueño.

respeto. *ABC* se ha ganado estos elogios. Por eso deseo que interpreten lo que sigue como crítica constructiva, formulada con el mejor de **los ánimos.**   good will

Por ser de origen hispanoamericano (cubano) soy el primero en defender la pluralidad de la lengua. Como lingüista (es mi profesión), rechazo el falso purismo que crece al margen de las realidades del idioma vivo y en constante **ebullición.** Pero todo   process of change
tiene un límite, y el mío **se colmó** cuando leí hace   was reached
poco que "Howard Samuels... correrá por el puesto de Gobernador..." ¿Por qué no "aspirar a" en vez de ese horrible **calco** "correrá por"? Y es   imitation (of English)
doblemente repudiable porque aun aceptando "correr" por "aspirar" (**lo que rechazo**), la preposición   which I reject
tendría que ser "para" y no "por".

En nuestra cultura hispana se acepta que la prensa tiene una responsabilidad **ejemplarizante.**   of setting an example
Los hispanos en este país tienen especial razón para pedirle ese cuidado a su prensa. A ustedes, los responsables de revistas y periódicos que leen los hispanos de este país, les corresponde no sólo hablarnos de las cosas que nos interesan y que debemos conocer, sino además hacerlo de tal manera que se mantenga vivo y con toda su riqueza ese **vínculo** que a todos nos une, nuestra lengua   bond
española.

(Juan Clemente Zamora, Universidad de Massachusetts, Amherst)

Comentarios

A. ¿Ha ocurrido alguna vez en su pueblo un caso parecido al asesinato de José Serrano? En su opinión, ¿es verdad que la gente tiene tanto miedo hoy en día que no se atreve siquiera a ayudar a la víctima de un crimen? ¿Qué haría Ud. si presenciara un asalto armado en la calle? ¿si viera un robo o un atraco? ¿si sorprendiera a un delincuente raptando a una mujer? ¿pegándole a un niño? ¿cometiendo un asesinato?

B. ¿Qué piensa Ud. de las carreras de automóviles? ¿y de los demás espectáculos que ponen a riesgo la vida humana? ¿Cree Ud. que sería popular en nuestro país la corrida de toros? ¿Por qué? En su opinión, ¿existe un deseo subconsciente de parte del público de ver accidentes y muertes? ¿Hasta qué punto piensa Ud. que el deseo de la violencia rige al hombre?

C. ¿Qué piensa Ud. de la actuación de la prensa en el caso de Watergate? ¿Debía haber sofocado alguna parte del escándalo para evitar que se desprestigiara nuestro país en el extranjero? ¿Cree Ud. que la función de nuestros periódicos y revistas sea ofrecer un descanso espiritual en este mundo tan afanado, o recalcar en los problemas que nos acosan? ¿Qué clases de revistas lee Ud.?

D. ¿Cree Ud. que los varios grupos étnicos que integran nuestro país deben unirse en sólidos bloques políticos, o que les conviene más romper las barreras de su homogeneidad? En su opinión, ¿cuál es el camino más indicado para los varios grupos minoritarios—el de la asimilación o el de la conservación de su identidad religiosa-racial?

E. Finalmente, ¿hasta qué punto cree Ud. que se deben permitir desviaciones de mayores proporciones en el uso lingüístico? ¿Es verdad que la única norma gramatical debe ser la habilidad de hacerse entender? ¿Se puede calificar como "correcto" un uso que desafíe todas las reglas normales de la gramática aceptada, con tal que sea común en una localidad u otra? ¿Qué ejemplos podría Ud. indicar en inglés? ¿y en español?

ESTRUCTURA
79. USES OF THE PREPOSITION *A*

A. The Personal *a*

1. A is normally used before a direct object that refers to a specific person or persons, except after the verb **tener**.

Conocí a mi novio en París mientras visitaba a unos amigos míos allí. —¡Qué suerte!	I met my fiancé in Paris while I was visiting some friends of mine there. —What luck!
¿A quién saludabas, a ella o a él? —A los dos.	Whom were you greeting, her or him? —Both.

BUT:

Tengo dos hermanos y tres hermanas, todos menores que yo.	I have two brothers and three sisters, all younger than I.

2. The personal **a** is also used before the direct objects **alguien**, **nadie**, **alguno(s)** and **ninguno(s)** —the last two, of course, when they refer to persons.

No hemos invitado todavía a nadie. —Deben. El tiempo corre.	We haven't invited anyone yet. —You should, Time flies.
¿Has visto a alguno de ellos? —Esta semana no.	Have you seen any of them? —Not this week.

3. At times it is used to personify an abstract noun, an animal or a place.

Hay gente que ama más a los perros que a los niños. —Pero ¿cómo puede ser?	There are people who love dogs more than children. —But how can that be?
Respetar a la naturaleza es respetar a Dios. —Y a la humanidad.	To respect nature is to respect God. —And humanity.
¿Conoces bien (a) Madrid? —En realidad, muy poco.	Do you know Madrid well? —Actually, very little.

4. Omission of the personal **a**

The personal **a** is omitted before an object noun and even before **alguien** when there is no implication whatever of a specific person in mind.

Busca un nuevo ayudante. Necesita alguien para compartir el trabajo.	He is looking for a new assistant (no specific one). He needs someone to share the work.

BUT:

Busca a su nuevo ayudante. Por fin ha encontrado a alguien para compartir el trabajo.	He is looking for his new assistant. At last he has found someone to share the work.

It is often omitted when both the direct and indirect objects are persons. The omission of the **a** thereby avoids confusion as to which of the objects is the indirect.

Mandaron un mensajero al coronel.	They sent a messenger to the colonel.

It is also omitted when **querer** or **desear** mean *to want*.

Desea un esposo que la ame, nada más.	She wants a husband who will love her, that's all.
¡Quiero mi mamá!	I want my mother!

BUT:

Quiero a mi mamá.	I love my mother.

Ejercicio

Llene los blancos empleando **a** cuando sea necesario:

1. Fuimos a ver _____ los Romero, pero no estaban. —Así que no vieron _____ nadie? —Sólo _____ uno de los niños. Parece que

tienen _____ muchísimos.   2. Buscamos _____ una secretaria que sepa francés y español. —Yo tengo _____ una que es una maravilla. 3. Mi cuñada tiene _____ un criadero de perros, y la verdad, ama _____ esos perros como si fueran personas. —Yo conozco _____ muchas personas que son así.   4. ¿Ha visto alguien hoy _____ jefe de este departamento? ¿Saben? Si sigue faltando al trabajo, tendremos que buscar _____ otro para reemplazarlo.   5. El español ama más _____ la patria chica que _____ la nación. Siempre ha sido muy regionalista. —Una vez conocí _____ un catalán que consideraba _____ Barcelona como un estado independiente.   6. ¿Has avisado ya _____ los demás? —Sólo _____ algunos. En efecto, quisiera encontrar _____ alguien que se encargue de esos detalles. ¿Me podrías recomendar _____ alguien que se interese por esa clase de trabajo? —Con mucho gusto te presentaré _____ un sobrino mío.

B. After Verbs of Motion

A is used after all verbs of motion to introduce an infinitive, a noun or a pronoun.

Vamos a ver.	Let's see.
He venido a consultarla, si me hace el favor.	I've come to consult you, if you please.
Ven a mí, Pepito.	Come to me, Joey.

Remember that a verb of motion is followed by **a** + the prepositional object pronoun. Only in the most limited of circumstances can it take an indirect object pronoun. (Cf. #25.)

Acércate a ella.	Get closer to her.
Corrió a ellos.	He ran to them.

C. After Verbs of Beginning, Learning, and Teaching

¿Quién te enseñó a nadar? —Aprendí a nadar por mí mismo.	Who taught you how to swim? —I learned to swim by myself.
Ahora empiezo a entenderte. —¿Así crees?	Now I'm beginning to understand you. — You think so?

D. **Al** + infinitive means *upon* (doing something). It can also stand for a clause: *When...*

Al verlo tan deshecho, me asusté.	On seeing him (When I saw him) so torn up, I got scared.
Al llegar al aeropuerto nos llamó.	Upon arriving at the airport, he called us.

Práctica

Conteste, por favor:

1. ¿Qué fue lo primero que hizo Ud. al despertarse esta mañana? ¿y al llegar a la escuela? ¿Qué piensa hacer al volver a casa esta tarde?   2. ¿A quiénes ve Ud. con más frecuencia? En su tiempo libre, ¿visita más a sus parientes o a sus amigos? ¿Por qué? 3. ¿Cómo aprendiste a nadar? ¿a manejar un coche? ¿a jugar a las cartas? ¿a bailar?   4. ¿A quién recuerdas más de tu niñez? ¿y de tus años en la escuela superior?   5. ¿Qué vas a hacer este fin de semana? ¿y durante las próximas vacaciones?   5. Finalmente, ¿quién te ha enseñado más de la vida? ¿Qué cosas te ha enseñado a hacer?

E. Further Uses of *a*

1. It may express the method by which an action is carried out.

Lo escribí a máquina.	I typed it. (I wrote it by machine.)
Lo cosen a mano.	They sew it by hand.

2. It may correspond to the English *for* or *toward*, to express an emotional attitude with respect to its object.

Demostró su odio a los extranjeros.	He showed his hatred for (or toward) foreigners.
Tengo gran afición a los deportes.	I am very fond of sports.

3. Very often, it denotes removal or separation. Since buying something actually means separating it from its owner, **comprar** falls into this category.

Les quitaron las armas a los rebeldes.	They took the weapons away from the rebels.
No se lo compre a Martínez. Sus precios son increíbles.	Don't buy it from Martínez. His prices are unbelievable.

4. Occasionally, it may mean *at* (up *to* a certain point in space, but not within it).

Estaban sentados a la mesa.	They were sitting at the table.
¿Quién está a la puerta?	Who is at the door?

BUT:

Está en casa.	He is at home (inside the house).
Estudian en la Universidad de San Marcos.	They are studying at (within) the University of San Marcos.

5. In expressions of time, it may mean *within*.

A los pocos días de llegar a
    Burgos...
	Within a few days of arriving in
	    Burgos...

Ejercicio

Diga en español:

1. We were going to ask you to help us (to) finish it, but then we decided to do it ourselves. —I'm glad. Now you're learning to behave like adults.   2. Within a few days of arriving in Mexico, he had already begun to make friends (**amistades**) and to take courses at the University. —Wonderful!   3. Did you sew this dress by hand or by machine? —Neither (**ni uno ni otro**). I bought it from Lucy Amado.   4. We are very fond of sports, but we don't like any that is violent or brutal. —Including the bullfight?   5. I have always felt a great hatred for those people who love only themselves. —I would say rather that I feel a great pity for those people, for they don't know what love is.

80. USES OF *DE*

A. To Show Possession

Esta es la casa de mis tíos.
    —Y la de sus padres,
    ¿dónde está?
	This is my uncle and aunt's
	    house. —And your parents'
	    (house), where is that?

B. To Translate *in* after a Superlative

Inés es la persona más simpática
    del mundo. —Y yo pensaba
    que ésa era yo.
	Ines is the nicest person in the
	    world. —And I thought that
	    I was.

C. After Certain Verbs, Prepositions and Expressions

acabar de	to have just	olvidarse de	to forget (about)
tratar de	to try to	acordarse de	to remember
alegrarse de	to be happy	darse cuenta de	to realize
enamorarse de	to fall in love with	estar seguro de	to be sure
antes de	before	después de	after
rodeado de	surrounded by	vestido de	dressed in (or as)
lleno de	filled with	cubierto de	covered with
de vacaciones	on vacation	de negocios	on business

Práctica

Repase las expresiones idiomáticas del párrafo C (arriba) y después utilice a lo menos siete de ellas en oraciones originales.

D. Special Uses of *de*

1. **De** often translates *with* when referring to a characteristic of the subject described or to an item that is regarded as more or less inseparable from him. **De** must be used when the subject is a pronoun.

el muchacho del pelo rojo	the boy with the red hair
la niña de la falda azul	the girl with (wearing) the blue skirt
el de la guitarra negra	the one with the black guitar (he is identified with that guitar)

Notice how **con** retains the sense of a separable adjunct.

Ese hombre con la guitarra negra...	That man with (now holding) the black guitar...
¿Quién es esa niña con la falda azul?	Who is that girl with the blue skirt (in her hand, etc.)?

2. **De** may mean *in the capacity of*, and in this sense, corresponds to the English **as**.

Está en París de cónsul.	He is in Paris as a consul.
Trabaja de secretaria.	She works as a secretary.
¿Puedo servirle de guía?	May I serve as your guide?
¿De qué sirve eso?	What good (of what use) is that?

3. **De** frequently refers to the function of a tool or a device.

una máquina de coser	a sewing machine
una máquina de escribir	a typewriter
herramientas de barrenar	boring tools

4. It may show the cause of an action or state, and corresponds then to the English *of* or *with*.

Me muero de sed.	I'm dying of thirst.
Está loco de amor.	He is mad with love.
No te mates de trabajo.	Don't kill yourself with work.

5. **De** + infinitive may serve as a substitute for an *if* clause contrary to fact. (Cf. #96 B2).

De haberle prevenido yo a tiempo, se habría salvado.	If I had warned him on time, he would have been saved.

6. **De** vs. **por** (*by*).

In both the true passive and in pseudo-passive constructions with **estar**, **de** often replaces **por** when the action is mental or when a state of being is involved. (Cf. #83 E).

Eran odiados de todos.	They were hated by all.
Estaba rodeado de amigos.	He was surrounded by friends.

Ejercicio

Exprese otra vez en español:

1. The poor fellow must be dying of hunger. Why don't you offer him something to (**de**) eat? —About which man are you talking? —The one with the blue shirt and the torn pants. —You're kidding. That's one of the richest men in (the) town.
2. Of what use is money if one doesn't have health? —What good is health if one doesn't have love? —Enough before I burst with so much philosophy!
3. What has become of Enrique Salas? I haven't seen him for months. —He's working in Santiago as a reporter. In fact, I've just gotten a letter of his. He'll be here on vacation two weeks from today (**de hoy en quince días**). —Great. I'll try to see him. Don't forget to call me when he arrives.
4. Are you sure that this typewriter works right (**bien**)? —Why do you ask? —Well, I just realized that nothing is coming out on the paper. —Don't worry about that. The students will be happy that there's no more to (**en**) this exercise.

81. USES OF *CON*

A. As a Substitute for an Adverb of Manner

con cuidado	carefully	**con entusiasmo**	enthusiastically
con cariño	affectionately	**con mucho gusto**	gladly

B. After Certain Common Verbs

casarse con	to marry	**soñar con**	to dream of
contar con	to count on	**tropezar con**	to meet, bump into

Práctica

Conteste otra vez:

1. ¿Maneja Ud. siempre con mucho cuidado? 2. ¿Cuáles son las cosas que hace Ud. con más entusiasmo? ¿y con menos? 3. ¿Te tratan con mucho cariño tus padres y familiares? ¿Y tú a

ellos? 4. ¿Se ha casado recientemente un amigo o pariente tuyo? ¿Con quién se casó? 5. ¿Has tropezado alguna vez con un amigo en un lugar inesperado? ¿Dónde fue? 6. ¿Con qué sueñas más? ¿Con quién sueñas más? ¿Sueles soñar con cosas agradables o con cosas desagradables? 7. Por lo general, ¿te enfrentas con la vida con optimismo o con pesimismo? 8. En tu opinión, ¿por la mayor parte se trata la gente con sinceridad? Y tú, ¿como tratas a los demás?

82. USES OF *EN*

A. To indicate location—*at* or *in* (a certain place)

Me quedaré en casa hoy.	I'll stay at home today.
¿En qué universidad estudian Uds.? —En la Universidad Central, en Arequipa.	At what university are you studying? —At Central University, in Arequipa.

B. In the sense of *on* or *upon*, en generally refers to an object that is resting upon or leaning against a surface.

La vajilla ya está en la mesa.	The dishes are already on the table.
Los cuadros están colgados en las paredes.	The pictures are hanging on the walls.

For the distinction between **en** and **sobre** or **encima de**, cf. *What's the Difference Between…?*, pp. 290–291, 333–334.

C. After Certain Common Verbs

pensar en	to think of, or about	confiar en	to trust
entrar en[2]	to enter	insistir en	to insist upon
tardar en	to delay, to be long in, to take long	convenir en	to agree to

D. En also translates the English *to* after an ordinal number, including **último** (*last*).

Fue el primero en salir.	He was the first to leave.
Seré el último en rendirme.	I will be the last to surrender.

---

[2] In Spanish America, **entrar a** is preferred.

Ejercicio

Termine de una manera original:

1. De todos mis amigos el primero en...   2. Por favor, te ruego que no tardes mucho en...   3. Les aseguro que yo sería el último (la última) en...   4. En este momento estoy pensando...   5. El otro día mi novio (novia) y yo convenimos en...   6. ¿En qué consiste...?   7. Más que nada confío en...   8. Si insistís en...   9. En caso de...   10. ¿En qué escuela...?

83. USES OF *PARA*

Para, which is translated most frequently in English as *for* or *in order to*, is characterized by looking ahead ⟶ toward the goal, the objective, the destination of the action.

para   ⟶   goal <br> destination <br> objective

These are its principal meanings:

A. In Order to ⟶ Goal

¿Para qué estudias? —Para (ser) maestra.	What are you studying for? —(In order) To be a teacher.
Para llegar a tiempo, tendrán que salir a las seis.	(In order) To arrive on time, you'll have to leave at six.

Whenever *to* means *in order to*, Spanish must use **para**.

Te lo digo para ayudarte, no para fastidiarte.	I'm telling you this (in order) to help you, not to upset you.

B. Destined or Headed for ⟶ Goal, Destination

Este será para ti y el otro será para mí. —De acuerdo.	This one will be for you and the other will be for me. —Fine.
Se dice que salen para Londres hoy. —No. Para Bruselas.	I hear that they're leaving for London today. —No. For Brussels.

C. To Be Used for ⟶ Objective

papel para cartas	letter paper
ropa para niños	children's clothes
un vaso para cerveza	a beer glass

BUT:

un vaso de cerveza	a glass of beer

D. By or for (a Certain Date or Time) ⟶ Objective

Terminémoslo para el viernes.	Let's finish it by Friday.
Para mañana, preparen Uds....	For tomorrow, prepare...

E. Considering, Compared with, With Respect to

Para su edad, se ve muy joven todavía.	For his age, he still looks very young.
Para ti no hay nada imposible, ¿verdad? —Falso.	For you there's nothing impossible, right? —Wrong.

Práctica

A. Cambie según las indicaciones:
1. Me gustaría comprar otros vasos para **vino**. (agua)
2. ¿**Traes** algo para mí? (No...)   3. **Ahora** venden ropa muy fina para mujeres. (Antes)   4. Tiene que haber **escuelas** nuevas para los pobres. (viviendas)   5. Para **una persona** como Ud., esto será fácil. (personas)   6. Mi hermano estudia para **abogado**, y yo para **maestra**. (contador... médica)
7. **Mañana saldremos** para Caracas. (Ayer)   8. Téngalo listo para el miércoles, si es posible. (los)   9. Si **puedo**, volveré para fines del mes. (pudiera)   10. Me **asegura** que lo guardará para nosotros. (aseguró)

B. Complete ahora de una manera original:

1. Para un chico inteligente,...   2. Para un estudiante como yo,...   3. Para tener éxito en la vida,...   4. ¿Me podrías prestar... para...?   5. ¿Venden Uds. aquí... para...?   6. Vamos a acabarlos para...   7. Para el año 2000...   8. Lo haré para...   9. ¿Para dónde...?   10. Para una persona tan rica,...

---

84. USES OF *POR*

Por has two general types of usages. One refers to tangible or physical actions: *by, through, around, along,* etc. The other type looks back ⟵ to the motive, the impulse of the action.

A. Tangible or Physical Uses
(Location, Position, Means, etc.)

1. *By* (someone or something); *by means of*

Esa obra fue escrita por Lope.	That work was written by Lope. You can tell by the style.
Se nota por el estilo.	

¿ Me llamarás por teléfono?
—No. Te mandaré la
información por avión.

Will you call me on (by) the
phone? —No. I'll send you
the information by airmail.

2. *Through, along, around, in*

¿ Por dónde andará ese chico?
—Tiene que estar por aquí.

(Through) Where can that boy
be wandering? —He must
be around here.

¿ Pasamos por el parque o
tomamos otro camino?

Should we go through (along)
the park or take another
road?

Les gustaba pasearse de noche
por las calles de la ciudad.
—Ahora no se puede.

They used to like to stroll at
night through the city streets.
—You can't any more.

3. *During, for* (a period of time) ; *in* (the morning, evening, etc.)

Nos veremos mañana por la
mañana. —Sería mejor por
la tarde.
Se han ido por dos meses.
—¿ Por tanto tiempo?

We'll meet tomorrow morning.
—It would be better in
(during) the afternoon.
They've gone away for two
months. —For so long?

4. *In exchange for*

¿ Cuánto pagaste por el reloj?
—Nada. Manolo me lo dio
por unos discos que tenía.

How much did you pay for the
watch? —Nothing. Manolo
gave it to me (in exchange)
for some records I had.

5. *Per*[3]

Máxima velocidad: 80
kilómetros por hora
el noventa por ciento de los
votantes

Maximum speed: 80 kilometer
per hour
90 percent of the voters

B. Motive, Impulse ⟵ *por*

1. Motive, impulse ⟵ *out of, because of, through*

Lo hizo por compasión, no por
necesidad. —Sólo, por razones
humanitarias, ¿ eh?

He did it out of pity, not out of
necessity.—Only for
humanitarian reasons, eh?

---

[3] *Per* may also be translated by using the definite article : *Thirty cents a* (*per*) *dozen.* **Treinta centavos la docena.** This usage is especially common when quoting prices.

2. Motive, impulse ⟵——— *for the sake of, on behalf of*

| Ya sabéis que haría cualquier cosa por ella. —Y ella por ti. | You know that I would do anything for her. —And she for you. |
| ¡Por Dios! ¿No me dejarás nunca en paz? | For Heaven's sake! Won't you ever let me alone? |

3. Motive, impulse ⟵——— *in order to, in the hopes of*

When **por** is used, the outcome is viewed as doubtful or uncertain, and the emphasis lies on the motive of the action.

| Hizo lo posible por salvarlos, pero no pudo. | He did everything possible to save them, but he couldn't. |
| Esfuérzate por salir del apuro o te perjudicará. | Make a real effort to get out of that jam or it will hurt you. |

4. Motive, impulse ⟵——— *for, in quest of, in search of*

| Fue por agua. | He went for water. |

Not *destined for* water, but *motivated by the desire to get* or *bring back* water.

| Mandemos por el cura. | Let's send for the priest. |

5. Motive, impulse, origin ⟵——— *pending, yet to be*

In this case, the outcome is uncertain. The emphasis lies on the project that is planned, on the origin of the action.

| La presa todavía está por construir. | The dam is yet to be built. |

Práctica

Llene los blancos empleando **por** o **para**, según el caso:

1. Cualquier padre haría lo mismo _____ su hijo. ¿No lo harías tú? 2. Esa chica se casará _____ dinero, nada más. —Sería más feliz si se casara _____ amor. —¿Quién sabe? _____ una persona tan insegura como ella, la seguridad importa sobre todo. 3. _____ llegar a la cima en cualquier campo, hay que estudiar, hay que trabajar. —¡ _____ Dios! ¡Otra vez con esos sermones! 4. Fernando habla muy bien el inglés _____ un extranjero. —Es que vivió en la Florida _____ muchos años. 5. El 50 _____ ciento de los votantes están a favor y el 30 _____ ciento están en contra. _____ los demás la cuestión carece de (*has no*) interés. 6. _____ principios de junio pensamos salir _____ Inglaterra. Pasaremos brevemente _____ Bélgica y Holanda y

después viajaremos _____ todo el continente. —¿No quieren llevarme también _____ servirles de intérprete? 7. ¿Por qué no mandas la carta _____ avión? —¿_____ qué? No van a leerla a lo menos _____ una semana. 8. Acabo de comprar unas hermosísimas copas _____ vino _____ sólo 100 pesetas la docena. —_____ favor, dígame dónde las compró. Me gustaría comprar otras iguales _____ mi cuñada. 9. ¿Han terminado ya el puente? —Desafortunadamente, todavía está _____ concluir. Y el viejo fue arrastrado _____ el huracán. Si no fuera _____ el transporte aéreo, nos hallaríamos del todo aislados. 10. Rápido, Alfonso, ve _____ el médico. Alfonso, _____ el amor de Dios, vete, en seguida. El pobre ha sido atropellado _____ un autobús y... ¡Alfonso!

C. *Por* in Combination with other Prepositions

Por + another preposition accompanies verbs expressing movement.

Pasó por entre las carretas.	He passed among the carts.
Saltó por encima de la pared.	He jumped over the wall.
Se escapó por detrás del edificio.	He escaped in back of the building.

D. *Por* + a Noun or Adjective

Por, followed by a noun or an adjective, may be used in place of a clause. Ser is then the implied object of por.

Le sentenciaron a cinco años por (ser) falsario.	They sentenced him to five years for being (because he was...) a counterfeiter.
Ella le desprecia por (ser) pobre. —¡Qué injusticia!	She scorns him because he is poor. —How unfair!

E. *Por* vs. *de* (by)

Por translates *by* when referring to a physical action or motion. De is used when referring to a state or condition, or to a mental or emotional attitude.

Fue rodeado por sus admiradores.	He was surrounded by his admirers. (At that moment they surrounded him.)
Estaba rodeado de sus admiradores.	He was (already) surrounded by his admirers.
Fueron rechazados por el público. —¡Desde luego! Eran odiados de todos.	They were rejected by the public. —Of course. They were hated by all.

F. Special Instances of *por* vs. *para*

1. **Trabajar por** means *to work on behalf of* (*for the sake* or *benefit of* someone) or *in place of* someone.

Trabajo sólo por ti.	I work only for your sake.
¿ Por qué candidato estás trabajando? —Por ninguno.	For which candidate are you working? —For none.

Trabajar para means *to work for* (*to be employed by*) a company, an individual, etc.

Trabaja para el gobierno.	He works for the government.
Hace dos años que Ana trabaja para nosotros.	Anna has been working for us for two years.

2. **Estar por** means *to be in favor of*. Followed by an infinitive, as we have seen, it may mean *yet to be...*

Estamos por un sistema más libre, más responsable.	We are for a freer, a more responsible system.
El piso todavía está por pintar.	The apartment is still (waiting) to be painted.

Estar para means *to be about to*.

Estábamos para salir cuando sonó el teléfono.	We were about to leave when the phone rang.

3. **Por que** (*so that, in the hope that*) emphasizes the motive or reason for which an action is done; the outcome is doubtful.

Hará cualquier cosa por que ella no lo deje. —¿ Tanto miedo le tiene?	He'll do anything so that (in the hope that) she won't leave him. —Is he so afraid of her?

Para que merely indicates purpose. The result is viewed as the logical consequence of the act.

Trabaja día y noche para que sus hijos vayan a la universidad.	He works day and night so that his children may go to college. (And they probably will.)

Of course, the subjunctive follows in both cases.

Ejercicio

Tradúzcase al español:

1. A taxi driver was murdered the other day for six cents, according to a witness who saw the brutal assault and was too paralyzed by fear (in order) to call the police. If a man can be killed on the streets of our city, and nobody dares to risk his well-being to help, what hope is there for the future?

2. Thanks for giving us so many excellent articles on entertaining themes, especially in these times when the papers are filled with scandals and tragedies. For me, it is a spiritual rest to read a magazine when I get home at night, and I'm tired of reading about human miseries. —Aren't you a little selfish, my friend?

3. According to a wellknown Puerto Rican sociologist, most women marry for economic security and for other motives, not for love. Actually, not everybody is capable of loving, because the ability to (**de**) love depends on the atmosphere that exists in the child's home (**hogar**). In a society that removes the mother from the home so that she too may earn money for the family, the children can feel rejected by the parents. This creates the divorces of tomorrow. The facts speak for themselves.

CREACIÓN

¿No ha tenido Ud. jamás el deseo de escribir una carta al editor de un periódico—una carta quejándose de algo, una carta defendiendo cierto punto de vista, una carta en contra o en pro de algún personaje público? Pues aquí se le presenta su gran oportunidad. ¿Qué opiniones tiene Ud. sobre las cuestiones palpitantes de nuestro tiempo? ¿sobre la conducta de nuestros líderes políticos? ¿sobre nuestro sistema de educación? ¿sobre nuestra política internacional? ¿sobre la comida aquí en la universidad? ¿sobre los derechos de los estudiantes? ¿sobre matrimonio y divorcio? ¿sobre nuestro sistema de transporte y de comunicación? ¿sobre... Ud. lo sabrá mejor que nosotros. Vamos a oír lo que opina. "Muy señor mío..."

LECCION
DIECISEIS

DIECISEIS

DIÁLOGO EN CONTRAPUNTO: El almuerzo

Son las dos de la tarde y las vecinas se han reunido
para un almuerzo social.

Sra. 1: Pero Josefa, si esto ha estado riquísimo.

Sra. 2: ¿**Te apetece** un poco más?   *Would you like*

Sra. 1: Me encantaría, pero no debo.

Sra. 2: ¿Y a Uds.? **Hala**, hala. Tomen.   *Go on*

Sra. 3: ¿Saben? Este mismo plato lo tuvieron en la
boda de mi sobrina.

Sra. 4: ¿Cuál?

Sra. 1: Es delicioso.

Sra. 3: La que vive en Barrancos, la hija de mi
hermana Resurrección cuyo esposo murió el año
pasado.

Sra. 2: Se prepara con la **clara** de seis huevos.   *whites*
Saqué la **receta** del periódico.   *recipe*

Sra. 3: **Había que ver** esa boda. La novia vestía un   *You should have seen*
largo traje blanco y...

Sra. 1: ¿Con sólo la clara? Lo que yo no me
explico es por qué en todas las recetas... ¿Qué se
supone que vamos a hacer con las **yemas**?   *yolks*

Sra. 3: ...y el novio, tan **buen mozo**, con **frac**   *handsome • tuxedo*
alquilado, como un actor de cine. Trabaja para su
padre. El padre es uno de los **capataces** de la   *foremen*
fábrica de neveras. Alto, **fornido**, un tipo muy   *refrigerator factory • well-built*
simpático...

Sra. 4: ¡Qué suerte!

Sra. 1: ¿Entonces se meten las claras batidas **así no** just like that
más en la nevera?

Sra. 2: No tan pronto en la nevera, sino en el **con-** freezer
gelador primero, por unos quince minutos, nada
más, hasta que se enfríen.

Sra. 5: No aguanto el frío. Por eso precisamente
huimos de la sierra y nos instalamos aquí. La we left the mountains
misma idea de que haga frío me…

Sra. 3: Es decir, cuando **se le conoce**, se muestra you get to know him
muy simpático, **a no ser** que esté un poco **bebido**, unless • "high"
en **cuyo caso**… which case

Sra. 2: ¿Les apetece alguna bebida?

Sra. 1: Gracias, pero no debo.

Sra. 2: Hala. ¿Un **sorbito**? little sip

Sra. 1: Pues…

Sra. 3: Había que ver las bebidas que sirvieron.
"**Potaciones**" se llamaban. Incluso champaña (a fancy word for "drinks")
había, u otra cosa **parecida**. Yo jamás he sido similar
gran **conocedora** de los vinos. connoisseur

Sra. 5: Nosotros una vez tuvimos champaña
genuino cuando fuimos a la capital.

Sra. 4: Nosotros también, **rosado**, en casa de los pink
primos de mi esposo, los que **reunieron un** made a fortune
capital en el negocio de los **quesos**. Figúrense. cheeses
Comenzaron con una pequeña quesería en los
suburbios, una tienda humilde y pobrísima, y ahora lower-class outskirts
hélos aquí tan millonarios que no quieren **tratarle** there they are • know you any more
ya a uno.

Sra. 2: Hay otra receta con queso que vi hace poco
en la **peluquería**, en una revista vieja de las que hairdresser's
siempre tienen **amontonadas** allí sin **cubierta**. Algún piled up • a cover
día la tendré que **probar**. Pero Florinda, ¿estás try
segurísima de que no te apetece un poquito más?

Sra. 1: Me encantaría, pero… bueno. Con tal que
no sea una **ración** tan grande como la otra. portion

Sra. 3: En mi vida he visto raciones tan grandes
como las que sirvieron en aquella boda. Uds.
saben que mi cuñado, que descanse su alma en
paz…

Sra. 5: ¡Quién pudiera descansar con este calor!
Diez años llevamos ya aquí y todavía no me puedo
acostumbrar.

Sra. 3: Que Dios lo guarde siempre en Su bendita
compañía, ese cuñado mío no era un cualquiera.
Tenía su propio **taller de mecánica**, con empleados machine shop
y todo. En mi familia sí hay gente que es gente.

Sra. 1: Ummmm. Riquísimo. Mañana **me pongo a régimen**.   I'm going on a diet

Sra. 3: Pues mi cuñado, digo, tenía dinero **ahorra-do** para el casamiento de su hija mayor, de quien ya les conté la historia, ¿se acuerdan?   saved up

Sra. 2: ¿Mercedes de la Rosa?

Sra. 3: No, ésa es la hija de mi hermano Miguel, el que vino aquella vez a visitarnos. Miguel Angel tiene tres hijas, Dolores, Michín e Inés, y cuatro hijos, Oscar, Abelardo…

Sra. 4: ¡Dios mío! Mis suegros vienen mañana a visitarnos y no tengo nada en casa para servirles. Es decir, no es que no tenga sino que mi suegra, cuando llega **donde nosotros**, ya no se contenta con una cosa cualquiera. Para una mujer de esa edad…   at our house

Sra. 2: Pues la otra receta de que les estaba hablando…

Sra. 3: De eso también había en la boda. Primero comimos **entremeses**, después de los cuales trajeron varias sopas y platos principales y…   hors d'oeuvres

Sra. 4: ¿Qué tal les parecería una sopa de verduras **a lo gallego**, con carnes y…?   Galician style

Sra. 3: Toda clase de carnes había, y **mariscos** y pescados. Les digo, si no se hubiera **emborrachado el fulano ese del suegro** de mi sobrina…   shellfish / gotten drunk / that stupid father-in-law

Sra. 2: ¿Nadie quiere tomar más? Hala… vamos…

Sra. 1: No debo… Tal vez un poquitito.

Sra. 5: Para mí también. En este clima si una no se alimenta, **se derrite** del todo. **Bañada en sudor** estoy.   she melts away ● drenched with perspiration

Sra. 3: Tantos postres había que no se pueden contar con los dedos, lo cual, a decir la verdad, a mí muy poco me importa, ya que el médico me ha dicho que **vigile** un poco la dieta. Había **tartas** y frutas y **flanes** y helados…   I should watch ● cakes ● custards

Sra. 5: Tampoco aguanto el frío.

Sra. 1: Ah, Josefa, pero esto es sabrosísimo.

Sra. 4: ¿Tal vez un **pollo al ajillo**?   chicken with garlic

Sra. 3: Pues de pronto se cayó **bailando** el suegro ese de mi sobrina, y lo levantaron cubierto de **nata**, porque había tropezado con el **pastel de boda**, que era enorme, de siete u ocho **camadas**…   while he was dancing / whipped cream / wedding cake / layers

Sra. 2: Florinda, ¿no te apetece…?

Sra. 1: Tal vez… pero muy poco… un poquitillo…

                                                                            Z.S.D.

Análisis

1. ¿Qué retrato mental ha sacado Ud. de estas señoras? Descríbanoslas una por una.
2. Ahora díganos: ¿De dónde cree Ud. que son? ¿De qué nivel socio-económico serán? ¿Qué clase de trabajo tendrán sus esposos? ¿Qué detalles le hacen pensar así?
3. ¿Qué aspectos de la psicología humana se revelan a través de este diálogo? ¿Qué valores sociales se reflejan? ¿Cuáles están de acuerdo con la percepción suya del mundo en que vive?
4. ¿Le han producido una impresión favorable o desfavorable las cinco señoras? ¿Por qué? ¿Hasta qué punto diría Ud. que son típicas? ¿Le hacen pensar en alguien? ¿Podría Ud. ser parte de ese mundo algún día? ¿Por qué?

ESTRUCTURA
85. THE USES OF *QUE*

Que is the most frequently used of the relative pronouns. It means *who*, *that*, or *which*, and, as direct object of a verb, *whom*. It refers to both persons and things, singular and plural, and its form is invariable.

El profesor que me suspendió…	The professor who flunked me…
La familia que vive al lado…	The family that lives next door…
¡Ay, las mentiras que dijo!	Oh, the lies (which) he told!
El ladrón que cogieron…	The thief whom they caught…

A. *Que* to Translate "whom" after the Preposition *de*

Although **quien** is regularly used to translate *whom* after a preposition, **que** may also be found after the preposition **de**.

Voy a ver al pintor de que les hablé ayer.	I'm going to see the painter about whom I spoke to you yesterday.

B. *Que* in Indirect Statements and Questions

1. When **sí** or **no** are not direct answers, but are incorporated into another statement, they must be preceded by **que**.

Dijo que no.	He said no.
Creo que sí.	I think so. (I think "yes.")
¿Qué decidieron?	What did they decide?
—Que no.	—No.

2. Similarly, **que** introduces a question within a question.

¿Quién cree Ud. que será?   Who do you think it can be?

C. *Que* before an Infinitive

Que appears at times before an infinitive. Its actual function is to give a passive meaning to the infinitive: *to be done, seen*, etc. This usage is especially common after the impersonal **hay** and after **tener**.

Hay mucho que analizar en este libro.

There is a great deal to analyze (to be analyzed) in this book.

Tendrá algo que confesar.

He must have something to confess (to be confessed).

Esto deja mucho que desear.

This leaves much to be desired.

D. *Que* vs. *de que*

After a noun, when the relative pronoun *that* means *stating that, to the effect that, consisting in that*, etc., it is translated by **de que**.

No nos gusta la idea de que venga tan temprano.

We don't like the idea that he's coming so early.

No creí la mentira de que tú lo hubieses dicho.

I didn't believe the lie that *you* had said it.

Acaba de recibir la noticia de que su padre ha muerto.

He has just received the news that his father has died.

When *that* means *which* or can be omitted in English, **que** is used.

No nos gusta la idea que propuso.

We don't like the idea he advanced.

No creí la mentira que dijo.

I didn't believe the lie (that) he told.

Acaba de recibir el mensaje que le dejaste.

He has just received the message you left him.

Ejercicio

Traduzca al español:

1. The very idea that he should say (*present subjunctive*) such a thing makes me believe that he never has been sincere with us. —I think you're exaggerating. After all, didn't he say "yes" immediately when we asked him to help us? We have a lot to thank him for, don't you think so?

2. The furniture we bought last year from Juan Candelas is no good at all. —If I were you, I would demand that he return the money. —I did ask him and he said no. Actually, what bothers me most is the idea that he cheated us, even more than the money we lost. —I must admit that as a businessman, Juan Candelas leaves much to be desired.

3. I don't know. My luck goes from bad to worse. They just gave me the same teacher who flunked me last term!

86. *QUIEN*

Quien (plural **quienes**) means *who*, *whom*, and occasionally *the one(s) who*. It refers only to persons and has singular and plural forms. There is no special feminine form.

A. Quien(es) is used when a person (or persons) is object of a preposition. Its meaning in such cases is always *whom*.

Mamá, ésta es la muchacha de quien te he hablado tanto. —¡Agua! ¡Me voy a desmayar!	Mom, this is the girl about whom I have spoken to you so much. —Water! I'm going to faint!
Todos los candidatos por quienes trabajamos han ganado. —Les felicito.	All the candidates for whom we worked have won. —Congratulations.

B. It also appears frequently when the relative *who* is separated from the main clause by a comma, or when a distinction must be made between a person and a thing.

El dueño del caballo, quien se ha negado a comentar sobre la carrera...	The horse's owner, who has refused to comment on the race...
El presidente Carrión, quien fue elegido por una pequeña pluralidad...	President Carrion, who was elected by a small plurality...

Current usage, especially in the spoken language, tends more and more to use **que** instead of **quien**, even as subject of a clause set off by commas.

Ese señor, que es muy buen amigo mío, va a recomendarnos.	That gentleman, who is a very good friend of mine, is going to recommend us.
La Sra. Castro, que es argentina...	Mrs. Castro, who is an Argentinian...

Práctica

Cambie según las indicaciones:

1. El **chico** de quien se enamoró... (chicos) 2. Las **personas** con quienes **viajaremos**... (cantar) 3. El **regalo** que me diste... (regalos) 4. La **comida** que sirvieron... (platos) 5. El **señor** a quien te presentaré... (caballeros) 6. La **gente** que ocupará aquella casa... (familias) 7. El **ministro** a quien se dirigió... (funcionarios) 8. El **pintor** de quien les hablé... (las obras)

C. *Quien* as a Compound Relative

1. The pronoun **quien** may be used to mean *the one who*, *he who*, *whoever*. In this sense, it is synonymous with **el que**. (Cf. #88 A)

Quien te dijo eso mentía.	The one who (Whoever) told you that was lying.
Quienes le conocían le amaban.	Those who knew him loved him.
o	or
Quien le conocía le amaba.	Whoever knew him loved him.

This usage occurs very frequently in proverbs.

Quien no se atreve no pasa la mar.	Faint heart never won fair lady. (Literally: He who doesn't dare doesn't cross the sea.)
Quien ríe después ríe más.	He who laughs last laughs best.
Quien mucho habla mucho yerra.	He who talks much errs much.

2. When **quien** is subject of the subordinate clause and its antecedent is a personal pronoun (Was it *you who*...? etc.), the verb of the subordinate clause generally agrees with the personal pronoun in gender and number.

¿Fuiste tú quien lo hiciste?	Was it you who did it?
Fui yo quien le vi.	It was I who saw him.
Somos nosotros quienes lo dijimos primero.	We are the ones who said so first.

3. **Quien** followed by the subjunctive means *anyone who*.

Quien no haya visto Sevilla no ha visto maravilla.	Anyone who hasn't seen Sevilla hasn't seen a marvellous thing.

Ejercicios

A. Termine de una manera original:

1. No seré yo quien...   2. ¿Fueron Uds. quienes...?   3. ¿Eres tú quien...?   4. No fuimos nosotros quienes...   5. Quien nos dijo eso...   6. Quien crea tal cosa...   7. El señor Dámaso, quien...   8. El propietario de la hacienda Dos Robles, quien...   9. Los chicos con quienes...   10. La persona a quien...

B. ¿Puede Ud. componer dos o tres refranes originales?: **Quien**...

87. EL CUAL   WHO, WHOM, WHICH

A. El cual, la cual, los cuales and las cuales may replace que or quien(es) under certain conditions:

1. To clarify, in case of ambiguity

La novia de Federico, la cual cumple años mañana, nos ha invitado a una fiesta.	Fred's girlfriend, who is having a birthday tomorrow, has invited us to a party.

Note: If Fred were having the birthday, we would use **el cual**, or even **que** or **quien**, since one would assume that the relative pronoun referred to the last named person.[1]

2. To translate *which*, after prepositions of two or more syllables and after **por**,[2] **sin**, and all other prepositions which would normally form a conjunction by the addition of **que**

De pronto abrieron el armario dentro del cual el asesino estaba esperando.	Suddenly they opened the closet inside of which the assassin was waiting.
La ventana por la cual había entrado estaba abierta todavía.	The window through which he had entered was still open.
Se me han roto los lentes, sin los cuales estoy como ciega.	I broke my glasses, without which I'm practically blind.
Nos ofrecieron dos alternativas entre las cuales habíamos de escoger.	They offered us two alternatives between which we were to choose.

B. Lo cual (neuter) translates *which* when referring back to a whole idea, not to a specific noun.

Lo han metido en la cárcel, lo cual, francamente, no me sorprende.	They've put him in jail, which, frankly, doesn't surprise me.
Su padre es riquísimo, lo cual explica por qué está tan bien relacionado.	His father is very rich, which explains why he's so well connected.

[1] Ambiguity still exists, of course, if both persons are of the same gender and if the relative *who* refers to the first. Aquél (*the former*) or some explanatory clause may then be necessary.

[2] Obviously, **por + que**, especially in oral use, would give the immediate impression of *because* and would obliterate completely the real meaning of the sentence. **Sin que, después de que, antes de que**, etc., also would convey the idea of conjunctions.

Práctica

Llene los blancos usando **que, de que, quien, el cual, lo cual,** etc.
1. ¿ Has visto la hermosa cafetera _____ me acaban de regalar ? La prima de Luis, _____ acaba de volver de México, me la trajo. —Ella es muy simpática. 2. El muchacho con _____ se casó era de una de las familias principales del pueblo. —¿ Es el mismo a _____ me presentó Ud. hace poco ? 3. La misma idea _____ tú nos hayas mentido nos deja asombrados, aplastados. —Pero, en realidad, las mentiras _____ os dije eran para ayudaros, no para haceros daño. —No importa nada sino la realización _____ ya no podemos contar contigo. 4. El vecino de la casa de al lado, _____ tiene una cadena de zapaterías, va a emplear a nuestro hijo Jaime en una de ellas. — ¡ Qué suerte ! Pídale _____ emplee a nuestro Antonio también. 5. Rosario es una persona muy dinámica y vibrante, _____ la ha hecho siempre muy popular. 6. Tendremos que buscar otra salida. La puerta por _____ entramos está cerrada ahora. 7. Se me han perdido las notas, sin _____ no podré dar el discurso. —Voy a ver si hay alguien _____ las haya visto. 8. El primer plato fueron los entremeses, después de _____ trajeron el plato principal. 9. No quiso mirarnos a los ojos mientras habló, _____ me hace creer que escondía algo.

88. *EL QUE*

A. El que, la que, los que, las que means *he who*, *those who*, *the one(s) who*. In this sense it is used much more frequently than quien. (Recall #85 C1)

El que te lo dijo te engañaba.	The one who (Whoever) told you that was deceiving you.
Los que vinieron lo pasaron muy bien. — ¡ Ay, cuánto me hubiera gustado asistir !	Those who came had a very good time. —Oh, how I would have liked to be there !
La que a mí me impresiona más es Raquel, no Amalia. — ¡ Qué va, hombre !	The one who impresses me most is Rachel, not Amy. —Go on, man !

El que, etc. also has the same uses as el cual. (Cf. #87 A)

La novia de Federico, la que cumple años mañana...	Fred's girlfriend, who is having a birthday tomorrow...
De pronto abrieron el armario, dentro del que...	Suddenly they opened the closet, inside of which...
Se me han roto los lentes, sin los que...	I broke my glasses, without which...

B. **Lo que** corresponds to the English relative pronoun *what*. It is never used, of course, as an interrogative.

Lo que tú dices es imposible. **—Porque no entiendes lo que quiero decir.**	What you're saying is impossible. —Because you don't understand what I mean.

Lo que, like **lo cual,** may translate the English *which* when referring back to a whole idea, not to a specific noun.

Se ha puesto muy nublado el cielo, lo que indica que va a llover. —No siempre.	The sky has gotten very cloudy, which indicates that it is going to rain. —Not necessarily.
Sus exámenes son larguísimos, lo que siempre me ha parecido injusto. —A mí también.	His exams are very long, which I have always considered unfair. So do I...

Práctica

A. Exprese de otra manera:

1. **Quien** te dijo tal cosa no sabía lo que decía. 2. ¿Fueron Uds. **quienes** llamaron a la policía? 3. **El que** se atreve, pasa el mar. 4. Son aquellas señoras **quienes** presentaron la demanda. 5. **Quien** no sabe eso, no sabe nada. 6. Anita baila muy bien, **lo cual** la hace popularísima. 7. Es un tipo muy provinciano, **lo cual** explica por qué teme a los forasteros. 8. Es muy poco conocido por aquí, **lo que** significa que recibirá muy pocos votos. 9. No han vuelto todavía, **lo cual** nos comienza a preocupar.

B. Termine Ud. como le parezca mejor:

1. Lo que uno no sabe... 2. Lo que a **una** persona le parece feo... 3. Lo que yo haría si fuera tú... 4. Nunca entenderé lo que... 5. Lo que vosotros queréis... 6. Lo que el presidente debiera hacer ahora...

C. When **el que** is subject of a subordinate clause and its antecedent is a personal pronoun (Was it you who... ?, etc.), the following verb is in the *third* person. This is exactly the opposite of the usage with **quien.** (Cf. #85 C2)

¿**Fuiste tú el que lo hizo?**	Was it you who did it?
Fui yo la que le vio.	It was I who saw him.
Somos nosotros los que lo dijeron primero.	It was we (We are the ones) who said it first.

D. *El que* as Object of a Preposition

When el que, la que, etc., is object of a preposition, the preposition must precede the relative pronoun.

De lo que yo quisiera hablar es...   What I should like to talk about is...

Al que no le guste, que se vaya.   Let anyone who doesn't like it leave.

E. El que + subjunctive, like quien, means *Anyone who...*

El que no haya visto Granada, no   Anyone who has not seen
  ha visto nada.   Granada hasn't seen anything.

F. Cuanto(s) is an exact synonym for todo lo que, todos los que (*all that, all those*).

Sabe cuanto (o todo lo que) hay   He knows all there is to know.
  que saber.

Cuantos (o todos los que) lo   All those who saw it had the
  vieron tuvieron la misma   same impression.
  impresión.

Ejercicio

Exprese en español:

1. Those who witnessed the fight must know what happened. —Well, it seems that nobody wants to admit that he saw (*present perfect subjunctive*) it, which seems a little suspicious to me. From what I have been able to find out (**averiguar**), it started suddenly, for some unknown reason, and ended when the police arrived.
2. You should have seen (**Había que ver**) that wedding. Everyone who was there says (*Translate*: All those who were there say) that it was the most elegant they have ever seen. —Were you the one who told us that the groom's father fell on the wedding cake? Anyone who hasn't seen that hasn't seen anything!

89. THE RELATIVE POSSESSIVE *CUYO* WHOSE

A. Cuyo, cuya, cuyos, cuyas, an adjective meaning *whose,* is never used as an interrogative. It always agrees in gender and number with the noun it modifies.

Mi hermano, cuya hija se casó   My brother, whose daughter
  anteayer...   got married the day before yesterday...

¡ Dios mío ! ¿ Es éste el pintor cuyas obras sacaron el premio ?	My goodness ! Is this the painter whose works won the prize ?
Este piso, cuyas ventanas dan al patio, tiene la mejor vista de todas.	This apartment, whose windows face the patio, has the best view of all.

BUT REMEMBER :

¿ De quién es este piso ?	Whose apartment is this ?

B. Occasionally, **cuyo** is used after a preposition, just like the English adjective *which*.

Es posible que vengan esta noche, en cuyo caso iremos juntos.	It is possible that they will come tonight, in which case we'll go together.
Salió del cuarto, en cuyo momento se oyó un tiro.	He left the room, at which moment a shot was heard.

Ejercicio

Complete las frases siguientes empleando **cuyo** o **¿ de quién(es) ?**, según el caso :

1. Ramiro González, _____ casa está cerca, será el más indicado para dar la fiesta.   2. ¿_____ son aquellos asientos desocupados ? Mejor dicho, ¿_____ eran ?   3. Elena Riquer, _____ esposo es un famoso escritor, lo va a traer a la conferencia, en _____ caso le invitaremos a dirigirnos la palabra.   4. Esta es la única novela _____ primera edición se agotó en un día. —¡Y _____ próximas tiradas (*printings*) serán confiscadas por el gobierno !   5. Esta escalera, _____ segundo peldaño está roto, fue la causa del accidente.   6. El aeropuerto está cubierto de neblina, en _____ circunstancias sería demasiado peligroso aterrizar. —Tiene razón.   6. Dejó escapar una palabra inadvertida, en _____ momento nos dimos cuenta de que él mismo era el criminal.   7. ¿ En casa _____ vas a pasar las vacaciones ? —En la de mi tía, _____ hijos habrán salido ya para Europa.   8. Las ventanas de atrás, _____ cerrojos estaban descompuestos, ofrecieron fácil entrada a los ladrones. —¡ Qué lástima !

90. *DONDE* AS A RELATIVE PRONOUN

Donde, en donde, and **por donde** may be used as relative pronouns in place of **en que, por el cual,** etc.

La tienda donde compro mis libros...	The store in which (or where) I buy my books...
La escalera de salvamento por donde huyó...	The fire escape by which he escaped...

In popular use, it frequently means *at* or *to someone's house.*

¿Adónde vas? —Donde Gloria.   Where are you going?
                                     —To Gloria's (house).

Esa suegra mía, cuando llega   That mother-in-law of mine,
    donde nosotros...   when she lands at our house...

Ejercicio

Diga otra vez en español:

1. The school in which I began to study languages had a most interesting program, which explains why I now speak Spanish so well. —Oh, my G—!
2. Where will the party be? —At Joe's.
3. The room in which they keep the recent periodicals is behind the main reading room, to the left of which are the catalogs.
4. There is a special door through which they bring in (entrar) the pianos and other heavy furniture. —That's how it should be.

91. CONJUNCTIONS

A. *Y* vs. *e*   and

Y becomes e before a word that begins with i or hi.

¿Qué estudias ahora?   What are you studying now?
    —Alemán e inglés, ciencia   —German and English,
    y mátemáticas, e historia   science and math, and
    también. —Es fuerte ¿eh?   history, too. —It's rough,
                                         isn't it?

Notice, however, that y remains before the diphthong hie.

Lo fabrican de plomo y hierro.   They make it of lead and iron.
Echele un poco de agua de   Put in some soda and ice...
    soda y hielo... Ah, gracias.   Ah, thank you.

B. *o* vs. *u*   or

1. O becomes u before a word that begins with o or ho.

¿Cuántos vendrán—cinco o   How many are coming—five or
    seis? —Más. Siete u ocho.   six? —More. Seven or eight.
Seguramente habrá alguna   Surely there must be some inn
    posada u hotel. —Tal vez no.   or hotel. —Maybe not.

2. **O... O** means *either... or.*

O me pagas o te delataré. —¡Chantajista!	Either you pay me or I'll turn you in. —Blackmailer!
O salimos temprano o no vale la pena ir.	Either we leave early or it doesn't pay to go.

3. **Ni... ni** means *neither... nor* (or *not... either... or*)

No hay (ni) tiempo ni dinero para eso. —¡Lástima!	There is neither time nor money for that. —Too bad.
El pobre ya no tiene ni padre ni madre. —Eso sí que es triste.	The poor boy doesn't have either a father or a mother. —That *is* sad.

C. *Pero, sino*   but

Sino is used for *but* only when the first part of the sentence is negative and the second part contradicts it. In all other cases, **pero** is used.

Es rico, pero muy tacaño.	He's rich, but very stingy. (The first part is affirmative —pero.)
¡Qué va! No es rico sino pobre, un muerto de hambre.	What do you mean! He's not rich, but poor, penniless. (First part negative; second part contradicts it—sino.)
Nosotros tampoco somos ricos, pero ¿qué importa?	We aren't rich either, but what difference does it make? (First part negative, but no contradiction—pero.)

Sino que generally replaces **sino** to introduce a clause.

No lo compró, sino que lo tomó prestado.	He didn't buy it, but he borrowed it.

Práctica

A. Conteste siempre de la manera más inclusive. Por ejemplo:
¿Vendrá Adela o Inés?   **Vendrán las dos, Adela e Inés.**

1. ¿Quién le gusta más, Rojas o Icaza? 2. ¿El libro tendrá glosarios o índices? 3. ¿Le echo agua de soda o hielo? 4. ¿Les gusta con leche o azúcar? 5.¿La suspendieron en filosofía o historia? 6. ¿Hablabais español o inglés? 7. ¿Visitaron Escocia o Irlanda? 7. ¿Esa ropa es para mujeres u hombres? 8. El reloj que te vendieron, ¿es de plata u oro?

B. Ahora conteste negativamente. Por ejemplo:

¿Irás en abril o en mayo? **No iré ni en abril ni en mayo.**

1. ¿Hizo muchísimo frío o muchísimo calor ayer? 2. ¿Son europeos o hispanoamericanos sus vecinos? 3. ¿Eran riquísimos o muy pobres tus bisabuelos? 4. ¿Jugaréis al golf o al tenis este fin de semana? 5. ¿Eres tú el mejor o el peor estudiante de la clase? 6. En las próximas elecciones, ¿saldrán elegidos los radicales o los conservadores? 7. En el mundo del futuro, ¿triunfará el capitalismo o el comunismo? 8. ¿Qué actitud debemos adoptar—un ciego optimismo o un profundo pesimismo?

C. Ahora llene los blancos, usando, **pero, sino** o **sino que**:

1. Guillermo no es listo, _____ afortunado. 2. Yo no sabía que había fiesta esta noche, _____ me gustaría ir. 3. Me dijeron que el viaje ya no tarda tres horas _____ dos. 4. Carmen no hizo el vestido ella misma, _____ lo mandó hacer a una costurera. 5. Nos invitaron a la boda, _____ no pudimos asistir. 6. No había un solo postre, _____ muchísimos. 7. Rufina no es la hija de mi hermana _____ de mi hermano Miguel. 8. Siempre hemos trabajado fuerte, _____ todavía somos pobres. —No diga pobres, _____ de la clase media. 9. No vendrán más de setenta u ochenta, _____ me parece que con ésos habrá suficientes. 10. No te prometí que lo haría, _____ trataría de hacerlo.

D. Conjunctions that Derive from Prepositions

Many conjunctions are formed by adding **que** to a preposition.

hasta, hasta que	until
después de, después de que	after
antes de, antes de que	before
sin, sin que	without

Remember always that only a relative pronoun or a conjunction can introduce a subordinate clause. *A preposition can not!*

Esperamos hasta las ocho.	We waited until eight o'clock.
Esperamos hasta que regresó.	We waited until he returned.

The verb of the subordinate clause is usually placed immediately after the conjunction, and the subject follows.

Vámonos antes de que vuelvan tus padres.	Let's leave before your parents come back.
Limpió toda la casa sin que nadie se lo pidiera.	She cleaned the whole house without anyone's asking her to.

Ejercicio

Acordándose de los usos del subjuntivo, traduzca al español las frases siguientes:

1. He did it in spite of the fact that we begged him not to do it. —That's the way he is. Until he learns that there are other people in the world besides himself, he'll never change.
2. Please forgive (**disculpar**) me. I was hoping to hand in the paper before you left on vacation, but it has been (**resultar**) impossible. —Well, you can give it to me after we all get back.
3. I'll send you the information in advance so that you can study it before the conference. —Thank you, but I won't need it until then.
4. If it were possible to find out without the others' knowing, I'd be very grateful to you. —I doubt that it can be done without there being a public scandal. —Well, let's forget it then.

CREACIÓN

Escuche bien la conversación de sus amigos en la cafetería, en el dormitorio, en una fiesta, en casa, dondequiera. Observe cómo la gente responde rara vez a lo que se le dice, cómo cada persona sigue el hilo de sus propios pensamientos sin hacerles caso realmente a los demás. Y ahora trate de captar un poco de ese diálogo de la manera más auténtica que pueda. Vamos a ver cómo le sale.

LECCION
DIECISIETE

DIECISIETE

NARRATIVA

(El "doctor" Anselmo, llamado así no porque sea médico sino por sus doctos conocimientos, está contando en este episodio los extraños sucesos que enturbiaron su vida matrimonial.)

—Yo no sé en qué fundaba mis sospechas. Entraron en mí, según creo, desde el nacer, ¡ qué sé yo !, desde el principio, desde **más allá.** Yo no sé qué espíritu diabólico es el que viene a decirnos ciertas cosas al oído cuando estamos entregados a la meditación ; yo no sé quién **forja** esos **raciocinios** que entran en nuestro cerebro ya hechos, firmes, exactos, con su lógica infernal y su evidencia terrible. Un día entraba yo en mi casa, dominado por estos pensamientos. Cuando me acerqué a la habitación de Elena, creí **sentir** una voz de hombre que hablaba muy **quedo** allí dentro ; la voz calló de pronto... Advertían mi llegada... Después me pareció sentir **pasos precipitados,** como **quien huye, procurando** hacer el menor ruido posible. No puedo dar idea del **repentino** furor que **se apoderó de** mí ; me cegué, corrí, **me abalancé a** la puerta, la empujé fuertemente. (...)

La puerta se abrió, y Elena se presentó ante mí **despavorida,** trémula, con tan marcadas señales de **espanto,** que me detuve **sobrecogido** yo a mi vez. No había ningún hombre ; la ventana no estaba abierta ; la interior cerrada también ; era imposible que en el instante que **medió** entre el ruido de la voz y mi

the other world

invents ● thoughts

I heard
softly

hurried steps
someone fleeing,
trying
sudden ● took hold ●
I was blinded
I hurled myself
against

aghast

shock ● abashed

passed

entrada, pudieran **ser echadas las llaves y cerrojos**, *the keys and bolts be locked shut*
no habiendo tiempo material tampoco de que una
persona saliese por la puerta o saltara por la ventana.
Lo registré todo; no vi nada. Pero yo había oído *I searched*
aquella voz, estaba seguro de ello, y no era **fácil** que *likely*
me convencieran de lo contrario ni la evidencia de
no encontrar allí hombre alguno; ni las ardientes
protestas de Elena... **Juróme** que estaba sola; que *She swore to me*
al entrar yo de aquella manera creyó morirse de
miedo, y que no podía explicarse mi conducta sino por
una completa alteración de mis facultades intelectuales.

    —¡Qué extrañas ideas! —dije yo[1], conside-
rando **cuál** debía ser el terror de aquella infeliz al *how great*
ver entrar repentinamente a su marido, furioso y
extraviado, asegurando que había oído la voz de un *beside himself*
hombre dentro de la habitación.

    —Extrañas, sí —contestó el doctor; —pero cada
vez más **vivas** y más claras. Yo no podía **desechar** *vivid • shake off*
mi idea; la impresión que en mi oído había hecho
la voz era tal, que aún me dura, y entonces, sólo
dudando de mi existencia, sólo creyendo que yo no
era persona real, podía tomar aquello por ilusión.
No lo era ciertamente, y mucho más me confirmé
en ello cuando a la noche siguiente... **presencié** un *I witnessed*
fenómeno que ya me quitó la esperanza de ver claro
en aquel asunto. Lo que me pasó, amigo, excede ya
los límites de lo natural, y aún hoy es para mí la
confusión de confusiones. Entré en mi casa y **vagué** *I wandered about*
largo rato solo y **abstraído** por aquellos salones, *lost in thought*
donde todo me causaba **pesadumbre y hastío**; pasé *sorrow and loathing*
por aquella sala que he descrito, donde se hallaba
el cuadro de París y Elena, y **me helé de asombro** al *I froze with astonishment*
ver... Es el fenómeno más estupendo que puede con-
cebirse. ¡La figura de París no estaba en el **lienzo**! *painting*
Creí equivocarme, me acerqué, toqué la **tela**, encendí *I thought I was seeing things • canvas*
muchas luces, miré, remiré... La figura de Paris
¡ay! había desaparecido; estaba sola Elena, y la
expresión de su cara había cambiado por completo,
siendo triste y desconsolada la que antes aparecía
satisfecha y feliz. ¿Qué infernal pintura era aquélla,
en que una figura se evaporaba, **se borraba**, se iba *disappeared*
como si tuviera cuerpo y vida?

        (Adaptado de Benito Pérez Galdós, ***La sombra***)

---

[1] La persona a quien el "doctor" Anselmo está relatando su evento.

Comentarios

1. ¿A quién estará explicando el doctor el trauma que ha destrozado su vida? A base de su narración, ¿qué diría Ud. de su carácter? ¿del ambiente en que vivía? ¿de su educación y antecedentes?
2. ¿Cómo se imagina Ud. a Elena? ¿Será más joven o de la misma edad más o menos que su esposo? ¿Qué sabe Ud. de la leyenda de Elena y París?
3. ¿Es posible que la esposa del doctor le esté engañando en realidad, o cree Ud. que todo esto es una alucinación? ¿Cómo explica Ud. lo del cuadro de Elena y París? ¿Cómo cree Ud. que terminó aquel episodio? ¿Dónde está el doctor ahora? ¿Dónde está su mujer?

ESTRUCTURA
92. USES OF THE PAST PARTICIPLE

A. To Form Compound Tenses

Remember that the past participle does *not* change its ending when it is used with **haber**!

Hemos vuelto. —No sabíamos que habían salido.	We're back. —We didn't know that you had gone out.
Uds. lo habrán leído, ¿verdad? —Francamente, no recuerdo.	You must have read it, didn't you? —Frankly, I don't remember.

B. In the Passive Voice, after *ser*

Here the past participle *must agree* with the subject.

Mil casas fueron destruidas por el huracán. Y los puentes han sido arrastrados también. —¡Qué cosa más horrenda!	A thousand houses were destroyed by the hurricane. And the bridges have been blown away too. —What a horrible thing!

C. As an Adjective

Most past participles may be used as adjectives, if the meaning permits.

¡Ay, Dios! ¡Qué cansado estoy!	Oh, my! Am I tired!
Era un orador apasionado, pero el tema era muy aburrido. En fin, fueron tres horas perdidas.	He was an impassioned orator, but the subject was very boring. In all, it was three wasted hours.

D. With *estar,* to Describe the Resultant
State of an Action

¿Están parados o sentados?	Are they standing or seated?
—Ni uno ni otro. Están bien dormidos.	—Neither one. They're fast asleep.
¡Ay, no! ¿Está muerta?	Oh, no! Is she dead? —No.
—No. Está levemente herida, nada más. —Bendito sea Dios.	She's slightly injured, that's all. —Thank God.

Práctica

A. Cambie según las indicaciones:

1. Fuimos despertados por el ruido.
   (sobresaltar, asustar, sacudir)
2. ¡Ojalá que seas despedido por el jefe!
   (ascender, recomendar, reconocer)
3. Yo no he hecho nada.
   (decir, romper, escribir, abrir)
4. Estaban demasiado agitados para responder.
   (cansar, sorprender, asombrar, emocionar

B. Complete las oraciones siguientes empleando siempre un participio pasivo:

1. Habíamos _____ muy poco aquella noche. 2. ¿Estás _____? —Todavía no. 3. La obra estaba muy mal _____, por lo cual la desechamos en seguida. 4. Los asaltantes han sido _____ por la policía. 5. El barrio de los pobres será _____ durante el año que viene. 6. Me desperté _____ al oír sonar el teléfono a esas horas. 7. ¿Habéis _____ ya los libros? —¡Cómo no! 8. La comida no estará del todo _____ cuando lleguen. 9. ¿Cómo se explicará el hecho de que las puertas estuvieran _____? 10. Me sentí _____ en aquel ambiente tan sombrío. —Ya lo creo.

E. The Past Participle with Verbs Other Than *estar*

The past participle is used with verbs other than **estar** to indicate a state or condition. These verbs, such as **quedar, tener, verse, hallarse, encontrarse** and **sentirse**, lend a more subjective tone to the description.

Quedamos aturdidas por la noticia.	We were (left) stunned by the news.
Tengo pintada de rojo la mesa.	My table is painted red. (I have it painted red.)

Se vio obligado a salir.	He was (found, or felt himself) obliged to leave.
Nos hallábamos muy ocupados.	We were very busy.
Se sienten avergonzados. —Y con razón.	They are (feel) ashamed. —And with good reason.

F. The Past Participle in Place of a Clause

The past participle may be used independently to take the place of a clause beginning with *when*, *as soon as*, or *after* when referring to a completed action. It agrees with the noun or pronoun subject of the implied clause.

Vendida la casa, tendremos para el viaje.	When the house is sold, we'll have enough for the trip.
(Apenas) llegados al aeropuerto, se fueron a telefonear.	As soon as they reached the airport, they went to telephone.
Redactado el contrato, nos llamaron para firmarlo.	When (After) the contract was drawn, they called us to sign it.

G. The Past Participle to Translate an English Present Participle

When the present participle in English refers to a state or condition, and not to an action in progress at a given moment, the past participle must be used in Spanish.

Estaban sentados alrededor de la hoguera.	They were sitting around the bonfire.
La encontramos arrodillada ante el altar.	We found her kneeling before the altar.
Me saludó tendido en la cama.	He greeted me (while) lying on the bed.
El ladrón estaba escondido detrás del sofá.	The thief was hiding (hidden) under the sofa.
Iban cogidos de la mano como dos niños.	They were walking along, holding hands like two kids.

In all the examples above, if the present participle were used, it would mean *in the act of* (being seated, kneeling down, etc.). The verb then would be reflexive.

Ejercicios

Tradúzcase al español:

1. Could the doctor have gone mad or was it true that there was some mysterious presence in the house? It had happened on repeated occasions. Hardly (had he) returned from his office (when) he

heard strange noises and hurried footsteps in his wife's chamber. But when he opened the door, he found nothing. The windows and doors were still locked from the inside and no one was there but his wife, trembling, frightened, almost in a faint. —Please, no more. I'm tired of your weird stories, Jack.

2. Are the children in bed (**acostar**), dear? —Yes, but they're not asleep. In fact, Paquito is hiding under the blankets becsuse he doesn't want me to hear him giggling. —Well, tell him that if he doesn't fall asleep right now, I shall be obliged to take away his privileges tomorrow. —Have you heard (that), Paquito? ¡Paquito! All right, you have convinced me. Now come out and stop snoring.

3. When the exploration of the East Coast was finished, the explorers continued on to the West. —And then what happened? —How should I know? I have never studied American history.

93. THE PRESENT PARTICIPLE (GERUND)

A. To Form the Progressive Tense

The present participle used after **estar, seguir,** or a verb of motion gives a more graphic picture of an action in progress at a given moment.

No le molestes en este momento. Está hablando por teléfono.	Don't bother him right now. He's talking on the telephone.
Siguieron comiendo como si no hubiera ocurrido nada. —¡Qué gente, eh!	They kept on eating as if nothing had happened. —What people, eh!

Ir and **venir** imply motion away from or toward the speaker.

Iban cantando y riéndose.	They were (walking along) singing and laughing.
El niño venía dando saltos en el camino.	The child was (coming toward us) jumping along the street.

B. Used alone, the present participle may mean *by* (doing something).

Saliendo temprano, llegarán antes del atardecer.	By leaving early, you'll arrive before dusk.
Escuchando se aprende más que hablando. —Pero se muere de fastidio.	By listening you learn more than by talking. —But you die of boredom.

C. It may also replace a clause beginning with *when*, *since*, or *while*, when referring to a continuing action.

Conociendo su carácter, no quise prestárselo. —Hiciste bien.	Since I knew his character, I wouldn't lend it to him. —You did right.
Estando en Madrid, fuimos a ver el Prado, ¡ y cuánto nos gustó !	While (When, Since) we were in Madrid, we went to see the Prado, and did we like it !

Important: Unlike English, the present participle is NEVER used as a noun or an adjective[2] in Spanish.

El fumar demasiado puede ser peligroso. —Ya lo sé.	Smoking too much can be dangerous. —Yes, I know.
¿ Hay agua corriente aquí ? —¡ Cómo no !	Is there running water here ? —Of course.

Práctica
Conteste, por favor:

1. ¿ Qué estaba Ud. haciendo hace una hora ? ¿ y hace dos ? ¿ y hace tres ?   2. ¿ Qué estará haciendo de hoy en ocho días (*a week from today*) ? ¿ de hoy en dos meses ?   3. Estudiando en esta universidad, ¿ de qué facilidades se ha aprovechado más Ud. ?   4. En su opinión, ¿ se aprovecha más asistiendo a una universidad grande o a una escuela pequeña.   5. ¿ Se aprende más estudiando en clases grandes o en grupos pequeños ?   6. ¿ Se disfruta más viviendo en el campo o en una gran ciudad ? ¿ Por qué ?   7. Saliendo de tu última clase a las tres de la tarde, ¿ a qué hora llegarías a tu casa ?   8. Es verdad que conociendo bien a los profesores, uno saca mejores notas ?   9. Siendo multimillonario, ¿ tiene uno siempre la obligación de trabajar ?   10. Finalmente, hablando varias lenguas, ¿ qué oportunidades se le pueden presentar a uno ?

D. The Present Participle to Describe a Resulting or Accompanying Action

In journalistic style, the present participle without any preposition is often used to indicate an action that accompanies or results from another. It is similar to an English construction that is often prefaced by *with* or *there*.

---

[2] Well, almost never. The two exceptions are **hirviendo** (*boiling*) and **ardiendo** (*burning*).

Ayer hubo tres accidentes, resultando dos muertos y cuatro heridos.	Yesterday there were three accidents, with two (being) killed and four injured.
Las elecciones se celebraron en diciembre, siendo elegido el candidato liberal.	The elections were held in December, with the liberal candidate being elected (there being elected...).

E. The Present Participle after the Preposition *en*

The only preposition that may precede a present participle in Spanish is **en**. However, this construction, which is synonymous with **al** + infinitive, is seldom used.

En saliendo del cuarto se cayó de bruces.	Upon leaving the room, he fell down headlong.

F. Spanish Translations of English Present Participles Used as Adjectives

1. The only present participles that may be used as adjectives in Spanish are **ardiendo** and **hirviendo**.

agua hirviendo	boiling water
una casa ardiendo	a burning house

2. Spanish has many adjectives ending in **-dor, -ante,** or **-iente** (gerundive forms) that correspond to a present participle in English.

una idea fascinante	a fascinating idea
una sonrisa encantadora	a charming (enchanting) smile
el sol poniente	the setting sun
las formas correspondientes	the corresponding forms

3. Either by preference or because there is no corresponding adjective in Spanish, a clause may be used to translate the English present participle.

el camino que conduce a la playa	the road leading to the beach
un pájaro que habla	a talking bird

Ejercicios

A. Díganos por lo menos tres cosas que asocie con cada una de las siguientes:

agua hirviendo... una personalidad encantadora... el sol poniente... una idea intrigante... un curso interesante... un ejemplo inspirador... un oso que baila...

B. Complete de una manera original:

1. Estando un día en la tienda...   2. Caminando esta mañana a...
3. Siendo hijo de padres ricos...   4. Viéndome...   5. Hallándonos
en tal situacion...   6. Trabajando día y noche.   7. No gastándolo
todo de una vez...   8. Dejando de fumar...   9. Siguiendo
régimen...   10. No entendiendo...   11. No deseando...
12. Anoche hubo un incendio en nuestra vecindad, resultando

94. BASIC FUNCTIONS OF THE INFINITIVE

A. As Object of a Verb

Just as in English, an infinitive that depends on a verb acts as object
of that verb.

No quisieron admitirlo.	They refused to admit it.
Puede levantarse ahora.	You can get up now.
Juanito sabrá hacerlo mejor que yo.	Johnny will know how to do it better than I.

B. After Prepositions

All prepositions are regularly followed by the infinitive. This is
contrary to English usage, which generally uses the present participle.

Por favor, cierren las ventanas antes de salir. —Por supuesto.	Please close the windows before leaving. —Of course.
Lo hizo sin pedir permiso a nadie. —No debía.	He did it without asking permission of anyone. —He shouldn't have.
Al verme, se sonrojó y quiso disculparse.	(Up)on seeing me, he got red and tried to apologize.

C. As a Noun

The infinitive is the only part of a verb that can ever be used as
subject or object of a verb, or as a noun after **ser**. This, too, is contrary to English, which uses the present participle.

Ver es creer.	Seeing is believing.
Querer es poder.	Wanting to is being able to. (Where there's a will...)
El verla en esa condición nos dio tanta lástima.	Seeing her in that condition made us feel so bad.
No me gusta ese necio chismear. —¿Qué he dicho yo?	I don't like that silly gossiping. —What have / said?

D. After Verbs Referring to the Senses

¿Has oído tocar alguna vez a
Russell? —No, pero me
gustaría.

Have you ever heard Russell
play? —No, but I'd like to.

Le sentimos acercarse, y no
había manera de detenerlo.

We felt (or heard) him approach-
ing, and there was no way
of stopping him.

Le vi sacar el revólver, le vi
apuntar, y...

I saw him take out his gun, I
saw him aim, and...

E. After Verbs of Ordering, Forcing, Permitting or Preventing

Permítame ayudarla.

Allow me to help you.

No se apuren. Le haremos
devolvérselo.

Don't worry. We'll make him
return it to you.

Nos mandaron salir sin
explicación alguna.

They ordered us to leave without any explanation at all.

¿Te impidieron ver los
archivos?

Did they prevent you from
seeing the files?

A clause using the subjunctive may also follow these verbs, but
after **mandar, hacer** and **dejar,** the infinitive is much more common.

Práctica

Conteste una vez más:

1. ¿Ha oído Ud. hablar en persona alguna vez al presidente de
nuestro país? ¿al alcalde de su pueblo? ¿a un senador u otro
funcionario público? 2. ¿Ha visto jugar alguna vez a los Jets? ¿a
los Yanquis? ¿a los Gigantes? ¿a los Níquerboquer? ¿a cualquier
otro equipo profesional? 3. En su opinión, ¿es verdad que ver es
creer? ¿que querer es poder? ¿que conocer a una persona es
amarla? 4. ¿Qué te parece la idea de que el acostarse y levantarse
temprano hace funcionar mejor al individuo? 5. ¿Recuerdas una
ocasión en que tu familia te haya hecho hacer algo contra tu
voluntad? ¿o en que otra persona te haya obligado a hacerlo?
¿Cómo resultó? 6. ¿Hay alguna cosa que tus padres todavía te
prohiban hacer? ¿Crees que tienen razón o no? 7. ¿Hay algo
que tú mismo le impidieras hacer a tu propio hijo? ¿Por qué?
8. ¿Sabes jugar al tenis? ¿Te gustaría jugar conmigo mañana por
la tarde? 9. ¿Qué te gustaría hacer más que nada en este
momento? (Tu deseo es nuestro mandato. Adelante...)

95. SPECIAL USES OF THE INFINITIVE
A. To Replace a Clause

1. **Al** + infinitive is often used as a substitute for a clause beginning with *when*.

Al llegar el candidato, la gente prorrumpió en gritos y silbidos.	When the candidate arrived, the people broke out in shouts and whistles.
Al acercarse cualquier forastero, el perro comenzaba a ladrar.	When any stranger approached, the dog would begin to bark.

Notice that the subject of the implied clause follows the infinitive.

2. **De** + infinitive may replace an *if* clause contrary to fact, especially in the compound tenses.

De haberlo sabido antes, te lo habría advertido.	If I had known it sooner, I would have warned you.
De haber ganado el otro partido, habría resultado peor.	If the other party had won, it would have been worse.

B. Infinitive vs. Subjunctive

1. Normally, when there is *no* change of subject, the prepositions **para, sin, antes de, después de, hasta, a menos de, con tal de,** and other such prepositions of purpose, time, and uncertainty, are used with the infinitive.

No saldré a menos de tenerlo.	I shall not go out unless I have it.
Es capaz de todo con tal de conseguirlo.	He is capable of anything provided he gets it.
Siga Ud. caminando hasta llegar al pueblo.	Keep walking until you reach the town.

However, even without there being a change of subject, a conjunction + subjunctive (or indicative) may be used instead of preposition + infinitive. The sentence then acquires a more emphatic or graphic quality.

No lo permitirá a menos que haya cambiado de parecer.	He will not permit it, unless he has changed his mind.
Siga Ud. caminando hasta que llegue al pueblo.	Keep walking until you reach the town.
Lo haré, con tal que reciba primero el dinero.	I will do it, provided I receive the money first.

2. Normally, when there *is* a change of subject, Spanish uses a conjunction + a clause (either in the subjunctive or the indicative, depending on the meaning of the sentence).

Se fueron antes de que pudiéramos saludarlos ni nada.	They left before we could greet them or anything.
Se quedó hasta que su hermana volvió.	He stayed until his sister came back.
No te lo lleves sin que Mamá lo vea primero.	Don't take it away without Mom's seeing it first.

However, even when there *is* a change of subject, a preposition + infinitive may often take the place of a clause. Notice that in such cases, the subject must follow the infinitive.

Llegamos antes de ponerse el sol.	We arrived before the sun set.
Entraron en la casa sin oírlos nadie.	They entered the house without anybody's hearing them.

3. The infinitive may be used after certain impersonal expressions even when another personal subject is implied or stated. The infinitive construction makes an objective or factual statement. The subjunctive, which is more emphatic and subjective, expresses the speaker's opinion of the action.

Le es imposible hacerlo.	It is impossible for him to do it.
Es imposible que él lo haga.	It is impossible that he will do it.
Nos importa verlos en seguida.	It is important for us to see them at once.
Importa que los veamos en seguida.	It is important that we see them at once.

C. The Infinitive as an Imperative

As we have noted earlier, this usage occurs mainly in short sentences that serve as written directions or public notices.

No Fumar	No Smoking; DO NOT SMOKE
Traducir al español las frases siguientes.	Translate the following sentences into Spanish.

D. The Infinitive to Translate an English Past Participle

When a past participle in English is preceded by the prefix *un*, Spanish generally uses **sin**, or at times **por**, followed by the infinitive.

El piso está todavia sin (or por) pintar. —Y el alquiler está todavía sin pagar. Estamos desquitados.	The apartment is still unpainted. —And the rent is still unpaid. We're even.

English sometimes uses a past participle after verbs of ordering or permitting. (Actually, the English is an elliptical construction to avoid a passive infinitive.) Spanish simply uses the normal infinitive.

Lo mandó encarcelar.	He ordered him (to be) imprisoned.
Te haré hacer un vestido nuevo.	I'll have a new dress made for you.
No permitirán hacerlo así.	They won't permit it (to be) done that way.

Ejercicios

A. Diga en español:

1. Her husband was so jealous, so insecure that he had her watched, he had her followed everywhere she went. —It is difficult to explain why she put up with it for so long. If I had discovered that my husband was doing such a thing, I would have left him. —You're right. There are many things that are difficult to explain in this world.

2. Ready-made clothing of good quality is impossible to obtain in this town. Unless I can go to the city soon, I'll have to have my wedding dress made by (**hacer**) a seamstress. —If I had had the money, I would have done the same.

3. When he entered the room, he noticed that something had changed. The figure of Paris had disappeared from the painting. It had evaporated, it had been erased. What was he to think? What could he do? —It is to be hoped that he phoned his psychiatrist, and that he (the latter) had him sent to a sanatarium.

B. Imagínese que se le ha encargado la tarea de hacer letreros para varios lugares públicos. ¿Cuáles colocaría Ud. en la biblioteca? ¿en un avión? ¿en el parque? ¿en al autobús? ¿en un laboratorio? ¿en una instalación militar? ¿en un aula de examen? A ver cómo emplea Ud. su imaginación. ¡y el infinitivo!

CREACIÓN

Hemos leído ya la confesión del doctor Anselmo, la historia de su extraña experiencia... ¿o de su alucinación? Piense Ud. por un momento ahora, y después cuéntenos una alucinación o una experiencia curiosísima, sea verdadera o ficticia. La puede contar en primera persona o en tercera, según le convenga. Lo que más importa es que sea una historia asombrosa, extraña, increíble...

REFERENCE GUIDES

What's the difference between...?

"What's the Difference Between . . .?" contains an analysis of one hundred and fifty common English words whose varied translation(s) in Spanish often cause confusion. Use the word list below to help you find "the difference between." The Spanish words and expressions are treated in the section that follows, on pages 289 through 367; the numbers beside each of the words (below) indicate the paragraph(s) in which they appear.

1. about

sobre, acerca de   about, concerning, dealing with (usually a topic)

Sobre is used somewhat more frequently.

Es un libro sobre (acerca de) la revolución francesa.	It is a book about the French Revolution.

de   about, concerning (usually, though not necessarily, concerning a person)

He oído hablar mucho de él.	I have heard a great deal about him.
No sé nada de su familia.	I don't know anything about his family.
No hablemos de eso.	Let's not talk about that.

a eso de   about, approximately (used before a number, and generally refers to time of day)

Llegaron a eso de las once y media.	They arrived about 11 : 30.

Sobre is often used colloquially in this sense.

Nos veremos sobre las ocho, ¿eh?	We'll meet around eight, OK?

cerca de   about, nearly, almost (used primarily with numbers or hours of the day)

La China tiene cerca de setecientos millones de habitantes.	China has about (close to) seven hundred million inhabitants.

unos   about, approximately (used before numbers, but not to express time of day)

Mi tía tiene unos cincuenta años.	My aunt is about fifty years old.

más o menos   more or less; may also be translated *about*

Tiene cincuenta años, más o menos.	He is about fifty years old.

2. above

arriba (*adv.*)   above, overhead (unlimited, not necessarily relative to the position of another object)   OPPOSITE: **abajo** below

Arriba, un cielo nublado y tormentoso; abajo, un torbellino de aguas turbulentas.	Above, a cloudy, stormy sky; below, a whirlpool of turbulent waters.

encima (*adv.*)   above, on top (usually relative to the position of another object)   OPPOSITE: **debajo** underneath

Primero pondrás el ungüento, y encima, la venda.	First you'll apply the ointment, and on top (above), the bandage.
Se me cayó encima.	It fell right on top of me.
Debajo hay miles de corrientes; encima no se ve nada.	Underneath there are thousands of currents; on top (above), nothing is visible.

encima de (*prep.*)   (piled) on top of; suspended above

Lo puse encima del armario.	I put it on top of the wardrobe.

¿ Por qué no lo colgamos encima del sofá ?	Why don't we hang it above the sofa ?

sobre (*prep.*)   above, over : on top of

Sobre, though essentially synonymous with **encima de**, implies a closer position to the object, a feeling often of almost touching, resting upon it. Also, **sobre** may be used figuratively.

Sobre todo, cuide de no ofenderlos nunca.	Above all, take care never to offend them.

3. actual(ly)

The English word *actual* has two meanings : (1) real (2) present, current.

actual   present, current, contemporary

La situación actual de la economía peruana...	The present situation of the Peruvian economy...
El presidente actual es el Sr. Domínguez.	The current president is Mr. Domínguez.

verdadero, real, efectivo   actual (in the sense of real or true)

El jefe verdadero (real or efectivo) es García.	The actual (real) leader is García.
La razón verdadera fue...	The actual (real) reason was...

en la actualidad, actualmente   nowdays, currently, at present

En la actualidad vive en Chile.	At present, he is living in Chile.

en realidad, a decir verdad   actually, really, truthfully

En realidad, ella no era su madre.	Actually, she wasn't his mother.
A decir verdad, no sabía la respuesta; la adiviné.	Actually (to tell the truth), I didn't know the answer; I guessed it.

4. after

después de (*prep.*)   after (in sense of time)

Después de poner la mesa, metió las chuletas en el horno.	After setting the table, she put the chops in the oven.

tras (*prep.*)   after (in a sequence or series) ; after, right behind (location)

Día tras día, hora tras hora...	Day after day, hour after hour...
Corrió tras él.	She ran after him.

después de que (*conj.*)   after (introduces a clause referring to time)

Después de que se gradúe su hermano mayor, Pepe asistirá también a la universidad.	After his older brother graduates, Joe will attend college too.

después (*adv.*)   afterwards, later, then

Primero, llamó a la policía. Después, salió en busca de los ladrones él mismo.	First, he called the police. Then he went out in search of the thieves himself.

5. again

otra vez   again, another time (as before)

Repita otra vez.	Repeat again.
¿ No quieres cantármela otra vez ?	Won't you sing it for me again ?

de nuevo   again, anew (from a fresh start), all over again

Hágalo de nuevo.	Do it over again.
Cinco minutos después se presentó de nuevo con otra demanda.	Five minutes later he turned up again with another demand.

una vez más   one more time, once again

Por favor, diga una vez más: *perro, perro*...	Please, say once more : *perro, perro*...

volver a (+*infinitive*)   to do (something) again

Me volvió a llamar a medianoche. ¿ Qué te crees ?	He called me again at midnight. How about that ?

6. (to) agree

estar de acuerdo   to be in agreement on an issue ; to agree with someone

En eso estamos de acuerdo todos.	On that we all agree.
Pues yo no estoy de acuerdo con Uds.	Well, I don't agree with you.

estar conforme   to agree to something; to go along with

Creo que debiéramos invitarlos. —Estoy conforme.	I think that we ought to invite them. —I agree. (It's all right with me.)

convenir en, quedar en   to agree to do something

Convinieron en reunirse todos los martes.	They agreed to meet every Tuesday.
Quedamos en vernos al día siguiente.	We agreed to see each other on the following day.

7. ahead

adelante (*adv.*)   up ahead, farther on; onward, forward   OPPOSITE: **atrás**   behind

No importa. Seguiremos adelante.	It doesn't matter. We'll keep going ahead.
Los encontrarás un poco más adelante.	You'll find them a little farther up ahead.

adelantado (*adj.*)   ahead, advanced

Mi reloj anda algo adelantado.	My watch is running a little ahead (fast).
Está muy adelantada para su edad.	She is far ahead for her age.

más adelantado que, más adelante que, delante de   ahead of

Este niño está más adelantado que (más adelante que, delante de) los demás de su clase.	This boy is ahead of the other pupils in his class.

8. anyone

cualquiera, cualquier persona   anyone (at all)

Cualquiera (Cualquier persona) podría hacer eso.	Anyone at all could do that.

alguien   anyone (in a question), someone

> ¿ Hay alguien que me pueda
> ayudar ?

Is there anyone (someone)
who can help me ?

nadie   anyone (after a negative)

> No hay nadie hoy.

There isn't anyone here today.

9. anyway

en fin   well, to sum up, anyway, so

> En fin, decidió ir con nosotros
> al campo.

Anyway he decided to go
with us to the country.

en todo caso   anyway, in any case or event

> En todo caso partirán antes del
> quince.

Anyway (in any event) they'll
leave before the fifteenth.

a pesar de todo, de todos modos   anyway, despite everything

> A pesar de todo (De todos
> modos), nos tendrá que pagar.

He'll have to pay us anyway.

10. appointment

cita   a date—a social, or (less frequently) business, appointment

> ¿ Tienes cita con Juan el
> sábado ?

Do you have an appointment
(date) with John Saturday ?

compromiso   an appointment—sometimes social, often business or
professional

> No hay tiempo para más
> compromisos hoy.

There is no time for more
appointments today.

hora   a doctor's appointment

> ¿ Me puede dar hora mañana
> el Dr. Ulcera ?

Can Dr. Ulcera give me an
appointment tomorrow ?

nombramiento   appointment (to a position)

> ¿ Quién conseguirá el
> nombramiento ante las
> Naciones Unidas ?

Who will get the appointment
to the United Nations ?

11. around

> **alrededor** (*adv.*)   round about, all around, on all sides

Alrededor había fuentes y árboles y hermosas flores.	All around were fountains and trees and beautiful flowers.

> **alrededor de** (*prep.*)   around, in a circle about

Formaron un círculo alrededor del campeón.	They formed a circle around the champion.

> **por** (*prep.*)   around, in the vicinity of, through the general area of

Tiene que estar por aquí.	It has to be around here.
¿Por qué no damos una vueltecita por el parque?	Why don't we take a little turn around (in) the park?

> **a eso de, sobre**   around (referring to time of day) (*see* about, pp. 289–290)

> **unos, más o menos**   around, about, approximately (*see* about, p. 290)

12. (to) ask

> **pedir**   to ask for (to ask to be given something, etc.) ; to make a request to someone

No le pediré nada aunque me muera de hambre.	I won't ask him for anything even if I starve to death.
Pídale que vuelva.	Ask him to come back.

> **preguntar**   to ask (a question), to inquire

Pregúntale cuándo volverá.	Ask him when he'll come back.

> **hacer una pregunta**   to ask a question

No me hagas tantas preguntas.	Don't ask me so many questions.

> **preguntar por**   to ask for (about), to inquire about

Acabo de ver a Carmen y ella preguntó por ti.	I have just seen Carmen and she asked for you.

- **at**   **en, a** (*see* Chap. XV, 79 E4 and 82 A)

13. (to) attend

   atender a   to attend to (a matter, a person, etc.)

Atiende a sus propios asuntos sin interesarse por otra persona.	He attends to his own affairs without taking an interest in anyone else.
La dependienta está atendiendo a su primer cliente.	The clerk is attending to her first customer.

   asistir a   to attend (a school, a function, etc.)

Asistimos al Instituto.	We attend the Institute.

   IMPORTANT: **Asistir** does not normally means *to assist*, *help*. **Ayudar** is used in this sense.

Ayuda a su padre en el negocio.	He assists his father in the business.

   NOTE:

Los asistentes...	Those in attendance...
El ayudante del general...	The assistant (aide) to the general...

● (to) be   (*see* **ser-estar,** Chap. IX)

14. (to) be cold

   hacer frío   to be cold (refers to climate, weather, or room temperature)

Hace mucho frío, ¿ no ?	It's very cold (out here, or in here), isn't it ?

   tener or **sentir frío**   to be cold (describes a person's reaction to cold). **Sentir** implies a sudden chill.

Tengo (siento) frío. —Y yo siempre tengo calor.	I am (feel) cold. —And I am always warm.

   ser frío   to be cold (depicts a characteristic of a person or thing) ; to be distant, aloof, impassive

No me gusta ese hombre. Es demasiado frío.	I don't like that man. He's too cold (distant, frigid).
La nieve es fría.	Snow is cold.

estar frío   to be in a cold state or condition

La olla ya está fría.	The pot is already cold.
Mi sopa está fría.	My soup is cold.

15. because

porque (*conj.*) because (+*clause*)

No le interesa porque no lo entiende.	It doesn't interest him because he doesn't understand it.
No van a comer de eso porque no les gusta.	They won't eat that because they don't like it.

a causa de (*prep.*)   because of, due to (+*a noun or pronoun*)

A causa del aumento de los precios, se trasladarán a otra ciudad.	Because of the increase in prices, they will move to another city.
No pudimos acabarlo a causa de él.	We couldn't finish it because of him.

debido a (*prep.*)   because of, due to (+*a noun*)

Debido a is synonymous with **a causa de**, except that it usually refers only to nonpersonal nouns.

Debido a circunstancias fuera de nuestro control...	Due to circumstances beyond our control...

por (*prep.*)   because of, for the sake of; out of, motivated by

Trabaja sólo por ella.	He works only for her sake (because of her).
Lo hizo por miedo.	He did it because of (out of) fear.

16. (to) become

llegar a ser   to become (something—usually as the culmination of a series of events)

Después de diez y ocho años en el Senado llegó a ser presidente.	After eighteen years in the Senate, he became President.

hacerse   to become (usually a member of a profession or trade); to become (rich); to change into

Su hijo se ha hecho cura.	His son has become a priest.
El agua se hace hielo a los treinta y dos grados.	Water becomes ice at 32°.

ponerse (+*adj.*)   to become (to adopt, acquire, assume, take on a certain condition or state—usually a person)

Si no te cuidas, te pondrás enfermo.	If you don't take care of yourself, you'll get sick.
Se puso pálido (rojo, enojado).	He became pale (red, angry).

Frequently, a transitive verb used reflexively conveys the same meaning as **ponerse** (+adjective).

Se enojó, se enfadó.	He became angry.
Se alegrará cuando oiga las noticias.	He will be (become) happy when he hears the news.

volverse   to become (as by a sudden change) ; to turn (into)

El pobre se ha vuelto loco.	The poor fellow has become (gone, turned) crazy.

convertirse en   to become, turn into, change into (a physical change)

La cera se convierte en sustancias gaseosas cuando se quema.	Wax turns into (becomes) gaseous matter when it burns.
De noche, el ilustre Doctor Jekyll se convertía en (o se hacía) un monstruo diabólico.	At night, the illustrious Dr. Jekyll became a diabolical monster.

meterse a   to become, to set one's mind on a new course of activity or plunge into a new endeavour. **Meterse a** often has somewhat derogatory implications or connotations of impermanence.

Ahora se ha metido a pintor. ¿En qué va a pensar después?	Now he has become a painter (taken up painting). What will he think of next?

ser de, hacerse de   to become of, to happen to

¿Qué será de mí?	What will become of me?
¿Qué se ha hecho de Felipe?	What has become of Phil?

quedarse   to become, be left in a certain condition (usually a thing)

La casa se ha quedado muy sucia.	The house has become very dirty.

17. before

antes de (*prep.*)   before (referring to time)

Antes de ponerte la nueva camisa, no dejes de quitarle todos los alfileres.	Before putting on your new shirt, be sure to take out all the pins.

antes (*adv.*)   before (in time), first

El cantó antes, ella después.	He sang first, she afterwards.

antes de que (*conj.*)   before (introduces a clause referring to time, and is always followed by the subjunctive)

Vámonos ahora mismo antes de que llueva.	Let's go right now, before it rains.

antes que (*prep.*)   before, rather than (does not stress time)

Se dejaría echar a la calle antes que pedir prestado a nadie.	He would let himself be thrown out into the street rather than borrow from anyone.

delante de   before, in front of, ahead of (refers to location, not time)

Tiene una labor tremenda delante de ella.	She has a tremendous job before her.
Estaban sentados delante del hogar.	They were seated in front of (before) the fireplace.

ante   before, in front of (a person, an altar, a court, etc.)
Ante usually implies some relation of deference.

Se arrodilló ante el altar (el rey, el juez, etc.).	He kneeled before the altar (the king, the judge, etc.).
Hay que quitarse el sombrero ante una señora.	One must remove his hat before a lady.

18. behind

detrás de (*prep.*)   behind, in back of (something)   OPPOSITE: delante de

Los niños estaban escondidos detrás del sofá.	The children were hiding behind the sofa.

tras (*prep.*)   behind, following, after

Pedrito se fue corriendo, y tras él, todos los demás muchachos.	Little Pete went off running, and behind him, all the other children.

atrás (*adv.*)   behind, in back (not specifically relative to the position of another object)   OPPOSITE: **adelante**

Los heridos se han quedado atrás.	The wounded have remained behind.
Dio tres pasos hacia atrás.	He took three steps back (wards).

atrasado (*adj.*)   behind, backward

El proyecto anda un poco atrasado.	The project is a little behind (schedule).
El reloj está atrasado.	The clock is behind (slow).

19. below

abajo (*adv.*)   below, underneath (not relative to the position of something else)   OPPOSITE: **arriba**

Abajo corría una corriente tumultuosa.	Below there ran a tumultuous current.
No mire nunca hacia abajo; siempre, hacia arriba.	Don't ever look below (down); always look up.

debajo (*adv.*)   below, under (with respect to something else)   OPPOSITE: **encima**

Ahí lo puso debajo.	He put it there underneath.
Encima se veía una cara sonriente; debajo, una mueca terrible.	On the surface one saw a smiling face; below, a terrible grimace.

debajo de, bajo (*prep.*)   under, below, underneath (*see* under, #137, p. 361)

Debajo de la superficie hay valiosas minas de plata.	Below the surface there are valuable silver mines.

20. beside(s)

además de   beside, aside from

Además de su mucho trabajo
en casa, estudia de noche.

Beside the great amount of
work she does at home, she
studies at night.

al lado de, a su lado   beside, next to, at one's side (location)

Joaquín está al lado de su
madre.

Jack is beside his mother.

A su lado estaban todos sus
hijos y nietos.

Beside him were all his
children and grandchildren.

además   besides, moreover, furthermore

Además, nunca había salido de
su pueblecito.

Besides, he had never left his
village.

21. boat

barco, buque   large boat, ship

un barco (buque) de guerra

a warship

vapor   steamship, boat, steamer

El vapor entrará en muelle a
las siete.

The steamship will dock at
7 o'clock.

bote   a small boat, usually a rowboat

Se metieron los dos en el bote
y empezaron a remar.

The two got into the boat
and began to row.

barca   a fairly small ship, used for fishing, etc.

La barca abandonada había
servido para llevar contrabando.

The abandoned boat had
been used for carrying
contraband.

lancha   a small boat (often with a motor), launch

Fuimos conducidos a tierra en
lanchas.

We were taken ashore in
launches (boats).

ir por mar or **en barco**   to travel by boat or ship

¿Iréis en avión o por mar (en
barco)?

Will you go by plane or by
boat?

22. (to) burn

arder to be on fire, to be burning

La casa estaba ardiendo.	The house was burning.

quemar to burn, scorch, sear (something or someone) ; to destroy by fire

¡ Ay, por Dios ! Me he quemado los dedos.	Ouch ! I have burnt my fingers.
La quemaron viva.	They burnt her alive.

quemarse (*intransitive*) to burn down (or up)

Se quemó el establo.	The stable burned down.

pegar (**o poner**) **fuego a** to set on fire, burn down

El loco pegó (o puso) fuego a la barraca.	The madman set fire to (burned) the cabin.

23. but

sino but, on the contrary

Sino is used only when the first part of a sentence is negative, and the second part contradicts it. **Sino que** introduces a clause.

No es valiente, sino cobarde.	He is not brave, but cowardly.
No estudia, sino que pasa el tiempo jugando.	He doesn't study, but spends his time playing.

pero but (in all its uses except that noted for **sino**)

Es cobarde, pero todos creen que es valiente.	He is a coward, but every one thinks he is brave.

Mas is a literary synonym for **pero**.

menos but, except

Nadie lo sabe menos yo.	No one knows but I.

si no fuera por but for, except for, if it weren't for

Si no fuera por él, todos habrían muerto.	But for him, they would all have died.

24. by

por   by (an agent) ; by means of (in which the physical nature of the action itself is stressed)

Las velas fueron apagadas por el viento.	The candles were blown out by the wind.
Nos llamó por teléfono.	He called us by (on the) telephone.

de   by (an agent or accompanying factor)   **De** implies an emotional or mental attitude, or a physical state already achieved.

Era muy amado de sus empleados.	He was very much loved by his employees.
Está rodeada de amigos y parientes.	She is surrounded by friends and relatives.

en   by (a means of transportation, but referring almost exclusively to persons)

Iremos en avión, no en barco.	We'll go by plane, not by ship.

BUT:

Mandaron la carta por avión.	They sent the letter by (via) airmail.

para   by a future time

Para mañana deben terminarlo.	They ought to finish by tomorrow.

25. can

poder'   can (to be able, physically capable) ; may, can (colloquial English—to be allowed)

Puedes hacerlo si quieres.	You can do it if you want to.
No puedo levantarlo.	I can't lift it up.
Mi madre dice que puedo ir.	My mother says that I can (may) go.

saber   can (in the sense of *to know how to*)

Sabe hablar siete lenguas.	He can speak seven languages.
¿ Sabe Ud. tocar el piano ?	Can you play the piano ?

26. clerk

dependiente, dependienta   generally a salesclerk

contador   a bank clerk; bookkeeper

empleado   usually a nonselling clerk; an employee of a store, office, etc.

Le expliqué el caso al empleado de Correos.	I explained the case to the postal clerk.

escribano   a clerical worker; court clerk

El escribano apuntará su nombre y dirección.	The clerk will take down your name and address.

mozo   a general helper (grocery clerk, etc.)

27. confidence

confianza   confidence, faith, reliance, trust

Tengo la mayor confianza en Uds.	I have the greatest confidence in you.

confidencia   a confidence, something that is being confided; confidence, secrecy

Me lo dijo en confidencia.	He told me it in confidence.
Nunca se debe revelar una confidencia.	One should never reveal a confidence.

28. corner

esquina   street corner (sidewalk); an outside corner

Te esperaremos en la esquina, ¿está bien?	We'll wait for you on the corner, all right?

rincón (*m.*)   (an inside) corner; nook

La mesa nueva cabrá ahí en el rincón.	The new table will fit there in the corner.

bocacalle (*f.*)   street corner (intersection, in the road)

El policía dirigía el tránsito en la bocacalle.	The policeman was directing traffic on the corner.

29. country

país   country, nation

Hay muchos países que no tienen puertos de mar.	There are many countries that don't have seaports.

campo   the country (as opposed to the city)

Pasamos el verano en el campo.	We spent the summer in the country.

patria   country, fatherland, homeland (often emotional or poetic)

Murió por su patria.	He died for his country.

tierra   native land, home province, etc.

Tierra is also used figuratively to mean *the land, earth, world,* **etc.**

Mi tierra es Andalucía.	My land is Andalucía.

terreno   country, lay of the land, topography, terrain

El terreno era áspero y escabroso.	The country was rough and rugged.

30. dark

oscuro   dark (in color) ; not lighted

Mi nuevo traje es de un verde oscuro.	My new suit is dark green.
Vive en una calle oscura.	He lives on a dark street.

a oscuras   (in the) dark, with the lights out (**a oscuras** is also used figuratively)

El cuarto estaba a oscuras.	The room was dark.
Están tanteando a oscuras.	They're groping in the dark.

31. date

fecha   a date of the month or year

No se sabe la fecha exacta de su nacimiento.	The exact date of his birth is not known.
¿ Qué fecha es hoy ?	What is today's date ?

The idioms **¿A cuántos del mes estamos?** and **¿ Qué fecha tenemos?** also ask: What is today's date?

cita   a date, an appointment to meet somebody (usually socially)

> **Tengo una cita con él mañana.**   I have a date with him
>   tomorrow.

compromiso   a date, an appointment, an engagement (either
>   social or business)

> **Ya tiene compromiso para esta**   He already has an appoint-
> **tarde.**   ment for this afternoon.

citarse   to make a date

> **Nos citamos para hoy.**   We made a date for today.

32. (to) destroy

destruir   to destroy completely, to annihilate

> **No se puede destruir nunca el**   Man's soul can never be
> **alma del hombre.**   destroyed.

destrozar   to destroy, ruin, devastate

> **La tormenta destrozó gran**   The storm destroyed
> **parte del edificio.**   (wrecked) a large part of the
>   building.

33. ear

oído   (inner) ear; hearing

> **Tiene una herida en el oído.**   He has an injury in his ear.
> **Me lo susurró al oído.**   He whispered it into my ear.

oreja   (outer) ear

> **Le cortaron una oreja.**   They cut off his ear.
> **Tenía vendada la oreja**   His right ear was bandaged.
> **derecha.**

34. (to) enjoy

divertirse, pasarlo bien   to enjoy, amuse oneself, to have a good
>   time

Nos divertimos mucho en el club.	We enjoy ourselves very much at the Club.
Lo pasé muy bien anoche.	I had a very good time last night.

gozar de   to enjoy, take pleasure or pride in, reap satisfaction from; to enjoy the benefits of (good health, etc.)

Siempre ha gozado de buena salud.	He has always enjoyed good health.
Goza de sus nietos.	She enjoys her grandsons.
Gozan de mucha fama en su pueblo.	They enjoy a great reputation in their home town.

disfrutar (de)   to enjoy, take pleasure and advantage from

Dísfruta de la vida.	He enjoys life.

gustarle (mucho) a uno   to enjoy (a book, show, etc.)

¿ Qué tal le gustó el concierto ?	How did you enjoy the concert ?
No me ha gustado nunca su compañía.	I have never enjoyed his company.

35. even

hasta, aun, incluso (*adv.* and *prep.*)   even, furthermore (surprisingly) ; in addition ; including

Although these are usually interchangeable, **aun** is less emphatic than **hasta** or **incluso**, and **incluso** is less frequent as an adverb.

Hasta (Aun) sabe leer y escribir japonés.	He even knows how to read and write Japanese.
Hasta (Aun, Incluso) los niños iban armados por las calles.	Even the children went about armed in the streets.
Todos han aprobado el examen, incluso tú.	Everyone passed the exam, even (including) you.

(ni) siquiera (not) even

No tiene (ni) siquiera un amigo.	He doesn't have even one friend.
Ni siquiera gasta para la comida.	He doesn't even spend for food.

par (*adj.*)   even (of a number)

Primero vamos a decir los números pares.	First let's say the even numbers.

justo, exacto, igual   even (in quantity, size, etc.)

Córtelo en pedazos iguales (justos), ¿está bien?	Cut it into even pieces, all right?
Quedó exacto por todos lados.	It came out even on all sides.

36. (to) fail

fracasar   to fail, not to succeed, to make a fiasco

Esta vez no voy a fracasar.	This time I won't fail.

suspender   to fail (somebody in a course)

Le suspendieron por haber faltado al examen final.	He was failed for having missed the final exam.

ser (quedar) suspendido   to fail (a course)

Han sido (o quedado) suspendidos sólo dos estudiantes este año.	Only two students have failed this year.

Fracasar is also used in the sense of to fail a course:

El único que fracasó fue Miguel.	Mike was the only one who failed.

dejar de   to fail to (do something)

No dejes de cerrar la puerta cuando salgas.	Don't fail to shut the door when you go out.

faltar (a)   to fail, disappoint, deceive (somebody); to fail in

Yo no te faltaré nunca. Te lo prometo.	I'll never fail you. I promise you.
No debes faltar a tus obligaciones.	You shouldn't fail in your obligations.

The preterite of almost any verb used negatively may translate *failed to* when the English implies merely a simple past action.

Prometió venir, pero no se presentó.	He promised to come, but he failed to appear.

37. fair

justo   fair, just

> Eso no es justo.   That's not fair.

mediano, regular; así así   fair, so-so, average

> Carlos es un estudiante mediano (regular).   Charles is a fair student.
>
> ¿Cómo estás hoy?—Regular. (Así así.)   How are you today? —Fair. (O.K., So-so.)

claro   fair, light in color

> Elda tenía unos ojos clarísimos.   Elda had very light (fair) eyes.

blanco   fair (skin)

> Su cutis blanco contrastaba con el pelo oscuro.   Her fair skin contrasted with her dark hair.

rubio   fair (haired and/or skinned)

> A él le gustan sólo las mujeres rubias.   He likes only fair women.

38. fear

temor (*m.*)   (a specific) fear, or (plural) fears

> Todos sus temores resultaron infundados.   All his fears turned out unfounded.
>
> Le estremeció un temor repentino.   A sudden fear shook him.

miedo   fear (as an abstraction)

> El miedo representa un peligro en sí.   Fear represents a danger in itself.
>
> Lo hizo por miedo.   He did it out of fear.

Notice that **miedo** is never plural.

tener miedo de or **a (una persona)**   to be afraid of, to be in fear of

> No tengas miedo. Ese perro no muerde... ¡Ay! Disculpa.   Don't be afraid. That dog doesn't bite... Oh, my! I'm sorry.

temer   to fear; to be concerned or worried   (**temer** is usually less emphatic, less emotional than **tener miedo**)

Teme las consecuencias de su acción.	He fears the consequences of his action.
El niño temía (tenía miedo) a su padrastro.	The boy feared (was afraid of) his stepfather.
Temo que llueva mañana.	I'm afraid it will rain tomorrow.

39. (to) feel

sentir   to feel (something); to feel (to sense, to believe) that...

No le sentimos ninguna compasión.	We don't feel any compassion for him.
Sentía su presencia en todas partes.	He felt her presence everywhere.
Siento que todo va a salir bien.	I feel that everything will turn out all right.

sentirse (+*adj.*)   to feel (in a certain condition or state)

Me siento honrado...	I feel honored...
Se sintió avergonzado delante de sus parientes y amigos.	He felt ashamed in front of his relatives and friends.

40. few

pocos   few, not many   (**Pocos** always has a negative implication.)

Ese tiene pocos amigos.	That fellow has few friends.

unos pocos, unos cuantos   a few, several, some (positive implication)

¿ Cuadernos ? Sí, quedan unos pocos (unos cuantos).	Notebooks ? Yes, there are a few left.

41. finally

al fin   finally, at last, in the end

Al fin, decidimos telefonearles.	Finally, we decided to telephone them.

por fin   finally, at (long) last

Por fin is more exclamatory than **al fin**, and implies a feeling of relief.

Por fin lo han acabado.	At last, they have finished it! (They have finally finished it.)

en fin   finally, in short, to sum up

> En fin, recobraron lo perdido y se acabó el asunto.
>
> Finally (in short), they recovered what had been lost and the matter was concluded.

42. (to) find

hallar, encontrar   to find, locate (someone or something)

> Lo hallamos (encontramos) en su casa.
>
> We found it in his house.

> La hallaron (encontraron) dormida en el bosque.
>
> They found her asleep in the woods.

descubrir   to find, discover, uncover (usually a physical object, a territory, etc.)

> Han descubierto un tesoro de diamantes y perlas.
>
> They have found (discovered) a treasure of diamonds and pearls.

hallarse, encontrarse   to be (to find onself)

Hallarse is more frequent when the verb is followed by an adjective.

> Al día siguiente, se hallaban (encontraban) en Sevilla.
>
> On the following day, they were in Seville.

> Me hallo obligado a advertirles que...
>
> I am obliged to advise you that...

43. fix

arreglar, componer   to fix (an apparatus, etc.) ; arrange

> ¿Han arreglado (compuesto) ya el televisor?
>
> Have they fixed the television set yet?

> No te preocupes. Yo te lo arreglaré todo.
>
> Don't worry, I'll fix everything for you.

fijar   to affix, to fix, fasten, make fast

> Fijen bien la araña para que no se caiga, ¿está bien?
>
> Fix the chandelier so that it won't fall, all right?

44. (to) fly

ir en avión   to fly, take a flight, go by air

> ¿Cómo iréis? —En avión.
>
> How will you go? —We'll fly.

volar   to be in flight; to fly (over some place, etc.)

> Volamos sobre los Andes.   We flew over the Andes.

pilotear (un avión)   to fly (a plane)

> Mi sobrino pilotea su propia   My nephew flies his own
> avioneta.   little plane.

tripular   to fly (pilot) a commercial plane, head the crew

> Hacía años que tripulaba   He had been piloting jets for
> aviones de chorro.   years.

45. free

libre   free, independent; open, accessible

> Garantizan el libre acceso a la   They guarantee free access to
> frontera.   the border.

> Así debe actuar un hombre   That's how a free man should
> libre.   act.

gratis (*adv.*)   free, without demanding payment

> ¿Cuánto te cobró? —Nada. Me   How much did he charge you?
> lo dio gratis.   —Nothing. He gave it to me
>   free.

gratuito (*adj.*)   free of charge

> Esta tarde habrá un número de   This afternoon there will be a
> entradas gratuitas para la   number of free admissions to
> ópera.   the opera.

46. from

de   from (emanating from a place, person, etc.); from (a point in
      time or space)

> El humo proviene de las   The smoke comes from the
> muchas fábricas.   many factories.

> La carta es de mi hermano.   The letter is from my brother.

> De aquí a Nueva York hay 100   It is 100 miles from here to
> millas.   New York.

desde   from, since (a certain point in time); from (a certain place)

Desde places greater emphasis on location or position in time or
space. Frequently, it is followed by **hasta**   until.

Nos gritó desde la colina.	He shouted to us from the hill.
Vive con nosotros desde el primero de marzo.	He has been living with us since the first of March.
Estarán aquí desde junio hasta septiembre (o de junio a septiembre).	They will be here from June to September.

47. funny

gracioso   funny, comical; witty, charming

| Un chiste muy gracioso. | A very funny joke |
| Su marido es tan gracioso. | Her husband is so funny (witty). |

hacerle gracia a uno   to strike someone as being funny

| No sé por qué, pero eso siempre me hace gracia. | I don't know why, but that always strikes me funny. |

tener gracia   to be funny, humorous, witty (applied especially to ideas, etc.)

| Todo lo que dice tiene mucha gracia ¿no? | Everything he says is very funny (witty), don't you think so? |

divertido   funny, amusing, witty (persons, situations, etc.)

| La comedia es divertida en extremo. | The play is extremely funny. |

cómico   comical, laughable

| No veo nada cómico en eso. | I don't see anything funny in that. |

curioso, extraño, sorprendente   funny (strange, odd, curious, surprising)

| Es curioso que lo dijera *ella*, y no *él*. | It's funny that *she* should say it, and not *he*. |

48. game

juego   a type of game; gaming, gambling, play

| Han popularizado un nuevo juego de naipes. | They have popularized a new card game. |
| Un juego de palabras | A play on words |

partido   a specific performance of a game, a contest, match

| El partido se celebra a las tres. | The game starts at three o'clock. |

deporte (*m.*)   a sport, an athletic game (*not* contest)

| Mi deporte favorito es el fútbol. | My favorite sport is soccer. |

49. glance

mirada   a glance (at someone or something) ; a way of looking

| Me echó una mirada curiosa. | He gave me a curious glance. |
| Con una mirada tal, se podría enfriar el sol. | With a look like that, the sun could freeze over. |

ojeada   a glance (through a book, etc.), a rapid perusal

| Hoy le puedo dar sólo una ojeada rápida. | Today I can give it only a quick glance. |

50. (to) go

ir   to go

| Voy a verle mañana. | I am going to see him tomorrow. |
| Va con nosotros. | He is going with us. |

irse, marcharse   to go away

| Ya se ha ido (marchado). Llegaste tarde. | He has already gone away. You came too late. |

salir (de)   to leave, to go out (of)

| Salió hace media hora. | He went out half an hour ago. |
| Saldrán del edificio al mediodía. | They will leave (go out of) the building at noon. |

salir a   to go out into (the street, the hall, etc.)

| Acaba de salir a la calle. | He has just gone out into the street. |

salir para   to leave for, to go away to

> Salimos para la capital
> mañana.

> We are leaving for the capital
> tomorrow.

bajar   to go down

> No bajes la escalera tan aprisa.

> Don't go down the stairs so
> rapidly.

subir (a)   to go up or aboard

> Ha subido a su cuarto.

> He has gone up to his room.

> Subieron al tren.

> Then went aboard the train.

entrar en   to go into (in Spanish America, **entrar a**)

> Entraron en (or a) aquella
> tienda.

> They went into that store.

51. half

medio (*adj.* and *adv.*)   half

> Son las cinco y media.

> It is half-past five.

> Es medio indio, medio blanco.

> He is half Indian, half white.

> Está medio loco de hambre.

> He is half-crazy with hunger.

mitad (*n.*)   a half

> La dividieron en dos mitades.

> They divided it into two
> halves.

> Una mitad para ti, la otra
> para mí.

> Half for you, the other half
> for me.

52. (to) hang

colgar   to hang up (something)

> Colgaron su retrato en el salón.

> They hung his portrait in the
> living room.

estar colgado   to be hanging (up)

> El nuevo abrigo estaba colgado
> de un gancho.

> The coat was hanging on a
> hook.

pender   to be hanging or suspended (from something); to be
pending

La espada pendía de un solo hilo de seda.	The sword was hanging from a single thread of silk.

ahorcar　to hang, to execute (someone)

Lo ahorcaron sin darle oportunidad de defenderse.	They hanged him without giving him a chance to defend himself.

53. happy

feliz　basically happy (a characteristic)

un matrimonio feliz	a happy marriage or couple
un desenlace feliz	a happy ending

alegre　happy, gay, joyous, jovial (either a characteristic or a chance state of mind or disposition)

Estuvieron muy alegres anoche.	They were very gay last night.

contento　happy, satisfied, content, pleased

Estaría muy contenta de pasar toda mi vida allí.	I would be very happy to spend my whole life there.
¿Quién puede estar contento siempre de sí mismo?	Who can always be satisfied with himself?

54. (to) hear

oír　to hear (to perceive and recognize sound); listen (in a command)

¿Oyes lo que te digo?	Do you hear what I'm saying to you?
Oye, Juan...	Listen, John...

oír decir que　to hear (it said) that... (as news, a fact, etc.)

He oído decir que el estado va a rebajar los impuestos.	I have heard that the state is going to lower taxes.

oír hablar de　to hear about (a person, an event, etc.)

Hemos oído hablar de su tío y de su mucha riqueza.	We have heard about his uncle and his great wealth.

escuchar   to hear, listen to

Me gusta escuchar los programas musicales que se presentan por la tarde.	I like to listen to (hear) the musical programs that are presented in the afternoon.
¿ Me escuchas, hijo ?	Are you listening to me, son ? (Do you hear me ?)

55. (a) here

aquí   here (near me)

Su madre vive aquí cerca.	His mother lives around here.

acá   here (toward me)

Acá is used with verbs of motion, particularly with **venir**.

Ven (para) acá, Manuel.	Come this way, Manuel. (Come here.)

(b) here is, here are

aquí está(n)   here is, are (located, situated)

Aquí está mi mesa.	Here is my desk. (It is located in this spot.)

aquí tiene Ud.   here is, are (I am handing you, offering you...)

Aquí tiene Ud. su reloj.	Here is your watch. (Here it is. Take it.)

he aquí   here is, are (behold, witness) ; this is, these are

He aquí appears in a list of names or addresses, in newspaper captions, radio announcements, and in limited literary usage.

He aquí las estrellas que participarán en nuestra próxima presentación...	Here are (These are) the stars who will take part in our next presentation...

aquí es   here is the place (where)...

Aquí es donde vivo.	Here is where I live.

56. (to) hire

emplear   to hire, employ (a person)

Dicen que van a emplear a dos mil obreros más.	They say they're going to hire 2000 more workers.

alquilar   to hire, rent (a car, hall, apartment, etc.)

En Cali alquilaremos un coche.   In Cali we'll hire a car.

57. hit

pegar   to hit, strike (someone)

No lo pegues, por favor.   Don't hit him, please.

golpear, abofetear   to hit, beat (someone)

Los golpearon (abofetearon)   They hit (beat) them until
hasta que quedaron sin sentido. they were unconscious.

acertar   to hit (the mark) ; get the right answer, get the point, etc.

La bala le acertó en el muslo   The bullet hit him in the left
izquierdo.   thigh.

¡ Felicitaciones ! Has acertado   Congratulations ! You've done
otra vez.   it again.

chocar   to hit, crash into, collide with

El automóvil chocó con un   The car hit a tree.
árbol.

58. hot

caliente   hot : warm (**caliente** refers to the temperature of objects,
liquids, etc., not to persons)

No hay agua caliente hoy.   There's no hot water today.
Vive en un clima caliente.   He lives in a hot (warm)
                                      climate.

cálido   hot (and often humid or moist)

En los países cálidos, la vida es In hot (humid) countries,
más difícil.   life is more difficult.

caluroso   hot (giving off heat, as the weather, a day, etc.) ; ardent,
warm (figurative)

Hemos sufrido unos días   We've had some very hot
calurosísimos este verano.   days this summer.

Me dio un saludo caluroso.   He gave me a warm greeting.

acalorado　hot, heated, impassioned, enthusiastic (a discussion, fans, etc.)

Parece que interrumpíamos una discusión acalorada.	It seems we were interrupting a heated argument.

picante　hot, spicy (food)

La comida mejicana es más picante que la española.	Mexican food is hotter than Spanish.

BUT:

hacer calor　to be hot out (or in a certain place)

Ayer hizo mucho calor, ¿verdad?	It was very hot yesterday, wasn't it?

tener calor　to be (feel) hot (a person)

¿Tienes calor? —No, estoy bien.	Are you hot? —No, I'm all right.

59. (a) how!

¡cómo!　how, how well, how badly! (describes the manner in which something is done)

¡Cómo canta! ¡Cómo baila!	How she sings! How she dances!

¡cuánto! how, how much!

¡Cuánto te quiero!	How (much) I love you!

¡qué (+*adj.* or *adv.*)　how (good, bad, smart, tired, fast, etc.)

¡Qué amable es!	How nice he is!
¡Qué bien recita!	How well he recites!

(b)　how?

¿cómo?　how, in what way or manner?

¿Cómo puedo explicártelo?	How can I explain it to you?
¿Cómo te gusta el café—con crema o con leche?	How do you like coffee—with cream or with milk?

¿qué tal?   how, what do you think of?

¿Qué tal? asks for an evaluation.

¿Qué tal estuvo la charla?	How was the talk?
Hola. ¿Qué tal?	Hello. How goes it?

60. (to) hurry

tener prisa, estar de prisa   to be in a hurry

No te puedo hablar más ahora. Tengo mucha prisa. (Estoy de prisa.)	I can't talk to you any more now. I'm in a real hurry.

darse prisa, apresurarse; apurarse (in Spanish America)   to hurry up

¡Date prisa! (¡Apresúrate! ¡Apúrate!) No hay tiempo que perder.	Hurry up! There's no time to waste.

de prisa, aprisa   in a hurry, hurriedly

Resultó mal porque lo hizo de prisa (aprisa).	It turned out badly because he did it in a hurry.

61. (to) ignore

no hacer caso de or **a (una persona)**   to ignore, not to pay attention to (something or what someone is saying or doing)

No le hagas caso.	Ignore him. (Don't pay any attention to him.)

pasar por alto   to ignore, overlook (usually a statement or an action)

Sí, lo dijo, pero yo lo pasé por alto.	Yes, he said it, but I ignored it.

desconocer   to ignore (someone), snub

Pasar por alta   may also be used in this case.

Le saludé, pero me desconoció (me pasó por alto).	I greeted him, but he ignored me (snubbed me).

ignorar   not to know, to be ignorant or unaware of

Se ignora la verdadera causa del accidente.	The real cause of the accident is not known.

62. (to) introduce

introducir   to introduce (a new subject, etc.), to bring in(to) or up

Introdujo la nueva resolución en el Senado.	He introduced the new resolution in the Senate.

presentar   to introduce (somebody to someone)

¿Quieres presentarme a tu prima?	Will you introduce me to your cousin?

63. just

justo   just, fair; exactly right, fitting or enough

Hay que ser justo siempre.	One must always be just.
Lo midieron tan bien que salió justo.	They measured so well that it came out just right.

sólo   just, only

Te pido sólo un día más.	I ask you for just one more day.
¿Quién vive aquí? —Sólo mi hermano y yo.	Who lives here? —Just my brother and I.

64. (to) know

saber   to know (something, a fact, etc.); to know by heart or thoroughly; to know how to do something

No sé si ha vuelto todavía.	I don't know whether he has come back yet.
¿Sabe Ud. este poema?	Do you know this poem (by heart or thoroughly)?
Sabe tocar la guitarra.	He knows how to play the guitar.

conocer   to know (a person, a city, etc.); to be acquainted or familiar with

¿Conoce Ud. a mi hermano?	Do you know my brother?
No conozco ese poema.	I don't know (am not familiar with) that poem.

65. last

último   last, final one (of a series) ; last (month) (*business*)

El último rey borbónico...	The last Bourbon king...
Ahora cursamos el último año del bachillerato.	Now we are in our last year of college.
Su favor del último...	Yours of last month...

pasado   last, recently past (the series is still continuing)

la semana pasada	last week
el semestre pasado	last semester

BUT:

anoche   last night

Nos telefoneó anoche.	He phoned us last night.

66. (to) leave

salir (de)   to leave (a place), to go out (of), depart (from)

Salió de la Habana en el " Emperatriz de Egipto."	He left Havana on the *Empress of Egypt*.
¿A qué hora sales?	At what time are you leaving?

salir para   to leave for (a destination)

Saldrán para la capital el viernes que viene.	They will leave for the capital next Friday.

dejar   to leave (something or someone) behind (either on purpose or through an oversight)

Lo dejé olvidado en casa.	I left it (forgotten) at home.
Raúl, no me dejes sola.	Ralph, don't leave me alone.

Recall : **Dejar** also means *to let, allow, permit.*

No le dejarán hacerlo.	They won't let him do it.

abandonar   to leave (something or someone) behind (intentionally), to abandon

Tuvieron que abandonar el coche en medio del camino.	They had to leave the car in the middle of the road.

67. (to) let

dejar   to let, allow, permit

Déjale ir, si quiere.   Let him go, if he wants to.

In the sentence above, one person is requesting permission of another.

No nos dejarán verla.   They won't let us see her.

Vamos a (+*inf.* or 1*st pers. pl. pres. subj.*)   Let's (do, go, buy, see, etc.)

This is a direct command involving *you* and *me.*

Vamos a ver.   Let's see.

Sentémonos aquí.   Let's sit down here.
Vamos a sentarnos aquí.

que (+3*rd pers. pres. subj.*)   let (permit, allow)

This is an indirect command, in which one person expresses his will that someone else do something. There is no implied request for permission.

Que lo haga Jorge.   Let George do it. (I want George to do it.)

Que se diviertan mientras puedan.   Let them enjoy themselves while they can. (May they enjoy themselves, I want them to...)

68. (to) like

gustarle a uno   to find pleasing, to have a certain inclination toward (persons, things, activities)

Me gusta viajar.   I like to travel.

¿Le gustó la película?   Did you like the film?

No nos gustan nada esos hombres.   We don't like those men at all.

querer   to like (a person, or at times, an animal,) to feel affection for

Quiero mucho a Juanito.   I like Johnny very much.

69. little

    pequeño   little, small in size

      Una casa pequeña   A little house

    poco (*adj.*)   little (in amount), not much; (*pl.*) few, not many

      Tiene poca astucia.   He has little shrewdness.
      Es hombre de pocas palabras.   He is a man of few words.

    poco (*adv.*)   little, not much

      Come poco para su edad.   He eats little for his age.

    un poco de (*n.*)   a little (bit of)

      Con un poco de paciencia, se   With a little (bit of) patience,
      alcanza lo imposible.   one can achieve the impos-
                                   sible.

70. (to) look

    parecer   to look, appear, seem to be, resemble

      Pareces cansado hoy.   You look tired today.
      Parece no estar conforme.   He seems to disapprove.

    estar   to look, seem, be

    Estar gives a more subjective evaluation than does **ser** to the
quality described by the adjective. However, it still retains its primary
sense of *to be* and is not wholly synonymous with **parecer.**

      Estás muy bonita esta noche.   You look (are) very pretty
                                  tonight.

    Parecer could not be used in this sentence.

    mirar   to look at

      Me miró con verdadero odio.   He looked at me with real
                                  hatred.

    buscar   to look for

      Busco a mi marido. ¿ Le ha   I'm looking for my husband.
      visto Ud. ?   Have you seen him ?

    Notice that the English *for* is included within the meaning of
buscar, and so Spanish uses no preposition.

parecerse a   to look like, resemble

Se parece a su padre.	He looks like his father.

ver   to see, occasionally means *to look at*

Debieras verle con los ojos, no con el corazón.	You should look at him (see him) with your eyes, not your heart.

tener buena (mala) cara, verse (mal)   to look well (bad)

Tiene Ud. muy mala cara hoy. Se ve muy mal hoy.	You look very bad today.

71. (to) love

querer   to love (a person or, occasionally, an animal)

Querer includes most of the concepts of *to love*.

Te quiero con toda el alma.	I love you with all my heart.

amar   to love (with great affection or passion)

Amar is somewhat more ardent than **querer.**

No podré amar nunca a otro.	I will never be able to love any other man.
Ama a sus padres.	He loves his parents.

enamorarse de   to fall in love with

Se ha enamorado locamente de su profesor de historia.	She has fallen madly in love with her history teacher.

enamorar   to make someone fall in love with one, to court

A don Juan le gustaba enamorar a las mujeres sólo para abandonarlas después.	Don Juan liked to make women fall in love with him just to abandon them afterwards.

72. matter

materia   substance, (physical) matter

La materia no se puede destruir; toma otra forma.	Matter cannot be destroyed; it takes another form.

asunto   (a) matter, question (at hand)

¿Por qué no hablamos primero de otro asunto?	Why don't we talk first about another matter?

Se trata de...   It is a matter of... This matter deals with...

Ahora se trata de una princesa que se quiere casar con...	Now it is a matter (question) of a princess who wants to marry...

Da lo mismo.   It doesn't matter. (Either way is equally all right.)

¿Quieres ir al cine o al teatro esta noche? —(Me) da lo mismo.	Do you want to go to the movies or to the theater tonight? —It doesn't matter. (I like both.)

No importa.   It doesn't matter. (It's not important, nothing to be concerned about.)

¿Sabes? Se me olvidó traer la pluma que me prestaste. —No importa.	You know? I forgot to bring the pen you lent me. —It doesn't matter.
¿Qué tienes? ¿Qué te pasa?	What's the matter (What's wrong) with you?
¿Qué pasa?	What's up? (What's going on? What's the matter?)

73. (to) make

hacer   to make (something); **hacer** (+*infinitive*) to make (someone) do something; have something done

Te haré pasar todo el día en tu cuarto.	I'll make you stay in your room all day long.
La hicieron construir en el mismo sitio.	They had it built on the same site.

dar (hambre, sed, miedo, etc.)   to make (someone) hungry, thirsty, afraid, etc.

El aroma que sale de esa olla me da un hambre feroz.	The smell that's coming from that pot is making me ravenously hungry.
Ese hombre nos da miedo.	That man scares us.

74. may

poder   may

Poder is used to translate *may* when the meaning indicates *to be allowed to* or *able to.*

Puedes irte ahora, si quieres.	You may go now, if you want to.

Notice that the indicative of **poder** is used, since **poder** is the main verb of a principal clause.

Poder may also be used to indicate uncertainty, either in a main clause or after an expression of belief. Notice again that the indicative of **poder** is used in these circumstances.

Pueden tener razón.	They *may* be right.
Admitió que podía estar equivocado.	He admitted that he *might* (could) be mistaken.
Creo que puede ser él.	I think it *may* be he.

The subjunctive of any verb is used to translate *may* after conjunctions indicating uncertainty or indefinitess. *May* then has the meaning *to be possible, but not certain.*

Aunque le vea, no hablaré con él.	Although I may see him, I won't speak to him.

Puede que, Es posible que   may

Puede que or **Es posible que** is used in a main clause to translate *may* meaning possibility or uncertainty and must be followed by the subjunctive.

Puede que vengan.	They *may* come.
Es posible que vengan.	

75. (to) mean

significar   to mean (as a word, etc.) ; to have the meaning, or significance

¿ Qué significa esta palabra ?	What does that word mean ?
Eso significa que pronto llegarán a un acuerdo.	That means that soon they'll come to an agreement.

querer decir   to mean (to say) ; to signify

Notice that although **querer decir** is often synonymous with **significar**, only **querer decir** can have a personal subject.

¿Qué quiere decir (significa) eso?	What does that mean?
Iremos en seguida... quiero decir, tan pronto como sea posible.	We'll go at once... I mean, as soon as it's possible.
¿Qué quiso decir el profesor?	What did the professor mean?

76. (to) meet

encontrar (a)   to meet (someone or something), either by appointment or by chance

Vamos a encontrar el barco en Gibraltar.	We're going to meet the ship at Gibraltar.
Encontré a tu amiga Clara en el centro hoy.	I met your friend Claire downtown today.

conocer   to meet (someone) for the first time, to be introduced to

Conocí a tu cuñado ayer.	I met (was introduced to) your brother-in-law yesterday.

verse con   to meet by appointment, to have a meeting with

Me veo con él mañana por la mañana para discutirlo.	I'm meeting him tomorrow morning to discuss it.

dar con, tropezar con, encontrarse con   to meet (by accident), to happen upon, "bump into," come across

Di con ellas en el tren.	I met them ("bumped into" them) on the train.
Tropezamos con el autor de esta novela cuando estábamos en Cádiz.	We met (came upon) the author of this novel when we were in Cadiz.

If **conocimos** were used in the last sentence above, it would mean *we were introduced to, made the acquaintance of...*

reunirse   to meet (as a group, a club, etc.)

El Centro Hispano se reúne todos los viernes a las dos.	The Spanish club meets every Friday at two o'clock.

buscar   to go to meet (someone at a station, etc.)

Tengo que buscarle en el aeropuerto.	I have to meet him at the airport.

77. middle

medio (*n.*)   (the) middle; (*adj.*)   middle, average

Estamos en el medio de la página 179.	We are in the middle of page 179.
La clase media es la que domina.	The middle class is the one that rules.

a mediados de   around the middle of (a month, century, etc.)

Volverán a mediados de agosto.	They'll return around the middle of August.

en medio de   in the midst of, surrounded by

No puedo ahora. Estoy en medio de un montón de trabajo.	I can't now. I'm in the middle of a pile of work.

mediano   (approximately) middle; average, mediocre

Es de edad mediana.	He is middle-aged.
Poseía una inteligencia mediana.	He had an average (mediocre) intelligence.

78. (to) miss

perder   to miss (a train, etc.)

Escucha, querida. Vendré un poco tarde. Acabo de perder el tren.	Listen, dear. I'll be a little late. I've just missed the train.
No pierdas la ocasión de hablar con él.	Don't miss the chance to talk with him.

echar de menos, extrañar   to miss, to long for the presence of (someone or something)

Parece echar más de menos (o extrañar más) a su perro que a sus padres.	He seems to miss his dog more than his parents.

faltar a   to miss (a class, lecture, performance, etc.), not to be present at a specified occasion

Faltó a la clase dos veces la semana pasada.	He missed class twice last week.

errar el tiro   to miss (a target)

Apuntó con cuidado, pero erró el tiro.	He aimed carefully, but missed.

no coger   to miss, to fail to catch (a train, a ball, etc.), to fail to meet

Me tiró la pelota, pero no la cogí.	He threw me the ball, but I missed it.

no encontrar   to miss, fail to catch (a person)

Pasé por su oficina, pero no le encontré.	I went to his office, but I missed him.

79. must

hay que one must (impersonal)

Hay que tener cuidado siempre.	One must always be careful.

tener que   to have to (indicates strong personal necessity or compulsion)

Tuve que dárselo.	I had to give it to him.

deber   should (moral obligation)

At times **deber** acquires the force of *must*.

Debo ir con ellos.	I should (must, have to) go with them.

deber (de)   must (in the sense of probability ; the **de** is not required, however.

Debe (de) haber cantado ya.	He must have sung already.

Future of probability   must (in the sense of conjecture or probability)

Será Juanita.	It must be (probably is) Joan.

80. neither

ni... ni   neither... nor

Ni, when used alone, means *nor* or *not* (even).

Ni él ni su hermano han sido bautizados.	Neither he nor his brother has been baptized.
Ni siquiera ella lo sabe.	Not even she knows.
¡ Ni por pienso ! ¡ Ni mucho menos !	Not by any means !

tampoco   neither (also... not), either (in negative sentences)

Yo no voy tampoco.	I'm not going either. (I also am not going.)
Ni nosotros tampoco.	Nor we either. (We too aren't going.)

81. next

siguiente   next, immediately following

Al día siguiente, se hallaban en París.	(On) the next day, they were in Paris.

próximo   next (though not necessarily immediately following), future

La próxima vez que te vea hacerlo, llamaré a tu madre.	The next time I see you do it, I'll call your mother.

que viene   next, forthcoming (usually refers to periods of time— weeks, months, etc.)

Le veremos la semana que viene.	We shall see him next week.

junto a   next to, adjacent to

Estaba sentado junto al hogar.	He was sitting next to the fireplace.

de al lado, contiguo   next, to, adjoining (as a house)

Viven en la casa de al lado.	They live in the house next door.

82. office

oficio   office, position (public, professional, etc.), occupation, trade
(viewed as an abstract entity)

> **No le considero calificado para**   I don't consider him qualified
> **el oficio.**   for the office.
>
> **El oficio de sacristán...**   The office of sexton...

Cargo is used frequently when referring to a specific office or position: **el cargo de subdirector**   the job (office) of assistant manager.

oficina   office, place of doing business, government office, etc.
(now in general usage for almost all types of office)

> **No me gustaría trabajar en una**   I wouldn't like to work in an
> **oficina.**   office.
>
> **La oficina del Ministerio de la**   The office of the Ministry of
> **Guerra.**   War.

bufete   a lawyer's office

> **Mi marido piensa abrir bufete**   My husband is planning to
> **en Barcelona.**   open an office in Barcelona.

consulta, sala de consulta   doctor's office

> **La sala de consulta estaba**   The doctor's office was full
> **llena de gente.**   of people.
>
> **Horas de consulta: 9 a 12:30**   Office hours: 9 to 12:30

clínica   dentists or doctor's office

> **Mi dentista tiene su clínica en**   My dentist has his office on
> **la calle Armando.**   Armando Street.

Gabinete is also used in this sense.

83. (a) old

viejo   old (applied to persons or things); when placed before the
noun, it may mean *long-standing*

> **un profesor viejo**   an old (elderly) professor
>
> **un viejo amigo**   an old (long-standing) friend

antiguo   old, ancient, antique

RECALL: **antigüedades**   antiques. When it is placed before the noun, **antiguo** may mean *former.* This adjective is generally not applied to persons, except when it means *ancient, former,* or *long-standing.*

una silla antigua	an old (antique) chair
los antiguos iberos	the ancient Iberians
el antiguo Ministro de Hacienda	the former Secretary of the Treasury
un antiguo amigo mío	an old friend of mine

anciano   old, of very advanced age (applies only to persons and lends a rather poetic or affectionate connotation)

El anciano estaba sentado junto al hogar.	The old man was sitting by the fireplace.

(b) older

mayor   older (establishes a comparative relationship between two persons, regardless of whether they are young or old)

Es mayor que yo. Tiene unos veinticinco años.	He is older than I. He is about twenty-five.

más viejo   older, more aged (compares the adjective *old*)

Es más viejo que Matusalén.	He is older than Methuselah. (Both are old!).

más antiguo   more ancient, most ancient

La catedral más antigua del Nuevo Mundo	The oldest cathedral in the New World

84. on

en   on, resting upon or leaning against

Su retrato estaba colgado en la pared.	His portrait was hanging on the wall.
La vajilla ya está en la mesa.	The silverware is already on the table.

sobre   upon, on top of, resting upon or suspended above

Sobre su cabeza apareció una aureola de luz.	Over his head there appeared a halo of light.
La puso sobre la vitrina.	She put it on the showcase.

NOTE: **En la vitrina** might imply *in* the showcase.

85. only

sólo, solamente (*adv.*) only (applies to persons, things, numbers, etc.)   Notice that the accent mark on **sólo** differentiates it from the adjective **solo**   alone.

Sólo él y yo lo sabemos.	Only he and I know.
Habla sólo (solamente) con sus amigos.	He speaks only with his friends.
Nos quedan sólo cinco dólares.	We have only five dollars left.

BUT:

Estaba solo.	He was alone.

no... más que (*adv.*)   only; (to do, have, etc.) nothing but

No tiene más que diez dólares.	He has only ten dollars.
No hace más que llorar.	She does nothing but cry.
No me dejes. No tengo más que a ti.	Don't leave me. I have only (nothing but) you.

único (*adj.*)   only (one), single, unique

Un hijo único es un hijo consentido.	An only child is a spoiled child.
Es la única esperanza que le queda.	It's the only hope he has left.

Solo   also appears in this sense.

86. (a) order (*n.*)

la orden   order, command; also, a religious or military order

Dio la orden de retirarse.	He gave the order to withdraw.
Las órdenes dominicana y franciscana...	The Dominican and Franciscan orders...

el orden   order, orderliness, system, arrangement

El gobierno ha restablecido el orden.	The government has reestablished order.
Todo está en perfecto orden.	Everything is in perfect order.

pedido   business order

(b) (to) order

mandar   to order (someone to do something)

Le mandó darnos la llave.	He ordered him to give us the key.

pedir   to order (something in a restaurant, stores, etc.)

¿Qué vas a pedir? —Un bisté.	What are you going to order? —A steak.

hacer un pedido   to order, place an order (for merchandise)

Le haremos un pedido si rebaja el precio.	We'll give you an order if you lower the price.

encargar   to order (merchandise)

Se lo encargaremos a otra firma.	We shall order it from another company.

87. (to) pay

pagar   to pay somebody; to settle an account; to pay for

¿Pagaste al médico?	Did you pay the doctor?
Ya pagué el alquiler.	I already paid the rent.
Nos pagará lo que hizo ayer.	He will pay us for what he did yesterday.

Notice that Spanish requires no preposition to translate *for*, unless the amount is mentioned or implied.

pagar... por   to pay (a certain amount of money) for something

Pagó diez dólares por esa corbata. —¡Qué barbaridad!	He paid ten dollars for that tie. —How awful!

hacer una visita   to pay a visit

Mañana haré una visita a mi tía Clara.	Tomorrow I shall visit my Aunt Claire.

prestar atención   to pay attention, to fix one's mind on

No prestábamos atención a lo que decía el orador.	We weren't paying attention to what the speaker was saying.

hacer caso de (or **a**)   to pay attention to; to heed, listen to

The preposition **a** is more frequent than **de** when referring to a person.

No le haga caso. No sabe nada.	Don't pay any attention to him. He doesn't know anything.

88. people

gente   people (in general—as an abstraction or as a group)

NOTE: **La gente** is a collective noun.

La plaza estaba llena de gente.	The square was filled with people.
Hablando se entiende la gente.	By speaking, people understand each other.

personas   people (as individuals), persons

Only **personas** can be used with specific numbers.

Hay muchas personas que no saben leer.	There are many people who don't know how to read.
Caben setenta personas en ese café.	That cafe holds seventy people.

gentes   people (as a group, but with some implication of their individual identities within the whole)

Gentes is not used as frequently as **gente** or **personas**.

Las gentes se arremolinaban fuera del palacio.	The people were milling outside the palace.

pueblo   the people, the masses; a people, a race, a nation

Los pueblos de Asia.	The peoples of Asia.
El pueblo no lo consentiría nunca.	The people would never consent to it.

público   the people, the public

Está tratando de engañar al público.	He is trying to deceive the public (people).
Eso no se debe hacer en público.	That shouldn't be done in public.

89. (a) plan (n.)

plan (m.)   a plan, scheme

Se me ocurre un plan maravilloso.	I've just thought of a great plan.

plano   plan, sketch, diagram (of a house, etc.)

¿Nos deja ver el plano de la casa?	Will you let us see the plan of the house?

(b) (to) plan

planear   to plan, make plans or designs for

En el futuro planeamos para este sitio un nuevo sanatario.	In the future we're planning a new sanatarium on this site.

pensar (+infinitive)   to plan (to do something), intend

¿Adónde piensas ir este verano?	Where are you planning to go this summer?

90. (to) play

jugar   to play (a game, sport, etc.)

jugar a las cartas	to play cards
jugar al tenis	to play tennis

tocar   to play (an instrument)

¿Sabe Ud. tocar el violín?	Do you know how to play the violin?

91. position

posición   physical position; relative position (social, business, etc.), stature, status; condition

La posición del satélite indica que muy pronto va a agotarse.	The position of the satellite indicates that it will expend itself very soon.

Quiso mejorar su posición social, pero sólo se creó enemigos.	He tried to improve his social position, but he only made enemies.
Estamos en una posición poco envidiable.	We are in an unenviable position.

puesto, cargo a position, post, situation, job

Van a ofrecerle un puesto (cargo) importantísimo.	They are going to offer him a very important position.

92. (to) put

poner to put or place (in almost all senses)

Puso una moneda en el mostrador.	He put a coin on the counter.

ponerse to put on (an article of clothing, etc.)

Se puso el sombrero y salió sin más ni más.	He put on his hat and left without further ado.

meter to put within or inside of

Se metió la mano en el bolsillo y sacó la cartera.	He put his hand in his pocket and took out his wallet.

colocar to put, to place, to arrange (in a specific order, position, or location)

Colocó la vasija de modo que todos pudieran verla al entrar.	She placed the vase in such a way that everyone could see it upon entering.

93. quality

cualidad a quality (of character, etc.)

Tiene muchas buenas cualidades.	He has many good qualities.

calidad quality (of merchandise, etc.)

Esta tela es de la mejor calidad.	This cloth is of the finest quality.

The plural **calidades** may be used synonymously with **cualidades** in referring to moral traits, etc.

94. question

pregunta   a question, an inquiry

Me hizo muchas preguntas
personales que no quise
contestar.

He asked me many personal
questions that I refused to
answer.

cuestión   a question, an issue, a matter

La cuestión que tenemos que
decidir es si es culpable o
inocente el acusado.

The question (issue) that we
must decide is whether the
accused is guilty or innocent.

tratarse de   to be a question or matter of, to concern

Se trata del derecho de los
estudiantes a protestar.

It is a question of (concerns)
the student's right to protest.

95. quiet

callado   quiet, silent, hushed, not speaking; laconic (with **ser**)

¿Quién puede quedarse callado
cuando oye tantos disparates?

Who can remain quiet when
he hears so much nonsense?

quieto   quiet, unmoving, still

Todo estaba quieto, como si el
mundo hubiera dejado de
respirar.

Everything was quiet, as if the
world had stopped breathing.

sereno, tranquilo   quiet, peaceful, serene

Era una noche serena
(tranquila), llena de paz y de
amor.

It was a quiet night, filled
with peace and love.

poco hablador   quiet, laconic, reserved, unaccustomed to talking
much

Mi hermano es muy poco
hablador (muy callado) pero
inteligentísimo.

My brother is quiet (doesn't
talk much) but very intelligent.

bajo   quiet, soft, not loud

Hablen en voz más baja, por
favor.

Speak more quietly, please.

96. (to) raise

levantar to lift up, pick up

Levanten la mano derecha.	Raise your right hands.
La levantó en sus brazos.	He picked her up in his arms.

subir to raise, carry, bring or take up; raise (price, quality, etc.)

Tengo que subir un poco esta falda. Me queda muy larga.	I have to raise this skirt a little. It's very long on me.
¿ Me hace el favor de subir la celosía ?	Will you please raise the blind ?
Ese siempre sube los precios.	That fellow always raises his prices.

criar to raise (a baby or child) ; to raise animals

Lo crió desde niño y ahora no la reconoce siquiera.	She raised him from a child and now he doesn't even recognize her.
Criamos ovejas y cabras.	We raise sheep and goats.

educar to raise, bring up, educate (in courtesy, etc.), rear

Ese niño está muy mal educado.	That boy is very badly raised.

cultivar to raise (crops)

Por aquí cultivan trigo y maíz.	Here they raise wheat and corn.

97. rather

algo rather, somewhat, a bit

Creo que el examen será algo difícil para ellos.	I think the exam will be rather difficult for them.

bastante rather, quite, considerable, considerably

Hace bastante calor en junio.	It is rather (quite) warm in June.

más bien rather, instead

Yo diría más bien la evolución, no la revolución tecnológica.	I would say rather (instead) the technological evolution, not revolution.

antes que   rather than

Decidieron morir luchando antes que rendirse.	They decided to die fighting rather than surrender.

preferir, gustarle más a uno   prefer, would rather

Preferiría (Me gustaría más) arriesgarme con ellos que esperarlos en casa.	I would rather take a chance with them than wait for them at home.

Antes... que may also be used in this case.

Antes que esperarlos en casa
me arriesgaría con ellos.

98. (to) reach

llegar a   to reach, arrive at (a certain point or destination)

Llegamos a Córdoba por la mañana.	We reached Cordoba in the morning.

alcanzar   to attain; to reach for; catch up with

Salieron temprano pero los alcanzaremos para el mediodía.	They left early, but we'll reach them by noon.
Ha alcanzado un nuevo nivel de perfección.	He has reached a new level of perfection.
¿ Me puedes alcanzar aquella cajita ?	Can you reach that little box for me ?

99. (to) realize

realizar   to realize, make real, fulfill, put into effect

Nadie puede realizar todos sus sueños.	Nobody can realize all his dreams.

darse cuenta de   to realize (a fact, etc.), to become aware of, to take into account

No se daba cuenta de las consecuencias de su conducta.	He didn't realize the consequences of his behavior.

100. (to) refuse

negarse a to refuse to do something

Se negó a hincarse de rodillas ante el rey.	He refused to kneel before the king.

no querer (*pret.*) to refuse, to be unwilling to do something

No quiso ir con nosotros.	He refused (didn't want) to go with us.

rechazar to refuse (an offer, a suitor, etc.)

No debes rechazar una oportunidad como ésa.	You shouldn't refuse an opportunity like that.

rehusar to refuse (something), to refuse to do (something)

Rehusó la oferta.	He refused the offer.
Se lo pidieron, pero rehusó.	They asked him, but he refused.

101. (to) remain

quedar to remain (in a certain state or condition) ; to be remaining or left over

Quedó pasmado por la noticia.	He remained shocked by the news.
Quedan unos cuantos libros de poesía.	A few books of poetry remain (are left).

quedarse to remain, stay on or behind

Se quedó todo el día en la cama.	He stayed (remained) in bed all day.
¿ Por cuánto tiempo te quedarás allí ?	How long will you remain there ?

102. respect

respeto respect, deference, admiration

Le tratábamos siempre con el mayor respeto.	We always treated him with the greatest respect.

respecto　respect, aspect, sense

> A este respecto, es un
> perfecto ignorante.

> In this respect, he is a total
> ignoramus.

103. rest

el resto, lo demás　the rest, remainder, balance, what is left over
(applied to objects, ideas, etc., rather than to
persons)

> El resto (lo demás) será para
> Uds., si quieren.

> The rest will be for you, if
> you wish.

Note, however: **los restos**　the (mortal) remains.

los demás　the rest, the others (both persons and things)

> Los demás han quedado en
> volver mañana.

> The others (the rest) have
> agreed to return tomorrow

descanso　rest, respite from fatigue

> Lo que necesitas más que
> nada es descanso.

> What you need more than
> anything else is rest.

104. (to) return

volver　to return, come back

> ¿Cuándo piensan volver sus
> padres?

> When do your parents intend
> to return?

devolver　to return (something)

> ¡Ay de mí! Se me olvidó
> devolverle el dinero que me
> prestó.

> Oh my! I forgot to return the
> money he lent me.

105. right

el derecho　right (lawful, moral), privilege

> Tengo el derecho de hacer lo
> que me dé la gana.

> I have the right to do any-
> thing I feel like doing.

NOTE: **El derecho** also means *law.*

el bien, lo bueno　(what is) right

> Hay gente que no sabe
> distinguir entre el bien y el
> mal (lo bueno y lo malo).

> There are people who can't
> distinguish between right
> and wrong.

derecho (*adj.*)   right (direction) ; (*adv.*)   right, straight (to)

a la derecha	on the right
el pie derecho	the right foot
Se fue derecho al alcalde.	He went right to the mayor.

recto (*adj.*)   right (angle) ; right (righteous)

Tracemos un ángulo recto.	Let's draw a right angle.
Hay que seguir el camino recto.	One must follow the right (good) road.

tener razón   to be right (to have reason or logic on one's side)

NOTE: This idiom applies only to persons.

Tu papá tiene razón.	Your father is right.

ser justo, estar bien   to be right; just, fair (referring to actions, statements, etc.)

Eso no es justo. Eso no está bien.	That isn't right.
No está bien lo que hizo.	What he did isn't right.

ser correcto   to be right, correct (as a calculation, answer, piece of information, etc.) ; to be correct, proper

Su respuesta no es correcta (no está bien).	Your answer is not right.
No es correcto comer con las manos.	It is not right (correct, proper) to eat with one's hands.

106. same

Mismo and **igual** are synonymous when they mean *just like.* Only **mismo** may be used to mean *one and the same.*

Yo tengo los mismos aretes. Yo tengo unos aretes iguales.	I have the same earrings.
Tienen la misma cantidad (igual cantidad) que nosotros.	They have the same (equal) quantity as we.
Vive todavía en la misma casa.	He still lives in the same house.
¿El mismo profesor enseña las dos materias?	The same professor teaches both subjects?

107. (to) save

salvar   to save, rescue

Le salvaron la vida, pero no se mostró nada agradecido.	They saved his life, but he didn't act at all grateful.

ahorrar   to save (money, time, trouble, etc.), to hoard

Ahorra todo su dinero como si pudiera gastarlo allá en el otro mundo.	He saves all his money as if he could spend it in the other world.
A ver si puedo ahorrarte la molestia.	Let's see whether I can save you the trouble.

108. season

estación   season of the year

La estación del año que me gusta más es el verano.	The season of the year that I like best is summer.

temporada   season, period of time in which certain events, etc., take place

La temporada de las carreras coincide con nuestras vacaciones este año.	The racing season coincides with our vacation this year.

sazón   season, point of maturity

Los melones no están en sazón ahora.	Melons aren't in season now.

109.   set

juego   a set (of furniture, tools, etc.)

Juego usually refers to a set of physical, though non-mechanical objects, often of household or personal use, and comprehends most groups of objects that have a joint function.

¡ Liquidación ! Juegos de cocina. Juegos de salón.	Sale ! Kitchen sets. Living room sets.

un juego de botones   a set of buttons

aparato   a mechanical or electrical set (television, air conditioning, etc.)

El aparato no funciona.	The set isn't working.

However, specific words have come into use for most appliances :
televisor, televisión   television set.

servicio   a set (of dishes or tableware)

Buscamos un nuevo servicio de porcelana.	We are looking for a new set of china.

colección   a set (of books)

una colección de las obras de Dickens	a set of Dickens' works

terno   a set (often of three objects, such as jewelry, clothes, etc.)

Me regaló un terno de aretes, pulsera y collar de perlas.	He gave me a set of pearl earrings, bracelet, and necklace.

110. short

bajo   short (in height)

Es un hombre bajo pero fuerte.	He is a short, but powerful man.

corto   short (in length)

Esas cortinas quedan un poco cortas.	Those curtains are a little short.
Vive a corta (poca) distancia de aquí.	He lives a short distance from here.

breve   short, brief, succinct

Nos escribió una carta muy breve (o corta).	He wrote us a very short letter.
Estuvo muy breve aquella noche.	He was very short (brief) that night.

111. (to) sign

señal   a sign, distinguishing mark, marker (not in writing) ; an indication ; a signal

Cuando llegue a la cima, deje una señal en una piedra.	When you get to the top, leave a sign on a rock.

Te lo doy en señal de nuestra amistad.	I am giving it to you as a sign of our friendship.
Hizo la señal de la cruz.	He made the sign of the cross.

muestra, indicio   a sign, an indication, evidence

¿Qué muestra puede darnos de su lealtad?	What sign (evidence) can he give us of his loyalty?
Esto es un indicio de su gran conocimiento del campo.	This is an indication (a sign) of his great knowledge of the field.

seña   a sign, indication; a signal; a distinguishing mark or characteristic (often of a person)

Daba señas de gran impaciencia.	He gave signs of great impatience.
Descríbale. ¿Qué señas tenía?	Describe him. What did he look like? (What distinguishing signs did he have?)
Le hacía señas desde lejos.	He would make signs to him from afar.

signo   a sign, signal; an indication; a mathematical sign

el signo $\times$	the sign $\times$

letrero   a written or printed sign

El letrero rezaba: ESTÁ PROHIBIDO FUMAR.	The sign said: SMOKING FORBIDDEN.

cartel   sign, poster

¡NO FIJAR CARTELES!	NO SIGNS POSTED HERE!

huella   a sign, trace, vestige, clue

Desapareció sin dejar huella.	He disappeared without leaving a sign.

firmar   to sign

Firmó el documento.	He signed the document.

112. since

   desde (*prep.*)   since (a certain time)

   > **Estamos casados desde abril.**   We've been married since April.

   desde que (*conj.*)   since (a certain time) (+*clause*)

   > **Desde que vive en la ciudad, no conoce a sus parientes.**   Since he has been living in the city, he doesn't know his relatives any more.

   ya que (*conj.*)   since, now that

   > **Ya que estás aquí, ¿ por qué no te quedas toda la semana ?**   Since (Now that) you're here, why don't you stay the whole week ?

   puesto que (*conj.*)   since, because   (**pues** is used synonymously)

   > **No quiere salir del pueblo, puesto que su familia vive allí.**   He doesn't want to leave the town, since his family lives there.

113. (to) sleep

   dormir   to sleep

   > **No puedo dormir cuando hace calor.**   I can't sleep when it is hot.

   estar dormido   to be sleeping or asleep

   > **¿ Puedo hablar con María ? —Ahora no. Está dormida.**   May I speak to Mary ? —Not now. She is sleeping (or asleep).

   dormirse   to fall asleep, to go to sleep

   > **Duérmete, mi nene.**   Go to sleep (fall asleep), my baby.

   acostarse   to go to bed, to lie down, to go to sleep (but *not* to fall asleep)

   > **Me acosté a las diez, pero no me dormí hasta las once y media.**   I went to bed at ten, but I didn't fall asleep until half-past eleven.

tener sueño   to be sleepy

¿ Qué tienes ? —Nada. Tengo sueño.	What's the matter with you ? —Nothing. I'm sleepy.

114. smooth

suave   smooth, soft (to the touch, ear, etc.) ; gentle, suave

Es una tela muy suave.	It's a very smooth (soft) fabric.
Tiene una voz tan suave que da gusto oírle hablar.	He has such a smooth (gentle) voice that it's a pleasure to hear him speak.

liso   smoth and shiny (as of a harder surface)

El suelo era tan liso que nos deslizábamos al bailar.	The floor was so smooth that we slid as we danced.
Tiene el pelo muy liso.	She has very smooth (and straight) hair.

plano   smooth, flat, level

Hace falta una superficie más plana.	We need a smoother (more level) surface.

115. so

tan   so (tired, tall, busy, slow, quickly, etc.)

Tan always modifies an adjective or an adverb, but never modifies **mucho**.

Estamos tan cansados hoy.	We are so tired today.
Se enoja tan rápidamente que me da miedo.	He gets angry so quickly that it frightens me.

tanto   so much ; (*pl.*)   so many

Riñen tanto con sus vecinos.	They quarrel so much with their neighbors.
Tengo tantos problemas.	I have so many problems.

así   so, thus, in this way ; so, true

El patrón quiere que lo hagas así.	The boss wants you to do it so (in this way).

Dime, ¿es así?   Tell me, is it so?

Así is also used in the colloquial expression **así así**   *so-so.*

de modo que   so (that), and so..., so you say that...

NOTE : **De modo que** always introduces a clause; it may also mean *in order that.*

¿**De modo que te despidió**   So he fired you just like that?
sin más ni más?

Se arañó la cara de modo que   He scratched his face so that
(para que) todos le tuvieran   everyone would feel sorry
lástima.   for him.

De manera que, which is synonymous with **de modo que,** is used somewhat less frequently.

para que   so that, in order that (always indicates purpose)

Lo colocó en el estante más   He placed it on the highest
alto para que (de modo que)   shelf so that nobody could
nadie pudiera tocarlo.   touch it.

A fin de que may be used with the same meaning, but is less common than **para que.**

en fin, conque, así que   so, well, to sum up

En fin (Conque, Así que) todo   So everything is settled,
queda resuelto, ¿no?   isn't it?

En fin, ¿qué me cuentas?   So what do you say?

116. some

Omission of the article: Spanish indicates the partitive idea *some, any,* by omitting the article.

¿**Quieres café?**   Do you want (some) coffee?

No tengo fósforos.   I don't have any matches.

unos   some, a few, several; some, approximately

Me dio unas (o algunas)   He gave me some very good
ideas muy buenas.   ideas.

La compañía tiene unos dos   The company has some 2500
mil quinientos empleados.   employees.

algunos   some, several, a few

Algunos, although an indefinite, has a slightly stronger numerical connotation than **unos**. It does not have the meaning *approximately*.

Conocí a algunos amigos tuyos ayer.	I met some (a few) friends of yours yesterday.

unos cuantos, unos pocos   some, a few, a couple of

¿Te quedan muchos? —Unos cuantos, nada más.	Do you have many left? —Just a few (some).

117. (to) spend

gastar   to spend (money, effort, etc.)

Gastó todo su dinero el primer día de la feria.	He spent all his money the first day of the fair.

pasar   to spend (time)

Pasamos el verano en el Canadá.	We spent the summer in Canada.

118. sport

deporte *m.*   an athletic sport

¿Qué deporte le gusta más?	Which sport do you like best?

juego, broma   sport, playfulness, jest

Lo dijo en broma.	He said it in sport.

sport *adj.*   sport (shirt, etc.) The English word is very frequent in this sense.

una camisa sport	a sport shirt

119. step

paso   a step (in a certain direction); also used figuratively

Dio tres pasos hacia adelante y se paró.	He took three steps forward and stopped.
Eso sería un paso definitivo.	That would be a definitive step.

medida   a step, measure, act

Tendrán que tomar unas medidas más fuertes.	They will have to take some stronger steps (measures).

escalón (*m.*), **peldaño**   step (of a stairway)

Se cayó en el segundo peldaño (escalón).	He fell on the second step.

120. still

todavía, aún (*adv.*)   still; yet, as yet

Todavía (Aún) vive con sus padres.	He is still living with his parents.
No ha hablado todavía (aún) el decano.	The dean hasn't spoken yet.
¿ Existe aún (todavía) la catedral ?	Does the cathedral still exist ?

Notice that **aun** without a written accent usually means *even*.

Aun yo lo sé.	Even I know it.

callado (*adj.*)   still, quiet, not speaking

Permaneció callado durante toda la discusión.	He remained still during the whole discussion.

quieto, sereno, tranquilo   still, not moving, tranquil

Las aguas quietas (serenas) pueden ser profundas.	Still waters may be deep.

121. (to) stop

detener   to stop (something), to bring to a halt

Detuvo el tren al último momento.	He stopped the train at the last moment.

detenerse   to stop (amidst an action), to come to a stop

Note that the implication here is one of an action that has been halted temporarily and will be resumed.

Se detuvo en el umbral.	He stopped on the threshold.

parar(se)　to stop ; to come to a rest

Note that **parar** is both transitive and intransitive : to stop (something), to come to a stop ; to stop (at a hotel).

Se ha parado el trabajo en todas las fábricas.	Work has stopped in all factories.
Paramos en el Hotel Caribe.	We stopped at the Hotel Caribe.

dejar de　to stop (doing something) ; in the negative, it also means *to fail to*

Deja de preocuparte.	Stop worrying.
No deje de telefonearle.	Don't fail to phone him.

122. straight

recto　straight (as a line, posture, etc.)

Una línea recta es la distancia más corta entre dos puntos.	A straight line is the shortest distance between two points.
Siempre se tenía recto.	He always stood (held himself) straight.

derecho　straight to, right to ; straight ahead

Dijo que iría derecho a la policía.	He said he'd go straight to the police.
Siga derecho hasta llegar al semáforo.	Go straight until you get to the traffic light.

liso　straight and smooth (as hair, a board, etc.)

Me gusta el pelo liso más que el muy rizado.	I like straight hair better than curly.

123. strange

extraño　strange, unusual, curious

Me dirigió una mirada extraña.	He gave me a strange look.

extranjero　strange, foreign

¡ Cuánto me interesaría viajar a países extranjeros !	How I'd like to travel to strange (foreign) lands !

desconocido   strange, unknown

Se nos acercó un desconocido.	A strange man approached us.
Van a explorar tierras desconocidas.	They are going to explore strange (unknown) lands.

124. (to) succeed

tener éxito   to be successful, to succeed (in business, in a project, etc.)

Ha tenido tanto éxito en el extranjero que no piensa volver a América.	He has been so successful abroad that he doesn't intend to return to America.
El plan tendrá éxito, sin duda alguna.	The plan will succeed, without any doubt.

lograr   to succeed (in doing something) ; to accomplish, achieve, fulfill

Logró escalar la pared.	He succeeded in scaling the wall.
Siempre logran todos sus propósitos.	They always accomplish all their ends.

suceder   to succeed (in order), to follow in succession

Los Borbones sucedieron a los Hapsburgos.	The Bourbons succeeded the Hapsburgs.

125. such

tal (*adj.*)   such a ; **tales** (*pl.*)   such

Tal is normally used *only* to modify a noun.

Tal libro (un libro tal) debe ser prohibido.	Such a book should be prohibited.
En tales circunstancias, yo habría hecho lo mismo.	In such circumstances, I would have done the same.

tan (*adv.*)   such a (used before an adjective)

Es un hombre tan cosmopolita.	He is such a sophisticated man.
Acabo de leer un cuento tan divertido.	I have just ready such a funny story.

126. suggestion

sugerencia   a suggestion, recommendation

Aquí tiene Ud. una sugerencia interesantísima.	Here is a very interesting suggestion.

sugestión   (the power of) suggestion

La hipnosis obra por medio de la sugestión.	Hypnosis works by means of suggestion.

127. (to) support

sostener   to support (a family, etc.) ; to support, sustain (a theory, etc.) ; to support (in a physical sense)

No puedo sostener a mi familia con tan poco dinero.	I can't support my family with so little money.
Esto sostiene mi teoría.	This supports my theory.
Aquellas vigas sostienen el techo.	Those beams support the roof.

mantener   to support (a family, etc.), to maintain

Mantiene además a sus padres.	He also supports his parents.

soportar   to support (as a column) ; to tolerate, endure, put up with, stand

Aquellos débiles palitos no podrán soportar tanto peso.	Those weak little sticks will not be able to support so much weight.
No puede soportar a su mujer.	He can't stand his wife.

128. (a) (to) take

llevar   to take (a person) ; to carry from one place to another

Te llevo al museo mañana.	I'm taking you to the museum tomorrow.

tomar   to take, seize, grasp ; to take (food or drink)

Tomó la carta y la hizo trizas.	He took the letter and tore it to bits.
¿Qué toma Ud. —café o té?	What do you take—coffee or tea?

dar un paso   to take a step

El nene acaba de dar su primer paso.	The baby has just taken his first step.

dar un paseo (o una vuelta), pasearse   to take a walk or short trip

Demos un paseo esta tarde.	Let's take a walk this afternoon.

hacer un viaje   to take a trip

Hicimos un viaje al Oriente el año pasado.	We took a trip to the Orient last year.

tener lugar   to take place

La reunión tendrá lugar a las tres.	The meeting will take place at three o'clock.

tardar (en)   to take long (to) ; to be long ; to take (a certain length of time)

No tardes en volver.	Don't take long to return.
El viaje tarda dos horas.	The trip takes two hours.

(b) (to) take away

quitar   to take away or off, to remove from (someone or something)

Me quitó un gran peso del alma.	It took a great burden off my heart (away from me).
No les quiten Uds. lo poco que les queda.	Don't take away from them the little they have left.

llevarse   to take away with one, to make off with

Se llevó el anillo de oro.	He took the gold ring (away with him).

129. then

entonces   then, at that time ; then, so

Vivíamos entonces en la Calle de la Independencia.	We were living then on Independence Street.
Entonces nos vemos mañana, ¿verdad?	Then we'll meet tomorrow, right?

luego   then, next, later ; soon (colloquial)

Pensamos pasar la tarde con los niños; luego, iremos al cine.	We intend to spend the afternoon with the children ; then we'll go to the movies.
Voy a verlo luego.	I'm going to see him soon.
Luego, luego.	Right away.

después   then, next, afterwards, later

¿ Y qué hiciste después ?	And what did you do then ?

en aquel entonces   then, in those days, in that period, back then

En aquel entonces no había automóviles.	Then there were no automobiles.

pues bien   well then (no implication of time)

Pues bien, si ya se han decidido Uds...	Well then, if you have already decided...

130. (a) there

ahí   there (near you)

Ahí corresponds somewhat to the demonstrative **ese**   that.

Ahí está.	There it is.

allí   (over) there

Allí corresponds roughly to **aquel.**

Viven allí desde hace muchos años.	They have been living there for many years.

allá   (toward) there ; yonder, far off

Allá is used primarily with verbs of motion, or to indicate remoteness in either time or space.

Se fue para allá.	He headed off yonder.
Se ha establecido un nuevo pueblecito allá en el bosque.	A new town has been established way off there in the forest.

(b) there is, are

hay   there is (are), there exist(s)

Hay makes *no* reference to location.

Hay mucho que ver en todas partes.	There is a great deal to see everywhere.

allí está, ahí está   there is (located)

    Allí está nuestra casa.   There is our house.

allí es   there is the place (where)

    Allí es donde trabajo.   There is where I work.

131. (to) think

creer   to think, believe

    NOTE: **Un creyente**   a believer.

    Creo que va a llover.   I think it is going to rain.

pensar   to think, meditate, use reasoning processes

    Hay que pensar antes de   One must think before doing
    hacer cualquier cosa.   anything.

pensar en   to think about, occupy one's thoughts with

    Paso todo el día pensando   I spend the whole day think-
    en ti.   ing of you.

pensar de   to think of, have an opinion of

    ¿ Qué piensa Ud. de mi   What do you think of my
    suegra ?   mother-in-law ?

pensar (+*infinitive*)   to think of (doing something), to intend to,
        plan to

    Pensamos ir a París el año   We plan to go (are thinking
    que viene.   of going) to Paris next year.

132. (to) throw

echar   to throw (without special effort or strength) ; to throw out,
        expel (often a person)

    Échalo en la cesta, ¿ está   Throw it in the basket, all
    bien ?   right ?

    Lo echaron de casa por   They threw him out for
    haberlos avergonzado.   having shamed them.

arrojar, lanzar, tirar   to throw (with strength, violence, or for distance)   *NOTE:* **el lanzador**   pitcher (baseball)

Lo arrojaron (tiraron, etc.) por la ventana.	They threw it out of the window.

botar   to throw out, expel forcibly (often an object)

Ya no sirve para nada. Botémoslo.	It's worthless now. Let's throw it out.

133. time

tiempo   a period of time; duration of time; time (as an abstraction)

El tiempo vuela.	Time flies.
¿Tienes tiempo ahora?	Do you have time now?
No voy a quedarme mucho tiempo allí.	I won't stay there long.

hora   time of day, hour; the proper or appointed time

¿Qué hora es?	What time is it?
Es hora de comer.	It's time to eat.

vez   (a single) time, an instance

Me llamó dos veces ayer.	He called me twice (two times) yesterday.
Lo hemos leído muchas veces.	We have read it many times.

ocasión (*f.*)   time, occasion, opportunity

Habrá otra ocasión.	There will be another time.

divertirse   to have a good time

Nos divertíamos mucho con ellos.	We used to have a very good time with them.

134. too

también   too, also

Yo le vi también.	I saw him too.

demasiado   too (followed by an adjective or adverb) ; too much ;
    demasiados(as) (*pl.*)   too many

Es demasiado alto.	He is too tall.
Ella fuma demasiado.	She smokes too much.
Tenemos demasiadas deudas.	We have too many debts.

135. (to) try

tratar de, intentar, procurar (+*infinitive*)   to try to, attempt

Trataré de acabar a tiempo.	I'll try to finish on time.
Intentó (Procuró) fugarse, pero lo cogieron.	He tried to escape, but they caught him.

ensayar   to try out ; rehearse ; try, test

Mañana ensayan la comedia nueva.	Tomorrow they're trying out (rehearsing) the new play.
Ensayemos la máquina, a ver cómo funciona.	Let's try the machine and see how it works.

probar   to try out, test ; to try on (clothes, etc.)

Pruebe la puerta. Tal vez esté abierta.	Try the door. Maybe it's open.
¿ No te lo vas a probar ?	Aren't you going to try it on ?

The preterite of **querer** (+*infinitive*) also means *tried to*, but the emphasis falls more on the intention than on the attempt.

Quise llamarte, pero la línea estaba ocupada.	I tried to call you, but the line was busy.

136. (to) turn

volver   to turn (a page, one's back, the other cheek, etc.) ; to turn
    over ; to turn upside down

No me vuelvas la espalda cuando te hablo.	Don't turn your back on me when I talk to you.
Ahora vuélvalo al otro lado.	Now turn it over on the other side.

volverse   to turn (oneself) around

Oyó el silbido y se volvió en el acto.	He heard the whistle and turned around immediately.

doblar   to turn (a corner)

No debes doblar la esquina tan aprisa.	You shouldn't turn the corner so fast.

dar vuelta (or **doblar**) **a la derecha** (**a la izquierda**)   to turn right (left)

Cuando llegues a la esquina, da vuelta a la derecha.	When you get to the corner, turn right.

apagar   to turn out (a light, a radio, etc.)

Apagan las luces a la media- noche.	They turn out the lights at midnight.

poner   to turn on (a radio, television set or other apparatus)

¿ Se puede poner la radio ?	May I turn on the radio ?

rechazar   to turn down, reject (an offer, a suitor, etc.)

Lo rechazó sin pensarlo siquiera.	He turned it down without even thinkng it over.

137. under

debajo de   under, below, underneath

Hay ríos que corren debajo de la tierra.	There are rivers that run under the ground

bajo   under, below, located in a lower position; under (in a figurative sense)

Estaban sentados bajo el árbol.	They were sitting under the tree.
El pueblo adelantó mucho bajo la dominación islámica.	The people advanced a great deal under the Islamic domination.

138. (to) understand

comprender   to understand (the surface meaning, a word, phrase, a language, etc.)

¿ Comprendes italiano ?	Do you understand Italian ?
Muy bien. Te comprendo.	All right. I understand you (what you're saying).

entender   to understand (a language, etc., as **comprender**) ; to understand the surface meaning and the reason behind it ; to be given to understand

Ya te entiendo perfectamente. | I understand you perfectly (and why you're doing it).

Entiendo que no va a ser candidato en noviembre. | I (am given to) understand that he won't be a candidate in November.

139. until

hasta (*prep.*)   until (time) ; until, up to a certain place (used before an infinitive, a noun, or a number)

Esperemos hasta las tres. | Let's wait until three o'clock.

Le acompañarán hasta la próxima estación. | They will accompany him until (up to) the next station.

hasta que (*conj.*)   until (must introduce a clause)

Siga Ud. caminando hasta que llegue a la plaza mayor. | Keep walking until you reach the central square.

140. (to be) used to

soler   to be used or accustomed to (doing something), to do habitually

Soler is used only in the present and imperfect tenses.

Suelo visitarla todos los domingos. | I usually go to visit her every Sunday.

Solían cenar a las diez. | They used to eat at ten.

The imperfect of soler (+*infinitive*) corresponds to the simple imperfect (**Cenaban a las diez**), but emphasizes a bit more the habitual nature of the action.

acostumbrarse a   to get used to

No me puedo acostumbrar al calor. | I can't get used to the heat.

Me he acostumbrado a su mirar. | I've grown accustomed to her face (look).

estar acostrumbrado a   to be used to, inured to, trained to

Ya están acostrumbrados a levantarse a las seis. | They're now used to getting up at six.

141. (to) want

> **querer**   to want (something or to do something) ; to wish, will ;
>   negative, to refuse

Quiero llevarla conmigo.	I want to take her with me.
Quiere que le llamemos en seguida.	He wants us to call him immediately.
Dice que quiere más dinero.	He says he wants more money.
No quieren aceptarlo.	They don't want (wish) to accept it. (They refuse to, will not.)

> **desear**   to want, desire, wish

Desear is used much less frequently than **querer**. It is somewhat more literary, rhetorical, or impassioned.

Deseamos paz y prosperidad para todos.	We want peace and prosperity for all.
Les deseo un feliz año nuevo.	I wish you (desire for you) a happy new year.
La desea por su esposa.	He desires (wants) her for his wife.

142. warm

> **caliente, calientito**   warm, warmish

Tómese un baño caliente (calientito).	Take a nice warm bath.

> **templado**   warm, temperature (climate)

Prefieren vivir en un clima más templado.	They prefer to live in a warmer (but not hot) climate.

> **afectuoso, cariñoso, caluroso**   warm, affectionate

Me dio un abrazo cariñoso (afectuoso).	He gave me a warm embrace.

> **encarecido, expresivo**   warm, heartfelt (thanks, wishes)

Les ruego aceptar mis más encarecidas (expresivas) gracias.	I beg you to accept my warmest thanks.

abrigado   warm, protected, snug; warm (as clothing)

Busquemos un rincón bien abrigado.	Let's look for a nice warm corner.
Hoy debes ponerte ropa bien abrigadita.	Today you should put on good warm clothes.

143. (to) waste

perder   to waste (time)

Estoy perdiendo tiempo hablando contigo.	I'm wasting time talking to you.

desperdiciar   to squander, waste

Desperdició toda su herencia.	He wasted his whole inheritance.

echar a perder   to waste, spoil, ruin

Echa a perder todas las oportunidades que se le presentan.	He wastes all the opportunities that are presented to him.

144. way

manera, modo   way, manner, method

Su manera de hablar nos impresionó mucho.	His way of speaking impressed us very much.
Voy a mostrarle un modo más fácil de hacer malla.	I'm going to show you an easier way to knit.

cómo   how, the way (to do something)

¿Quién sabe cómo se hace?	Who knows the way it's done?
No comprendo cómo lo hicieron.	I don't understand the way (how) they did it.

así, de este modo, de esta manera   in this way

Primero, hay que cortarlo así (de esta manera).	First, you must cut it this way.
Así se hace mejor.	It is done best (in) this way.

camino,   way, road

Este es el camino de la ciudad.	This is the way to the city.
Siga el camino de la virtud.	Follow the way (path) of virtue.

dirección   way, direction

¿En qué dirección queda la estación?	Which way is the station?
¿Por dónde se va a la estación?	may also be used.

camino de   on the way to

Camino del pueblo, perdieron una llanta.	On the way to the village, they lost a tire.

145. why

¿Por qué?   Why? What's the reason?

¿Por qué llama a toda hora?	Why does he call at all hours?

¿Para qué?   Why? What for? What good will it do? To what end?

¿Para qué llorar? Eso no remedia nada.	Why cry? That doesn't help anything.
¿Para qué estudias? —Para ingeniero.	What are you studying for? —To be an engineer.

146. (to) wish

desear   to wish (success, happiness, etc.); to want, wish

Os deseo toda felicidad.	I wish you both every happiness.
Desea ir, pero no puede.	He wants (wishes) to go, but he can't.

¡Ojalá...!   Oh, how I wish (+*subjunctive*)

¡Ojalá (que) venga pronto!	How I wish he comes soon!
¡Ojalá (que) no lo hubiera dicho!	How I wish he hadn't said it!

147. work

    obra   a work (of art, etc.) ; a deed (of charity, creation, etc.)

Las buenas obras perduran siempre.	Good works last forever.

    trabajo   work, labor

El trabajo descansa el alma, si no el cuerpo.	Work rests the soul, if not the body.

    labor   work, labor, effort (generally used in a figurative or poetic sense)

una labor de caridad humana	a work (an effort, labor of love) of human charity

148. worker

    obrero   factory workers, skilled or semiskilled worker

Los obreros se han declarado en huelga.	The workers have declared a strike.

    trabajador   worker (more general classification that includes most types) ; member of the proletariat (in social reference) ; workman, artisan, craftsman

Sindicato de Trabajadores Metalúrgicos	Union of Metallurgical Workers
¡Trabajadores del mundo... !	Workers of the world... !
Es muy buen trabajador.	He is a very good worker (workman, craftsman).

    jornalero   day laborer ; wage earner, hired hand ; proletarian

No faltan jornaleros en el invierno.	There is no lack of workers in the winter.

    labrador   farm worker ; farm hand

Los labradores segaban bajo un sol calcinante.	The farm laborers were sowing under a scorching sun.

149. yet

Yet has two meanings in English: *still* (which refers to an action or state that is continuing after a certain period of time), and *already*.

todavía   still

NOTE: **Todavía** translates the English *yet* most frequently in negative sentences.

Todavía tenemos que hallar alguien que pueda llenar el puesto.	We have yet to find someone who can fill the position.
¿Han llegado? —Todavía no.	Have they come? —Not yet (still not).

ya   yet (in the sense of *already*)

¿Ya está aquí?	Is he here yet (already)?

ya no   no longer, not... any longer, not... any more

Ya no vive con nosotros.	He doesn't live with us any more. (He no longer lives with us.)

por   yet to be

La nueva carretera está por concluir.	The new road is yet to be completed.

150. younger

menor   younger

Menor establishes a comparative relationship between two persons, irrespective of their actual age.

El hermano menor tenía sesenta años; el mayor casi ochenta.	The youngest brother was sixty; the eldest, almost eighty.

más joven   younger, more youthful (compares the adjective *young*)

Ella es aun más joven que mi mujer.	She is even younger than my wife (both are young).

Verbs

REGULAR VERBS

INFINITIVE

hablar — to speak comer — to eat vivir — to live

PRESENT PARTICIPLE

hablando — speaking comiendo — eating viviendo — living

PAST PARTICIPLE

hablado — spoken comido — eaten vivido — lived

SIMPLE TENSES

Indicative Mood

PRESENT

I SPEAK, AM SPEAKING	*I EAT, AM EATING*	*I LIVE, AM LIVING*
hablo	como	vivo
hablas	comes	vives
habla	come	vive
hablamos	comemos	vivimos
habláis	coméis	vivís
hablan	comen	viven

IMPERFECT

I WAS SPEAKING, USED TO SPEAK	*I WAS EATING, USED TO EAT*	*I WAS LIVING, USED TO LIVE*
hablaba	comía	vivía
hablabas	comías	vivías
hablaba	comía	vivía
hablábamos	comíamos	vivíamos
hablabais	comíais	vivíais
hablaban	comían	vivían

PRETERITE

I SPOKE, DID SPEAK	*I ATE, DID EAT*	*I LIVED, DID LIVE*
hablé	comí	viví
hablaste	comiste	viviste
habló	comió	vivió
hablamos	comimos	vivimos
hablasteis	comisteis	vivisteis
hablaron	comieron	vivieron

FUTURE

I SHALL (WILL) SPEAK	*I SHALL (WILL) EAT*	*I SHALL (WILL) LIVE*
hablaré	comeré	viviré
hablarás	comerás	vivirás
hablará	comerá	vivirá
hablaremos	comeremos	viviremos
hablaréis	comeréis	viviréis
hablarán	comerán	vivirán

CONDITIONAL

I SHOULD (WOULD) SPEAK	*I SHOULD (WOULD) EAT*	*I SHOULD (WOULD) LIVE*
hablaría	comería	viviría
hablarías	comerías	vivirías
hablaría	comería	viviría
hablaríamos	comeríamos	viviríamos
hablaríais	comeríais	viviríais
hablarían	comerían	vivirían

Subjunctive Mood

PRESENT

(THAT) I (MAY) SPEAK	*(THAT) I (MAY) EAT*	*(THAT) I (MAY) LIVE*
hable	coma	viva
hables	comas	vivas
hable	coma	viva
hablemos	comamos	vivamos
habléis	comáis	viváis
hablen	coman	vivan

IMPERFECT (-ra FORM)

(THAT) I MIGHT SPEAK	*(THAT) I MIGHT EAT*	*(THAT) I MIGHT LIVE*
hablara	comiera	viviera
hablaras	comieras	vivieras
hablara	comiera	viviera
habláramos	comiéramos	viviéramos
hablarais	comierais	vivierais
hablaran	comieran	vivieran

IMPERFECT (-se FORM)

(THAT) I MIGHT SPEAK	(THAT) I MIGHT EAT	(THAT) I MIGHT LIVE
hablase	comiese	viviese
hablases	comieses	vivieses
hablase	comiese	viviese
hablásemos	comiésemos	viviésemos
hablaseis	comieseis	vivieseis
hablasen	comiesen	viviesen

IMPERATIVE MOOD

SPEAK	EAT	LIVE
habla	come	vive
hablad	comed	vivid

COMPOUND TENSES

PERFECT INFINITIVE	PERFECT PARTICIPLE
TO HAVE SPOKEN, EATEN, LIVED	HAVING SPOKEN, EATEN, LIVED
haber hablado, comido, vivido	habiendo hablado, comido, vivido

Indicative Mood

PRESENT PERFECT

I HAVE SPOKEN	I HAVE EATEN	I HAVE LIVED
he hablado	he comido	he vivido
has hablado	has comido	has vivido
ha hablado	ha comido	ha vivido
hemos hablado	hemos comido	hemos vivido
habéis hablado	habéis comido	habéis vivido
han hablado	han comido	han vivido

PLUPERFECT

I HAD SPOKEN	I HAD EATEN	I HAD LIVED
había hablado	había comido	había vivido
habías hablado	habías comido	habías vivido
había hablado	había comido	había vivido
habíamos hablado	habíamos comido	habíamos vivido
habíais hablado	habíais comido	habíais vivido
habían hablado	habían comido	habían vivido

FUTURE PERFECT

I SHALL HAVE SPOKEN	I SHALL HAVE EATEN	I SHALL HAVE LIVED
habré hablado	habré comido	habré vivido
habrás hablado	habrás comido	habrás vivido
habrá hablado	habrá comido	habrá vivido

habremos hablado	habremos comido	habremos vivido
habréis hablado	habréis comido	habréis vivido
habrán hablado	habrán comido	habrán vivido

CONDITIONAL PERFECT

I SHOULD (WOULD) HAVE SPOKEN	*I SHOULD (WOULD) HAVE EATEN*	*I SHOULD (WOULD) HAVE LIVED*
habría hablado	habría comido	habría vivido
habrías hablado	habrías comido	habrías vivido
habría hablado	habría comido	habría vivido
habríamos hablado	habríamos comido	habríamos vivido
habríais hablado	habríais comido	habríais vivido
habrían hablado	habrían comido	habrían vivido

Subjunctive Mood

PRESENT PERFECT

(THAT) I (MAY) HAVE SPOKEN	*(THAT) I (MAY) HAVE EATEN*	*(THAT) I (MAY) HAVE LIVED*
haya hablado	haya comido	haya vivido
hayas hablado	hayas comido	hayas vivido
haya hablado	haya comido	haya vivido
hayamos hablado	hayamos comido	hayamos vivido
hayáis hablado	hayáis comido	hayáis vivido
hayan hablado	hayan comido	hayan vivido

PLUPERFECT (-ra FORM)

(THAT) I MIGHT HAVE SPOKEN	*(THAT) I MIGHT HAVE EATEN*	*(THAT) I MIGHT HAVE LIVED*
hubiera hablado	hubiera comido	hubiera vivido
hubieras hablado	hubieras comido	hubieras vivido
hubiera hablado	hubiera comido	hubiera vivido
hubiéramos hablado	hubiéramos comido	hubiéramos vivido
hubierais hablado	hubierais comido	hubierais vivido
hubieran hablado	hubieran comido	hubieran vivido

PLUPERFECT (-se FORM)

(THAT) I MIGHT HAVE SPOKEN	*(THAT) I MIGHT HAVE EATEN*	*(THAT) I MIGHT HAVE LIVED*
hubiese hablado	hubiese comido	hubiese vivido
hubieses hablado	hubieses comido	hubieses vivido
hubiese hablado	hubiese comido	hubiese vivido
hubiésemos hablado	hubiésemos comido	hubiésemos vivido
hubieseis hablado	hubieseis comido	hubieseis vivido
hubiesen hablado	hubiesen comido	hubiesen vivido

RADICAL CHANGING VERBS

A radical change means a change in the root (stem) of a verb. Specifically, in Spanish, it refers to a change in the *vowel* of the root.

1. THE -*ar* AND -*er* RADICAL CHANGING VERBS

Radical changing verbs that end in -**ar** or -**er** change the stressed vowel **e** to **ie**, the stressed **o** to **ue**.

-**Ar** or -**er** radical changing verbs change *only* in the present indicative and present subjunctive. All other tenses are conjugated regularly. (Recall that the imperative singular is the same as the third person singular of the present indicative.)

PATTERN OF THE PRESENT INDICATIVE

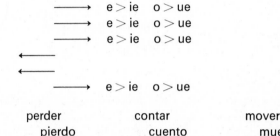

pensar	perder	contar	mover
pienso	pierdo	cuento	muevo
piensas	pierdes	cuentas	mueves
piensa	pierde	cuenta	mueve
pensamos	perdemos	contamos	movemos
pensáis	perdéis	contáis	movéis
piensan	pierden	cuentan	mueven

The present subjunctive follows exactly the same pattern, except that -**a** endings change to -**e**, -**e** endings to -**a**.

COMMON VERBS OF THIS TYPE

acordarse	empezar	pensar
acostarse	encender	perder
atravesar	encontrar	probar
comenzar	entender	recordar
contar	jugar	mover
costar	llover	sentar(se)
despertar(se)	negar	volver

2. THE -*ir* RADICAL CHANGING VERBS

Radical changing verbs that end in -**ir** are of two types:

TYPE I

Those whose stressed **e** changes to **ie**, whose stressed **o** changes to **ue**. Common verbs of this type are

advertir	dormir	morir
convertir	mentir	sentir

TYPE II

Those whose stressed **e** changes to **i**. Common verbs of this type are

concebir	repetir	servir
pedir	seguir	vestir(se)

A. The Present Indicative of -*ir* Radical Changing Verbs

The pattern is exactly the same as that of all other radical changing verbs.

Type I (e > ie, o > ue)		Type II (e > i)
siento	duermo	pido
sientes	duermes	pides
siente	duerme	pide
sentimos	dormimos	pedimos
sentís	dormís	pedís
sienten	duermen	piden

B. The Present Subjunctive of -*ir* Radical Changing Verbs

The pattern of the present indicative is maintained. But a *second* radical change is added. The *unstressed* e of the first and second persons plural becomes **i**; the unstressed o becomes **u** :

sienta	duerma	pida
sientas	duermas	pidas
sienta	duerma	pida
sintamos	durmamos	pidamos
sintáis	durmáis	pidáis
sientan	duerman	pidan

C. The Preterite of -*ir* Radical Changing Verbs

In the third person, singular and plural, the unstressed **e** becomes **i**, the unstressed **o** becomes **u** :

sentí	dormí	pedí
sentiste	dormiste	pediste
sintió	durmió	pidió
sentimos	dormimos	pedimos
sentisteis	dormisteis	pedisteis
sintieron	durmieron	pidieron

REMEMBER: The preterite of -**ar** and -**er** verbs has no radical change.

D. The Imperfect Subjunctive of *-ir* Radical Changing Verbs

The e > i, o > u change governs the entire imperfect subjunctive.

sintiera (sintiese)	durmiera (iese)	pidiera (iese)
sintieras	durmieras	pidieras
sintiera	durmiera	pidiera
sintiéramos	durmiéramos	pidiéramos
sintierais	durmierais	pidierais
sintieran	durmieran	pidieran

REMEMBER: The imperfect subjunctive of **-ar** and **-er** verbs has no radical change.

The present participle of **-ir** radical changing verbs changes the stem vowel e > i, o > u: **sintiendo, durmiendo, pidiendo.**

SPELLING CHANGING VERBS

Many verbs undergo a change in spelling in some tenses in order that the sound of the final consonant of the stem or the normal rules of Spanish spelling may be preserved. Recall:

1. g before e or i is pronounced like the Spanish j.
2. g before a, o, or u is hard.
3. g before e or i may be kept hard by placing u after the consonant.
4. c before e or i is pronounced like the English *th* (throughout Spain, except Andalusia) or like s (in Spanish America and Andalusia).
5. c before a, o, or u is pronounced like the English k.
6. c changes to qu before e or i to keep the sound hard.
7. z changes to c before an e or i.
8. Unstressed i between vowels changes to y.
9. Two consecutive unstressed i's merge into one.
10. Two consecutive s's are reduced to one.
11. A word that begins with a diphthong must be preceded by h or the initial i of the diphthong changes to y.
12. Unstressed i before e or o disappears after ll, ñ, and j.

The following are important types of verbs that are regular in their conjugation, but undergo necessary changes in spelling.

1. Verbs ending in **-car** change c to **qu** before e.

sacar   to take out

PRETERITE	PRESENT SUBJUNCTIVE
saqué	saque
sacaste	saques
sacó	saque
etc.	saquemos
	saquéis
	saquen

2. Verbs ending in **-gar** change **g** to **gu** before **e**.

pagar   to pay

PRETERITE	PRESENT SUBJUNCTIVE
pagué	pague
pagaste	pagues
pagó	pague
etc.	paguemos
	paguéis
	paguen

3. Verbs ending in **-zar** change **z** to **c** before **e**.

gozar   to enjoy

PRETERITE	PRESENT SUBJUNCTIVE
gocé	goce
gozaste	goces
gozó	goce
etc.	gocemos
	gocéis
	gocen

4. Verbs ending in **-cer** or **-cir** preceded by a consonant change **c** to **z** before **o** and **a**.

vencer   to conquer

PRESENT INDICATIVE	PRESENT SUBJUNCTIVE
venzo	venza
vences	venzas
vence	venza
etc.	venzamos
	venzáis
	venzan

5. Verbs ending in **-ger** or **-gir** change **g** to **j** before **o** and **a**.

coger   to catch

PRESENT INDICATIVE	PRESENT SUBJUNCTIVE
cojo	coja
coges	cojas
coge	coja
etc.	cojamos
	cojáis
	cojan

dirigir   to direct

PRESENT INDICATIVE	PRESENT SUBJUNCTIVE
dirijo	dirija
diriges	dirijas
dirige	dirija
etc.	dirijamos
	dirijáis
	dirijan

6. Verbs ending in **-guir** change **gu** to **g** before **o** and **a**.

distinguir   to distinguish

PRESENT INDICATIVE	PRESENT SUBJUNCTIVE
distingo	distinga
distingues	distingas
distingue	distinga
etc.	distingamos
	distingáis
	distingan

7. Verbs ending in **-quir** change **qu** to **c** before **o** and **a**.

delinquir   to commit an offense

PRESENT INDICATIVE	PRESENT SUBJUNCTIVE
delinco	delinca
delinques	delincas
delinque	delinca
etc.	delincamos
	delincáis
	delincan

8. Verbs ending in **-guar** change **gu** to **gü** before **e**.

averiguar   to ascertain

	PRETERITE	PRESENT SUBJUNCTIVE
	averigüé	averigüe
	averiguaste	averigües
	averiguó	averigüe
	etc.	averigüemos
		averigüéis
		averigüen

9. Verbs ending in **-eer** change unstressed **i** to **y** between vowels

leer   to read

PRETERITE	IMPERFECT SUBJUNCTIVE		PARTICIPLES: PRESENT, PAST
leí	leyera	leyese	leyendo
leíste	leyeras	leyeses	leído
leyó	leyera	leyese	
leímos	etc.	etc.	
leísteis			
leyeron			

10. Verbs ending in **-eír** are radical changing verbs that lose one **i** in the third person of the preterite, imperfect subjunctive, and present participle.

reír   to laugh

PRESENT INDICATIVE	PRETERITE	IMPERFECT SUBJUNCTIVE		PRESENT PARTICIPLE
río	reí	riera	riese	riendo
ríes	reíste	rieras	rieses	
ríe	rio	riera	riese	
reímos	reímos	etc.	etc.	
reís	reísteis			
ríen	rieron			

11. Verbs whose stem ends in **ll** or **ñ** drop the **i** of the diphthongs **ie** and **ió**.

bullir   to boil

PRETERITE	IMPERFECT SUBJUNCTIVE		PRESENT PARTICIPLE
bullí	bullera	bullese	bullendo
bulliste	bulleras	bulleses	
bulló	bullera	bullese	
bullimos	etc.	etc.	
bullisteis			
bulleron			

reñir   to scold (also radical changing)

PRETERITE	IMPERFECT SUBJUNCTIVE		PRESENT PARTICIPLE
reñí	riñera	riñese	riñendo
reñiste	riñeras	riñeses	
riñó	riñera	riñese	
reñimos	etc.	etc.	
reñisteis			
riñeron			

CHANGES IN ACCENTUATION

1. VERBS ENDING IN *-iar*

Some verbs ending in -iar bear a written accent on the **i** in all singular forms and in the third person plural of the present indicative and subjunctive, and in the imperative singular.

enviar   to send

PRESENT INDICATIVE	PRESENT SUBJUNCTIVE	IMPERATIVE
envío	envíe	
envías	envíes	envía
envía	envíe	
enviamos	enviemos	
enviáis	enviéis	enviad
envían	envíen	

2. VERBS ENDING IN *-uar*

Verbs ending in -**uar** (except those ending in -**guar**) bear a written accent on the **u** in the same forms listed above.

PRESENT INDICATIVE	PRESENT SUBJUNCTIVE	IMPERATIVE
continúo	continúe	
continúas	continúes	continúa
continúa	continúe	
continuamos	continuemos	
continuáis	continuéis	continuad
continúan	continúen	

IRREGULAR VERBS

NOTE: Only the tenses containing irregular forms are given. The conjugation of verbs ending in -**ducir** may be found under **conducir**; those ending in a vowel + **cer** or + **cir** are found under **conocer**; and those ending in -**uir** are under **huir**.

andar   to walk, go

Preterite	anduve, anduviste, anduvo, anduvimos, anduvisteis, anduvieron
Imperfect Subjunctive	(-ra) anduviera, anduvieras, anduviera, anduviéramos, anduvierais, anduvieran
	(-se) anduviese, anduvieses, anduviese, anduviésemos, anduvieseis, anduviesen

asir   to seize

Present Indicative	asgo, ases, ase, asimos, asís, asen
Present Subjunctive	asga, asgas, asga, asgamos, asgáis, asgan

caber   to be contained in

Present Indicative	quepo, cabes, cabe, cabemos, cabéis, caben
Preterite	cupe, cupiste, cupo, cupimos, cupisteis, cupieron
Future	cabré, cabrás, cabrá, cabremos, cabréis, cabrán
Conditional	cabría, cabrías, cabría, cabríamos, cabríais, cabrían
Present Subjunctive	quepa, quepas, quepa, quepamos, quepáis, quepan
Imperfect Subjunctive	(-ra) cupiera, cupieras, cupiera, cupiéramos, cupierais, cupieran
	(-se) cupiese, cupieses, cupiese, cupiésemos, cupieseis, cupiesen

caer   to fall

Present Indicative	caigo, caes, cae, caemos, caéis, caen
Preterite	caí, caíste, cayó, caímos, caísteis, cayeron
Present Subjunctive	caiga, caigas, caiga, caigamos, caigáis, caigan
Imperfect Subjunctive	(-ra) cayera, cayeras, cayera, cayéramos, cayerais, cayeran
	(-se) cayese, cayeses, cayese, cayésemos, cayeseis, cayesen
Present Participle	cayendo
Past Participle	caído

conducir   to conduct (similarly, all verbs in -ducir)

Present Indicative	conduzco, conduces, conduce, conducimos, conducís, conducen
Preterite	conduje, condujiste, condujo, condujimos, condujisteis, condujeron
Present Subjunctive	conduzca, conduzcas, conduzca, conduzcamos, conduzcáis, conduzcan

Imperfect Subjunctive   (-ra) condujera, condujeras, condujera, con-
                          dujéramos, condujerais, condujeran
                          (-se) condujese, condujeses, condujese, con-
                          dujésemos, condujeseis, condujesen

conocer   to know (similarly, all verbs ending in a vowel + **cer**
                and + **cir**, except **cocer, hacer, mecer,** and their com-
                pounds)

Present Indicative   conozco, conoces, conoce, etc.
Present Subjunctive   conozca, conozcas, conozca, conozcamos
                          conozcáis, conozcan

                          creer   (*see* **leer,** p. 377)

                                  dar   to give

Present Indicative   doy, das, da, damos, dais, dan
Preterite   di, diste, dio, dimos, disteis, dieron
Present Subjunctive   dé, des, dé, demos, deis, den
Imperfect Subjunctive   (-ra) diera, dieras, diera, diéramos, dierais,
                          dieran
                          (-se) diese, dieses, diese, diésemos, dieseis,
                          diesen

                                  decir   to say, tell

Present Indicative   digo, dices, dice, decimos, decís, dicen
Preterite   dije, dijiste, dijo, dijimos, dijisteis, dijeron
Future   diré, dirás, dirá, diremos, diréis, dirán
Conditional   diría, dirías, diría, diríamos, diríais, dirían
Present Subjunctive   diga, digas, diga, digamos, digáis, digan
Imperfect Subjunctive   (-ra) dijera, dijeras, dijera, dijéramos, dijerais,
                          dijeran
                          (-se) dijese, dijeses, dijese, dijésemos, dijeseis,
                          dijesen
Present Participle   diciendo
Past Participle   dicho
Imperative   di, decid

                                  errar   to err

Present Indicative   yerro, yerras, yerra, erramos, erráis, yerran
Present Subjunctive   yerre, yerres, yerre. erremos, erréis, yerren
Imperative   yerra, errad

                                  estar   to be

Present Indicative   estoy, estás, está, estamos, estáis, están
Preterite   estuve, estuviste, estuvo, estuvimos, estuvisteis,
                          estuvieron

Present Subjunctive	esté, estés, esté, estemos, estéis, estén
Imperfect Subjunctive	(-ra) estuviera, estuvieras, estuviera, estu-
	viéramos, estuvierais, estuvieran
	(-se) estuviese, estuvieses, estuviese, estu-
	viésemos, estuvieseis, estuviesen
Imperative	está, estad

haber   to have

Present Indicative	he, has, ha, hemos, habéis, han
Preterite	hube, hubiste, hubo, hubimos, hubisteis, hubieron
Future	habré, habrás, habrá, habremos, habréis, habrán
Conditional	habría, habrías, habría, habríamos, habríais, habrían
Present Subjunctive	haya, hayas, haya, hayamos, hayáis, hayan
Imperfect Subjunctive	(-ra) hubiera, hubieras, hubiera, hubiéramos, hubierais, hubieran
	(-se) hubiese, hubieses, hubiese, hubiésemos, hubieseis, hubiesen

hacer   to do, make

Present Indicative	hago, haces, hace, hacemos, hacéis, hacen
Preterite	hice, hiciste, hizo, hicimos, hicisteis, hicieron
Future	haré, harás, hará, haremos, haréis, harán
Conditional	haría, harías, haría, haríamos, haríais, harían
Present Subjunctive	haga, hagas, haga, hagamos, hagáis, hagan
Imperfect Subjunctive	(-ra) hiciera, hicieras, hiciera, hiciéramos, hicierais, hicieran
	(-se) hiciese, hicieses, hiciese, hiciésemos, hicieseis, hiciesen
Past Participle	hecho
Imperative	haz, haced

huir   to flee (similarly, all verbs ending in -uir, except those ending in -guir and -quir)

Present Indicative	huyo, huyes, huye, huimos, huís, huyen
Preterite	huí, huiste, huyó, huimos, huisteis, huyeron
Present Subjunctive	huya, huyas, huya, huyamos, huyáis, huyan
Imperfect Subjunctive	(-ra) huyera, huyeras, huyera, huyéramos, huyerais, huyeran
	(-se) huyese, huyeses, huyese, huyésemos, huyeseis, huyesen
Present Participle	huyendo
Imperative	huye, huid

ir   to go

Present Indicative	voy, vas, va, vamos, vais, van
Imperfect Indicative	iba, ibas, iba, íbamos, ibais, iban
Preterite	fui, fuiste, fue, fuimos, fuisteis, fueron
Present Subjunctive	vaya, vayas, vaya, vayamos, vayáis, vayan
Imperfect Subjunctive	(-ra) fuera, fueras, fuera, fuéramos, fuerais, fueran
	(-se) fuese, fueses, fuese, fuésemos, fueseis, fuesen
Present Participle	yendo
Imperative	ve, id

oír   to hear

Present Indicative	oigo, oyes, oye, oímos, oís, oyen
Preterite	oí, oíste, oyó, oímos, oísteis, oyeron
Present Subjunctive	oiga, oigas, oiga, oigamos, oigáis, oigan
Imperfect Subjunctive	(-ra) oyera, oyeras, oyera, oyéramos, oyerais, oyeran
	(-se) oyese, oyeses, oyese, oyésemos, oyeseis, oyesen
Present Participle	oyendo
Past Participle	oído
Imperative	oye, oíd

oler   to smell

Present Indicative	huelo, hueles, huele, olemos, oléis, huelen
Present Subjunctive	huela, huelas, huela, olamos, oláis, huelan
Imperative	huele, oled

poder   to be able

Present Indicative	puedo, puedes, puede, podemos, podéis, pueden
Preterite	pude, pudiste, pudo, pudimos, pudisteis, pudieron
Future	podré, podrás, podrá, podremos, podréis, podrán
Conditional	podría, podrías, podría, podríamos, podríais, podrían
Present Subjunctive	pueda, puedas, pueda, podamos, podáis, puedan
Imperfect Subjunctive	(-ra) pudiera, pudieras, pudiera, pudiéramos, pudierais, pudieran
	(-se) pudiese, pudieses, pudiese, pudiésemos, pudieseis, pudiesen
Present Participle	pudiendo

poner   to put, place

Present Indicative	pongo, pones, pone, ponemos, ponéis, ponen
Preterite	puse, pusiste, puso, pusimos, pusisteis, pusieron
Future	pondré, pondrás, pondrá, pondremos, pondréis, pondrán
Conditional	pondría, pondrías, pondría, pondríamos, pondríais, pondrían
Imperfect Subjunctive	(-ra) pusiera, pusieras, pusiera, pusiéramos, pusierais, pusieran
	(-se) pusiese, pusieses, pusiese, pusiésemos, pusieseis, pusiesen
Past Participle	puesto
Imperative	pon, poned

querer   to wish

Present Indicative	quiero, quieres, quiere, queremos, queréis, quieren
Preterite	quise, quisiste, quiso, quisimos, quisisteis, quisieron
Future	querré, querrás, querrá, querremos, querréis, querrán
Conditional	querría, querrías, querría, querríamos, querríais, querrían
Present Subjunctive	quiera, quieras, quiera, queramos, queráis, quieran
Imperfect Subjunctive	(-ra) quisiera, quisieras, quisiera, quisiéramos, quisierais, quisieran
	(-se) quisiese, quisieses, quisiese, quisiésemos, quisieseis, quisiesen

reír   (*see* p. 377)

saber   to know

Present Indicative	sé, sabes, sabe, sabemos, sabéis, saben
Preterite	supe, supiste, supo, supimos, supisteis, supieron
Future	sabré, sabrás, sabrá, sabremos, sabréis, sabrán
Conditional	sabría, sabrías, sabría, sabríamos, sabríais, sabrían
Present Subjunctive	sepa, sepas, sepa, sepamos, sepáis, sepan
Imperfect Subjunctive	(-ra) supiera, supieras, supiera, supiéramos, supierais, supieran
	(-se) supiese, supieses, supiese, supiésemos, supieseis, supiesen

salir   to go out, leave

Present Indicative	salgo, sales, sale, salimos, salís, salen
Future	saldré, saldrás, saldrá, saldremos, saldréis, saldrán
Conditional	saldría, saldrías, saldría, saldríamos, saldríais, saldrían
Present Subjunctive	salga, salgas, salga, salgamos, salgáis, salgan
Imperative	sal, salid

ser   to be

Present Indicative	soy, eres, es, somos, sois, son
Imperfect Indicative	era, eras, era, éramos, erais, eran
Preterite	fui, fuiste, fue, fuimos, fuisteis, fueron
Present Subjunctive	sea, seas, sea, seamos, seáis, sean
Imperfect Subjunctive	(-ra) fuera, fueras, fuera, fuéramos, fuerais, fueran
	(-se) fuese, fueses, fuese, fuésemos, fueseis, fuesen
Imperative	sé, sed

tener   to have

Present Indicative	tengo, tienes, tiene, tenemos, tenéis, tienen
Preterite	tuve, tuviste, tuvo, tuvimos, tuvisteis, tuvieron
Future	tendré, tendrás, tendrá, tendremos, tendréis, tendrán
Conditional	tendría, tendrías, tendría, tendríamos, tendríais, tendrían
Present Subjunctive	tenga, tengas, tenga, tengamos, tengáis, tengan
Imperfect Subjunctive	(-ra) tuviera, tuvieras, tuviera, tuviéramos, tuvierais, tuvieran
	(-se) tuviese, tuvieses, tuviese, tuviésemos, tuvieseis, tuviesen
Imperative	ten, tened

traer   to bring

Present Indicative	traigo, traes, trae, traemos, traéis, traen
Preterite	traje, trajiste, trajo, trajimos, trajisteis, trajeron
Present Subjunctive	traiga, traigas, traiga, traigamos, traigáis, traigan
Imperfect Subjunctive	(-ra) trajera, trajeras, trajera, trajéramos, trajerais, trajeran
	(-se) trajese, trajeses, trajese, trajésemos, trajeseis, trajesen
Present Participle	trayendo
Past Participle	traído

valer   to be worth

Present Indicative	valgo, vales, vale, valemos, valéis, valen
Future	valdré, valdrás, valdrá, valdremos, valdréis, valdrán
Conditional	valdría, valdrías, valdría, valdríamos, valdríais, valdrían
Present Subjunctive	valga, valgas, valga, valgamos, valgáis, valgan
Imperative	val(e), valed

venir   to come

Present Indicative	vengo, vienes, viene, venimos, venís, vienen
Preterite	vine, viniste, vino, vinimos, vinisteis, vinieron
Future	vendré, vendrás, vendrá, vendremos, vendréis, vendrán
Conditional	vendría, vendrías, vendría, vendríamos, vendríais, vendrían
Present Subjunctive	venga, vengas, venga, vengamos, vengáis, vengan
Imperfect Subjunctive	(-ra) viniera, vinieras, viniera, viniéramos, vinierais, vinieran
	(-se) viniese, vinieses, viniese, viniésemos, vinieseis, viniesen
Present Participle	viniendo
Imperative	ven, venid

ver   to see

Present Indicative	veo, ves, ve, vemos, veis, ven
Imperfect Indicative	veía, veías, veía, veíamos, veíais, veían
Present Subjunctive	vea, veas, vea, veamos, veáis, vean
Past Participle	visto

Glossary of grammatical terms

Active voice: A construction in which the subject does the action of the verb. *John buys the book.*

Adjective: A word that is used to describe a noun: *high* mountain, *interesting* book.

Adverb: A word that modifies a verb, an adjective, or another adverb. It answers the questions "Where?" "How?" "When?": He will be *there*. They do it *well*. I will see you *soon*.

Agree (agreement): A term generally applied to adjectives. An adjective is said to agree or show agreement with the noun it modifies, when its ending changes in accordance with the gender and number of the noun. In Spanish, a feminine, singular noun, for instance, will require a feminine, singular ending in the adjective that describes it: **camisa blanca**; and a masculine, plural noun will required a masculine, plural ending in the adjective: **zapatos rojos.**

Apposition: When a noun or a pronoun is placed after another noun or pronoun in order to explain it, it is said to be in apposition to that noun or pronoun: John Smith, *president* of the company.

Article: See *Definite article* and *Indefinite article.*

Auxiliary verb: A verb which *helps* in the conjugation of another verb: I *have* spoken. We *will* play. They *were* called.

Clause: A group of words that includes at least a subject and a verb and forms part or the whole of a sentence. The following sentence consists of two clauses: We saw the boy *who set fire to the house.*

Comparison: The change in the endings of adjectives and adverbs to denote degree. There are three levels of comparison: the *positive* (warm), the *comparative* (warmer), and the superlative (warmest).

Compound tense: A tense formed by the auxiliary verb *have* and the past participle: *We will have eaten.*

Conjugation: The process by which the forms of the verb are given in their different moods and tenses: *I am, you are, he is,* etc.

Conjunction : A word which serves as a link between words, phrases, clauses, or sentences : *and, but, that, because,* etc.

Definite article : A word standing before a noun and indicating a definite person and thing : *The* house.

Demonstrative : A word *pointing* to a definite person or object : *this, that, these,* etc.

Dependent (or subordinate) clause : A clause which by itself has no complete meaning, but depends on an independent, or principal, clause : I did not know *that he was ill.*

Dependent infinitive : An infinitive that follows a verb or, in Spanish, a preposition : He wants *to rest.*

Dipthong : A combination of two vowels forming one syllable. In Spanish, a dipthong is composed of one *strong* vowel (**a, e, o**) and one *weak* vowel (**u, i**) or two weak vowels : **ai, oi, ui.** Remember : **U** and **I** are weak, and everyone else is strong.

Exclamation : A word used to express emotion : *How* beautiful ! *What* grace !

Finite verb form : Any form of the verb except the infinitive and the present and past participles.

Gender : A distinction of nouns, pronouns, or adjectives, based on sex denoted. In Spanish, there are only two types of nouns, *masculine* and *feminine,* but there are neuter pronouns.

Gerund : In English, a noun which is formed from a verb and shows the ending *-ing* : *Drinking* is bad for the health. In Spanish, the infinitive takes the place of the gerund in this sense. The present participle in Spanish is also called the gerund.

Indefinite adjective and pronoun : Words which refer to an indefinite person or thing. Important indefinite adjectives are *any* and *some,* and important indefinite pronouns are *somebody, someone, nobody,* and *no one.*

Indefinite article : A word standing before a noun and indicating an indefinite person or object : *A* man, *an* article.

Independent (or principal) clause : A clause which has complete meaning by itself : *I shall tell it to him* when he comes.

Infinitive : The form of the verb generally preceded in English by the word *to* and showing no subject or number : *to speak, to sleep.*

Interrogative : A word used in asking a question : *Who ? What ? Which ?*

Intransitive verb : A verb which cannot have a direct object : The man *goes* away.

Modify : To describe a noun, adjective, or adverb, or the action expressed by the verb : A *good* man (adj.), he drives *poorly* (adv.)

Mood : A change in the form of the verb, showing the manner in which its action is expressed. There are three moods : *indicative, subjunctive,* and *imperative.*

Nonrestrictive clause : A clause which is not essential to the meaning of a sentence and is generally set off from the rest of the sentence by commas: My friend Joe, *who has just returned from Europe*, will come to see me tomorrow.

Noun: A word that names a person, place, thing, etc.: *Henry, Paris, table*, etc.

Number: Number refers to *singular* and *plural*.

Object: Generally a noun or a pronoun that is the receiver of the verb's action. A direct object answers the question "What?" or "Whom?": I see *him*. Do *it*. An indirect object answers the question "To whom?" or "To what?": Give *Mary* the ball. Nouns and pronouns can also be objects of prepositions: This book is *for Mary*. He was speaking *of you*.

Passive voice: A construction in which the subject receives the action of the verb: *The window was broken by Charles.*

Past participle: That form of the verb having in English the endings *-ed, -t, -en*, etc. (*raised, wept, eaten*, etc.), and in Spanish, the endings, **-do, -da, dos, -das** (**hablado, hablada, hablados, habladas**).

Person: The form of the pronoun and of the verb that shows the person referred to. There are three persons: *I, we, me, us, mine, our*, etc. (first person); *you, thou, your, etc.* (second person); *he, she, it, they, him, her, their*, etc. (third person). In Spanish, the polite forms **Ud.** and **Uds.** (*you*) are in the third person.

Phrase: A group of two or more words used together to form a part of speech, but not containing a subject and verb. Most phrases are introduced by prepositions: They stayed *in the hotel*.

Possessive: A word that denotes ownership or possession: *My* hat is bigger than *hers*.

Predicate: That part of a sentence which contains the verb and states something about the subject: The students of this class *have been studying very hard*.

Predicate adjective: An adjective which is used after many verbs of being (*to be, to seem, to become*, etc.) and which describes the subject: My friend is *poor*.

Predicate noun: A noun which is used after a number of intransitive verbs (*to be, to seem, to become*, etc.) and which is the equivalent of the subject: That man is an engineer.

Preposition: A word that introduces a noun, pronoun, adverb, infinitive, or present participle, and which indicates their function in the sentence. The group of words so introduced is known as a prepositional phrase: I plunged *into the water*.

Present participle: In English, an invariable verb form ending in *-ing*: They were *singing*. It may also be used as an adjective or a noun: The *singing* birds. *Singing* is fun. In Spanish, the present participle may be used only as a verb.

Pronoun: A word that is used to replace a noun: *he, us, them*, etc. A subject pronoun refers to the person or thing that is spoken of: *He* eats. *It* is beautiful. An *object pronoun* receives the action of the verb: He sees *us* (direct object pronoun). He spoke to *them* (indirect object pronoun). A pronoun can also be the object of a preposition: They went with *me*.

Reflexive pronoun: A pronoun that refers back to the subject: *myself, yourself, himself,* etc. A reflexive pronoun is the object of a verb (he punished *himself*) or of a preposition (I prepared it for *myself*).

Relative pronoun: A pronoun that introduces a dependent clause and refers back to a previously mentioned noun: I saw the man *who* did it. In this sentence the antecedent is the word *man*.

Restrictive clause: A clause that is essential to the meaning of the whole sentence and cannot be dispensed with. I asked for the room *which I had occupied two years before.*

Simple tense: A tense which is not formed with the auxiliary verb *to have:* I *go,* we *saw,* etc.

Subject: The person, place, or thing that is spoken of: *John* sleeps, The *tree* is old.

Subordinate clause: See *Dependent clause.*

Superlative: See *Comparison.*

Tense: The group of forms in a verb which serves to show the time in which the action of the verb takes place.

Transitive verb: A verb that may have a direct object: Henry *eats* the apple.

Verb: A word that expresses an action or a state: He *works.* The rose *is* red, In Spanish, *regular* verbs follow a set pattern in which the stem (the infinitive minus the ending) remains unchanged (except for a *patterned* change in the case of radical changing verbs) and only the endings show a change determined by the person and the tense. *Irregular* verbs show deviations from the set pattern in the stem as well as in the endings. In *radical changing* verbs the stem vowel changes when *stressed* or in certain other situations, but a systematic pattern is always followed. The endings are regular.

Numbers, names, and gender

CARDINAL NUMBERS

0 cero	26 veintiséis (veinte y seis)
1 uno (*m.*), una (*f.*)	27 veintisiete (veinte y siete)
2 dos	28 veintiocho (veinte y ocho)
3 tres	29 veintinueve (veinte y nueve)
4 cuatro	
5 cinco	30 treinta
6 seis	31 treinta y uno, -a[1]
7 siete	40 cuarenta
8 ocho	50 cincuenta
9 nueve	60 sesenta
10 diez	70 setenta
11 once	80 ochenta
12 doce	90 noventa
13 trece	100 ciento (cien)
14 catorce	101 ciento uno, -a
15 quince	110 ciento diez
16 dieciséis (diez y seis)	200 doscientos, -as
17 diecisiete (diez y siete)	300 trescientos, -as
18 dieciocho (diez y ocho)	400 cuatrocientos, -as
19 diecinueve (diez y neuve)	500 quinientos, -as
20 veinte	600 seiscientos, -as
21 veintiuno, -a (veinte y uno, -a)	700 setecientos, -as
22 veintidós (veinte y dos)	800 ochocientos, -as
23 veintitrés (veinte y tres)	900 novecientos, -as
24 veinticuatro (veinte y cuatro)	1000 mil
25 veinticinco (veinte y cinco)	1100 mil ciento
	1200 mil doscientos, -as

[1] Above 29, the one-word forms are not used.

2000	dos mil
100,000	cien mil
200,000	doscientos, (-as) mil
1,000,000	un millón
2,000,000	dos millones

5,627,215	cinco millones
	seiscientos (-as)
	treinta y siete mil
	doscientos (-as)
	quince

Note that **uno** becomes **un** before a masculine noun; that **ciento,** which in the plural shows agreement in gender, becomes **cien** before a noun and before **mil** and **millones**; that **millón** is a masculine noun preceded in the singular by the indefinite article and followed by the preposition **de** before a following noun.

treinta y un libros	thirty-one books
ciento dos[2] mesas	one hundred and two tables
cien mujeres	one hundred women
cien mil hombres	one hundred thousand men
trescientas treinta copias	three hundred and thirty copies
un millón de habitantes	one million inhabitants

Beyond nine hundred the form **mil** must be used:

mil novecientos cincuenta y siete	Nineteen (hundred) fifty-seven
Gana tres mil seiscientos dólares al año.	He earns thirty-six hundred dollars per year.

ORDINAL NUMBERS

1st	primer(o), -a		6th	sexto, -a
2nd	segundo, -a		7th	séptimo, -a
3rd	tercer(o), -a		8th	octavo, -a
4th	cuarto, -a		9th	noveno, -a
5th	quinto, -a		10th	décimo, -a

Note that **primero** and **tercero** drop the **o** before a masculine singular noun, that with dates of the month only **primero** may be used, and that beyond **décimo** cardinal numbers are generally used.

el primer soldado	the first soldier
el tercer presidente	the third president
el primero de abril	April first
el dos de marzo	March second
la Quinta Avenida	Fifth Avenue
la Calle Ochenta y Seis	Eighty-Sixth Street
Carlos Tercero[3]	Charles the Third
Alfonso Doce	Alfonso the Twelfth

---

[2] Note the omission of y.
[3] Note the omission of the definite article with titles of royalty, rulers, etc.

When the ordinal number has a descriptive function, it precedes the noun. When its purpose is to distinguish one thing from another, it follows the noun.

FRACTIONS

Through *tenth*, ordinal numbers are used, except in the case of *half* and *third*, where **medio** and **tercio** are used respectively. **Medio**, used with a noun, is an adjective[4] and therefore shows agreement. No article appears before it, nor before the accompanying noun. Above *tenth*, -avo is usually added to the cardinal number, though there are some irregular forms. The feminine noun **mitad**, which is preceded by the article **la** and followed by the preposition **de** before a noun, is used to indicate half of a definite amount.

un medio one-half	**un décimosexto** one-sixteenth ·
dos tercios two-thirds	**un décimonono** one-nineteenth
tres cuartos three-fourths	**un veintavo** one-twentieth
un octavo one-eighth	**media taza** half a cup
un décimo one-tenth	**hora y media** an hour and a half
siete quinzavos seven-fifteenths	**la mitad de sus discos** half of his records

La tercera parte, la quinta parte, la décima parte, etc., may be used when the upper numeral of the fraction is *one*: one-third, one-fifth, one-tenth, etc.

TIME OF DAY

Time of day is expressed by the cardinal numbers preceded by the article **la (las)**. The verb *to be* is translated by **ser**.

¿ Qué hora es ?	What time is it ?
¿ Qué hora era ?	What time was it ?
Es la una.	It is one o'clock.
Son las dos.	It is two o'clock.
Era la una.	It was one o'clock.
Eran las cinco.	It was five o'clock.
Es la una y cuarto.	It is a quarter past one.
Son las tres y media.	It is half-past three.
Eran las nueve menos cuarto.	It was a quarter to nine.

---

[4] **Medio** can also be used as an adverb: **No estaba más que medio despierto.** *He was only half-awake.*

Eran las ocho y veinte.	It was twenty past eight.
Son las diez menos diez.	It is ten to ten.
A las siete en punto	At seven o'clock sharp
A las diez de la mañana	At ten o'clock in the morning
A las cuatro de la tarde	At four o'clock in the afternoon
A las once de la noche	At eleven o'clock at night
A mediodía	At noon
A medianoche	At midnight

DAYS OF THE WEEK

lunes	Monday	viernes	Friday
martes	Tuesday	sábado	Saturday
miércoles	Wednesday	domingo	Sunday
jueves	Thursday		

el lunes	on Monday
los jueves	on Thursdays

MONTHS OF THE YEAR

enero	January	julio	July
febrero	February	agosto	August
marzo	March	se(p)tiembre	September
abril	April	octubre	October
mayo	May	noviembre	November
junio	June	diciembre	December

el primero de febrero	February 1st
el dos de marzo	March 2nd
el diecisiete de junio	June 17th

SEASONS

la primavera	spring
el verano	summer
el otoño	fall
el invierno	winter

GENDER

All nouns in Spanish are either masculine or feminine. There are no neuter nouns.

A. Masculine Nouns

The following types of nouns are generally masculine.

1. Nouns that refer to a masculine person

el hijo	the son	**el padre**	the father
el dentista	the dentist	**el policía**	the policeman

2. Nouns ending in **o**

el fonógrafo	the phonograph	**el suelo**	the floor

The most common exception is

la mano   the hand

3. Certain nouns (of Greek origin) ending in **-ma, -ta, -pa**

el mapa	the map	**el poeta**	the poet
el clima	the climate	**el sistema**	the system
el programa	the program	**el déspota**	the despot

4. Infinitives used as nouns

El vivir aquí cuesta mucho.	Living here costs a great deal.
El comer demasiado es peligroso.	Eating too much is dangerous.

B. Feminine Nouns

The following categories are generally feminine.

1. Nouns that refer to a female being

la mujer	the woman	**la escritora**	the writer
la emperatriz	the empress	**la artista**	the artist

2. Nouns ending in **-a**, except if they refer to a male being

la barba	the beard	**la ropa**	the dress
la mejilla	the cheek	**la periodista**	the newspaperwoman

The most important exceptions to this rule are the Greek nouns ending in **-ma, -pa, -ta**, referred to above and **el día**   the day.

Note also that **la persona** and **la víctima** are always feminine, even when referring to male beings. Nouns ending in **-ista** are either masculine or feminine, according to the person to whom they refer.

el turista, la turista   the tourist

el artista, la artista   the artist

3. All nouns ending in **-ción**, **-tad**, **-dad**, **-tud**, and **-umbre**, and most nouns that end in **-ie** and **-ión**

The endings **-ción** and **-ión** correspond regularly to the English *-tion* and *-ion*, **-dad** and **-tad** to the English *-ty* and **-tud** to the English *-tude*.

la nación	the nation	**la libertad**	liberty
la unión	the union	**la multitud**	the multitude
la ciudad	the city	**la costumbre**	the custom
	la serie	the series	

PLURAL OF NOUNS

Nouns are made plural by adding **-s** to a final vowel, **-es** to a final consonant or to a stressed final **-í** or **-ú**. Nouns that end in **-z** change the **-z** to **-c** before **-es**.

casa, casas
mujer, mujeres
lección, lecciones

rubí, rubíes
lápiz, lápices
bambú, bambúes

Notice that the addition of another syllable often makes the accent mark on the singular form unnecessary.

Punctuation, capitalization, and syllabication

PUNCTUATION AND CAPITALIZATION

1. An inverted question mark is placed at the beginning of the interrogative part of the sentence and an inverted exclamation point is placed at the beginning of the exclamatory part of the sentence:

¿ Cómo está Ud. ?	How are you ?
Es buen estudiante, ¿ verdad ?	He is a good student, isn't he ?
¡ Por Dios !	For Heaven's sake !
Está vivo, ¡ gracias a Dios !	He is alive, thank God !

2. Instead of quotation marks, a dash is generally used in Spanish to indicate a change of speaker in a dialogue:

—¿ Cuánto valen estos zapatos, señor García ?	" How much are these shoes, Mr. García ? "
—Se los dejo en diez pesos.	" I'll let you have them for ten pesos."

3. In Spanish, the names of languages, nationalities, days of the week, and months are not capitalized. The names of countries *are*.

Hablamos francés.	We speak French.
Es un escritor alemán.	He is a German writer.
La reunión tendrá lugar (el) viernes, dieciséis de marzo.	The meeting will take place on Friday, March 16th.

BUT:

La reina de Inglaterra...	The Queen of England . . .

4. Usted(es), señor(es), and **don** are capitalized only when abbreviated.

Siéntese Ud. (usted).	Sit down.
Muy señores míos:	Dear Sirs :
Buenos días, Sr. Blanco.	Good morning, Mr. Blanco.
Acabo de hablar con D. Fer-nando Plaza.	I have just spoken with Don Fernando Plaza.
¿ Has visto ya a don Enrique ?	Have you seen Don Enrique yet ?

5. Accent marks need not appear on capital letters. The *tilde*, however, because it signals a separate letter, cannot be deleted from capitals.

MEJICO, ESPAÑA   Mexico, Spain

SYLLABICATION

1. A single consonant, including the combinations **ch, ll, rr,** must go with the following vowel : **pa-lo-ma, ca-ba-llo, mu-cha-cho.**
2. Consonant groups between vowels are usually separated : **cas-ta, sal-do, mar-ca.**
3. If the second consonant is **l** or **r**, the combination cannot usually be separated : **Pa-blo, po-tro, o-tra.**
4. In groups of more than two consonants, only the last consonant (or inseparable combination of consonant followed by **l** or **r**) goes with the next vowel : **cons-tan-te, des-pren-der, den-tro.**

HERMANA ROSA

Habilísima... Adivinadora y Consejera
Lee la mano, las barajas y el horóscopo

Leyéndole la mano o las barajas, le dirá todo lo que Ud. quiera saber, lo bueno y lo malo. Le dirá de su amor, negocio o trabajo, de su matrimonio y de su vida en general. ¿ Está Ud. preocupado? ¿ Tiene algún problema? No importa el problema que tenga, la Adivinadora le ayudará a resolverlo. Ella da consejos a matrimonios y reúne a los separados, no importa que estén ausentes o cerca. ¿ Tiene Ud. problemas con su familia? ¿ Está Ud. desesperado? ¿ Se siente solo? ¿ Necesita ayuda? ¿ No tiene Ud. nadie que le ayude con sus problemas? Si Ud. ríe con la cara, pero su corazón anda triste, y no es tan feliz como le gustaría, venga a la prodigiosa adivinadora, quien le podrá ayudar. Lo que Ud. vea con sus ojos, su corazón lo tendrá que creer. ¿ Está Ud. con dolores, sufriendo, enfermo? ¡ No deje que el espíritu malo ande detrás de Ud.! Si Ud. no puede ganar a la persona amada, si está dudoso de alguien, ella tiene talismanes, aceites y yerbas para la buena suerte y la salud. Si tiene Ud. vicio alcohólico, ella le dará un remedio. El poder espiritual que ella tiene es de Dios, y le fue dado para sanar a aquellos que necesitan ayuda. Ella le quitará su mala suerte. "Se harán trabajos." Traiga sus problemas a la adivinadora para que ella se los quite. No tiene que dar su nombre o dirección. Todas las consultas son privadas y en secreto. Abierto diariamente de las nueve hasta las siete. Los domingos por cita. Tercera Avenida, 209, Manhattan, en la ciudad de Nueva York. Entre las calles 88 y 89, cerca de Léxington. Las guaguas (*los autobuses*) más cercanos son las (los) número 4, 5, 34 y 101.

Teléfono (212) 555–1535.

VOCABULARIES

The gender of all nouns, except masculine nouns ending in **-o** and feminine nouns ending in **-a**, or nouns that refer to a masculine or feminine person, is indicated by *m.* or *f.* Parts of speech are abbreviated as follows: *n.* noun; *v.* verb; *adj.* adjective; *adv.* adverb; *conj.* conjunction; *prep.* preposition; *pron.* pronoun; *refl.* reflexive; *part.* participle; *rel.* relative; *dem.* demonstrative. Radical changing verbs are followed by the change that the verb undergoes placed in parentheses. Thus: **perder (ie), pedir (i), contar (ue)**. Irregular verbs that appear in full in the verb reference guide are marked with an asterisk. Verbs derived from these are also marked with an asterisk. Thus: ***componer, *detener**. The conjugation of verbs ending in **-ducir** may be found under **conducir**. Thus: ***producir, *traducir**. Verbs of the types of **huir** and **conocer**, and those that have a change in accentuation are followed by the ending of the first person singular of the present indicative placed in parentheses. Thus: **destruir (uyo), merecer (zco), enviar (ío)**. Spelling-changing verbs show the affected consonant in italics: **co*g*er, sa*c*ar**. The Spanish-English vocabulary includes all verbs and idioms that appear in the reading passages and exercises, except for exact or close cognates. The English-Spanish vocabulary includes all words and idioms that are used in the exercises.

Spanish—English

A

a   to ; at
abalanzarse   to hurl oneself ; venture
abandono   abandonment, neglect
abierto   open ; opened
abogado   lawyer ; advocate
abogar (por)   to plead (for), intercede ;
   advocate
aborrecer (zco)   to hate, abhor
aborrecimiento   hatred
aborto   abortion ; miscarriage
abotagamiento   swelling, puffiness
abrazo   hug
abreviado   abbreviated
abrigo   (over)coat
abrir (*past part.* abierto)   to open
abrochar   to buckle, button, fasten
abrogar   to abrogate, nullify
absoluto: en ___   not at all !
abstraído   lost in thought
abuela   grandmother
abuelo   grandfather
aburrido   bored ; boring
aburrir   to bore
acá   here
acabar   to finish ; ___ de+*infin.*   to
   have just
acalorado   heated (*figurative*)
acariciar   to caress ; pat
acceder   to accede, yield
acceso   access, approach ; fit,
   attack, outburst
aceite, *m.*   oil ; ointment
acentuar (úo)   to accentuate,
   heighten, increase
acerca de   about (a topic)
acercarse (a)   to approach
acero   steel
acicalarse   to dress up, primp

acogedor(a)   hospitable ;
   welcoming
acoger   to accept, welcome ; ___se a
   to take refuge in, have recourse to
acogida   reception ; sale
aconsejar   to advise
acordarse (de) (ue)   to remember
   (about)
acostar (ue)   to put to bed ; ___se to
   go to bed
acostumbrarse (a)   to become
   accustomed (to)
actitud, *f.*   attitude
actual   present, current
actualidad: en la ___   at present
actuar (úo)   to act
acudir (a)   to hasten (to) ; to seek
   support (of)
acuerdo   accord, agreement ; De ___.
   Agreed. OK. ; de ___ con   in accordance with ; *estar de ___   to agree
acusado, *m.*   (the) accused,
   defendant
adelante   forward ; onward ; de aquí
   en ___   from now on
ademán, *m.*   gesture
adentro, *adv.*   inside, within
adherirse (ie)   to adhere ; stick (to)
adivinador(a)   fortune teller
adjunto   enclosed ; attached
admirador(a)   admirer ; admiring
¿Adónde?   (To) Where?
adondequiera   wherever
aduana   customs house
adulador(a)   fawning, adulating
advertir (ie)   to warn ; advise
afán, *m.*   effort ; zeal
afectar   to affect ; impress
afición, *f.*   fondness, liking

aficionado, *n.* fan; __ a, *adj.* fond of
aflojar(se) to weaken
afortunado lucky; fortunate
afuera, *adv.* (on the) outside
agitar to agitate, shake; upset, irritate
agotar to exhaust, use up; __se to become exhausted; be out (of print, etc.)
agradable pleasant
agradecer (zco) to thank (for)
agregar to add
agua (el agua, las aguas) water; __ aromática cologne
aguantar to stand (for), endure
aguardentoso, *adj.* full of whiskey
ahí, *adv.* there (near you)
ahora now; __ mismo right now
ahorrar to save
aislar (aíslo) to isolate
ajá aha!
ajeno, *adj.* belonging to someone else
ajillo (*diminutive of* ajo) garlic; al __ with garlic
ajustado tight
ala (el ala, las alas) wing
alba dawn
alabar to praise
alcalde mayor
alcaldesa mayoress; mayor's wife
alcance, *m.* reach; range; dar __ a to pursue; catch up with
alcoba bedroom
alegar to allege; declare, assert
alegrar to make happy, please; __se de to be happy (about)
alegre happy, jovial, gay
alejar to move (something) away; __se to move off or away
alemán German
algún (alguno, -as, -os, -as) some, any (of a group); alguna vez ever, at any time; alguno que otro a few, an occasional; de algún modo, de alguna manera somehow; en alguna parte somewhere
alhaja piece of jewelry
alienista psychiatrist
aliento breath
alimentar to feed; __se to eat
alimento food
alma (el alma, las almas) soul
almacén, *m.* store (Sp. Am.); warehouse (Spain)
almorzar (ue) to have lunch
almuerzo lunch
alquilar to rent
alquiler, *m.* rent
alrededor (de) around
alto tall; high; loud
alucinación, *f.* hallucination

alumno pupil
allí (over) there
amable nice, pleasant (of a person)
amanecer (zco) to dawn; *m.* dawn
amar to love
amargo bitter
amasar to knead (dough)
amasijo mass
ambiente, *m.* atmosphere; environment
ambos both
amenazar to threaten; __ de muerte to threaten with death
amigote crony, "pal"
amistad, *f.* friendship
amontonar to pile up
amor, *m.* love; darling
amorcito darling, sweetie
anales, *m. pl.* annals, records
ancho wide; a mis anchas at my leisure, with ease
andaluz Andalusian
***andar** to walk
angosto narrow
anguloso angular
angustia anguish
anillo ring
anoche last night
anodino insignificant
anquilosado stiff
ante, *prep.* before, in front of, faced with
anteayer the day before yesterday
antemano: de __ in advance, beforehand
anterior previous; preceding
antes, *adv.* before (hand); first; cuanto __ as soon as possible; __ de, *prep.* before; __ de que, *conj.* before; __ que, *conj.* rather than
antiguo old, ancient; former
antipatía dislike
antipático nasty, unlikeable
anudar to tie in a knot; join
anunciar to announce; advertise
anuncio announcement; ad
año year; al __ per year; tener . . . años de edad to be . . . years old
apagar to turn out (a light, etc.), put out; extinguish
aparato apparatus; device; set (TV, etc.)
aparcamiento parking
aparecer (zco) to appear
aparentar to pretend (to be); seem like, appear
apariencia appearance, aspect
aparte, *adv.* aside
apasionado heated; passionate, impassioned

apear(se)   to dismount, get off
apenas   hardly, scarcely
apéndice, *m.*   appendix
apetecer (zco)   to have a desire or
   appetite for ; want
aplastado   crushed ; dismayed
apocado   shy ; tiny (as a voice)
apoderarse de   to take over, seize
aportación, *f.*   contribution
apoyar   to support, uphold ; aid, abet
aprendizaje, *m.*   apprenticeship ;
   initiation
apresurar(se)   to hurry
apretar (ie)   to press ; squeeze
aprisa, *adv.*   hurriedly
aprobar (ue)   to approve ; pass (an
   exam, etc.)
apropiado   appropriate
aprovechar(se de)   to take advantage
   of ; avail oneself of
apuntar   to jot down, note
apurar(se)   to worry ; hurry
apuro   jam, tough spot
aquel (aquella, os, as)   those
   (over there) ; en aquel entonces
   in those (remote) times
aquí   here ; __ mismo   right here ;
   de __ en adelante   from now on ;
   por __   around here
aquilatar   to weigh ; measure ; assay
árbol, *m.*   tree
arco   arch ; __ iris   rainbow
archivo   file ; archive
ardiendo, *adj.*   burning
ardiente   ardent
arena   sand
argumento   plot (of a novel, etc.)
arma   arm, weapon ; __ de fuego   fire-
   arm
armario   closet ; cabinet ; wardrobe
arrancar   to pull out, snatch ; to pull off
   (as a car)
arrastrar   to drag, pull away
arrebol, *m.*   rosy color
arreglar   to arrange ; fix
arrendador   lessee
arrepentirse (ie) de   to repent of ; be
   sorry about
arriba, *adv.*   above ; at the top ; up-
   stairs
arrodillarse   to kneel
arrojar   to throw, hurl
arrugado   wrinkled
arruinar   to ruin
arte, *m.*   art ; bellas artes, *f.*   fine arts
asaltante   assailant
asaltar   to assault ; "mug"
ascender (ie)   to promote ; ascend, go
   up
ascenso   promotion
ascensor, *m.*   elevator

asco   disgust
asegurar   to assure ; assert ; insure
asentado   esconced ; settled in
asentir (ie)   to assent
aserrín, *m.*   sawdust
asesinar   to assassinate ; murder
asesinato   murder ; assassination
asesino   murderer ; assassin
aseverar   to assert
así   thus ; so ; __ que, *conj.*   So . . . ;
   as soon as
asiento   seat
asistencia   attendance
asistir a   to attend (a function)
asombrar   to surprise, astonish
asombro   astonishment
asombroso   surprising, astonishing
aspa (de molino)   arm (of a windmill)
aspecto   aspect ; (physical) appearance
asumir   to assume
asunto   matter ; affair
asustar   to frighten, scare
ataque, *m.*   attack
atar   to tie
atardecer, *m.*   nightfall, dusk
atender (ie)   to attend (to some one or
   thing)
atentamente   attentively
ateo   atheist
aternerado   whining
aterrado   terrified
aterrizar   to land (as a plane)
atezado   weatherbeaten
atraco   holdup
atractivo, *m.*   attraction ; attractiveness ;
   adj.   attractive
atrás, *adv.*   behind ; ago ; de __ in back
atraso   delay ; con __   belatedly
atreverse a   to dare to
atribiliario   ill-tempered
atropellar   to run over ; knock down
atroz (*pl.* atroces)   atrocious
atto, y afmo. (atento y afectísimo)
   yours truly
aturdir   to confuse, bewilder ; dazzle,
   stun
aumentar   to increase
aun   even
aún   still ; yet
aunque   although, even though, even if
ausente   absent
autobús, *m.*   bus
avenida   avenue
aventurero   adventurer ; *adj.*   adven-
   turous
avergonzado   ashamed
averiguar (gü)   to find out, ascertain,
   verify ; look into
avión, *m.*   airplane
avisar   to warn ; advise, tell

¡Ay de mí! Oh, me, oh my!
ayer yesterday
ayuda aid; __ social welfare
ayudante helper; assistant
ayudar to help, aid, assist
azúcar, *m.* sugar
azorado confused
azul blue

B

bailar to dance
baile, *m.* dance
bajar to go down, come down
bajel, *m.* vessel, (sailing) ship
bajo, *adj.* low; short; soft (as a
  voice); *prep.* under
balanza balance; scale
balcón, *m.* balcony
bandera flag; banner
bañar(se) to bathe
baño bath; bathroom
barba beard; chin
baraja deck of cards
barajar to shuffle
barato cheap
bárbaro barbarous, savage
barco ship
barrer to sweep
barrenar to bore (a hole), drill
barrigón, *adj.* big-bellied
barrio neighborhood, district
base, *f.* base; basis
bastante enough; rather, quite
bastar to be enough, suffice
bata (bath) robe; housecoat
batir to beat; whip (cream, etc.)
baúl, *m.* trunk
beber to drink
bebida drink
bebido drunk, "high"
beca scholarship
Bélgica Belgium
belga Belgian
*bendecir to bless
bendito blessed; "damned"
beneficio benefit
biblioteca library
bien well; más __ rather; *m.* good;
  well-being; *pl.* possessions
bienestar, *m.* welfare, well-being
bienvenida welcome
bigote, *m.* mustache
bilingüe bilingual
billar, *m.* billiards
billete, *m.* ticket (Spain); bill (money)
bisabuelo great-grandfather; ancestor
blanco white; blank
blanqueado whitewashed
boca mouth
bochorno heat wave
boda wedding

bogar to row
bolígrafo ball point pen
bolsa purse; bag; la B__ Stock
  Market
bolsillo pocket
bolso purse, pocketbook
bondad, *f.* kindness, goodness
bonito pretty
boquiabierto open-mouthed, agape
borda rim (of a boat)
borrar to erase; __se to disappear
bosque, *m.* forest
bosquejo sketch
bota boot
botar to throw out
bote, *m.* small boat
botica drugstore
boticaria druggist's wife; lady druggist
botón, *m.* button
bracear to wave one's arms
brazo arm
breve brief
brillo shine
broche, *m.* clasp; brooch
broma joke
bronco hoarse
bruja witch; **cosa de** __ witchcraft
bucanero buccaneer, pirate
buen mozo, *adj.* handsome
bufanda scarf
buitre, *m.* vulture
burgués, *adj.* bourgeois, middle-class
burlar to deceive; __se de to make
  fun of, mock
buscador searcher, seeker
buscar to look for, seek

C

cabellera head of hair
cabello (often *pl.*—poetic) hair
cabecita little head
*caber to fit; **No cabe duda.** There is
  no doubt.
cabeza head
cada each
cadena chain
cadera hip
*caer to fall; befall; __se to fall
  down; __ de bruces to fall head-
  long
café, *m.* coffee; café
cafetera coffee pot
caja box; cashier's office; __ de
  banco safety deposit box, vault;
  __ de caudal safe, strong box
cajón, *m.* drawer
calcetín, *m.* sock
calefacción, *f.* heating
calidad, *f.* quality (opp. of quantity)
caliente hot; warm

calificación, *f.* grade, mark; *pl.* qualifications
calificar to grade
calor, *m.* heat; **hacer __** to be warm out; **tener __** to be (feel) warm
calzar to put on, wear (shoes)
calzones, *m. pl.* trousers
callar to keep still, hush up; **__se** to remain quiet
calle, *f.* street
callo callus
cama bed
camada layer
cámara camera; chamber; bedroom; **C__ de Diputados** Chamber of Deputies, House of Representatives
camarógrafo photographer
cambiar to change; exchange
cambio; change; exchange; **a __ de** in exchange for; **en __** on the other hand; in exchange
caminar to walk
camino road; way
camioneta station wagon
camisa shirt
campaña campaign
campesino farmer; country person
campo country (opp. of city); field
Canadá, *m.* Canada
cancha field; court
cansado tired; bored
cansar to tire; bore
cantante singer; *adj.* singing
cantar to sing
capataz foreman
capaz (*pl.* **capaces**) capable
capital, *f.* capital city; *m.* capital (money)
capítulo chapter
captar to capture
cara face; **__y cruz** two sides of a coin, head or tails
carabinero armed policeman
carácter, *m.* character, trait
carcajada guffaw; **reír(se) a__s** to laugh loudly
cárcel, *f.* prison, jail
carcoma rot
carecer (**zco**) **de** to lack
cargador porter; *pl.* suspenders
cargo job, position; charge
caridad, *f.* charity
cariño affection
cariñoso affectionate
carne, *f.* meat; flesh
caro expensive
carrera career; race
carreta cart
carta letter; playing card
cartera wallet; brief case; handbag

cartón, *m.* cardboard
casa house; **C__ de Socorro** hospital, first aid station; asylum
casado married; married person
casamiento marriage, wedding
casar to marry (off), to wed (someone else); **__se** to get married
caserón, *m.* mansion
casi almost
caso case; **en __ de que,** *conj.* in case; **hacerle __ a alguien** to pay attention to, heed (someone)
casta caste
casto chaste
castigar to punish
castigo punishment
casucha hovel, shack
catalán Catalonian
catástrofe, *f.* catastrophe
causa cause; **a __ de** because of
caza hunt; hunting
cegar (**ie**) to blind; **__se** to be blinded
celebrar to celebrate; hold, take place (as an event)
celoso jealous
cena supper
cenar to have supper
censura censorship; censure
céntimo cent
centro center; downtown area
cera wax
cerca, *adv.* near(by); **__ de,** *prep.* near
cercano, *adj.* near
cerciorarse to make sure
cereal, *m.* grain; cereal
cerebro brain
cerrar (**ie**) to close; **__ con llave** to lock; **__ con cerrojo** to bolt
cerrojo bolt
cerveza beer
cesar to stop, cease
césped, *m.* grass; lawn
ciego blind
cielo sky; Heaven
ciencia science
cierto certain, sure; a certain, so-called
cilicio haircloth worn by penitents
cima top, summit
cine, *m.* movies; movie theater
cinta ribbon; tape
cinturón, *m.* belt; seat belt
circundar to surround
cirujano surgeon; **__ estético** plastic surgeon
cita date, appointment
citar to quote, cite; mention; **__se** to make a date
clara, *f.* white of egg

claro   clear; light (in color); ¡ Claro!
    Of course.
clase, *f.*   class; kind; (school) class;
    classroom
clima, *m.*   climate
cobre, *m.*   copper
cocina   kitchen
cocinar   to cook
cocinera   cook
cóctel, coctel   cocktail; cocktail party
coche, *m.*   car
codicia   greed
codiciar   to covet
co*g*er   to catch; seize, grab
cojear   to limp
colchón, *m.*   mattress
colega   colleague
col*g*ar (ue)   to hang (an object)
colegio   school (usually secondary)
colmar   to heap, shower, overwhelm
colmo   limit; height; "the end"
colocación, *f.*   position, job; placement
coloc*ar*   to place, put
colono   colonist, settler
collar, *m.*   necklace
comarca   township; area surrounding
    a town
combate, *m.*   combat; fight
comedor, *m.*   dining room
comenzar (ie)   to begin
comer   to eat; __se   to eat up
cometer   to commit
comida   meal; food; dinner
comienzo   beginning
como   as; like
¿ Cómo?   How? ¡__! What!
cómodo   comfortable
compañero   companion; __ de
    cuarto   roommate
comparación, *f.*   comparison
compartir   to share
compasivo   understanding, sympathetic
complacerse (zco) en   to be pleased
    to, take pleasure in
completo: por __   completely
cumplir   to fulfill; __ años   to have a
    birthday
*com*po*ner*   to compose; fix
comprar   to buy
comprender   to understand
comprensivo   understanding; compre-
    hensive
comprobar (ue)   to prove
común   common; ordinary
con   with; conmigo, contigo   with
    me, with you; __ tal que   pro-
    vided that
concebir (i)   to conceive
conceder   to grant, award; concede
conciencia   conscience; conscnesiouss
conclu*ir* (uyo)   to conclude

concurso   contest
concha   shell
condenar   to condemn; convict
condiscípula   co-ed
*con*duc*ir*   to conduct; lead; __se   to
    act, behave
conducta   behavior, conduct;
    management
conducto   pipe, conduit
confesar (ie)   to confess
confesonario   confessional
confianza   confidence, trust
confiar (ío) en   to trust (in); confide
confidencia   confidence, secret
conforme   in agreement
confundido   confused
confuso   confused
congelado   frozen
congelador, *m.*   freezer
congestionar   to congest
conocedor(a)   connoisseur; *adj.*
    knowledgeable
*con*ocer (zco)   to know, be
    acquainted or familiar with; (pre-
    terite) meet for the first time
conocimiento (usually *pl.*)   knowledge
conque, *conj.*   so . . .,
consagrado   dedicàted, devoted
consagrar   to devote, dedicate
conse*g*uir (i)   to get, obtain; achieve
consejero   adviser; counselor
consejo (often *pl.*)   advice
conservador   conservative
conservar   to keep, preserve; __se   to
    remain
consignar   to consign; attribute; state,
    indicate; make an entry (in a
    ledger)
consistir en   to consist of or in
consolar (ue)   to console
consonante con, *prep.*   in keeping with
conspiración, *f.*   conspiracy
constar   to be clear, evident; __ de
    to consist of
constructora   construction company
*con*stru*ir*   to build, construct
consulta   consultation
contador   accountant
contar (ue)   to count; tell, relate; __
    con   to count on
contemporáneo   contemporary
contestación, *f.*   answer
contestar   to answer
continuación: a __   following
continuar (úo)   to continue
contra   against; en __ (de)   against
contrabando   contraband; smuggling
contrapeso   counterbalance
contrapunto   (music) counterpoint
contrario   contrary, opposite; por lo
    __, al __   on the contrary

contrato   contract
*contrib*uir*   to contribute
conven*c*er   to convince
*con*venir*   to be advisable, suitable;
   __ en   to agree to
convertir (ie)   to convert; change;
   __se en   to become
convivencia   living together
convulsión, *f.*   upheaval; commotion
conyugal, *adj.*   referring to marriage,
   conjugal
cónyuge   spouse
copa   goblet; drink
corazón, *m.*   heart
corbata   tie
Córcega   Corsica
coronel   colonel
corredor, *m.*   corredor; broker
correo   mail; echar al __   to mail
correr   to run; echar a __   to break
   into a run
correspondiente   corresponding
corriente, *f.*   current; *adj.*   current,
   present
corsario   pirate, corsair
cortar   to cut
cortés   polite
corteza   bark (of a tree)
cortina   curtain
corte, *f.*   court; *m.*   cut
corto   short (in length)
cosa   thing
coser   to sew; __ a mano   to sew by
   hand
costa   coast
costar (ue)   to cost
coste, *m.*   cost; __ de la vida   cost of
   living
costear   to hug the coast
costumbre, *f.*   custom
costurera   dressmaker, seamstress
cotidiano   everyday; humdrum
crear   to create
crecer (zco)   to grow; increase
creciente   increasing; rising
*creer   to believe; think
crema   cream
criada, criado   maid, servant
criadero   breeding place; kennel
criar (ío)   to raise; rear
crimen, *m.*   crime
criterio   opinion, judgment; criterion
crítico, *m.*   critic; *adj.*   critical; grave,
   serious
cruz, *f.*   cross; tail side of a coin
cuadrado   square
cuadro   picture
¿ Cuál(es)?   Which?; *rel. pron.*   el
   cual, la cual, los cuales, etc.
   which, that
cualidad, *f.*   quality, trait

cualquier   any at all; __ cosa   anything
cuando   when
cuanto, *rel. pron.*   all that; __ antes
   as soon as possible; en __, *conj.*
   as soon as; en __ a, *prep.*   as for;
   __ más . . ., tanto menos . . .   the
   more . . ., the less . . .; unos
   cuantos   a few
¿ Cuánto?   How much?; *pl.*   How
   many?
cuarto   room; fourth
cubierta   cover; deck (of a ship)
cubierto (de)   covered (with)
cubrir   to cover; (past participle,
   cubierto)
cuchara   tablespoon
cucharita   teaspoon
cuchillazo   cutting tool; large knife
cuello   neck; collar; __ cerrado
   closed-necked, turtle-neck
cuenta   account; bill; count; darse __
   de   to realize
cuento   story
cuerpo   body
cuestión, *f.*   question, issue
cueva   cave
cuidado   care, carefulness, tener __
   to be careful
cuidadoso   careful
cuidar   to take care (of)
culminante   climactic
culpa   blame; fault; guilt
culpable, *m.*   culprit; *adj.*   guilty
cumpleaños, *m. sing.*   birthday
cumplir   to fulfill; comply
cuñado   brother-in-law
cura, *m.*   priest; *f.*   cure
curso   course
custodia   custody; sacred object
cuyo, *rel. adj.*   whose
champaña, *m.*   champagne
chanclos, *m. pl.*   galoshes
chantajista   blackmailer
chaqueta   jacket
charla   chat
charlar   to chat
charlatán   talkative
chicle, *m.*   chewing gum
chico   boy
chicuelo   little boy, " kid "
chiquillo, chiquito   cute little boy
chismear   to gossip
chisme, *m.* (often *pl.*)   gossip
chiste, *m.*   joke
chocante   shocking
chocar   to collide, run into, hit; __ con
   to crash into
chofer, chófer   chauffeur
chuleta   chop, cutlet; hacer __(s)   to
   cheat (on an exam), crib

D

dado   given ; __ **que,** *conj.*   granted that

dama   lady

danés   Dane ; Danish

daño   harm ; **hacerse** __   to hurt oneself

*__dar__   to give ; __ **por hecho**   to take for granted ; __se **cuenta de**   to realize

debajo de, *prep.*   under, beneath

deber   to owe ; ought, should ; (also expresses probability)

débil   weak

decano   dean

decepcionar   to disappoint, disillusion

décimo   tenth

*__decir__   to say ; tell ; **querer** __   to mean

declamación, *f.*   declamation ; oratorical style

decomisar   to seize, confiscate

dedo   finger ; toe

*__de__ducir   to deduce ; deduct

defender (ie)   to defend

definitivo   definite

dejar   to let, allow ; to leave (behind) ; __ **de**   to stop (doing something)

delante de, *prep.*   in front of

delatar   to inform on, turn in

delfín, *m.*   dolphin

delgado   thin, slim

demás: lo __   the rest (what is left) ; **los, las** __   the rest, the others ; **por lo** __   furthermore

demasiado   too ; too much ; *pl.*   too many

demora   delay

demorar   to delay ; be late

demostrar (ue)   to show ; demonstrate

dentadura   denture

dentro, *adv.*   inside ; __ **de,** *prep.* inside ; **por** __   on the inside, within

denunciar   to denounce

depender (de)   to depend (on)

dependienta, dependiente   salesclerk ; employee

deporte, *m.*   sport

deportivo, *adj.*   (referring to) sport

derecho, *m.*   right, privilege ; *adj.* right ; straight ; upright ; **a la derecha**   on the right

derretir(se) (i)   to melt

derrochar   to waste, squander

derrota   defeat

derrumbar   to knock down ; __se   to fall down, collapse

desafortunado   unfortunate

desagradable   disagreeable

desagradecido   ungrateful

desagrado   displeasure

desalentado   discouraged

desaparecer (zco)   to disappear

desarrollar(se)   to develop

desarrollo   development

desayunar(se)   to eat breakfast

desayuno   breakfast

desazón, *m.*   disappointment, letdown

descansar   to rest

descompuesto   out of order

descomunal   enormous, monstrous ; extraordinary

desconocido   unknown

descontentadizo   malcontent, hard to please

descortés   impolite

descubrir   to discover

descubierto   discovered

descuido   neglect ; carelessness

desde, *prep.*   from ; since (a certain time) ; __ **luego**   of course ; __ **más allá**   from afar, from the beyond ; __ **que,** *conj.*   since

desear   to desire ; wish

desechar   to reject, turn down, refuse

desempeñar   to fulfill, hold (a position, role, etc.)

desempleo   unemployment

desengaño   disillusionment ; disappointment

desenvolver(se) (ue)   to develop, unfold

deseo   desire, wish

desequilibrado   unbalanced

desesperado   desperate

desgracia   misfortune (NOT disgrace !)

desgraciado   miserable, unfortunate

deshecho   undone ; messed up

desierto, *m.*   desert ; barren or lonely area ; *adj.*   deserted ; barren

deslizarse   to slide, slip ; glide __ **de largo**   to glide by (unnoticed)

desmayarse   to faint

desmerecer (zco)   to be unworthy

desnudo   bare, nude ; unadorned

desobedecer (zco)   to disobey

desocupado   unoccupied ; vacant

desorden, *m.*   disorder

desorientar   to confuse

despacio   slow ; slowly

despachar   to dispatch, send off

despacho   office

desparramado   scattered, far-flung ; helter-skelter

despavorido   aghast, terrified

despedir (i)   to discharge, fire ; __ **se de**   to say goodbye to

despertar (ie)   to awaken (someone) ; __se   to wake up

despierto   awake

desprecio   contempt, scorn
desprenderse   to come loose, fall off
después, *adv.*   afterwards; then;
   later: __ **de,** *prep.*   after; __ **de**
   que, *conj.*   after
desquitarse   to get even
desta*car*(**se**)   to stand out; excel
destemplado   raucous
destino   destiny; destination
destrozar   to ruin, shatter, destroy
destr*uir*   to destroy (completely)
detalladamente   in detail
detalle, *m.*   detail
*det*ener*   to detain; stop; arrest; __**se**
   to stop
detrás de, *prep.*   behind
deuda   debt
de*volver* (**ue**)   to return, give back
día, *m.*   day; **hoy (en)** __   nowadays
diamante, *m.*   diamond
diario   daily
dibujar   to draw, sketch
dibujo   drawing, sketch; design
dichoso   happy; lucky; (ironic) darned,
   unlucky
diente, *m.*   (front) tooth
difícil   difficult
dificultar   to make difficult, complicate
dilema, *m.*   dilemma
diminuto   tiny
dinerito   small sum of money
dinero   money
Dios   God; ¡__ **mío!**   For Heaven's
   sake!
diputado   representative, delegate
dirección, *f.*   direction; address
diri*gir*   to direct; __ **la palabra**   to
   address; __**se a**   to approach,
   turn to
disco   record
disculpar   to pardon; __**se**   to
   apologize
discurso   speech
discusión, *f.*   discussion; argument
discutir   to discuss; dispute, argue
diseminar   to disseminate, spread
disfrazar   to hide, mask; disguise
disfrutar (de)   to enjoy; make use (of)
disgustar   to displease
disgusto   upset, unpleasantness
disparo   shot
*disp*oner*   to dispose; make ready;
   __ **de**   to have at one's disposal
dispuesto   ready; disposed, willing
distinto   distinct; different
distribuidor   distributor
divagador, *adj.*   rambling
divertir (ie)   to amuse; __**se** to have a
   good time, enjoy oneself
divisar   to perceive, divise, make out
   (as from a distance)

doble   double
docena   dozen
docto   learned
doler (ue)   to ache, hurt
dolor, *m.*   pain; ache; sorrow
doloroso   sad; painful; sorrowful
donde   where; in which; ¿ **Dónde?**
   Where? ¿**A** __**?**   (To) Where?
dondequiera   wherever
dorado   golden, gold-colored; gilded
dormir (ue)   to sleep; __**se**   to fall
   asleep
dotado   gifted, endowed
droga   drug
duda   doubt; **sin** __   undoubtedly
dudar   to doubt
dudoso   doubtful
dulce   sweet
dulzura   sweetness
duna   (sand) dune
dueño   owner
durante   during
durar   to last
duro   hard; harsh

E

e   and (before a word beginning with
   i or *hi*, but not *hie*)
echar   to throw out; pour; __ **a**   to
   begin to; __ **al correo**   to mail;
   __ **la llave**   to lock; __ **por tierra**
   to destroy; overthrow
edad, *f.*   age
editar   to publish
efecto   effect; **en** __   in fact
efectuar (úo)   to effect, carry out
egoísta   selfish
ejemplar, *m.*   copy (of a book, etc.)
ejer*cer*   to exert, exercise; conduct (a
   profession), fill (a position)
ejército   army
ele*gir* (**i**)   to elect
elemental   elementary
elucubración, *f.*   meandering
embargo: sin __   nevertheless; however
emborracharse   to get drunk
embustero   liar, cheat, fraud
emocionante   exciting
emocionar   to excite, thrill; stir up,
   agitate; __**se**   to get excited
empa*car*   to pack
empapar   to soak
emperador   emperor
empezar (ie)   to begin
empleado   employee
emplear   to employ; use
empleo   job; employment
emporio   department store
empresa   enterprise; undertaking;
   business firm, company

empujar   to push
enamorado   in love; lover
enamorarse (de)   to fall in love (with)
encabezamiento   heading, opening
  words of a letter
encallar   to go aground
encantador(a)   charming; delightful
encantar   to delight; charm; Me
  encanta. I love it.
encanto   charm; enchantment; mi __
  darling
encarcelar   to jail
encarecer (zco)   to praise
encargado   in charge of
encargarse   to take charge, be in charge
encender (ie)   to light; turn on
encima, adv.   above; por __ above;
  __ de, prep.   over, above
encolerizado   furious, enraged
encontrar (ue)   to find; meet; __se
  to find oneself, be (in a place or
  condition)
enchufe, m.   outlet, socket; plug
endemoniado   diabolical; damned
enemistad, f.   enmity; hatred
enfadar   to anger; __se   to get angry
enfermera   nurse
enfermizo   sickly
enfermo   sick
enfrentarse con   to face
enfrente: de __   facing, opposite (in
  location)
enfriar (ío)   to cool, chill; __se   to
  cool off; freeze
engañar   to deceive; cheat
engaño   deception; fraud
engendrar   to engender, instill, produce
engolado   pompous
engordar   to get fat; fatten
enlazar   to entwine, enlace; link
enloquecer (zco)   to go crazy
enmarcar   to frame
enojado   angry
enojar   to make angry; __se   to get
  angry
enseñar   to teach; show
enseres, m. pl.   utensils, household
  goods
ensuciar   to dirty, soil
entender (ie)   to understand; __se con
  to come to an understanding with
enterar   to inform; __se de   to learn,
  find out about
entonces   then; en aquel __   at that
  time
entrada   entrance
entrar   (__ en Spain; __ a Span. Am.) to
  enter
entre   between; among
entrecortado   uneven (as in rapid
  breathing)

entregar   to deliver; hand over, give up
entremés, m.   hors d'oeuvre; (theater)
  a short farce
entresemana: días de __   weekdays
entrevista   interview
entrevistar   to interview
enturbiar   to muddy, becloud; to
  confuse
entusiasta   fan, devotee
entusiasmado   enthusiastic
enviar (ío)   to send
equilibrar   to balance, settle
equipo   team
equivocación, f.   mistake
equivocado   mistaken
equivocarse   to make a mistake
equívoco, adj.   equivocal, ambiguous;
  n.   pun
escala   stop (of a plane); port of call;
  scale, ladder
escalera   staircase; __ de salvamento
  fire escape
escasísimo   very little
escaso   scarce; slight
Escocia   Scotland
escoger   to select, choose
escolar, adj.   (referring to) school
esconder(se)   to hide
escondite, m.   hideout; hiding place
escribir   to write (past part. escrito);
  __ a máquina   to type
escrito   written
escritor(a)   writer
escuchar   to listen (to)
esforzarse (ue)   to strive, make an
  effort
esfuerzo   effort
eso   that (neuter); por __   therefore,
  that's why . . .
espacio   space; period (of time)
espalda   shoulder; back (often pl.)
espanto   fright; shock
espantoso   frightful, horrendous;
  scary
espectador   spectator
espejo   mirror
espera   wait; sala de __   waiting
  room
esperanza   hope; expectation
esperar   to wait for; hope; expect
espíritu, m.   spirit
esponjado   puffy, swollen
esquina   (outside) corner
ésta (business)   this city
establecer (zco)   to establish
estación, f.   station; season (of the
  year)
estacionar   to park (a car)
estadio   stadium
estadista   statesman
estado   state

estafador   confidence man
estallar   to burst; explode; break out
*estar   to be (in a certain place, condition or position)
estatua   statue
estatura   stature; height, build
estentóreo   stentorean, very loud
estético   aesthetic, artistic
estrafalario   far-out, weird
estirar   to stretch
estrecho   narrow; small
estremecerse (zco)   to shudder
estufa   stove
europeo   European
evitar   to avoid; prevent
evocar   to evoke, bring forth
ex-presidiario   ex-convict
exaltación, f.   excitement; exaltation
exceder   to exceed, go beyond
excerta   excerpt
exigir   to demand, require, exact
éxito   success; tener __   to be successful
expedito   unhampered, ready-to-go
explicar   to explain
explicación, f.   explanation
*exponer   to expound, explain
exposición, f.   exhibition; exposition
expulsar   to expel
extender(se) (ie)   to extend
extenso   extensive
extenuado   emaciated
extranjero, adj.   foreign; n. foreigner; el __   abroad
extrañar   to miss, long for; to surprise
extraño   strange
extraviado   astray; misled, wrong; out of one's head
extremadamente   extremely

F

fábrica   factory
fabricar   to manufacture; make up
facción, f.   (facial) feature; faction
fácil   easy
falda   skirt
falsario   counterfeiter
falta   fault; mistake; need; hacer __   to be lacking or needed; sin __   without fail
faltar   to be lacking, short (of)
fallar   to fail, not function; to make a judicial decision
fallecer (zco)   to die; expire
fallo   failure; (judicial) decision
fama   fame; reputation; tener __ de   to be known for
familiar, m. or f.   relative; adj. (referring to) family; familiar
faro   headlight; spotlight

fastidiar   to annoy; bore
fastidio   boredom; frustration
fastidioso   annoying; boring; fastidious, overly careful
fatigado   tired, worn out
favorecer (zco)   to favor
fe, f.   faith
fecha   date (of the month)
felicitar   to congratulate
feliz (pl. felices)   happy
feo   ugly
feriado: día __   holiday; day off
feroz (pl. feroces)   fierce, ferocious
figurar   to be included in, figure; __se   to imagine
fijar   to affix, post, stick; to set (a date, etc.); __se en   to notice
fijo   fixed; set
fin, m.   end; goal, objective; a __ de que, conj.   in order that; en __   so, anyway, in short; por __   at last, finally
financiero   financial
finca   property, estate; farm
firma   business firm; signature
firmar   to sign
flaco   thin, skinny
flan, m.   custard
flojo   loose; weak, disjointed
flor, f.   flower
foca   seal (mammal)
folletín, m.   "dime" novel
folleto   pamphlet, booklet
forastero   stranger, outsider
forjar   to create, think up; forge (a plan, etc.)
fornido   well-built, husky, muscular
fósforo   match
fracasar   to fail
franco   frank; free
frasco   small bottle, flask
frase, f.   sentence; phrase, expression
frecuentar   to frequent, habituate
frente, f.   forehead; m.   front
fresa   strawberry; dentist's drill
fresco   fresh; cool; hacer __   to be cool out
frío   cold; hacer __   to be cold (weather); tener __   to be (feel) cold
fuego   fire
fuente, f.   fountain; source
fuerte   strong; loud; hard, rough
fuerza   force; strength
fuga   flight, escape; abscondence; elopement
fugar(se)   to flee, escape, elope
fulano   fellow, guy
fumar   to smoke
funcionar   to function; run, work (a machine)

funcionario   (public) official; civil servant
fundar   to found, establish

G

gabinete, *m.*   office
gafas, *f. pl.*   eyeglasses
galán, *m.*   suitor; leading man; *adj.* gallant, amorous
gallego   Galician; **a lo __**   (in) Galician style
gana   desire; **darle a uno __(s) de, tener __ (s) de**   to feel like, get an urge to; **de buena __**   willingly
ganador   winner
ganar   to win; earn; gain
ganga   bargain
garajista   garage mechanic
garantizar   to guarantee
garganta   throat
gastar   to spend (money, not time!)
gato   cat
gaveta   drawer (furniture)
gazpacho   cold Andalusian soup
gemelo   twin; *pl.*   cufflinks
genial, *adj.*   brilliant, (of) genius
gente, *f.*   people
gerente   manager
gesto   gesture
gigante   giant
gitano   gypsy
gobierno   government
golpe, *m.*   blow, strike, hit
gordo   fat
gordura   fatness, corpulence
gorra   cap
gozar (de)   to enjoy
grabadora   tape recorder
gracioso   funny
grada   step; slip (inclined plane upon which ship is built)
graduar(se) (úo)   to graduate
gran   (before noun)   great
grande   large; great
grandeza   greatness; grandeur
grandote(a)   big, hulking
grasoso   greasy
grata (business)   short for **grata carta**   your letter
grato   pleasing, pleasant; welcome
gritar   to shout, scream, cry out
grosero   coarse, vulgar, gross
guagua   bus (Cuba and Puerto Rico)
guante, *m.*   glove
guapo   handsome
guardar   to keep, hold; **__ la lengua** to hold one's tongue
guerra   war
guía   guide; (telephone) directory
guijarrillo   cobblestone, small pebble
guijarro   pebble

gustar   to be pleasing; **__le algo a alguien**   to like something
gusto   pleasure; taste; **Con mucho __.** I'd be glad to.

H

*****haber**, (auxiliary verb to form compound tenses)   to have; **__ de**   to be supposed or expected to; to be probably. See also: **hay**
habitación, *f.*   room
habitar   to live, dwell
habla   speech; language
hablador(a)   talkative
hace   (*+ verb in past*) ago; **hace +** period of time **+ que**   to have been going on for a certain time
hablar   to speak, talk
*****hacer**   to do; make; **__ frío, calor, viento, etc.**   to be cold, warm, windy; **__se**   to become; **por __** yet to be done
hacia   towards
hacienda   ranch; farm; estate; property, wealth, possessions; treasury; finance
¡Hala!   Come on! Go on!
hallar   to find
hambre, *f.* (BUT **el hambre**)   hunger
hampa   underworld
harapo   rag
harto   fed up, sated
hasta, *prep.*   until; as far as, up to (a certain point or time); even; **__ que**, *conj.*   until
hastío   boredom; frustration
hay   there is, there are; **__ que**   one must, it is necessary
he aquí   here is . . .; **helos aquí**   here they are
hecho, *past part.* of *hacer*   made, done; *m.*   fact; deed; **el __ de que**, *conj.*   the fact that
helado, *adj.*   frozen; iced; cold; *m.* ice cream
helar (ie)   to freeze; chill
herbolario   herb vendor
herido   injured, wounded
herir (ie)   to wound, hurt, injure
hermoso   beautiful
héroe   hero
herramienta   tool; **__ de barrenar** boring tool
hervir (ie)   to boil
hielo   ice
hierba   grass
hierro   iron
hinchar(se)   to swell
hirviendo, *adj.*   boiling
historieta   anecdote; comic strip
hogar. *m.*   hearth; (fig.) home

hoguera   bonfire
holandés   Dutch(man)
holgazán   lazy
hombrazo   huge, awkward fellow
hombrecito   little man
hombrón   big, burly man
honorario, often *pl.*   fee; salary
honrado   honest; honorable
hora   hour; time (of day)
horario   schedule; timetable
horrendo   horrible
hotelero   hotelkeeper
hoy   today; __ (en) día   nowadays;
   __ mismo   this very day; de __ en
   ocho días   a week from today
huelga   strike (labor)
huella   track, footprint; trace, imprint,
   mark
huésped   guest
*huir (uyo)   to flee
húmedo   damp, humid; wet
humilde   humble
hundir(se)   to sink
huracán, *m.*   hurricane
hurgar   to poke around, reach into

I

identificar   to identify
idioma, *m.*   language, tongue
iglesia   church
igual   equal; same
igualdad, *f.*   equality
impedir (i)   to prevent, hinder, impede
impericia   inexpertise
ímpetu, *m.*   impetus, impulse; haste
*imponer   to impose; __se   to rule,
   dominate, get one's way
importar   to matter, be important; to
   import
impresionante   impressive
impresionar   to impress
impuesto   tax
impulsar   to push; impel
inadvertido   thoughtless, careless;
   unnoticed
inaguantable   unbearable
inamovible   immovable; changeless
incapaz (*pl.* incapaces)   incapable
incendio   fire
inclinación, *f.*   inclination; leaning,
   sloping
*incluir (uyo)   to include
incluso   including; even
incómodo   uncomfortable
inconsciente   unaware, unwitting,
   unconscious (of)
incontenible   uncontrollable
incorporarse   to get up, rise; __ a   to
   join (up) with
increíble   unbelievable, incredible
incriminado, *m.*   person involved

(usually in a crime)
inculto   coarse, uncultivated
indeciso   undecided
indeterminado   indefinite
índice, *m.*   index
indicio   indication
indignado   indignant
individuo, *m.*   (an) individual
inequívocamente   unmistakeably
inesperado   unexpected
infeliz (*pl.* infelices)   unhappy
infierno   Hell; inferno
ínfimo   terrible; humblest, least
inflar   to blow up, inflate
*influir(en) (uyo)   to influence
informes, *m. pl.*   information
infructuoso   unsuccessful
ingeniero   engineer
Inglaterra   England
ingresar   to enter, be admitted
ingresos, *m. pl.*   income
iniciar   to initiate, begin
injusto   unjust, unfair
inmundo   filthy, disgusting, hideous
inolvidable   unforgettable
inquietarse   to get nervous
insatisfecho   dissatisfied
inseguro   unsure; insecure
insinuar (úo)   to insinuate, hint
inspirador(a)   inspiring
instalar   to install; __se   to go out
   on one's own
integrar   to make up, comprise
interés, *m.*   interest; *m. pl.*   bank
   interest, dividends
interpelar   to interrupt, chime in
*intervenir   to intervene
intimidad, *f.*   confidence; intimacy
íntimo   close; intimate
intrigante   intriguing
intrincado   intricate
intrínsecamente   intrinsically, innately,
   basically
intruso   intruder
inútil   useless
invierno   winter
invitado   guest
*ir   to go; __se   to go away; leave
irónico   ironic; sarcastic
irradiar   to give off, radiate
irresistible   unbearable; irresistible
Irún   Spanish city on French border
isabelino   Elizabethan
izar   to raise (as a flag)
izquierdo   left; a la izquierda   on or to
   the left

J

jaleo   much activity or commotion;
   vivaciousness; Spanish dance;
   (sarcastic) a mess, nuisance

jamás   never, (not) . . . ever
jardín, *m.*   garden
jarrón, *m.*   large vase
jefe, *m.*   boss; chief
jersey, *m.*   knitted shirt or sweater
joven (*pl.* **jóvenes**)   young; *n.*
   youth, young person(s)
joya   jewel
juego   game; __ **de manos**   sleight-
   of-hand
juez   judge
jugar (**ue**)   to play; __ **a**   to play a
   sport, cards, etc.
juicio   judgment
junto, usually *pl.*   together; __ **a,**
   prep.   near, next to
juramento   oath
jurar   to swear
justificar   to justify
justo   just, fair; righteous; just, exact(ly)
juzgar   to judge

K

kilómetro   kilometer, approx. 1/6 of a
   mile

L

labio   lip
lacito   little bow
lado   side; **de al** __   on the other
   side, next door
ladrar   to bark
ladrillo   brick
ladrón   thief
lámpara   lamp
lancha   launch, small boat
lanzar   to launch; fling, throw
lápiz (*pl.* **lápices**)   pencil
largo   long (Not large!)
lástima   pity; **dar** __   to be pitiful
lastimar   to hurt
lata   (tin) can; ¡ **Qué** —!   What a
   spot! What a mess!
lavar(se)   to wash
lector(a)   reader
lectura   reading (NOT lecture)
leche, *f.*   milk
lecho   bed
*leer   to read
legitimar   to make lawful
lejano, *adj.*   faraway, distant
lejos, *adv.*   far away; **a lo** __   in the
   distance; __ **de,** *prep.*   far from
lengua   language; tongue
lenguaje, *m.*   language, usage
lento   slow
león, *m.*   lion
lesión, *f.*   wound, injury
letrero   sign, placard
levantar   to raise, pick or lift up; __**se**
   to rise, get up

leve   slight
ley, *f.*   law
leyenda   legend
libra   pound
libre   free, at liberty
lienzo   canvas; painting
ligero   light (not heavy); slight; swift
límite, *m.*   limit; boundary, bound
limón, *m.*   lemon
limpiar   to clean
limpio   clean
línea   line
lino   linen
lista   list; roll
listo   ready; smart, bright, quick
liviano   slight, thin; licentious
lo de   the matter or question of
lo que, *rel. pron.*   what
loco   crazy; **volverse** __   to go mad
locura   madness
lodo   mud
lograr   to succeed (in), manage (to)
Londres   London
lucir (**zco**)   to shine; wear, show off
lucha   struggle
luchar   to fight; struggle
lugar, *m.*   place; **tener** __   take place
luego   then; later, afterwards
lujo   luxury; **de** __   deluxe
lujoso   luxurious
luna   moon; __ **de miel**   honeymoon;
   hay __   the moon is out
lunes   Monday; **el** __   on Monday
luz, *f.*   light
llamada   call; knock (at the door)
llamar   to call; __**se**   to be named
llanto   weeping
llave, *f.*   key; **cerrar con** __   to lock
llegada   arrival
llegar (**a**)   to arrive (at), reach; __ **a**
   ser   to become
llenar (**de**)   to fill (with)
llevar   to wear; carry, bring; bear;
   __**se**   to take away, make off
   with
lleno (**de**)   full (of), filled (with)
llorar   to cry
llover (**ue**)   to rain
lluvia   rain

M

madera   wood
madrugada   dawn, daybreak
madrugador(a)   early riser; *adj.* early
   rising
madrugar   to get up early; to dawn
maduro   mature; ripe
magia   magic
mal, *adj.*   (before masc. sing. noun)
   bad; *adv.* badly; *m.* evil; bad;
   de __ **en peor**   from bad to worse

maldito   damned
maléfico   evil, malicious
maleta   suitcase
malvado   evil; evildoer
mandar   to order, command; send
mandato   command, order
manejar   to manage; handle; drive
   (a car, etc.)
manera   way, means; de alguna __
   somehow; de __ que, conj.   so
   (that), so that's how . . .; in
   order that; de ninguna __   in no
   way, by no means
manicomio   madhouse, asylum
mano, f.   hand
*mantener   to maintain; keep; support
   (a person)
manubrio   handle, crank
mañana, adv.   tomorrow; f. morning;
   __ por la __ tomorrow morning
máquina   machine; car; __ de coser
   sewing machine; __ de escribir
   typewriter; escribir a __   to type
mar, m.   sea; f. (poet.) sea; (figurative) a whole lot; __ adentro   toward the sea, seaward
maravilla   marvel
maravillarse (de)   to be amazed (at
   or by), marvel (at)
marca   brand; trade mark
marco   frame
marcharse   to leave, go away
marejada   swell of the sea
marginar   to set free, let out (of jail)
marina   navy
marinero   marine, sailor
mariposa   butterfly
mariscos   shellfish
más   more; most; better; __ bien
   rather; a __ no poder   uncontrollably; full blast; sin __ ni __
   just like that; suddenly; por __ que,
   conj.   no matter how much
matar   to kill
materia   material; subject, course; __
   prima   raw material
material, m.   material; matter, copy
   (printing, etc.); adj.   material;
   significant
matrimonio   marriage; married couple
mayor   older; larger, major; oldest;
   largest; greatest; __ de edad
   adult; elderly
mayoría   majority
mayorista   wholesaler
mayormente   mainly; mostly
mecánica   mechanics
mecanografía   typing
mediano   medium; fair, mediocre
medianoche, f.   midnight
medida   measure; means, step

medio, m.   middle; half; adv.   half; a
   __ cerrar   half closed
medir (i)   to measure
mejor   better; best; lo __   the best
   (part, etc.); a lo __ perhaps
memoria   memory; pl. memoires; de
   __ by heart
mendigo   beggar
menester, m.   need; purpose
menor   younger; lesser; youngest;
   least; smallest
menos   less; least; fewer; fewest;
   minus; except; a __ que   unless;
   a __, al __, por lo __   at
   least; ni mucho __   not in the
   least, not at all
mensaje, m.   message
mente, f.   mind
mentir (ie)   to lie
mentira   lie
mentiroso, n.   liar; adj.   lying
menudo   small, minute; a __   often
merecer (zco)   to deserve, merit
meridional   Southern
mes, m.   month
meter   to put (into); __se   to get
   into, get involved; __se a   to begin
   to
metro   subway
miedo   fear; tener __   to be afraid
miel, f.   honey; luna de __   honeymoon
mientras (que), conj.   while; __ tanto
   in the meanwhile
mil   thousand
militar, n.   military man; adj. military
milla   mile
mimar   to pamper, spoil
minar   to consume, undermine; obsess
mínimo   least, slightest; minimum
ministerio   ministry, cabinet post
ministro   minister (government and
   church)
minorista   retailer
mirada   look, glance; stare
mirar   to look at, gaze on
misericordioso   merciful; generous
misionero   missionary
mismo   same; (intensifying adj. or
   adv.) self; very; yo __   I myself;
   hoy __ this very day; lo __ que
   the same as
mitad, f.   half
modo   way, means; de algún __   in
   some way, somehow; de ningún
   __ no way; not at all; de __ que,
   conj.   so (that); in order that;
   and so . . .
molde, m.   mold
molestar   to bother, annoy
molestia   bother, trouble

molino mill; __ **de viento** windmill
monógamo monogamous; mono-
    gamist
montaña mountain
montar to mount; set (a stone, etc.);
    to climb
mordaza gag
morder (ue) to bite
morir (ue) (*past part.* **muerto**) to die
mosca fly (insect)
mostrar (ue) to show
moto, *f.* motorcyle
mover(se) (ue) to move
mozo youth, young man; waiter;
    buen __ handsome
mucho, *adj.* much; (*pl.*) many; *adv.*
    (very) much; **por** __ **que** no
    matter how much
mudar(se) to move; change
mudo mute; still, quiet
mueble, *m.* piece of furniture
muela back tooth, molar
muelle, *m.* dock; pier
muerte, *f.* death
muerto dead; killed
mujerona large woman
mujeruca sloppy, disagreeable woman
mundo world; **todo el** __ everybody
municipio town
murmurador(a), *n.* gossiper; *adj.*
    gossipy
músico musician
muy very; **M**__ **señor mío** Dear Sir

N

nácar, *m.* mother-of-pearl
nacer (zco) to be born
nada nothing; not at all; **más que**
    __ more than anything, above
    all
nadar to swim
nadie no one, nobody
narcomanía drug addiction
narcómano drug addict
nariz, *f.* nose
nata whipped cream
naturaleza nature
Navidad, *f.* Christmas
neblina fog; haze
necesitar to need
necio silly; dumb
ne*g***ar (ie)** to deny; __ **se a** to refuse
negocio business matter, deal; place
    of business; *pl.* business; **de __s**
    on business
nena, nene baby
neoyorquino New York(er)
neurastenia chronic nervous condi-
    tion; neuroticism
nevar (ie) to snow
nevera refrigerator

ni neither; __ . . . __ neither . . . nor;
    __ **mucho menos** not in the least;
    __ **siquiera** not even
nieve, *f.* snow
ningún, ninguno (a, os, as) none (of a
    group); **de ningún modo** in no
    way; by no means; **en ninguna
    parte** nowhere
niñez, *f.* childhood
nivel, *m.* level
noche, *f.* night; **de** __ at night; **esta**
    __ tonight
Nochebuena, *f.* Christmas Eve
nombrar to name; appoint
nombre, *m.* name; **de** __ in name;
    in the name
norma norm, criterion
norte, *m.* North
nota grade, mark; note; **sacar una** __
    to get a grade
notar to notice
noticia piece of news; *pl.* news
noveno ninth
novia sweetheart; bride
noviazgo engagement
nubecilla little cloud
nublado cloudy
nuevas, *f, pl.* news
nuevo new; **de** __ over again
número (*abbrev.* **núm.**) number
nunca never

O

o or
obedecer (zco) to obey
obeso obese
objeto object
obra work (of art, etc.)
obrero worker
obscuridad, *f.* darkness; obscurity
obstante: no __ nevertheless; how-
    ever; **no** __ **que,** *conj.* despite the
    fact that
***obtener** to obtain, get
ocasionar to cause
octavo eighth
ocultar to hide
ocupado busy
ocurrir to occur; take place; **Se me
    ocurre . . .** It occurs to me . . .
odiar to hate
odio hatred
OEA OAS (Organization of American
    States)
oficial, *m.* military officer; *adj.*
    official
oficina office
oficio occupation; trade
ofrecer (zco) to offer
oído (inner) ear; **al** __ into some-
    one's ear

*oír   to hear
¡ Ojalá . . .!   Oh, if only . . .!
ojera   circle under eye, "bag"
ojo   eye
ola   wave
oler (huelo)   to smell
olvidar(se de)   to forget (about)
operario   worker (factory)
opinar   to express an opinion, remark
*oponer(se a)   to oppose
opuesto   opposite; opposing
oración, *f.*   sentence; prayer
orador   orator
orden, *f.*   command, order; *m.*   order,
   orderliness
ordenar   to arrange, put in order
oreja   (outer) ear
orgullo   pride
orgulloso   proud
orilla   shore
oro   gold
oscuro   dark; obscure
oso   bear
otoño   autumn
otro   other; another
ovalado   oval-shaped
oxidado   faded, discolored; oxidized
oxigenado   bleached

P

pagar   to pay
página   page
país, *m.*   country (nation)
paisaje, *m.*   landscape
paja   straw
pajarita   bowtie
pájaro   bird
pajarraco   big, ugly bird
palabra   word
pálido   pale
panoplia   pomp and ceremony; display
pantalón, *m.* (usually *pl.*)   trousers
pañuelo   handkerchief
papel, *m.*   paper
papeleta   small piece of paper; label
paquete, *m.*   package
para, *prep.*   (in order) to; for; __
   siempre   forever; __ que, *conj.*
   in order that, so that
parado   stopped, at a halt; standing
paraguas, *m. sing.*   umbrella
parar   to stop; __se   to (come to a)
   stop; to stand up
parecer (zco)   to seem, appear, look;
   __se a   to resemble, look like;
   m.   opinion; a mi __   in my
   opinion
parecido, *adj.*   similar; *m.*   resemblance
pared *f.*   wall
pareja   couple
parienta, pariente   relative

parque, *m.*   park
párrafo   paragraph
parte, *f.*   part; place; en alguna __
   somewhere; en cualquier __   anywhere; en ninguna __   nowhere;
   en otra __   elsewhere; en o por
   todas __ s   everywhere
participar   to participate; inform
particular   private; special
partida - departure; entry in a ledger
partido   game, match; (political)
   party; "good catch," matrimonial
   candidate
partir   to leave; depart; divide, share,
   cut up
pasado, *adj.*   last; past; *n.*   past
pasajero, *adj.*   fleeting, passing; *n.*
   passenger
pasaporte, *m.*   passport
pasar   to pass; happen; spend (time)
pasear(se)   to stroll, take a walk or
   short ride
paseo   stroll, walk; ride; dar un __   to
   take a stroll or ride; irse de __   to
   go on a little trip
paso   step (walk)
pastel, *m.*   cake; pie; __ de boda
   wedding cake
pato   duck
patria   fatherland, country; __ chica
   local homeland
patrón, *m.*   boss
patrona   boss; boss's wife
paz, *f.*   peace
pedalear   to treadle, work with one's
   feet, pedal
pedir (i)   to ask for, request
pegar   to hit, beat; affix, stick, glue;
   __ un tiro   to shoot; __se   to fight
peinar   to comb
peldaño   step (of a staircase)
pelear   to fight
película   motion picture; film
peligro   danger
peligroso   dangerous
pelo   hair
peluquería   hairdresser's; barbershop
pena   grief; trouble; pain; sentence;
   __ de muerte   death penalty
penetrante   penetrating
pensamiento   thought
pensar (ie)   to think; __ de   to have
   an opinion of; __ en   to think
   about; __ + *infin.*   to intend to,
   plan to
pequeñín   tiny
pequeño   little, small (in size)
percepción, *f.*   perception; observa-
   tion, viewpoint
perder (ie)   to lose; waste; miss (a
   train, class, etc.)

perdonar   to forgive, pardon
perdurar   to last; persist
periódico, n.   newspaper
periodismo   journalism
periodista   journalist
periodístico   journalistic
perjudicar   to harm, damage
perla   pearl
permanecer (zco)   to remain
permiso   permission
perorar   to orate, "sound off"
perpetuidad   perpetuity; life im-
    prisonment
perro   dog
perseguidor   pursuer
perseguir (i)   to pursue; persist
personaje, m.   personage; character
    (literary)
personal, m.   personnel
pertinencia (gen. pl.)   possession(s)
perturbar   to disturb, upset; confuse,
    perturb
pesadilla   nightmare
pesado   heavy; massive; boring
pesadumbre, f.   sorrow; grief
pesar   to weigh; a __ de, prep.   in
    spite of; a __ de que   despite the
    fact that
pesca   fishing; catch (of fish)
pescado   (caught) fish
pescador   fisherman
peseta   monetary unit of Spain
peso   weight; monetary unit of many
    Spanish American countries
pico   peak; beak
pie, m.   foot; a __   on foot; en __
    standing
piel, f.   skin; fur
pierna   leg
pieza   piece, part; room
pintar   to paint
pintor(a)   painter
pintura   painting
piña   pineapple; cone; cluster
pisado   trampled; hard-packed
pisar   to tread, walk upon, step on
piso   floor; story; apartment; __ bajo
    main floor
placentero   pleasant
placer, m.   pleasure
planchar   to iron
plantear   to raise (a question); set
    forth
plata   silver; money
plateado   silver-plated; silvery
plato   plate; dish (of food)
playa   beach
plaza   town square; (commercial use)
    city
pleito   law suit; levantar __ a   to sue
plomo   lead

pluma   pen; feather; __ fuente
    fountain pen
pluscuamperfecto (gram.)   pluperfect
    tense
pobre   poor; unfortunate
poco   little (in amount); pl.   few;
    por __ que   no matter how little
*poder   to be able; can; may (per-
    mission); m.   power; a más no __
    as hard as possible, to the limit;
    uncontrollably; __lo todo   to be
    capable of doing anything
poderoso   powerful
poesía   poetry; poem
policía, f.   police force; m.   police-
    man
polvo   dust; powder; hay __   it is
    dusty out
pollo   chicken
pómulo   cheekbone
*poner   to put; place; put on (some-
    one); __se   to put on (oneself);
    __se + adj.   to become, turn;
    __se a   to begin; __se de pie   to
    stand up
poniente, adj.   setting; m. dusk
poquísimo   very little
por   by; for; through; along; during;
    around; __ aquí   around or
    through here; __ completo   com-
    pletely; __ eso   therefore; __ fin
    at last; __ hacer   yet to be done;
    __ lo general   generally; __ lo
    pronto   for the moment; __ lo
    tanto   therefore; __ lo visto
    apparently; __ más que   no matter
    how much; __ supuesto   of course
porcentaje, m.   percentage
pórlan   Portland cement
porvenir, m.   future
posada   inn; resting place
posar   to land, rest, alight; __se   to
    lodge
postizo   false, artificial
postrer(o)   last
postre, m.   dessert
potación, f.   drink
poza   deep hole
práctica, n.   practice
práctico, adj.   practical
precio   price
precipitado   hurried
precoz (pl. precoces)   precocious
predilecto   favorite
preferir (ie)   to prefer
pregunta   question; hacer una __   to
    ask a question
preguntar   to ask (a question); __se
    to wonder
preguntón (ona)   inquisitive
premio   prize

prensa   press
preocupado   worried ; preoccupied
preocupar   to worry ; preoccupy ; __se
 de   to worry about
preparativos, *m. pl.*   preparation(s)
presa   dam
presenciar   to witness
presentar   to present ; introduce ; __se
 to occur
presente, *m.*   present (time) ; (comm.)
 this month
presidio   jail
presión, *f.*   pressure
prestar   to lend
*pre*venir   to forewarn ; prevent
primavera   spring
primor, *m.*   carefulness
principio   beginning ; al __   at first
prisa   hurry ; tener __   to be in a
 hurry ; a __   in a hurry
probar (ue)   to prove ; taste ; test, try ;
 __se   to try on
procurar   to try to
*pro*ducir   to produce
profano   worldly, profane
prole, *f.*   offspring ; escasa __   few
 children
prometer   to promise
pronombre, *m.*   pronoun
pronto   soon ; de __   suddenly
propiedad, *f.*   property
propietario   owner
propio   own
*pro*poner   to propose ; plan to
proporcionar   to supply, give
propósito   purpose ; a __   by the
 way ; de __   on purpose
propuesta   proposal, proposition
prose*g*uir (i)   to continue on, proceed,
 pursue (a course)
prote*g*er   to protect
provecho   advantage ; use ; profit ;
 benefit ; de __   beneficial
*pro*veer (like *ver*)   to provide
provinciano   provincial
provo*c*ar   to provoke ; arouse ; cause
proyectar   to project
próximo   next ; __ a   next to, near
prueba   proof
psiquiatra   psychiatrist
publi*c*ar   to publish
pudoroso   shy ; self-conscious ;
 modest
pueblo   town ; people, race ; public
puente, *m.*   bridge
puerta   door
puerto   port
pues   well, . . . ; __ bien   well, then
puesto, *n.*   post ; position, job
pulir   to polish
pulsera   bracelet

punto   punto ; dot ; __ de vista   viewpoint ; en __   on the dot, sharp
 (time)
puñado   handful
puñetazo   punch ; dar de __s   to
 beat, fight
pupitre, *m.*   pupil's desk

Q

que, *conj.* and *rel. pron.*   that ; who,
 which ; el __, la __, etc.   who,
 which ; __ viene   coming
¿ Qué ?   What ?   Which ?
quebrar (ie)   to break
queda   curfew
quedar   to be left or remaining ; __ se
 to stay, remain
quedo   soft, quiet
quejarse (de)   to complain (about)
quemado   burnt ; tanned
quemar   to burn
*querer   to want ; like ; love ; __ decir
 to mean, signify
quesería   cheese store or factory
queso   cheese
quien(es)   *rel. pron.*   who ; whom
¿ Quién(es) ?   Who ? . . . whom ?
quinto   fifth
quitar   to take away or off (someone) ;
 __se   to take off (oneself)
quizá(s)   perhaps, maybe

R

ración, *f.*   portion ; ration
raciocinio   thought process, judgment
radiografía   X-ray
raíz, *f.*   root
rascacielos, *m. sing.*   skyscraper
rasgo   trait, characteristic ; feature ;
 trace
raso   satin
rato   short while
raya   stripe ; a __s   striped
rayo   ray
raza   race (people)
razón, *f.*   reason ; tener __   to be right
realizar   to bring about, accomplish,
 realize, make real
rebelde   rebel ; rebellious
recado   message
receta   recipe ; prescription
recibir   to receive
recién   (abbrev. form of **recientemente,**
 before certain past participles)
 recently
reciente   recent
recipiente, *m.*   container, box ; recipient
recluido   confined, shut up
reclutar   to recruit
recomendar (ie)   to recommend
reconcentrado   absorbed in thought

reconocer (zco)   to recognize
recordar (ue)   to remember ; remind of
rectificar   to rectify ; __se   to make
     amends
recto   straight ; upright
recuerdo   souvenir ; remembrance ; *pl.*
     regards
rechazar   to reject
redactar   to write up ; edit ; be editor of
redoblar   to redouble
redondo   round
reemplazar   to replace
referir(se a) (ie)   to refer (to)
reflejar   to reflect
reforzar (ue)   to reinforce, strengthen
refrán, *m.*   refrain ; proverb, saying
refrescar   to refresh ; cool off
refrigerado   air-conditioned ; refrigerated
regalar   to give as a gift
regalo   present, gift
régimen, *m.*   regime ; diet ; **ponerse a __**
     to go on a diet
registrar   to examine, search, inspect ;
     to register, record
regordete   pudgy
regresar   to return, come back
reinado   reign
reinar   to reign
reír (i)   to laugh ; __ a carcajadas   to
     guffaw ; __se de   to laugh at
relacionar   to relate ; __se con   to be
     related or associated with
relatar   to relate, tell
relicario   reliquary
reloj, *m.*   watch ; clock
remar   to row
remirar   to look again at
remo   oar
remordimiento   remorse
rencor, *m.*   rancour ; grudge
rendija   slit
rendir(se) (i)   to give up, surrender
renovar (ue)   to renovate ; renew
renunciar (a)   to renounce,
     resign (from), give up
repartir   to distribute
repasar   to review
repente: de __   suddenly
repentino   sudden
repetir (i)   to repeat
reposo   rest, sleep
reputado   respected ; reputed
requerir (ie)   to require
requisito   requirement
reserva   reserve ; reservation
resolver (ue) (*past part.* resuelto)   to
     solve ; resolve ; __se a   to resolve to
resorte, *m.*   lever ; spring
respecto   respect, aspect ; (con) __ a
     concerning
respetar   to respect

respeto   respect, admiration
respirar   to breathe
respuesta   reply
resto   rest, remainder ; *pl.*   remains,
     vestiges
restorán, *m.*   restaurant
resuelto   resolute, determined
resultado   result
resultar   to turn out, result
retirada   retreat ; withdrawal
retirar   to withdraw ; __se   to retire ;
     draw back
retorcer (ue)   to twist ; __se   to writhe
retratar   to make a portrait or photo-
     graph of
retrato   portrait ; picture
retumbar   to resound
reuma, *m.*   rheumatism
reunión. *f.*   meeting
reunir (uno)   to reunite ; __se   to
     meet, get together
revelar   to reveal ; develop (photo)
revista   magazine
revivir   to relive
rey   king
rezar   to pray
ría   narrow inlet, estuary
riña   quarrel ; fight
riñón, *m.*   kidney
río   river
riqueza   wealth
risa   laughter
robar   to steal ; rob
robo   robbery ; theft
rodar (ue)   to go around
rodeado (de)   surrounded (by)
rodear   to surround
rodilla   knee
rogar (ue)   to beg ; request ; pray
rojo   red
romance, *m.*   ballad ; romance
     (language)
romper   (*past part.* roto)   to break
ropa   clothing ; dress
rosado   pink
rosario   rosary
rostro   face
roto   broken
rubio   blond
rugoso   wrinkled
ruido   noise
ruidoso   noisy
rumbo   course, route, direction ; __ a
     bound for
ruso   Russian

S

S.A.   (Sociedad Anónima)   Inc.
sábana   sheet
*saber   to know (a fact) ; know how
     to

sabroso   tasty, delicious
sacar   to take out or from
saco   jacket, suit coat; sack, bag
sacudir   to shake
sacrificar(se)   to sacrifice
sala   living room; __ de clase   classroom; __ de fiestas   dance hall
salida   exit; departure
*salir   to go out; leave, depart
salita   little room; __ de espera   small waiting room
salón, m.   salon; hall
saltar   to jump; __ a la vista   to be obvious
salto   jump; dar un __   to jump
salud, f.   health; ¡ S__ !   God bless you.
saludable   healthy; healthful
saludar   to greet; wave to
saludo   greeting
salvador   saviour; rescuer
salvar   to save
salvo   safe; except; a __   safe
sangrar   to bleed
sangre, f.   blood
San   Saint
santo   saint; holy, sacred
sapiencia   pedantry; knowledge
sarmentoso   gnarled
satisfecho   satisfied
seco   dry
secuestro   kidnapping; hijacking
sed, f.   thirst; tener __   to be thirsty
seda   silk
seguida: en __   immediately, at once
según   according to
*seguir (i)   to continue; follow
seguridad, f.   security; safety; certainty
seguro   sure, certain; safe; accurate, reliable; n.   security; insurance
semana   week; fin de __   weekend
sembrador   sower
semejante   similar
semejanza   similarity
sencillez, f.   simplicity
sencillo ʻsimple
sentar (ie)   to seat; __se   to sit down
sentido   sense; direction, way
sentir (ie)   to feel; regret, feel sorry; to sense; __se   to feel (in a certain condition or way)
señal, f.   sign, indication
señalar   to point out, indicate; signal
séptimo   seventh
*ser   to be (characteristically) (For uses of ser, Cf. Lesson IX); a no __ que, conj.   unless
serie, f.   series
serio   serious; en __   seriously

servidor   servant; su __   your humble servant, yours truly
servilleta   napkin
servir (i)   to serve; be good for; be of use; __se de   to make use of
sexto   sixth
siempre   always; para __   forever; __ que, conj.   whenever
sierra   mountain range
siglo   century
significar   to signify, mean
siguiente   following
silla   chair
sillón, m.   armchair; __ de resortes   swinging chair
simular   to resemble, simulate
sin, prep.   without; __ que, conj. without; __ más ni más   just like that, without further ado
sino   but; except for
sitiar   to besiege, surround
sitio   place
smóking, m.   tuxedo
sobre   on; upon; about, concerning
sobrecogido   abashed, surprised
sobresaltar   to frighten, startle
sobrina, sobrino   niece, nephew
sofá, m.   sofa
sol, m.   sun; hacer __   to be sunny. Hay __.   The sun is out.
soldado   soldier
soler (ue)   to happen generally, to do customarily
solicitud, f.   application; solicitousness
solo   alone
sólo   only
soltar (ue)   to let go, release; to loosen, let out
soltero   bachelor
solucionar   to solve
sombra   shade; shadow; ghost
sombrío   somber
sonar (ue)   to sound; ring
sonrojarse   to blush
sonreír (i)   to smile
sonrisa   smile
soñar (con) (ue)   to dream (about)
sopa   soup
sorbito   a little sip
sorprendente   surprising
sorprender   to surprise
sorpresa   surprise
sospechar   to suspect
*sostener   to sustain; hold up, support
súbdito   subject (political); subordinate
subir   to go up; rise; get into (a vehicle)
subrepticiamente   surreptitiously
*substituir   to substitute

suceso event, happening (Not success!)
sucio dirty
sucursal, *f.* branch (store, etc.)
sudor, *m.* perspiration, sweat
sudoroso perspired
sueco Swede; Swedish
suegra mother-in-law
suelo ground; earth; floor
sueño dream; sleep; **tener __** to be sleepy
suerte, *f.* luck; fate
sufijo suffix
sufrimiento suffering
sufrir to suffer; endure, stand
sugerir (ie) to suggest
Suiza Switzerland
sujeto person; subject
sumisión, *f.* submission; submissiveness
sumo, *adj.* extreme, high, great
superficie, *f.* surface
suplicar to beg
*suponer to suppose; imagine, think
suprimir to suppress; eliminate
supuesto supposed; **por __** of course
sur, *m.* South
suscribirse to sign one's name (at the end of a letter)
suspender to suspend; fail, flunk; stop, call off
sustancia substance; material
susto fright

T

tabacoso tobacco-stained or smelling
tacaño stingy
taco stick (dynamite, etc.)
tal such (a); **un __** a certain, so-called; **__ como si** as if; **__ o cual** one or another; **__ vez** perhaps; **con __ que,** *conj.* provided that, as long as; **¿ Qué __ ?** How . . ., What do you think of . . . ?; How are things?
talismán, *m.* charm; talisman
tallado carved
taller, *m.* workshop; factory; **__ de mecánica** machine shop
tamaño size
también also, too
tampoco neither
tan as; so; **__ . . . como** as . . . as
tanto as much, so much; *pl.* as many, so many; **__ . . . como** as many . . . as; **por lo __** therefore
taquigrafía shorthand, stenography
tardar (en) to delay; take a certain length of time (to)
tarde, *f.* afternoon; early evening; *adv.* late

tarea task; assignment, chore
tarta cake
tatuado tattooed
técnica technique
técnico technical; *n.* technician
techo roof
tela cloth; material
tele, *f.* TV
tema, *m.* theme; composition
temer to fear, be afraid
temporada season; period of year for certain events
temprano early
tender (ie) to tend; to stretch out
*tener to have (hold and possess) **__ calor, frío, hambre, miedo, etc.** To be warm, cold, hungry, afraid, etc.; **__ que** to have to
tercer(o) third
terciopelo velvet
término term; expression, word; end
ternura tenderness
terraza terrace
terremoto earthquake
tiempo time; weather; **a __** on time
tienda store
tierra land; earth; soil
timón, *m.* rudder, helm
tipo type, class; guy
tirada printing, issue
tiranuelo petty tyrant
tirar to throw; pull; shoot; fling, hurl
tiro shot; **pegar** or **dar un __** to shoot
titular, *m.* headline
título title; (university) degree
tocar to touch; play (an instrument); **__le a uno** to be someone's turn
todavía still; yet
todo all; whole; every; **__ el mundo** everybody; **del __** completely; **todos los días** every day
tomar to take; take food or drink; **__ prestado** to borrow
tornarse to turn (pale, etc.)
torpe stupid; ugly
tortuoso winding
tosco coarse, crude
trabajador(a) worker; *adj.* hard-working
trabajar to work
trabajo work; job; task
*traducir to translate
*traer to bring
tragar(se) to swallow (up)
traición, *f.* treason
traicionar to betray
traje, *m.* suit; outfit
trampa trick; scheme
trance, *m.* tough spot, predicament
tranquilizar(se) to calm down

transcurrir   to happen ; lapse
transeúnte   passerby ; pedestrian
tránsito   traffic
transparencia   (photo) slide ; transparency
transporte, *m.*   transport(ation)
tranvía, *m.*   streetcar
tras, *prep.*   after, behind
trascendental   important
trasero, *adj.*   back
trasladar   to transfer, move over
trastornado   upset
tratar   to treat ; __ a   to deal with (someone) ; __ de   to try to ; have to do with ; ¿ De qué se trata ?   What's it all about ?
través : a __ de   across ; through
trazar   to draw ; trace
trémulo   trembling
tren, *m.*   train
tribunicio   righteous ; (referring to a) tribunal
trifulca   fracas, melee
triste   sad
tristeza   sadness
trofeo   trophy
tropa   troop ; troupe (theater)
tropezar (con) (ie)   to stumble or happen upon, bump into
tropezón, *m.*   stumble ; collision ; chance meeting
trozo   piece ; excerpt, selection
triunfo   triumph

U

u   or (before a word beginning with o or ho)
últimamente   lately ; finally
último   last (in a series) ; latest
ultraterreno   supernatural, from the beyond
único   only ; unique ; lo __   the only thing
uranio   uranium
urbanización, *f.*   development (real estate) ; urban planning
urgir   to be urgent
usar   to use ; wear
uva   grape

V

vacaciones, *f. pl.*   vacation ; de __   on vacation
vacilación, *f.*   hesitation
vacilar (en)   to hesitate (to)
vacío   empty ; vacant
vagabundo   vagabond
vagar   to roam
vajilla   silver, tableware
*valer   to be worth ; __ la pena   to be worthwhile

valiente   brave
valor, *m.*   value ; courage ; share, stock (commercial)
vanidoso   vain ; arrogant, proud
vapor, *m.*   ship ; steam
Varsovia   Warsaw
vasija   vase
vaso   (drinking) glass
¡ Vaya (un) . . . !   What a . . . !
vecindad, *f.*   neighborhood ; vicinity
vecino   neighbor
vegetal, *f.*   vegetable
vejez, *f.*   old age
vela   vigil ; wakefulness ; en __ awake
velar   to watch (over), keep vigil
velero   sailing ship
velocidad, *f.*   speed
vencer   to overcome, conquer ; win over
vendedor   seller
vender   to sell
venganza   revenge
vengar   to avenge ; __se (de)   to take revenge (on)
*venir   to come
ventaja   advantage
ventana   window
*ver   to see ; __se   to appear, look
verano   summer
veras : de __   truly, really
verdad, *f.*   truth ; ¿ V__ ?   Really ?
verdadero   real, true
verde   green
verdura   greenery ; vegetable
vereda   lane
vergüenza   shame ; tener __ de   to be ashamed to or of
verter (ie)   to pour ; empty ; translate
vestido, *n.*   dress ; outfit ; *adj.* __ de dressed as or in
vestir (i)   to dress (someone) ; __se de to dress in or as
vez, *f.*   time, instance, occasion ; a la __ at the same time
   alguna __   ever, at some time ; a mi __   in my turn ; de una __ once and for all ; de __ en cuando from time to time ; rara __   seldom ; a veces   at times
viaje, *m.*   trip
vida   life
vidriera   glass case
vidrio   glass (substance)
viejo   old
viento   wind ; hacer __   to be windy
vigilar   to watch over
vino   wine
viñeta   vignette, word portrait
virar   to turn
virtud, *f.*   virtue

visón, *m.* mink
vista view
visto seen; evident; por lo __
    apparently, evidently
viuda widow
viudo widower
¡ Viva ! Long live . . . !
vivaz (*pl.* vivaces) lively
vivienda living quarters; dwelling
vivir to live
vivo alive; lively; sharp. acute
volar (ue) to fly
volumen, *m.* volume
voluntad, *f.* will; desire
voluntario volunteer; voluntary
volver (ue) (*past part.* vuelto) to re-
    turn, go back; __ a to do
    (something) again; __ en sí to
    come to (one's senses); __se
    to turn around; __se loco, etc. to
    become crazy, etc.

votante voter
voz, *f.* voice
vuelo flight
vuelta turn; return; turnabout; dar
    una __ to take a turn, stroll,
    ride, etc.; dar __s to spin
    around

Y

ya already; __ no no longer
yate, *m.* yacht
yerba (also hierba) grass; herb
yeso plaster

Z

zagal(a) country boy or girl
zapatería shoestore
zapatilla slipper
zapato shoe
zapatón big clodhopper

English—Spanish

A

abandon, *v.* abandonar
able: to be __ *poder; *adj.* capaz
about de, sobre (concerning); alre-
    dedor de (around); unos; cerca de
    (nearly); en cuanto a (concerning)
absence ausencia
accept aceptar
accident accidente, *m.*
accomplice cómplice
according to según
accustomed acostumbrado; to be __ to
    *estar acostumbrado a; soler (ue)
action acción, *f.*
actually en realidad, realmente;
    actualmente (presently)
adequate adecuado, suficiente
admit admitir
adult adulto, mayor de edad
advance: in __ de antemano
advice consejo (often *pl.*)
after, *prep.* después de; *conj.*
    después de que; __ all a fin de
    cuentas, después de todo
afternoon tarde, *f.*
afterwards después; luego; más tarde
again otra vez; de nuevo
against contra; en contra de; to be __
    *oponerse a, *estar (en) contra
age edad, *f.*; época
agree *estar o *ponerse de acuerdo;
    llegar a un acuerdo; (gram.) con-
    cordar (ue); to __ to *convenir en
aid, *v.* ayudar; *n.* ayudante
all todo(s); __ right está bien; de
    acuerdo

allow permitir
almost casi
alone solo, a solas
Alps Alpes, *m. pl.*
already ya
although aunque
always siempre
American (norte)americano
among entre, en medio de
amusing gracioso, divertido
ancient viejo; anciano; antiguo
and y; e (before *i* or *hi*, but not *hie*)
Andes Andes, *m. pl.*
angry enojado, enfadado; to get __
    enojarse, enfadarse
Ann Ana
another otro
answer contestar, responder
any algún, alguno, etc. (some);
    ningún, ninguno, etc. (*neg.*);
    cualquier(a) (any, at all); (not)
    . . . __ more ya no, no más
anybody cualquiera, cualquier per-
    sona; nadie (*neg.*); anyone (some-
    one—usually in a question)
anyone (Cf. anybody) alguien
anyhow en cualquier caso; en fin
anything cualquier cosa; algo (some-
    thing); nada (*neg.*)
anyway en fin; conque, de modo que
anywhere en cualquier parte; donde-
    quiera; en ninguna parte (*neg.*)
apparently por lo visto; al parecer
approach, *v.* acercarse a, dirigirse a
approve aprobar (ue)
April abril

arrange arreglar; *dis*pon*er*
arrive llegar (a)
art arte, *m.*
Arthur Arturo
as tan (**so**); como (**like**); __ much
(**many**) ... __ tanto(s) ...
como; __ **soon** __ tan pronto
como
ask preguntar (a question); pedir(i)
(**request**); ro*g*ar (ue); to __ for
pedir (i)
asleep dormido
ass asno, burro
at en; a; __ **last** por fin; __ **least** a
lo, por lo, al menos
atmosphere atmósfera, ambiente, *m.*
attend asistir a (function, etc.); __ to
atender (ie) a
attitude actitud, *f.*
attorney abogado; procurador
attract *atra*er; __ **attention** llamar
la atención
aunt tía
author autor(a)
automobile coche, *m.*, automóvil, *m.*,
carro
average, *adv.* ordinario, cualquiera,
medio
awfully muy; __ísimo

B

back, *n.* espalda (*anat.*); envés, *m.*;
parte de atrás o trasera; in __, *adv.*
por atrás; *adj.* trasero, de atrás;
in __ of detrás de
bad mal(o)
badly mal
bag saco; bolsa; bolso (**purse**)
basic básico
basis base, *f.*
be *estar (location, position, condition); *ser (characteristic) Cf.
Lesson IX. __ **cold, warm,
hungry, etc.** *tener frío, calor,
hambre, etc. (Cf. expressions with
tener); __ **warm, cold, windy, etc.**
*hacer calor, frío, viento, etc.
(Cf. weather expressions); __ **supposed to** *haber de; __ **able**
*poder; **turn out to** __ . resultar
bear, *v.* aguantar, sufrir
beautiful hermoso; lindo; bello
beauty belleza, hermosura
because porque; __ **of** a causa de,
debido a
become lle*g*ar a ser; *hacerse;
*ponerse; volverse (ue); con-
vertirse en (ie); **to** __ **of**
*hacerse de, *ser de
bed cama, lecho; in __ acostado;
to go to __ acostarse (ue)

before, *adv.* antes; anteriormente;
prep. antes de; delante de,
ante; *conj.* antes de que
beg ro*g*ar (ue), supli*c*ar
behave portarse, *con*du*cirse*;
actuar (úo)
behind, *prep.* detrás de; *adj.*
atrasado
begin empezar (ie), comenzar (ie)
believe *creer
beloved amado, adorado, querido
beside al lado de, junto a (**alongside
of**); además de (**in addition**)
besides, *adv.* además; *prep.* además
de; fuera de
best mejor
bet, *v.* apostar (ue); *n.* apuesta
better mejor
between entre
big grande
bite, *v.* morder (ue)
black negro
blanket manta, cobija
bless *ben*de*cir*
blessed bendito
blond rubio
blue azul
body cuerpo; cadáver, *m.* (**dead**)
bone hueso
book libro
bore, *v.* aburrir, cansar; barrenar (**drill**)
bored aburrido, cansado
boring aburrido, cansado, pesado
boss jefe, jefa; patrón, patrona
both ambos, los dos
bother, *v.* molestar; *n.* molestia
bottle botella; **small** __ frasco
boy niño, chico, muchacho; hijo
(**son**); mozo; **little** __ niñito,
chiquito, etc.
box caja
bread pan, *m.*
break romper (*past part.* roto),
quebrar, quebrantar
brilliant brillante; genial
bring *traer; __ **in** *intro*du*cir*
broken roto
brutal brutal, cruel
bull toro
bullfight corrida de toros
burst reventar (ie), explotar; romper
business negocio (often *pl.*); empresa
(**enterprise**); **on** __ de negocios
businessman hombre de negocios,
negociante; comerciante
busy ocupado
but pero; sino (**on the contrary**)
butter mantequilla
buy comprar
by por; para (a certain date or time);
por medio de (**means**)

C

call, *v.* llamar; telefonear, llamar por teléfono; *n.* llamada; llamado
camera cámara
can, *v.* *poder (**to be able**); *ser capaz de; *n.* lata; tarro
capable capaz (*pl.* capaces)
capacity capacidad, *f.*
capital capital, *f.* (city); capital, *m.* (money)
car coche, *m.*, automóvil, *m.*, carro
card tarjeta; naipe, *m.*, carta (playing) to play __s jugar a las cartas (los naipes)
care, *v.* importarle a uno; __ for, take __ of cuidar de o a, atender (ie) a; cuidarse; *n.* cuidado
careful cuidadoso; to be __ *tener cuidado
carefully con cuidado, cuidadosamente
case caso; pleito (**suit**); in __, *conj.* en caso de que
catalog catálogo
catch coger
celebrate celebrar(se)
celebrated célebre
century siglo
certain cierto, seguro; a __ cierto; un cierto (**a so-called**)
certainly seguramente; ¡Cómo no!; por supuesto, claro
chair silla, sillón, *m.* (large)
chamber alcoba, habitación, *f.*, dormitorio; cámara
chance oportunidad, *f.* by __ al azar, *m.*; por casualidad (**coincidence**)
change, *v.* cambiar; convertirse (ie) en; *n.* vuelta, vuelto (money); cambio (exchange)
charge, *n.* cargo, cobro; in __ of a cargo de; to be in __ *estar encargado de; to take __ encargarse (de); *v.* cobrar, cargar (money); acusar (de) (law)
charming encantador(a)
cheat, *v.* engañar, estafar, defraudar; *n.* estafador
child niño; hijo (**son**)
children niños; hijos
city ciudad, *f.*; centro
choose escoger, elegir (i)
chum amigo, amigote (**crony**); compañero
clap, *v.* aplaudir; golpear (**hit**)
class clase, *f.*
clear claro
clearly claramente
clientele clientela
close, *v.* cerrar (ie); *adv.* cerca; *adj.* cercano; íntimo; *prep.* cerca de

closet armario, guardarropa
clothing ropa; vestidos, *m. pl.*, vestuario
coast costa
cocaine cocaína
cognac coñac, *m.*
collapse derrumbarse, desplomarse; sufrir un colapso (person)
collar cuello
colleague colega
come *venir; __ closer acercarse; __ over to acercarse a; __ out *salir
comfort comodidad, *f.*
commercial, *adj.* comercial
communicate comunicar(se)
complain quejarse (de)
complaint queja
complete, *adj.* completo, acabado; *v.* completar, terminar, acabar
completely por completo, completamente
conclude *concluir, acabar
conduct, *v.* *conducir; __ oneself (behave) (com)portarse, llevarse; *n.* conducta, comportamiento
conference conferencia
consult consultar
contact, *v.* *ponerse en contacto, comunicarse con; *n.* contacto
continue continuar (úo), seguir (i)
convince convencer
cool fresco; fresquito; It is __ out. Hace fresco.
corporation empresa; sociedad anónima
could Cf. *poder
country país, *m.* (**nation**); campo (opp. of city); patria (**fatherland**)
couple pareja; matrimonio (**married**); a __ of un par de
course curso; materia (school); of __ por supuesto, ¡cómo no!
court corte, *f.*, tribunal, *m.*
crazy loco; to go __ volverse (ue) loco, enloquecer (zco)
create crear, engendrar
crime crimen, *m.*
criminal, *n.* criminal, ladrón, malhechor; *adj.* criminal
crony amigote, compinche
cry, *v.* llorar; gritar (**shout**)
Cuban cubano
cut, *v.* cortar; *n.* corte, *m.*

D

Dad papá
danger peligro
dangerous peligroso
dare, *v.* atreverse (a)
dark oscuro; a oscuras

darling mi vida, amor mío, cariño, encanto; *adj.* precioso, encantador, querido

dash, *v.* *venir o *ir corriendo, correr

daughter hija

day día, *m.*

dead muerto

deal: a great __ muchísimo

dear querido; costoso (**expensive**)

decide decidir(se a)

dedicate dedicar, consagrar

dedicated consagrado, dedicado

defy desafiar (ío); resistir, *oponerse a

delighted encantado; **to be __ to** encantarle a uno; deleitarse en

delightful encantador(a); deleitoso; delicioso

demand, *v.* demandar; *n.* demanda

denounce denunciar

deny negar (ie)

depend (on) depender (de)

deserve merecer (zco)

desire, *v.* desear; *n.* deseo

desk mesa; escritorio; pupitre, *m.* (**school**)

desperate desesperado

despise odiar; despreciar, desdeñar

determine determinar; averiguar; resolverse (ue) a

determined resuelto

dictator dictador

dictatorship dictadura

die morir (ue) (*past part.* muerto)

diet dieta; régimen, *m.*; **to be on a __** seguir (i) un régimen, *estar de dieta o de régimen

difference diferencia; **to make a __** importar

different (from) diferente, distinto (de o a)

difficult difícil

diffuse, *v.* difundir; *adj.* difuso

dinner comida

direct, *v.* dirigir, *conducir; *adj.* and *adv.* directo, derecho

directly directamente, derecho

disagreeable desagradable, antipático

disappear desaparecer (zco)

discourteous descortés

discover descubrir (*past part.* descubierto)

discovery descubrimiento

desillusion, *v.* desengañar, desilusionar; *n.* (**-ment**) desilusión, *f.*, desengaño

disobey desobedecer (zco)

displace desplazar, tomar el lugar de

displeasure desagrado, disgusto

distinguished distinguido

divorce, *v.* divorciar(se); *n.* divorcio

do *hacer; realizar

doctor médico; doctor (title)

dog perro

door puerta

dormitory dormitorio

doubt, *v.* dudar; *n.* duda

dozen docena

drama drama, *m.*

dream, *v.* soñar (ue); **__ of** soñar con; *n.* sueño

dress, *v.* vestir(i); vestirse; **to __ as** vestir(se) de; *n.* vestido, ropa; vestamenta

drink, *v.* beber; *n.* bebida, potación, *f.*

drive, *v.* manejar, *conducir; *n.* vuelta. paseo (en coche)

drop, *v.* dejar caer

drunk ebrio, borracho, bebido; **to get __** emborracharse

E

each cada; **to __ other** *Use reflexive* (Cf. Lesson IV); todos los . . .

early temprano

earn ganar

earth tierra

East, *n.* este, *m.*, oriente, *m.*; *adj.* oriental

eat comer; **__ up** comerse

egg huevo

eighth octavo

either . . . or o . . . o; (*neg.*) ni . . . ni; **(not) __** tampoco

elastic elástico, de goma

elect elegir (i)

election elecciones, *f. pl.*

elegant elegante, lujoso

elope fugarse

emperor emperador

employee empleado

empty vacío

end fin, *m.*, terminación, *f.*

enemy enemigo

engender engendrar

enough bastante, suficiente; **to be __** bastar

enter entrar a (Sp. Am.) o en (Spain)

enterprise empresa

entity entidad, *f.*

equality igualdad, *f.*

erase borrar

escape escapar(se); *huir; fugarse; *n.* escape, *m.*; escapada

evaporate evaporarse

even aun, hasta; incluso; **not __** ni siquiera; **__ though** aunque

evening tarde, *f.*

event suceso

ever alguna vez; jamás (negative implication); **not . . . __** jamás, nunca

every   cada ; todos los . . .
everyday   diario, cotidiano ; ordinario ;
    de todos los días
everyone   todo el mundo, todos ; __
    who   todos los que
everything   todo
everywhere   en o por todas partes
exact   exacto, preciso
exactly   exactamente, precisamente
exaggerate   exagerar
exam   examen, *m.*
excuse, *v.*   perdonar, disculpar ; *n.*
    excusa, disculpa
exercise, *n.*   ejercicio
exist   existir
expect   esperar
explain   explicar
explore   explorar
explorer   explorador
exploration   exploración, *f.*
eye   ojo

F

face, *v.*   encararse (con), enfrentar
    (-se con) ; *n.*   cara ; rostro
fact   hecho ; dato ; in __   en efecto ;
    the __ that   el hecho de que
factory   fábrica
faint, *v.*   desmayarse
fair   justo ; claro (**light**), rubio ; blanco
    (**skin**) ; honrado, juicioso
fall, *v.*   *caer ; __ asleep   dormirse
    (ue) ; __ down *caerse ; __ in love
    enamorarse
false   falso ; postizo, artificial
family, *n.*   familia ; *adj.*   familiar
fantastic   fantástico
farmer   campesino, labrador, agricultor
fascinating   fascinante
fat   gordo
father   padre
fear, *v.*   temer, *tener miedo de o a ;
    n.   miedo ; temor
feel   sentir (ie) ; sentirse (a physical
    or emotional state) ; *verse, hallarse
fellow   tipo, tío ; fulano
few   pocos ; a __   unos, algunos ;
    unos cuantos, unos pocos
fewer   menos
fiancé   novio
fifteen   quince
fifty   cincuenta
fight, *v.*   pelear, luchar ; reñir (i), dis-
    cutir, disputar ; *n.*   pelea, lucha ;
    riña, discusión, *f.*
figure   figura
finally   por fin, finalmente ; al fin ; en fin
find   hallar, encontrar (ue) ; __ out
    enterarse de, averiguar, descubrir ;
    (also preterite of *saber*)
fine   fino ; sobresaliente, excelente

finish   acabar, terminar, completar
fire, *v.*   despedir (i) ; *n.* fuego ; incendio
firm, *adj.*   firme ; sólido ; estable ; *n.*
    firma, casa, empresa (**business**)
first   primer(o)
fish, *v.*   pescar ; *n.*   pez (live) ;
    pescado (caught)
fishing   pesca ; el pescar
five   cinco ; __ hundred   quinientos
fix   arreglar, *componer
flask   frasco
flee   *huir, fugarse
floor   suelo ; piso
flunk   suspender ; quedar suspendido
foliage   follaje, *m.*
follow   seguir (i)
fond *of*   aficionado a ; to be __ of
    (a person)   encariñarse con,
    *querer a
food   comestible, *m.*   alimento(s) ;
    comida
fool, *v.*   engañar, defraudar ; *n.*
    necio, tonto
foot   pie, *m.*
footstep   pisada ; paso
for   para ; por (Cf. Lesson XV)
forget   olvidar(se de)
forgive   perdonar, disculpar
former   antiguo ; anterior ; pasado ;
    the __   aquél
fortune   fortuna ; suerte, *f.*
forty   cuarenta
fracas   trifulca, pelea
France   Francia
Francis   Francisco
frank   franco
Frank   Paco, Pancho
Fred   Federico
free   libre ; gratis, gratuito (**of charge**) ;
    v.   libertar, *poner en libertad
French   francés ; __man   francés
fresh   fresco, fresquecito
Friday   viernes, *m.*
friend   amigo
friendship   amistad, *f.*
frighten   espantar, asustar
from   de ; desde
fulfill   complir (con) ; realizar ;
    desempeñar, llenar
fun   diversión, *f.* ; burla ; to make __ of
    burlarse de, reírse (i) de
furious   furioso, enfurecido, encole-
    rizado, rabiando
furniture   muebles, *m. pl.*
future, *n.*   futuro, porvenir, *m.* ;   *adj.*
    futuro, venidero

G

gain, *v.*   ganar ; alcanzar ; to __ on
    *darle alcance a ; *n.*   ganancia
game   juego ; partido (**match**)

generally   por lo general; to (*do*) __
    soler (ue)
gentleman   caballero, señor
get   *ob*tener*, conse*gu*ir (i); recibir;
    alcanzar; lle*gar* a (a place); __
    sick, pale, etc.   *ponerse
    enfermo, pálido, etc. (cf. reflexive,
    Lesson IV); to __ (become)
    *hacerse (rico, etc.); to __ along
    with   entenderse (ie) con,
    llevarse con, *ponerse de acuerdo
    con; __ angry   enojarse; __ back
    volver (ue), regresar; __ out
    *salir; *huir; *irse; soltarse (ue);
    __ up   levantarse; despertarse (ie)
giggle   reírse (i) nerviosamente
girlfriend   novia; amiga
give   *dar; proporcionar; to __ a job
    to   emplear a uno
given to   dado a, inclinado a
glad   contento, satisfecho; alegre;
    to be __ alegrarse de (que); to be
    __ to   *tener mucho gusto en
gladly   con mucho gusto; de buena gana
go   *ir; __ away   *irse, marcharse;
    alejarse; desaparecer (zco); __
    down   bajar; __ in   entrar; __
    mad   volverse (ue) loco; __ on
    (happen)   ocurrir, pasar, suceder;
    __ out   *salir; __ over to
    acer*c*arse a; diri*g*irse a; __ up
    subir; Go on!   ¡Vaya! ¡Vamos!
    No me diga!
God   Dios
good   buen(o); to be __ for   servir (i)
    para
govern   gobernar (ie)
governor's wife   gobernadora
grab   co*g*er
grade   grado; nota (mark)
grandfather, -mother   abuelo, abuela
grain   cereal, *m*.
grass   hierba, césped, *m*.
grateful   agradecido
great   gran(de), magnífico, estupendo;
    a __ deal   muchísimo
green   verde
greet   saludar
groom   novio, desposado
group   grupo
guarantee, *v*.   garantizar; *n*.   garantía
guess, *v*.   imaginarse, *su*poner*
guest   invitado, huésped
gun   revólver, pistola; arma de fuego;
    rifle, *m*.; escopeta
guy   tipo, tío, sujeto, fulano

H

half, *n*.   mitad, *f*.; medio;
    adj. and *adv*.   medio
hamburger   hamburguesa

hand   mano, *f*.; on the other __   en
    cambio; to __ in or over   entre*g*ar
handsome   guapo, buen mozo
happen   pasar, suceder, ocurrir
happiness   felicidad, *f*.
happy   feliz (*pl*. felices); alegre;
    contento, satisfecho; to be __ to
    *tener mucho gusto en
hard   duro (a substance); difícil; to
    work __   trabajar mucho o fuerte
hardly   apenas
harm *v*.   *hacerle daño a uno; *n*.
    daño; perjuicio
harsh   áspero; duro; severo
hate   odiar
hatred   odio
have   *tener; *haber (*auxiliary verb
    in compound tenses*); to __ just
    acabar de; to __ to   tener que
health   salud, *f*.
hear   *oír; escuchar
Heaven   cielo; For __'s sake
    ¡Por Dios! ¡Dios mío!
heavy   pesado
help, *v*.   ayudar; *n*.   ayuda, *f*.; socorro
here   aquí; acá
hide   esconder(se); ocultar(se)
high   alto
hire   emplear (a person); alquilar (a
    car, etc.)
historic   histórico
history   historia
hold   guardar, *tener; __ up
    *sos*tener*, soportar; atra*c*ar (rob)
home   casa, hogar, *m*., residencia; at
    __ en casa; (to) __   a casa
homely   feo
hope, *v*.   esperar; *f*.   esperanza
hospital   clínica, hospital, *m*.
hot   caliente, cálido, caluroso; to be
    __ out   *hacer much calor; to
    feel __   *tener mucho calor
hotel   hotel, *m*., albergue, *m*., posada
hour   hora
house   casa, vivienda
How?   ¿Cómo?; ¿Qué tal?; __ much
    (many)?   ¿Cuánto(s)?
however, *adv*.   no obstante, sin
    embargo
humor   humor, *m*.; humorada
hundred   cien(to)
hunger   hambre, *f*. (BUT el hambre); to
    be __   *tener hambre
hurried   precipitado
hurt   *hacerle daño a uno, lastimar
husband   marido, esposo

I

idea   idea, ocurrencia
if   si
ill   enfermo, malo

illustrious   ilustre
imagine   imaginarse, figurarse
imbalance   desequilibrio
immediate   inmediato
immediately   en seguida, inmediata-
    mente
imperative   imperativo
implication   implicación, *f.* (often *pl.*)
important   importante, significativo
impossible   imposible
impression   impresión. *f.*
in   en ; dentro de
incapable   incapaz (*pl.* incapaces) ;
    incapacitado
incidentally   a propósito
include   *incl*u*ir*
including   incluso, inclusive
incredible   increíble
indecent   indecente
independent   independiente
indistinguishable   indistinguible
individual, *adj.*   individual ; *n.*   individuo
industry   industria
inept   inepto
infant   criatura, nena, nene
influence, *v.*   influenciar, *infl*u*ir* en ;
    f.   influencia, influjo
information   información, *f.*, datos,
    informes, *m. pl.*
inhabit   habitar
inhabitant   habitante
injure   lastimar, herir (ie)
innocence   inocencia ; candor, *m.*
innocent   inocente ; candoroso
inquire   preguntar (por)
insecure   inseguro
inside, *adv.*   (por) dentro ; adentro ;
    prep.   dentro de
insincere   insincero, poco sincero
insure   asegurar
interested   interesado
interesting   interesante
intern, *v.*   internar, *recl*u*ir*
international   internacional
interview, *v.*   entrevistar ; *n.*   eotrevista
into   en
introduce   presentar (a person) ;
    *introd*u*cir* (a topic, etc.)
invent   inventar
invite   invitar, convidar
involve   en*vol*v*er* (*past part.* envuelto),
    impl*i*car
issue, *v.*   proclamar ; emitir ; publ*i*car ;
    n.   asunto, tema, *m.*   cuestión,
    f. ; tirada (**publication**)

J

Jack   Joaquín, Juanito
jacket   saco
jail   cárcel, *f.*, presidio
jealous   celoso

jest   broma ; chiste, *m.*
job   empleo, trabajo, puesto, cargo
Joe   Pepe
Joan   Juana, Juanita
Johnny   Juanito
June   junio
just   justo (**fair**) ; sólo (**only**) ; **to have**
    ___   acabar de + *infin.*
justice   justicia

K

keep   guardar ; **to ___ (on)**   seg*u*ir (i),
    continuar (úo) (+ *present part.*)
kid   chico, niño ; *v.*   tomarle el pelo a
    uno
kidding   broma ; **to be ___**   *decirlo en
    broma
kill   matar
killed   muerto
king   rey
know   *saber (**know how, know a
    fact thoroughly**) ; conocer (zco)
    (**know a person, be familiar or
    acquainted with**) ; **for all we ___**
    a lo mejor
known   conocido

L

lack, *v.*   faltar ; *hacer falta ; carecer
    (zco) de ; *n.*   falta
language   lengua, idioma, *m.* ; lenguaje,
    m., habla
large   grande
last   último ; pasado ; **at ___**   por fin
late   tarde
later   más tarde, después
latter   éste, ésta, etc.
laugh, *v.*   reír (i) ; **___ at**   reírse de,
    burlarse de ; **___ out loud**
    reír(se) a carcajadas
lazy   perezoso, holgazán
learn   aprender ; enterarse de ; *darse
    cuenta de ; also, preterite of
    *saber (**found out**)
least   menos ; **at ___**   al, a lo, por lo
    menos
leave, *v.*   dejar, abandonar ; *salir,
    partir ; *irse, marcharse ; **to ___
    (someone) alone**   dejar en paz
left, *adj.*   izquierdo ; *n.*   izquierda ;
    on the ___   a la izquierda
less   menos
lesson   lección, *f.*
let   permitir, dejar
Let's . . .   Vamos a . . .
letter   carta ; letra (**alphabet**)
liar   mentiroso, embustero
lie, *v.*   mentir(ie) ; **___ down**   re-
    costarse (ue) ; *n.*   mentira
life   vida ; **___ sentence**   (condena a)
    perpetuidad

lifetime   vida ; por toda una vida

like, v.   *querer (a person) ; gustarle a uno ; prep. como ; __ that   así, de esa manera, de ese modo

lip   labio

listen (to)   escuchar ; prestar atención a ; *hacer caso de (heed)

little   pequeño (size) ; poco (amount)

live, v.   vivir ; habitar ; Long __ ! ¡ Viva !

local   local ; localizado

locate   localizar, encontrar (ue), hallar

lock, v.   cerrar (ie) con llave ; echar la llave ; n.   cerrojo

long   largo ; How __ ?   ¿ (Por) cuánto tiempo ?

longer   más largo ; no __   ya no, no más

look, v.   parecer (zco) ; *verse, *tener cara de ; __ at   mirar ; __ for buscar ; n.   mirada

lose   perder (ie)

lot: a __   mucho, muchísimo ; a __ of muchos, gran número o cantidad de

loud   alto, fuerte (voice) ; ruidoso ; subido (color, etc.)

Louis   Luis

love, v.   amar, *querer ; to __ to   encantarle a uno, gustarle mucho ; n.   amor ; cariño

lover   amante

luck   suerte, f.

lucky   afortunado

Lucy   Lucía

luxurious   lujoso, de lujo

M

mad   loco ; furioso, enfurecido, enojado, enfadado ; to get __ enojarse, enfurecerse (zco) ; to go __   enloquecer (zco), volverse (ue) loco

magic, n.   magia ; adj.   mágico

main   mayor, principal

majority   mayoría ; mayoridad, f., mayor de edad (of age)

make   *hacer ; ganar (money) ; confeccionar (a dress, etc.)

many   muchos ; How __ ?   ¿ Cuántos ?

marriage   matrimonio ; boda (wedding)

married   casado ; to get __   casarse (con)

marry   casar(se con)

matter, v.   importar, *tener importancia ; n.   asunto, cuestión, f. What's the __ ?   ¿ Qué pasa ? ¿ Qué hay ? ; ¿ Qué tiene(s) ?

maybe   quizá(s), tal vez ; puede ser

mayor   alcalde ; __'s wife   alcaldesa

mean, v.   significar, *querer decir ; adj.   malvado, antipático

meanwhile, (in the) meantime   mientras tanto, entretanto

meet, v.   encontrar (ue) ; conocer (zco) (for the first time) ; encontrarse con, tropezar (ie) con (happen upon)

meeting   reunión, f.   sesión, f., asamblea

memoirs   memorias, f. pl.

Michael   Miguel

mild   suave ; blando ; tibio (lukewarm) ; gentil

military   militar

millionaire   millonario

mine   mío, mía, etc.

minute, n.   minuto

mirror   espejo

miss, v.   perder (ie) ; faltar a ; extrañar, echar de menos a (long for)

moment   momento

Mom   mamacita, madrecita

money   dinero ; plata

month   mes, m.

more   más ; not any __   ya no, no más ; no __   nada más ; the __, . . ., the __   cuanto más . . ., tanto más

morning   mañana ; Good __.   Buenos días.

most   más ; los más, la mayor parte, la mayoría

motive   motivo, motivación, f.

mouth   boca

movies   cine, m.

much   mucho ; as __, so __ . . . as tanto . . . como ; How __ ? ¿ Cuánto ?

murder   matar, asesinar

must   *tener que (have to) ; deber (probability)

my   mi(s) ; __ goodness !   ¡ Dios mío !

mysterious   misterioso

N

Natalie   Natalia

necessary   necesario

necklace   collar, m.

need, v.   necesitar ; *hacerle falta a uno ; n.   necesidad, f.

neighbor   vecino

neighborhood   vecindad, f., barrio

neither   ni ; __ . . . nor   ni . . . ni ; tampoco (not either)

nervous   nervioso

never   nunca ; jamás

new   nuevo

newlyweds   recién casados

news   noticias, nuevas, f. pl.

newspaper   periódico

newspaperman or woman   periodista

next   próximo ; que viene ; __ **to**, *prep.*
    al lado de, junto a
nice   simpático, amable ; agradable
night   noche, *f.* ; **last** __   anoche
nine hundred   novecientos
nineteen   diecinueve
ninety   noventa
no, *adj.*   ningún, ninguno, a, etc. ; __
    one   nadie ; ninguna persona ; __
    way   de ninguna manera
nobody   nadie
noise   ruido
noisy   ruidoso
noon   mediodía, *m.*
normal   normal, usual, acostumbrado
not   no ; __ **a**   ni un(a) ; __ **even**   ni
    siquiera
nothing   nada
notice, *v.*   fijarse en, observar, notar ;
    n.   aviso
notify   avisar, notificar
notorious   notorio
novel, *n.*   novela
now   ahora ; ya ; **well,** __   ahora bien,
    pues bien ; **right** __   ahora mismo
number   número

O

oar   remo
obedience   obediencia
obesity   gordura, obesidad, *f.*
obliged   obligado
obtain   *obtener,* conseguir (i)
obviously   evidentemente ; por supuesto
occasion   ocasión, *f.*
occupy   ocupar ; habitar
occur   ocurrir, suceder
o'clock   a la(s) . . .
of   de
offer, *v.*   ofrecer (zco) ; *n.*   oferta
office   oficina ; oficio, cargo ; consulta,
    consultorio (doctor's)
old   viejo ; anciano ; mayor de edad ;
    antiguo (former) ; **to be . . . years**
    __   *tener . . . años de edad
often   a menudo, con frecuencia
on   en ; sobre
once   una vez ; __ **again**   una vez más
only, *adj.*   solo, único ; *adv.*   sólo,
    solamente, únicamente ; no más que
open, *v.*   abrir ; *past part.* and *adj.* abierto
opinion   opinión, *f.*, criterio ; **in my** __
    a mi parecer
opposite   opuesto ; frente a (facing)
or   o ; u (before a word beginning
    with o or ho)
order   orden, *f.*, mandato ; orden, *m.*
    (orderliness ; succession) ; **in** __ **to**
    para, a fin de ; **in** __ **that**   para
    que, a fin de que
other   otro

ought   (*Eng. defective verb*) deber
our   nuestro(s)
outlandish   estrafalario, descomunal
outside, *adv.*   (por) fuera ; afuera ;
    prep.   fuera de
outskirts   afueras, *f. pl.*, inmediaciones,
    f. pl.
own, *v.*   *tener, *pos*eer ; *adj.*   propio
owner   dueño, propietario

P

page   página
pain   dolor, *m.*, pena
painful   doloroso ; penoso, triste
painting   pintura
pal   camarada, amigo(te), compañero
pale   pálido
pants   pantalones, *m. pl.*, calzones, *m. pl.*
paper   papel, *m.*
parents   padres
part, *n.*   parte, *f.* ; pieza (**piece,**
    mechanical, etc.) ; **the bad** __
    lo malo
party   fiesta ; partido (political)
pass, *v.*   pasar ; aprobar (ue) (a course)
Paul   Pablo
pay   pagar
peace   paz, *f.*
pedestrian   peatón, transeúnte
people   gente, *f. sing.* ; gentes ; per-
    sonas, individuos ; pueblo (**race** or
    nation) ; público
perhaps   quizá(s) ; tal vez
period   período ; época, era, tiempo ;
    punto (*punct.*)
periodical   periódico
permit, *v.*   permitir, dejar ; *n.*
    licencia ; permiso
person   persona (always *f.*)
personally   personalmente
petition   solicitud, *f.* ; petición, *f.*
philosophical   filosófico
philosophy   filosofía
phone, *v.*   llamar por teléfono, tele-
    fonear ; *n.*   teléfono
physical   físico
pianist   pianista
pity   lástima ; compasión ; **It's a** __.
    ¡ Qué lástima !
place, *v.*   *poner, colocar ; *n.*   lugar, *m.*
plane   avión, *m.* ; plano
planet   planeta, *m.*
play,   *jugar (ue) a (a game) ; tocar
    (an instrument) ; *n.*   juego ; obra
    de teatro ; comedia, drama
please   por favor ; Hágame el favor
    de . . . ; Tenga la bondad de . . . ;
    Sírvase . . . ; *v.*   complacer (zco) ;
pleased   contento, satisfecho ; **to be** __
    to   *tener mucho gusto en ;
    gustarle a uno

pneumonia   pulmonía
poet   poeta, *m.* ; poetisa
point   punto ; punta (knife, etc.)
police   policía, *f.* (corps) ; __man
   (agente de) policía
polish   pulir, brillar
pole   polo ; vara
polo   polo
poor   pobre ; desafortunado
popular   popular ; célebre
possible   posible
position   posición, *f.* ; puesto (job)
pound, *n.*   libra
pour   echar ; derramar, verter (ie)
powerful   poderoso
Prague   Praga
prefer   preferir (ie), gustarle más a uno
prepare   preparar(se)
presence   presencia
present, *v.*   presentar ; *n.*   regalo
preserve   conservar
president   presidente
pretty   bonito
price   precio
privilege   privilegio, derecho
probably   probablemente ; quizá(s)
   (see future of probability—Lesson
   II)
problem   problema, *m.*, dificultad, *f.*
produce, *v.*   *pro*d*ucir* ; engendrar
profession   profesión, *f.*
program   programa, *m.*
promise, *v.*   prometer ; *n.*   promesa, *f.*
prominent   importante ; destacado
project, *n.*   proyecto
property   propiedad, *f.*
propose   *pro*p*oner*
prove   probar (ue), comprobar (ue)
provided that   con tal que
provision   providencia ; __s   alimentos
psychiatrist   psiquiatra, alienista
psychological   psicológico
public   público
Puerto Rican   puertorriqueño
punish   casti*g*ar
pursue   perse*g*uir (i)
pursuer   perseguidor
push, *v.*   empujar ; *n.*   empuje, *m.* ;
   empujón, *m.*
put   *poner ; colo*c*ar ; __ in   meter ;
   __ up with   aguantar, soportar,
   sufrir

Q

quality   calidad, *f.* ; cualidad, *f.* (trait)
quarrel, *v.*   reñir (i), discutir, disputar ;
   n.   riña, discusión, *f.*
question, *v.*   interro*g*ar ; preguntar ; *n.*
   pregunta (inquiry) ; cuestión, *f.*
   (issue)
quick   rápido

R

radio   radio (*f.* or *m.*)
rain, *v.*   llover (ue) ; *n.*   lluvia
range (of mountains)   sierra, cordillera
rather, *adv.*   bastante ; algo ; más bien ;
   mejor dicho, por lo contrario ; *v.*
   preferir (ie)
reach   alcanzar ; llegar a
read   *leer
reading   lectura ; __ room   sala de
   lectura
ready   listo, preparado ; __ -made   ya
   confeccionado
real   verdadero, real ; legítimo
realize   *darse cuenta de ; realizar
   (bring about)
really   realmente, verdaderamente ;
   ¿ R__ ?   ¿ De veras ? ¿ De verdad ? ;
   ¿ Verdad ?
reason. *n.*   razón, *f.* ; motivo, causa ;
   for that __   por eso ; así es que
receive   recibir
recent   reciente
recently   recientemente, hace poco ;
   (abbrev. before certain *past part.*)
   recién
recognize   reconocer (zco)
recommend   recomendar (ie)
red   rojo
refuse, *v.*   rechazar ; __ to   negarse
   (ie) a
region   región, *f.*
regret, *v.*   lamentar, sentir (ie) ;
   arrepentirse (ie)
reject   rechazar
relative, *n.*   parienta, pariente ;
   familiar
remain   quedar(se)
remember   acordar(-se de) (ue) ;
   recordar (ue)
remove   quitar ; alejar
rent, *v.*   alquilar ; *n.*   alquiler, *m.*
repairman   mecánico
repeat   repetir (i)
reporter   reportero, periodista
represent   representar
require   exi*g*ir, requerir (ie)
resemble   parecerse a (zco)
residence   residencia
resident   residente
rest, *v.*   descansar ; *n.*   el resto, lo
   demás (remainder) ; los demás
   (the others) ; descanso
result, *v.*   resultar ; *n.*   resultado
resultant   resultante
return   volver (ue) (*past part.* vuelto),
   regresar (come, go back) ; de*vol*-
   ver (give back)
revolution   revolución, *f.*
rice   arroz, *m.*
rich   rico

ride, *n.*   vuelta, paseo en coche ; **to
     take a __**   *dar una vuelta o un
     paseo en coche
right *adj.*   derecho ; bien ; bueno ;
     correcto ; verdad ; *adv.*   directo,
     derecho ; *n.*   derecho ; derecha
     (location) ; **on the __**   a la
     derecha ; **to be __**   *tener razón ;
     __ away   ahora mismo, en
     seguida
river   río
road   camino
roll, *v.*   rodar (ue)
room   cuarto, habitación, *f.*, pieza
ruin, *v.*   arruinar ; destrozar
rule, *v.*   gobernar (ie) ; (pre)dominar ;
     n.   regla, reglamento ; **as a —**   por
     lo general
run   correr ; funcionar (a machine) ;
     __ off with   *huir, fugarse con

S

sack   saco
sad   triste
safe   seguro ; sano y salvo ; a salvo
same   mismo ; igual ; **the __ as**   lo
     mismo que
sanatarium   sanatorio
sand   arena
sarcastic   sarcástico, irónico
save   salvar (life, etc.) ; ahorrar (money)
say   *decir
scandal   escándalo
scene   escena ; lugar, *m.*, sitio
school   escuela, colegio ; *adj.*
     escolar, académico
science   ciencia
scorn, *v.*   despreciar, desdeñar ; *n.*
     desprecio, desdén, *m.*
sea   mar, *m.*
seamstress   costurera
section   barrio (of a city) ; sección, *f.*,
     parte, *f.*
security   seguridad, *f.* ; **Social S__**
     Seguro Social
see   *ver
seem   parecer (zco)
senator   senador
send   enviar (ío), mandar ; **__ to jail**
     sentenciar, condenar
sensational   sensacional
sense   sentido
sentence   frase, *f,* oración, *f* ; senten-
     cia (prison) ; *v.*   sentenciar,
     condenar
sentimental   sentimental
serious   serio ; grave
seriously   en serio
seventy   setenta
several   unos, algunos, varios, unos
     cuantos

sew   coser ; **__ by hand**   coser a mano
share, *v.*   compartir
sharp   agudo ; puntiagudo ; listo,
     astuto
shiny   brillante, lustroso
shirt   camisa
short   bajo (height) ; corto, breve
     (length) ; poco (time) ; **a __ while**
     un rato
should   deber
shout, *v.*   gritar ; *n.*   grito
show, *v.*   mostrar (ue), demostrar
     (ue) ; presentar ; *n.*   demostra-
     ción, *f.* ; exposición, *f.* ; función de
     teatro o dramática
shudder   estremecerse (zco)
shut, *v.*   cerrar (ie) ; *adj.*   cerrado
sick   enfermo, malo ; mal de salud ;
     to get or **take __**   enfermar ;
     *ponerse enfermo
silent   silencioso ; callado
simple   sencillo ; simple
simply   sencillamente ; simplemente ;
     con sencillez
since, *prep.*   desde ; *conj.*   desde que
     (time) ; ya que, dado que, puesto
     que (cause)
sincerely   sinceramente, con sinceridad
sincerity   sinceridad, *f.*
single   un(o) ; único, solo ; soltero
     (**unmarried**) ; **a __**   un solo
sister   hermana
sit down   sentarse (ie)
situation   situación, *f.*, circunstancia
sixty   sesenta
sleep, *v.*   dormir (ue) ; **to go to __**
     acostarse (ue) ; dormirse (ue)
     (**fall asleep**) ; *n.*   descanso ;
     sueño
sleepy   soñoliento ; **to be __**   *tener
     sueño
slim   delgado
slow   despacio, lento ; despacioso
slow(ly)   despacio, lentamente
small   pequeño
smaller   más pequeño ; menor
smile, *v.*   sonreír (i) ; *n.*   sonrisa
smoke, *v.*   fumar ; *n.*   humo
snore, *v.*   roncar ; *n.*   ronquido
snow, *v.*   nevar (ie) ; *n.*   nieve, *f.*
so, *adv.*   tan ; **__ much, many**
     tanto(s) ; así, por eso (**thus**) ;
     conj.   así que ; de modo que, de
     manera que ; **__ that**   para que
society   sociedad, *f.*
sociologist   sociólogo
some   unos, varios, unos cuantos ;
     algún, alguno, etc. ; **__ day**
     algún día ; **__ other**   (algún) otro
somebody, someone   alguien ; **__ else**
     otra persona

somehow   de alguna manera, de algún modo
something   algo
somewhere   en alguna parte
son   hijo
soon   pronto ; as __ as   tan pronto como, así que ; as __ as possible   cuanto antes, tan pronto como sea posible, lo más pronto que sea posible
sorry   arrepentido ; triste ; to be __   sentir (ie), lamentar ; arrepentirse (ie) de
South   sur, *m.*, sud, *m.*
southern   del sur, sureño ; meridional
speak   hablar ; conversar, charlar
speaker   orador ; locutor
special   especial
species   especie, *f.*
spend   pasar (time) ; gastar (money)
spite   despecho ; in __ of   a pesar de ; in __ of the fact that   a pesar de que
sport   deporte, *m.*
stagger   tambalearse
stair   peldaño, grada ; *pl.* escalera
staircase   escalera
stand   *ponerse de pie, pararse, levantarse ; *estar de pie ; aguantar, soportar, sufrir
start, *v.*   empezar (ie), comenzar (ie) ; iniciar ; *n.*   comienzo, principio
starve   pasar hambre ; morir (ue) de hambre
state, *v.*   declarar ; *n.*   estado
stay, *v.*   quedarse
steal   robar
still, *adv.*   todavía, aún ; *adj.*   quieto ; callado
stop, *v.*   parar(se) ; *detenerse ; cesar ; dejar de, cesar de (stop doing something) ; *n.*   parada ; escala (ship, plane)
stooped   encorvado
store, *n.*   tienda, almacén. *m.*
story   cuento, relato, narración, *f.*
storyteller   narrador, cuentista ; embustero, mentiroso (liar)
strange   extraño ; extraordinario ; descomunal
stranger   forastero ; desconocido
street   calle, *f.*
striped   rayado, a rayas
strong   fuerte
stuck   pegado ; atrancado ; to get __   atrancarse ; pegarse
student   estudiante
study, *v.*   estudiar ; *n.*   estudio, gabinete, *m.*, despacho
succeed   *tener éxito ; __ in   lograr
success   éxito ; triunfo

such, *adj.*   tal(es) ; __ a   tal ; *adv.*   tan
sudden   repentino
suddenly   de repente, de pronto
suffer   sufrir, padecer (zco) de ; aguantar, soportar
suggest   sugerir (ie), recomendar (ie)
suggestion   sugerencia ; sugestión, *f.*
suit, *v.*   *convenir ; satisfacer (zco) , adoptarse ; ajustarse, acomodarse : *n.*   traje, *m.*
suitcase   maleta, valija
sultan   sultán
sunny   asoleado ; to be __   *hacer sol ; *haber sol
supper   cena ; to have __   cenar
suppose   *suponer
sure   seguro, cierto
surface   superficie, *f.*
surgeon   cirujano
surprise, *v.*   sorprender ; asombrar ; *n.*   sorpresa ; asombro
suspend   suspender ; suprimir (cancel)
suspenders   cargadores (elásticos), *m. pl.*
suspicious   sospechoso
swell, *v.*   hinchar(se), henchir(se) (i) ; aumentar, crecer (zco) (waters, etc.)
sweet   dulce ; querido ; cariñoso, amable
swim   nadar
swimming   natación, *f.*

T

take   tomar ; llevar ; coger ; __ away   quitar ; __ a walk or ride   *dar un paseo o una vuelta ; __ a chance   correr el riesgo, arriesgar(se) ; __ care   cuidar(se), *tener cuidado (be careful) ; __ off   quitar ; __ out   sacar
talk, *v.*   hablar, conversar, charlar ; __ on the phone   hablar por teléfono ; *n.*   habla ; charla, discurso
teach   enseñar
teacher   profesor(a), maestro
telephone   teléfono ; on the __   al teléfono ; to talk on the __   hablar por teléfono
television set   televisor, *m.*, tele, *f.* (colloq.)
tell   *decir ; contar (ue), relatar
term   término ; semestre, *m.* (school)
terrace   terraza
than   que ; de (before a number) ; del que, de la que, de los que, de las que ; de lo que
thank, *v.*   agradecer (zco), *dar (las) gracias
that, *demonstr. adj.*   ese, esa ; aquel, aquella ; *pron.*   eso ; aquello ; __ one   ése ; aquél, etc. ; *conj.*   que

theater teatro; **movie __** cine, *m.*
their su(s)
theirs suyo(s), etc.
then entonces; luego, después; en aquel entonces; **well __** pues bien, ahora bien
there allí; allá; **__ is, are** hay; **__ was, were** había
therefore por eso, por lo tanto; así es que . . .
these, *adj.* estos, estas; *pron.* éstos, etc.
thin delgado; flaco; tenue
thing cosa; **the best __** lo mejor **the only __** lo único; **the same old __** lo de siempre
think pensar (ie); **creer; parecerle (zco) a uno; **__ about or of** pensar en; pensar de (opinion); pensar + *infin.* **(plan)**
thirty treinta
this, *adj.* este, esta; *pron.* esto; **__ one** éste, etc.
those, *adj.* esos, esas; aquellos, aquellas; *pron.* ésos, etc.; aquéllos, etc.; **__ who** los que; aquellos que; **all __ who** cuantos
thousand mil
threaten amenazar
through por, por medio de; a través de
throw echar; tirar, lanzar
tie, *v.* atar; *n.* corbata
till hasta
time tiempo; vez **(instance)**; hora (of day); época; **a short __** un rato; **a short __ ago** hace poco; **at the same __** a la vez, al mismo tiempo; **for the __ being** por ahora, por lo pronto; **from __ to time** de vez en cuando, de vez en vez, de tiempo en tiempo, de cuando en cuando; **at times** a veces
timid tímido, cohibido
timidness timidez, *f.*
tired cansado, fatigado, rendido, agotado
to a; hacia
today hoy
together junto(s)
Tokyo Tokio
tomorrow mañana; **__ night** mañana por la noche (o por la tarde)
tonight esta noche
too también; demasiado; **__ much, many** demasiado(s)
touch, *v.* to*car*
tooth diente, *m.*; muela
torn roto
toward(s) hacia

town pueblo, aldea
train, *n.* tren, *m.*
transport, *v.* transportar; *n.* transporte, *m.*
trembling trémulo, tembloroso
trite llevado y traído; trivial
trouble dificultad, *f.*, problema, *m.*; lío **(tight spot)**
true verdadero; legítimo
trusting confiado; candoroso
truth verdad, *f.*
try tratar, probar (ue), ensayar; **__ to** tratar de; esforzarse por
turn, *v.* volverse (ue); **dar una vuelta; doblar; pasar a; virar; **__ around** volverse; volver la espalda; revolver (ue); **__ out** resultar; **salir
twenty veinte
twice dos veces
type *m.* escribir o pasar a máquina; *n.* tipo
typewriter máquina de escribir

U

umbrella paraguas, *m. sing.*, sombrilla
unambitious poco ambicioso
unaware inconsciente; ajeno, abstraído
uncle tío
uncontrollably a más no poder
uncultivated sin cultivar; inculto **(not cultured)**
under debajo de, bajo
understand comprender; entender (ie)
understanding comprensión, *f.*; entendimiento; acuerdo
underworld hampa, *f.* (BUT el hampa)
unequivocal inequívoco
unexpected inesperado
unfortunate desafortunado
unhappy infeliz (infelices); descontento
unintelligent poco inteligente; tonto, zonzo
united unido(s)
university, *adj.* universitario; *n.* universidad, *f.*
unjust injusto
unknown desconocido
unless a menos que, a no ser que, no sea que
unnecessary innecesario, poco necesario
unpleasant desagradable, antipático
unskillful inhábil
unsympathetic antipático; poco comprensivo, indiferente
until, *prep.* hasta; *conj.* hasta que

upset   agitado, perturbado ; inquieto ;
   v.   agitar, inquietar, perturbar
use, *v.*   usar, emplear ; *n.*   uso,
   empleo ; **to be of __**   servir (i) ;
   *valer la pena
used to   acostumbrado a   See imperfect tense and *soler* (ue).
usually   usualmente, generalmente
   See imperfect tense and *soler* (ue).

V

vacation   vacaciones, *f. pl.*
various   diversos, varios
very   muy ; -ísimo ; mucho, muchísimo
violent   violento
visit, *v.*   visitar ; *n.*   visita
vivacious   vivaz (*pl.* vivaces)
voice   voz, *f.*
vote, *v.*   votar ; *n.*   voto ; votación, *f.*
   (general public)
vulgar   grosero

W

wait, *v.*   esperar ; aguardar ; __ **for**
   esperar ; *n.*   espera ; **waiting room**
   sala de espera
wake, *v.*   despertar (ie) (someone
   else) ; despertarse
walk, *v.*   caminar, *andar ; *dar un
   paseo
wallet   billetera, cartera
want, *v.*   *querer, desear
warm, *adj.*   caliente, cálido ; caluroso ;
   cariñoso, amoroso
warn   avisar
Warsaw   Varsovia
watch, *v.*   vigilar, velar ; espiar (ío) ; *n.*
   vela, vigilia ; reloj (de pulsera), *m.*
water   agua, *f.* (BUT el agua)
way   camino, ruta ; modo, manera ; **in
   this __**   de esta manera, de este
   modo ; así ; así es que . . .
weak   débil
wealth   riqueza, opulencia ; lujo
wealthy   riquísimo
wear   llevar, usar
wedding   boda, casamiento, nupcias,
   f. pl. ; *adj.*   nupcial ; __ **cake**
   pastel, *m.*   de boda ; __ **dress**
   traje de boda o de novia
week   semana ; **last __**   la semana
   pasada ; **next __**   la semana que
   viene
weird   extraño, curioso, estrafalario
well   bien ; __, **then**   pues bien ; **as __
   as**   tan bien como, tanto como ;
   __-**known**   conocido, renom-
   brado
wellbeing   bienestar, *m.*
West, *n.*   oeste, occidente ; *adj.*
   occidental

what   lo que
What?   ¿ Qué ? ¿ Cuál(es) . . . ? ;
   ¿ Cómo ? ; __ **good is it ?**   ¿ De
   qué sirve ?
What a . . . !   ¡ Qué . . . !, ¡ Vaya (un) . . . !
when   cuando
whenever   siempre que ; cuandoquiera
where   donde ; adonde
wherever   dondequiera, adondequiera
whether   si
which   que ; el que, la que, etc. ; el cual,
   la cual, etc.
Which?   ¿ Cuál(es) ? ; ¿ Qué . . . ?
while   mientras (que) ; *n.* **a __**   un
   rato
who   quien(es)
whole   entero ; completo ; todo el . . . ;
   the __ day   todo el día, el día
   entero
whom   (a) quien(es), (con) quien(es),
   etc.
whose   cuyo
Whose . . . ?   ¿ De quién(es) . . . ?
Why?   ¿ Por qué ? ; ¿ Para qué ?
wife   esposa, señora ; mujer
will, *v.*   *querer, desear (see future
   tense) ; *n.*   voluntad, *f.*
windfall   golpe, *m.* de suerte
winding   tortuoso ; sinuoso
window   ventana ; ventanilla (**car**)
wish, *v.*   desear ; **How I __ !**   ¡ Ojalá
   (que) . . . ! ; *n.*   deseo
with   con ; __ **me, you**   conmigo,
   contigo
within, *adv.*   (por) dentro, adentro ;
   prep.   dentro de
without, *prep.*   sin ; *conj.*   sin que
witness, *v.*   presenciar ; atestiguar ; *n.*
   testigo
woman   mujer ; dama, señora
wonder, *v.*   preguntarse (see future of
   probability)
wonderful   maravilloso, magnífico
word   palabra
work, *v.*   trabajar ; obrar (*fig.*) ;
   funcionar (a machine) ; resultar,
   *dar resultado ; *n.*   trabajo ; obra ;
   empleo, trabajo, puesto, cargo
   (**job**)
worker   trabajador, obrero ; jornalero
world   mundo
worse   peor(es) ; **from bad to __**   de
   mal en peor
worst   peor(es) ; **the __ part or thing**
   lo peor
worth, *n.*   valor, *m.* ; **to be __**   *valer ;
   to be __ while   valer la pena
worried   preocupado
worry, *v.*   preocupar(se) (de),
   apurar(se) ; inquietarse ; *n.*   pre-
   ocupación ; *n.*   inquietud, *f.*

write   escribir (*past part.* escrito)
written   escrito
wrong   incorrecto; equivocado; malo;
   to be __   no *tener razón; *estar
   equivocado, equivocarse; *n.* ·mal,
   m.

year   año
yellow   amarillo
yesterday   ayer
yet   todavía; **not** __   todavía no
young   joven (jóvenes)
young person   joven, *m.* and *f.*

INDEX